指文® 战争艺术文库 / 005

中世纪战争艺术史
（第一卷）

〔英〕查尔斯·威廉·欧曼 著

王子午 译

台海出版社

图书在版编目（CIP）数据

中世纪战争艺术史. 第一卷 /（英）查尔斯·威廉·
欧曼著；王子午译. -- 北京：台海出版社，2018.1
　ISBN 978-7-5168-1702-5

Ⅰ. ①中… Ⅱ. ①查… ②王… Ⅲ. ①战争史－研究
－欧洲－中世纪 Ⅳ. ①E509

中国版本图书馆CIP数据核字(2017)第307236号

中世纪战争艺术史.第一卷

著　　者：〔英〕查尔斯·威廉·欧曼　　　　译　　者：王子午

责任编辑：戴　晨　　　　　　　　　　　策划制作：指文文化
视觉设计：胡小琴　　　　　　　　　　　责任印制：蔡　旭

出版发行：台海出版社
地　　址：北京市东城区景山东街20号　　　邮政编码：100009
电　　话：010－64041652（发行，邮购）
传　　真：010－84045799（总编室）
网　　址：www.taimeng.org.cn/thcbs/default.htm
E－mail：thcbs@126.com

经　　销：全国各地新华书店
印　　刷：重庆大美印刷有限公司
本书如有破损、缺页、装订错误，请与本社联系调换

开　　本：787mm×1092mm　　　　　　　1/16
字　　数：358千　　　　　　　　　　　　印　　张：23
版　　次：2018年1月第1版　　　　　　　印　　次：2018年1月第1次
书　　号：ISBN 978-7-5168-1702-5

定　　价：109.80元

译序

关于中世纪战争艺术

在大部分战争艺术的爱好者看来，中世纪都是一段愚昧、黑暗的时代。在古代文明的光辉被宗教的帐幕所笼罩之后，希腊人和罗马人所留下的战争艺术也被大部分欧洲人所遗忘。按照这种观点来看，在这黑暗时代里，主宰战场的不再是谋略，而退化成了蛮勇。益格鲁–撒克逊人、法兰克人、维京人、马扎尔人，这些被罗马人称作野蛮人的民族统治了欧洲，将这片大陆带入了封建时代。战争的规模从数万人之间的会战，变成了几百人的冲突，对大战术和战略一无所知的领主们互相搏杀百年之久，但除了少数例外，大部分战争在战争艺术方面并没有太多可取之处。

但事实上情况并非如此，在罗马战争艺术消失的同时，新的战争艺术也从野蛮人的蛮勇之中诞生了出来。益格鲁–撒克逊人拥有坚韧的重步兵，法兰克人发展出了锐不可当的重骑兵，马扎尔人则拥有来去如风的马弓手，维京人虽然只以抢劫为生，但也教会了西欧人盔甲和城堡的重要性。当这些民族在战场上互相厮杀之时，与罗马时代截然不同的中世纪封建制度以及中世纪战争艺术，便诞生了出来。到了11世纪，法兰克人和诺曼人的封建骑士已经击败了所有的对手。他们身披重甲，一旦冲锋起来便无人可挡，步兵则沦为了仆役或辅助部队，直到十字军东征时，西欧人才会重新发现步兵是何等重要。

与此同时，东方的拜占庭帝国依然保持着罗马时代遗留下来的高度发达的战争艺术。帝国经历了7世纪到9世纪的低潮，但在马其顿王朝诸皇帝的统治下，终于在10世纪至11世纪登上了巅峰。在相当长的一段时间内，罗马人重新拥有了全世界规模最为庞大的重骑兵部队和最科学的战术、组织，皇帝和将军们所撰写的教材和条令，西欧人直到18世纪都无法媲美。只不过这一切，都因这个古老帝国的内乱和1071年曼齐克特会战的惨败戛然而止。

进入十字军时代后，基督徒和穆斯林的交锋不仅谱写了中世纪史上最波澜壮阔的篇章，而且也将西欧战争艺术推向了新的高度。整个十字军东征，也可以说是给中世纪战争艺术的发展翻开了新的篇章。在东征之前，西欧人所依靠的只有重骑兵；在东征时代后，步兵重新成为战场上的重要角色。而引领着骑兵崛起至巅峰的所有一切缘由，从罗马时代一直到十字军时代，都值得我们仔细研究。

关于本书

　　查尔斯·欧曼爵士所著的《中世纪战争艺术史》一书以罗马帝国后期罗马军团的衰落为起点，对西欧各基督教王国以及拜占庭帝国军队的组织、装备、战术、战略发展历程以及著名战例进行了全面又不失详细的介绍。查尔斯·欧曼爵士从中世纪残破的文献中，重新构建起了中世纪战场的宏伟蓝图。可以说，在这部著作诞生之前，从未有哪部书能够完整地将中世纪各国军队的发展脉络梳理得如此明确工整。无论是专业的战史研究者还是对中世纪战争史浅尝辄止的读者，都能从这部书中获益匪浅。

　　本书第一卷截止于十字军东征结束。也正是在这段时间里，欧洲从古代走向了封建社会，封建骑士也逐步成为欧洲战场上的主宰。在本书中，欧曼爵士对于法兰克人、盎格鲁–撒克逊人、维京人以及马扎尔人等民族的战争艺术发展过程都做了详细记载，无论是兵制、战术还是装备的演变都事无巨细地加以记载。除此以外，截止到1204年君士坦丁堡被十字军攻陷之前的拜占庭战争艺术也在本书上册中占据了大量篇幅。可以说，从罗马帝国晚期至十字军东征结束，欧洲的一切战争艺术发展，都被这一卷所涵盖。

　　本人也很荣幸地得到这一机会，将这部《中世纪战争艺术史》带入中文世界，并将其列入由本人启发的指文《战争艺术》系列丛书，以欧曼爵士这部著作来覆盖战争艺术发展史的欧洲中世纪部分。

　　局限于成书时间和当时资料查阅的困难，和《亚历山大战史》一书的作者道奇一样，欧曼爵士也在书中犯下了一些笔误，而且由于其参考的资料来源极为复杂，在地名、人名的拼写方面也常与近年常用的方式不同，本人在翻译过程中已尽可能对这些问题进行了一些矫正，但由于知识所限，这一个中译本也必定存在局限和谬误，望读者指正。

　　在本书翻译过程中，我必须感谢将《中世纪战争艺术史》一书的翻译工作交到本人手中的指文图书以及在排版和校对过程中对本人帮助极大的本书编辑。最后，我还要感谢一人，若无这位前辈在本书第一卷译制后期的不断鼓励和支持，本人甚至可能早已因琐事困扰，而无法完成任何译作或著作了。

读史，意在鉴今，愿我们都能够从历史、战史的教训中学得经验，让自己变得更好。

王子午

2017年12月16日于北京

目录

CONTENTS

增补版前言

———— ❈ ————

　　早在1898年时，我便出版了《中世纪战争艺术》一书，当时这部书仅介绍了截止到1375年的战争艺术。正如我当时在前言里所说的，这并不是一个很好的时间节点，而且也显得太过随意。这本书用了将近二十年时间才终于售罄，并在世界大战结束时停止印刷。自1918年以来，不少朋友希望我能继续写作，将该书终点延续至中世纪结束，因此我利用1923年国会长时间的休会时间，在原书的八章基础上又增加了六章。这样一来，我们对西欧战争的记载不仅延伸到了1485年，而且还得以讨论一些我在第一版中曾刻意回避的问题，如火炮和火药的出现，及蒙古和奥斯曼对欧洲的入侵以及意大利和瑞士佣兵的历史等。严格来说，这些话题原本就应在老版中有所提及，因为他们早在1375年以前便已在战场上占据着重要地位。

　　由于增加了六章，增加了大约400页新内容，这部书也改分为第一卷和第二卷。不过我也对原有的八章内容仔细修订，并彻底重写了一部分章节，尤其是有关于盎格鲁–诺曼军事体系、城堡建造、13世纪意大利战争以及爱德华一世的威尔士战役的部分。自1898年以来，这些课题已经得到了更深入的研究，而我原先所写的内容也必须有所更正和修订。

　　我必须再次提醒各位读者，本书的内容聚焦于战争艺术的历史，而绝不会像流水账一样记载中世纪的所有战役。每一章的内容专门针对某一时代的战略、战术、军制特征，对代表性会战和战役的详细记载只是为了说明上述特征。在此过程中，我们并不打算记载该时期所有的普通军事事件，该书并非一部编年史，而是一部关于战争艺术的解析。

　　也正因为如此，在我介绍武器、军事要塞时，也会将其篇幅限制在一定程度之内，而不打算详细记录诸如城堡建造或火炮制造等技术发展过程。若不如此，本书就会增加至好几卷，而且在我看来，也会降低该书作为一部战争艺术史的价值。需要研究技术细节之人应是专门的技术人员，而非对战史感兴趣的普通学生，而后者才是本书的写作对象。从社会、经济、法律、艺术、文学或宗教角度介绍中世纪历史的专著已经汗牛充栋，但在我看来，除了我这一部拙作以外，英语世界仍然缺乏一部对罗马帝国衰落时期至16世纪军事体系的演化进行总体介绍的书籍。有很多专著曾对这段战争艺术史上的某些特定时期进行过记载，但我相信，那些不畏惧全盘介绍历史并有着真知灼见的学者，仍拥有很大的空间进行创作。

在这里，我也必须向在本书第一版出版之后发表著作的两位作者致敬。他们分别是詹姆斯·拉姆塞爵士和柏林的德布吕克博士，由于这两位博学的历史学家的论点，我已经对中世纪编年史中记载的中世纪军队人数和伤亡的庞大数字丧失信任。虽然在我看来，二人的论点都有些过激，有时甚至会否决一些看起来并不是很离谱的数字。但毫无疑问的是，他们对于为何否定这些离谱数字（例如将哈斯丁会战中威廉和哈罗德的军队规模夸张至数万人，将十字军和奥斯曼苏丹的军队夸大至数十万人）给出了合理的解释。我也已经按照他们的解释，将第一版里所有那些中世纪史料中无法被同时代其余文件印证的数字加以修订。我们英格兰人也许会因为自己拥有大量从爱德华一世时期流传下来的原始军事史料而认为自己格外幸运，并认为本书中那些关于后几个世纪的章节，也相对较少受到编年史夸张数字的影响。但这一点也在诸如莫里斯先生所著的《爱德华一世的威尔士战争》等书中所动摇，在这部书中，莫里斯先生认为《海明堡编年史》的数字，并不比"瞎子哈利"或巴伯在各自书中所做的疯狂想象更加可信。

在最后，我也要像往常一样，对编辑表达感谢之情，这已经是这位编辑第11次为本人著作而不懈工作了。

查尔斯·欧曼
1923年11月3日于牛津

初版前言

本书旨在作为一套四部丛书中的第二部，在这套丛书中，我计划从整体上介绍从希腊、罗马时代直到19世纪初的战争艺术发展史。第一部书将介绍古典时代，第二部则从罗马帝国的衰落延伸至14世纪。第三部将包括15世纪、16世纪以及17世纪的战争艺术，而最后一部将介绍18世纪以及法国大革命和拿破仑战争，直到滑铁卢会战。

这套丛书将聚焦于战争艺术史，而并非要为文明世界编写一部战争编年史。丛书的每一章都将记载一个特定时期的战术、战略以及军制特征，并利用典型的战役和会战加以说明。另外在一些章节中，我们还对各个时代的攻城武器、工事、武器和盔甲进行了介绍。

严格来说，在本书现有的章节中还应该再增加两章，用于介绍14世纪中欧和东欧，尤其是瑞士和奥斯曼土耳其崛起的军事历史以及火药和火器的发明。但由于篇幅所限（本书已经有660页之多了），我们不得不将这些话题留到第三部书中再讲。幸运的是，火药发明对14世纪中的西欧战争的影响很小，将其忽略也不会过多影响我们的研究课题。

为避免篇幅过长，我没有在本书中加入太多脚注，但与此同时，我也有必要将引用的资料加以说明。在引用英格兰编年史时，只要可能，我就会使用《中世纪大不列颠及爱尔兰编年史及纪念碑文集》（*The Chronicles and Memorials of Great Britain and Ireland during the Middle Ages*）中的史料。而法国编年史则主要来自于布凯（Martin Bouquet）的巨作《高卢及法兰西史料集》（*Rerum Gallicarum et Francicarum Scriptores*）。德国和意大利的资料则分别来自于佩尔茨（Pertz）和穆拉托里（Muratori）的史料集。

我必须在此感谢那些给予本人无价帮助之人。在此之中，我最需要感谢的两位分别是本书编辑（这已经是这位优秀编辑第四次整理本人著作，而这也是字数最多的一部书）以及本人的朋友兼莫德林学院（Magdalen College）校友特纳先生（C.H.Turner），他阅读了本书的完整校对稿，并提出了很多更正和改进意见。

我还要感谢校对了第五章（十字军东征）和第三章第七节的阿彻先生（T.A.Archer），该部分内容所涉及者也正是近年来争议颇多的话题。另外，牛津新学院的约克·鲍威尔教授（York Powell）以及乔治先生（H.B.George）也给了本人不少有价值的启发。前者凭借一贯的学识，给本人提供了数条见解，使本人受益匪浅，后者则在第八章的内容上给了我很多帮助，我在书中也采纳了他对于克雷西会战中英格兰军队阵型的看法。哈弗菲尔德（F.Haverfield）则对本书第一章的开篇部分提供了一些帮助。

书中所有示意图和会战图解均由本人亲自绘制。只要有可能，我就会游历如克雷西、布汶、班诺克本、伊夫舍姆等重要战场，以便通过亲自探访来获得从地图上无法得到的信息。与英国相关的示意图参考自英国地形测量局（Ordnance Survey）所绘地图，与法国相关的示意图来自法国陆军参谋部，与叙利亚相关的示意图则参考巴勒斯坦探索协会（Palestine Exploration Society）广受好评的地图出版物。

在本书七幅关于盔甲的绘画中，第一幅临摹自原始手稿，后四幅则需要感谢牛津帕克兄弟出版社（Messrs Parker）的好心相助，在他们的允许下，我从他们最有价值的出版物——休伊特先生的《古代盔甲》（Ancient Armour）一书中摘录了这些图片，而本书在中世纪后期战争艺术的一些课题上，也为我提供了很多有价值的信息。[1]

查尔斯·欧曼

1898年3月1日于牛津

---

[1] 本书译制、编辑过程中又由译者加入了大量其他来源的图片和示意图。

第一章

从罗马时代进入
中世纪的军事变革

第一节
罗马军团的最后时光
（235 年至 450 年）

　　3世纪中叶至5世纪中叶是军事史上的一段转型时期。在这样一个变革的时代中，军事上所发生的变化，与同时代社会其他方面的一些变化一样剧烈而又彻底，将欧洲的政治和文化历史引向了一个全新的轨道。与社会中其他所有方面相同，古代世界的规范在战争中也逐渐消逝，一套新秩序则逐渐发展壮大起来。

　　这个时代中，战争艺术发展方向的最显著变化，即为久经考验，与罗马宏伟历史紧密联系在一起的罗马军团逐渐解体。250年时，在战场上被罗马帝国将军寄予厚望的核心力量，依旧是那些身着重甲的重步兵。但到了450年时，骑兵已经成为足以决定一切的力量，步兵变得声名狼藉，而"军团"这一名称也几乎被人完全遗忘了。这代表着一个原本极为高效的军事组织已经彻底消失。曾经完美结合了力量、韧性，既坚实又灵活且适应性极强的罗马军团，此时已经无法再适应时代的发展。短剑和投枪的地位逐渐被骑枪和弓箭取代。罗马帝国麾下的士兵们，也不再是左肩倚靠着盾牌，右手低握着短剑，或是从敌军的长矛壁垒中杀出血路，或是击退东方铁骑的凶猛冲锋，又或是在面对如潮的凯尔特人（Celt）和日耳曼人（German）大军时屹然不动的那些军团步兵（Legionary）了。奥古斯都（Augustus）和图拉真（Trajan）所建立的军事组织，在3世纪就开始分崩离析。到4世纪时，战斗力的极度削弱以及军事制度的变革使罗马军团面目全非，进入5世纪末期，军团终于彻底消失。

　　骑兵和轻步兵组成的罗马军队之所以能够完全取代古代军团的紧密组织，主要原因来自于帝国边境战争的危急战况。从哈德良（Hadrian）时代到塞维鲁（Severus）时代，罗马政府所采取的边防体系，主要是以在边疆后方的合适地点设立大型永备营地，在其中配置一到两个军团的方式，来对帝国在

◎ 鼎盛时期的罗马军团步兵。在共和国时期和帝国早期，重步兵始终是罗马军队的核心力量

莱茵河（Rhine）、多瑙河（Danube）、幼发拉底河（Euphrates）等地的天然疆界进行防守。这些边防军团互相之间往往相隔数十甚至数百英里，其中的间隔则只由少量辅助部队驻守的小型前哨负责监视。在一些如河流或山脉之类的天险地带，则根本没有部队防守。另外，罗马人还经常沿着边境修建漫长的防御工事，如位于英格兰北部的诺森伯利亚长城（Northumbrian Wall）以及位于南日耳曼的长城。各军团营地间则由非常出色的军事大道连接，急报也可以通过烽火和骑马的信使以最快的速度传递。倘若日耳曼人、萨尔马提亚人（Sarmatian）或者帕提亚人（Parthian）等野蛮人跨过边境，想要对罗马境内发动突袭，首先必须要跨过一道防御工事，之后还要与当地的小规模驻防军交战。通常情况下，这些驻防军足以击退小股的入侵敌军，即使敌军实力太强，驻防军也会尽可能袭扰对方，限制对方的行动范围，直到距离最近的军团从永备营地中赶到战场。

　　罗马的这套边防体系成功运转了超过一百年时间，但它同样也存在弱点。在敌军来袭的规模超乎寻常，边防军团无力抵挡的情况下，帝国并没有中央预备队能够弥补漏洞。帝国中央地带的各行省根本没有任何驻军，而且这些

◎ 罗马人修建的诺森伯利亚长城遗址。正是依靠边防军团和防御工事的结合，罗马人才能够安守疆界长达200年之久

行省中并不好战的居民也无法再像原先共和国时期的公民那样，能在短时间内组成新的军团。因此，一旦边境某处被敌军突破，罗马人只能从边境其他地区调集援军，而这种做法，只有在敌对民族只是一个接一个在边境上出现，而没有同时发动进攻时才能使用，否则整个帝国就将陷入巨大的危险。在超过两个世纪的时间里，罗马都十分幸运，从未遭遇过这种威胁，帝国的军事体系也从未经历过需要全线作战的残酷考验——在日耳曼战况紧急时，可以从不列颠调来援军，驻守在默西亚（Moesia）的军团也经常支援叙利亚（Syria）前线。偶尔会有某个行省暂时落入敌手，但由于敌军从来都是单独行动，罗马人也总是能夺回失地。西维利斯（Civilis）的叛乱曾在莱茵河的边境线上撕开了一个空洞；图密善（Domitian）皇帝手下的两位将军萨比努斯（Sabinus）和傅思古思（Fuscus）的战败也曾导致达西亚人（Dacian）深入到了多瑙河以南各行省境内；马库斯·奥勒利乌斯（Marcus Aurelius）还曾在阿奎莱亚（Aquileia）城下迎击夸地人（Quadi）。所幸罗马人总是能够从那些没有爆发战事的地区调来援军，最终阻止住野蛮人入侵的洪潮。

但是在3世纪，情况完全发生了变化。当时整个边防系统完全崩溃，罗马帝国眼看就要沦陷。自235年亚历山大·塞维鲁遭到刺杀时起，直到297年戴克

◎ 行军中的晚期罗马军团。由于缺乏战略预备队，边防军团有时不得不长途跋涉，赶往其他战场救火

里先（Diocletian）在最遥远的西方击败最后一位叛乱的恺撒为止，罗马帝国在内战和蛮族入侵的双重灾难的重压下，没有获得过哪怕一刻的喘息之机。在这60年间，至少16位皇帝和30位皇位竞争者死于刀剑之下。由于内战之中各军团自相残杀，给罗马的敌人带来了入侵良机。帝国整个边境同时遭到野蛮人的全线进攻，而此时帝国的壁垒却早已被皇帝们自行拆毁了。就在罗马因内部分裂而日渐衰落的同时，它的邻居们却变得愈发强大起来。波斯人（Persian）建立的新王国极具攻击性，在东方取代了已经衰落的帕提亚人（226年）。日耳曼人也已经建立了几个同盟，使原本四分五裂的各部落终于变得令人生畏。法兰克人（Frank）、阿拉曼尼人（Alamanni）、哥特人（Goth）等后来者，也开始出现在莱茵河与多瑙河沿岸。

只要罗马仍然依靠边防军团坚守疆界，整个帝国对敌人而言就始终是外坚而内软。虽然边境地带的防御十分坚固，难以突破，可一旦这层外壳被攻破，其内部那些富庶却毫无抵抗能力的"无武装行省"（Provinciae Inermes）便难逃一劫。当各军团都从边境被调走参加内战，将一个又一个篡位者扶上皇位之后，罗马便再无可能抵挡住来自外部的压力了。夸地人、卡尔皮人（Carpi）、哥特人在236年对多瑙河中下游发动漫长而又猛烈的进攻，拉开了235年至297年这一战争时期的序幕。马克西米安一世（Maximinus I）和腓力（Philip）花费了几年时间才将他们击退。而到了249年，当驻扎在伊利里亚

（Illyria）的军团也被拉入到了激烈的内战中之后，罗马的边境防线终于被突破了。哥特人跨过了多瑙河和巴尔干（Balkan），攻陷了默西亚和色雷斯（Thrace），将一路遭遇的所有罗马部队全都碾成了碎片。德基乌斯（Decius）皇帝在击败皇位争夺者后，急忙率军迎击，可是罗马全军都在251年那场灾难性的霍林泰雷布朗尼伊会战（The Battle of Forum Trebonii，又称阿伯里图斯会战）中被彻底击溃，这位皇帝和他的儿子也战死沙场。此前从未有罗马皇帝战死于野蛮人手中，而自从坎尼会战（The Battle of Cannae）

◎ 阿拉曼尼步兵。1. 很多阿拉曼尼亚士兵都会将头发扎成发髻，以防佩戴头盔时遮挡视线；2. 法兰克式战斧；3. 木制单体弓；4. 用于固定斗篷的胸针；5. 经过改造的罗马式头盔

以来，罗马也再未有过如此大规模战败的惨剧。在当时看来，帝国已经无法避免被斩为东西两半的命运，倘若当时蛮族中能够出现一位像后来的阿拉里克（Alaric）那样的人物，他肯定就要直捣罗马城下了。

　　在接下来的20年中，哥特人如入无人之境，横扫帝国中部各行省。原本应该用来阻挡他们的部队，要么陷入了意大利半岛的内战之中而无法抽身，要么就被派到了其他受到威胁的边境。举例而言，就在哥特人的入侵达到高潮时，波斯国王沙普尔（Sapor）在258年至259年间也攻入了美索不达米亚（Mesopotamia），击败并俘虏了瓦勒良（Valerian）皇帝，攻陷安条克（Antioch），蹂躏了叙利亚和小亚细亚（Asia Minor）。由于波斯人吸引了罗马的注意力，哥特人得以攻陷帝国中部的所有行省。他们不仅在巴尔干半岛上一路进抵雅典（Athen）和狄拉奇乌姆（Dyrrachium），甚至还有一些大胆的劫掠部队跨过了赫勒斯滂海峡（Hellespont），攻陷了卡尔西顿（Chalcedon）、特洛阿的亚历山大城（Alexandria Troas）、以弗所（Ephesus），甚至远及特拉布宗（Trebizond）。由于此时几乎每一个行省中都有妄图争夺皇位之人，倘若哥特人选出一位领袖统领全局，他们完全有可能彻底摧毁罗马帝国。内战已经成为罗马的顽疾，日耳曼人冲击着高卢（Gaul）和莱提亚（Rhaetia）的防线。慵懒而又轻浮的皇帝加里恩努斯（Gallienus）仅能维持着摇摇欲坠的皇位，而他也几乎成了罗马的萨尔丹纳帕勒（Sardanapalus），眼看就要见证罗马城以及整个帝国在这场内乱和外敌入侵合二为一的大火之中崩溃。260年至268年间，形势似乎已经绝望，不过救世主也终于开始崭露头角——顽强的伊利里亚诸帝：克劳迪乌斯（Claudius）、奥勒良（Aurelian）以及普罗布斯（Probus）重新征服了帝国西部那些叛乱的恺撒们，将日耳曼人驱逐出巴尔干半岛，并从波斯人和帕米拉人（Palmyrene）手中夺回了帝国东部。不久之后，重整帝国旗鼓、修补战争创伤的戴克里先出

◎ 正在跨越多瑙河的哥特人，他们最终也成为罗马的梦魇，甚至攻陷了罗马城

现了，在297年重新征服不列颠后，罗马帝国恢复了原有的疆界。

不过复原的却只有表面而已。在经历了60年的战乱、谋杀，以及自从塞维鲁王朝灭亡时便流行开来的瘟疫之后，帝国的国力已经几近衰竭，半数的行省已成一片废墟，另一半也已经被榨干了所有的资源。经过20年的不懈努力之后，戴克里先在表面上恢复了帝国的实力和秩序，重税政策使他得以扭转国库走向破产的趋势，重新派驻边防部队，恢复了罗马世界疆界上的防线。

然而长达60年的无政府状态和天灾人祸，已经在罗马军队的组织结构和人员身上留下了无法磨灭的印记。尽管图拉真和塞维鲁时代的大部分军团仍然存在（这些军团的番号直到戴克里先去世一百年后编纂的《百官志》（Notitia）中仍可找到），但也因为被拆散成各个大队分散部署而变得疲于奔命、缺乏组织。军团营地中只剩下少数部队守卫鹰徽，各个大队在急迫的压力下被调往各地的情况屡见不鲜，新的步兵大队和骑兵中队也在各种前所未见的奇怪名称下组建起来。帝国原本将军队分为军团和辅助部队（Auxilia）两个部分，前者由罗马公民组成，后者则来自于没有公民权的人口。212年卡拉卡拉（Caracalla）皇帝将公民权授予全部行省居民之后，这一制度也画上了句号。罗马军团步兵和非公民辅助士兵之间自古以来的区别消失，二者的境况均不比对方更好。

可即使辅助部队和军团步兵全都成为罗马人，军队中的非公民士兵却并没有消失。内战期间，皇帝们为调集手边所有可用的资源，从边境以外征召了成千上万的士兵入伍，而这些人甚至根本就不是罗马的

◎ 戴克里先皇帝的雕像。戴克里先不仅创立了四帝共治制度，而且对罗马军事体系进行了巨大的改组，建立了一支机动野战军，使罗马帝国第一次拥有了战略预备队

臣民，只是为了军饷和抢劫而作战。被击溃的日耳曼部落、萨尔马提亚人、亚美尼亚人（Armenian）、波斯叛军、内阿非利加（Inner Africa）的摩尔人（Moor）都因战局吃紧而受到了皇帝们的欢迎。这些异邦人组成的部队在此时的罗马军队之中，与先前的辅助部队相对于军团的地位相当。这些佣兵中有些人在军队中位高权重，一位据说父亲是哥特人，母亲是阿兰人（Alan）的佣兵，甚至还以盖尤斯·尤里乌斯·维鲁斯·马克西米安（Gaius Julius Verus Maximinus）之名，在三年时间里短暂地称帝。但必须注意的是，直到4世纪初，尽管这些异邦人部队的数量已经庞大得十分危险，却仍然要受到当地驻防的军团或大队节制。按照4世纪的一位学者说，这些蛮族士兵"需要得到的支援比他们所能提供的支援还多"。

不过，骑兵和轻步兵比例的增加，而对老式军团步兵信赖愈发减少的倾向在4世纪变得越来越明显。最明显的例证即为"军团"之名在帝国中不再占据显赫地位了。军团原本被认为要比任何其他部队都更强大，地位也位居各部队之首，但此时军团却沦落到只被视作如同今日被称为"战列部队"（Troops of the Line）的普通部队一般，而一些所谓的新部队（事实上仅限于新名称）和部分帝国禁卫军，在地位上已经超越了他们。当戴克里先将两个默西亚军团的番号从原有的数字编号改称为"朱庇特军"（Jovians）和"赫拉克勒斯军"（Herculians），并授予它们高于其他军团的地

◎ 赫拉克勒斯军团的一名步兵，与帝国初期的精兵已经拥有明显差别。1. 木制盾牌，可见其内部还藏有几枚飞镖；2.盾牌的截面；3.投枪

位之时，这一封赏被视为极高的荣誉。韦格蒂乌斯（Vegetius）告诉我们，到了4世纪末期，军团已经被忽视和排挤到了很难保证满员的地步——大部分新征士兵坚持要求加入辅助部队，因为那里的纪律并不像军团那样严格，勤务也比较轻松，而获得奖赏却更容易，也更好发财。

在戴克里先的重组下，尽管他和同僚建立了数量可观的新军团，但军团步兵在罗马军队中却不再像原先那样占据多数了。在戴克里先亲自统治的帝国东部，他在原有的16个军团基础上又增加了11个新军团，而军队中不属于军团步兵的其他部队则增加得还要更多。无论是原有的辅助大队、战斗群（Numeri）还是各种其他部队都大幅扩编。不过这些部队大多都没有被部署到军团所在的边境防线上。毫无疑问，戴克里先时代创立了独立于边防军（Limitanei或Ripenses）等固定防区部队以外的野战军（Comitatenses），也就是机动部队。上述那些新建部队中的精锐都被编入野战军序列。尽管这些部队中有不少人都是从莱茵河、多瑙河以外的野蛮人中征召而来的，但野战军的主要兵源仍然集中在伊利里亚、高卢和日耳曼地区的各行省。机动野战军完全驻扎在帝国内陆，作为中央预备队使用，随时可以调往陷入危机的边境地区。到了君士坦丁（Constantine）皇帝的时代，戴克里先所创设的这支野战军在数量上又得到了扩编。君士坦丁将许多边防大队和军团下辖的支队从边防军中抽调出来，加入到机动部队中。尽管这些部队的素质标准要比当时的军团更高，但还是被后来的罗马人戏称为"伪野战军"

◎ 4世纪罗马御林军中的辅助步兵，可见其中的重步兵装备已经不亚于传统军团步兵。1.重步兵；2.轻步兵

（Pseudo-comitatenses），以表示它们的地位相比老野战军较低。

因为一些目前还尚不完全明了的原因，野战军团编制仅有一千人，而边防军团却仍然维持着六千人的旧有编制。这样一来，虽然到4世纪末期罗马已经组建了70个野战军团，但它们根本没有序列表中看起来应有的那么多兵力。

戴克里先不仅建立了野战军并将其地位置于老式的军团之上，同时他也是第一位建立了大规模近卫部队的罗马皇帝，而近卫部队的地位又要比野战军更高，就好像野战军地位要高于所有老式部队一样。这些部队被称为御林军（Palatini），它们取代了原有禁卫军（Praetorian）的地位。后者在近一百年时间里不断拥立而又推翻皇帝，戴克里先自然信不过它们。他将原有禁卫军的职责范围限定在罗马城内，而他本人和其余三位皇帝都不常造访罗马。而他建立的御林军，人员则甄选自不曾受禁卫军恶劣传统所影响的士兵。我们无法确定御林军在建立时拥有多少士兵，但到了那个世纪末时，按照《百官志》中的记载，其人数已经相当可观，全军拥有24个500人的骑兵团（Vexillation）、24个1000人的步兵军团以及8个大约500人的辅助大队。毫无疑问，此时的御林军已经比戴克里先初创之时要强大许多了。正如"洪诺留军"（Honorian）、"狄奥多西军"（Theodosian）等以皇帝名字命名的部队所示，历代继位者都会在御林军中编入新部队。君士坦丁大帝曾以组建5支被称为"学院护卫队"（Scholae）的近卫骑兵而闻名，这些卫队平时担任皇帝的卫兵，并时刻准备跟随皇帝前往战场。到那个世纪末，帝国御林军总计拥有大约12000名骑兵和80000名步兵，全部（或是绝大部分）都驻扎在帝国东西的两个首都周围。

与野战军的情况相同，御林军中也存在一些十分强大的野蛮人部队，而且这些部队的规模也在4世纪中逐渐扩大。正如蒙森（Mommsen）所指出："一支部队越是民族混杂，编制越是特别，与老式罗马军团的精神差别越大，就越被看重。"

戴克里先和其他皇帝所增加的非军团步兵数量可谓巨大，但骑兵部队的增加却还要更为惊人。就好像边防军、野战军和御林军的情况一样，罗马建立了数不胜数的骑兵连（Cunei）、骑兵中队（Alae）和骑兵团。在这些骑兵中，日耳曼人、摩尔人、波斯人要比罗马公民人数更多。老式军团骑兵彻底消亡，骑兵与步兵的指挥也被完全分开了。在君士坦丁和他的直接继承者手下，

◎ 357年斯特拉斯堡会战中的罗马步兵，此时蛮族已在西罗马帝国士兵中占据了很大比重，军团的辉煌时期也行将结束

尽管骑兵已经变得愈发重要，但步兵依然占据着最重要的地位。当我们阅读阿米阿努斯·马切利努斯（Ammianus Marcellinus）所著的史书时，我们会感到他笔下的罗马军队仍然继承着提比略（Tiberius）和图拉真时代的军团风貌，只是部队和官职的名称发生了巨变而已。在君士坦丁王朝对野蛮人赢得的最后一场大胜中，朱利安（Julian）皇帝在斯特拉斯堡（Strassburg）附近击败了南日耳曼部落，这场胜利的荣誉也要归属于步兵。当时罗马的骑兵被对方击溃，逃离了战场，但步兵却在侧翼缺乏掩护的情况下，组成龟甲阵（Testudo），击败了业已取胜的日耳曼骑兵，为自己溃散的骑兵争取到了重整旗鼓的时间，最终挽救了当天的战局（357年）。

即使如此，骑兵的数量和重要性仍在持续增加。君士坦丁在解除原禁卫军长官（Praefectus Praetorio）所担负的军政大臣和全军总司令职务时，由步兵统帅（Magister Peditum）和骑兵统帅（Magister Equitum）这两位，而非一名军官取而代之，这足以证明骑兵地位的提升。到了《百官志》成书的年代，骑兵的数量似乎已经增加到了步兵的三分之一，而在老式的罗马军队中，这一数字通常在十分之一或十二分之一，很少超过六分之一。《百官志》中之所以出现如此的数字，原因在于阿德里亚堡会战（The Battle of Adrianople）的惨败，后文中我们很快会谈到这场会战在军事上的影响。不过，早在379年之前的很长时间里，骑兵就已经十分庞大且重要了。造成这一变化的原因来自于两个方面，一个明显原因即为罗马人对快速调动部队的需求越来越强。5世纪早期，日耳曼人通常以抢劫，而非征服为目的，规模相对较小的日耳曼支队溜过边境哨所，逃过追击并抢劫到战利品之后，便会返回家园。到那时为止，只出现过少数几次整个部落或数个部落的联盟全体离开原有栖息地，带着女人、孩子、家禽、牲畜以及车仗一同出发，试图在罗马境内夺得新领地的情况。谨慎的劫掠者们行动迅速，重装的军团和步兵大队并不能有效地消灭他们。老式步兵在行军时要背负着沉重的装备，而且还伴随着规模可观的行李纵列，因此通常情况下他们是无法追上入侵者的。只有骑兵或者轻步兵才适合这一任务，身着锁子甲的军团步兵则很难担负这种职责，就好像我们如今派遣战列步兵团去追捕德干（Deccan）的宾达里人（Pindaris）一样困难。

不过骑兵在数量上的增加还有另一层原因，即罗马步兵相对敌军所占据的优势，已经不再像早期那样明显了。也正因为如此，与1、2世纪相比，罗马步兵越来越仰赖于骑兵提供的支援。君士坦丁王朝时期的日耳曼人，也不再是早期那些在"没有头盔和铠甲，只装备着柳条盾牌和标枪"的情况下就试图与军团正面作战的半武装野蛮人了。与罗马帝国三百年间的近距离接触，使他们受益匪浅，成千上万的日耳曼武士曾作为佣兵为罗马效力，并将罗马式的作战经验带回了家乡。日耳曼人早已开始装备盔甲，边境部落的首领和他们精选的亲兵（Comitatus）如今已经配有身甲和头盔。普通士兵也装备了包铁的圆盾、长矛、用于刺击的短剑（Scramasax）以及用于劈砍的长剑（Spatha），一些种族中还拥有致命的战斧（Francisca），后者无论是投掷还是挥舞，都可以击破罗马人的铠甲，劈碎罗马人的盾牌。随着这些白刃战武器取代老式的日耳曼短矛（Framea），击败日耳曼部落对帝国的步兵而言也不再是轻而易举之事。与此同时，罗马军队的士气也毫无疑问地走上了下坡路：部队已不再由同

◎ 斯特拉斯堡会战中的罗马重骑兵，虽然罗马骑兵在这场会战中没能起到决定性作用，但并不妨碍他们在接下来一千年时间中占据罗马军队的主力地位

族士兵组成，地主阶级用钱买来的新兵经常素质低下，而辅助部队从边境以外征召而来的士兵比例也变得过大，而且我们也无法质疑3世纪的灾难给军队留

下的痕迹，长久以来罗马帝国战无不胜的信念和帝国的威名已经发生了动摇。4世纪的部队尽管并不缺乏勇气，但还是丧失了罗马步兵旧有的自信和凝聚力，将军们在调遣他们时也必须比从前更加小心谨慎。

这段过渡时期的终结来得迅速而又惨烈。阿德里亚堡会战是罗马军队自坎尼会战以来所遭遇的最惨重失败，阿米阿努斯·马切利努斯也将这次失败与坎尼的屠杀相提并论。包括瓦伦斯（Valens）皇帝和他手下所有的高级军官们在内，4万罗马士兵战死沙场，东部帝国的军队几乎全军覆没，再也无法恢复旧日的盛况。

阿德里亚堡会战在战争艺术史上的重要性不容置疑，这是一场骑兵压倒了步兵的胜利。会战过程中，罗马军队在进攻哥特人宿营的车城（Laager）时，将军队列成久经考验的传统阵型——军团和步兵大队位于中央，骑兵位于两翼。战斗沿着车仗组成的障碍物激烈进行，突然间一支庞大的骑兵部队冲进了罗马人的左翼。这支部队正是哥特骑兵的主力，他们原本在远方征发粮秣，

◎ 一名被哥特骑兵用骑枪刺死的罗马骑兵。阿德里亚堡会战中虽然罗马也拥有骑兵保护侧翼，但他们却被哥特人轻易击溃

在获悉战斗爆发的消息后直接赶到了战场，打击帝国军队暴露的侧翼，"就好像是一道劈在山顶的闪电一样，摧垮了其前进路径上的一切阻碍"。

罗马军队侧翼原本拥有不少的骑兵掩护，但这些骑兵在突然间遭到攻击，其中一部分被对方冲垮，又遭到了步兵踩踏，死伤惨重，其余部分则可耻地逃跑了。紧接着，哥特骑兵横扫了罗马左翼的步兵，将他们赶向罗马的中央和预备队。哥特骑兵的冲锋之猛烈，导致各军团和步兵大队互相挤压在一起，陷入了绝望的混乱之中。所有试图稳住阵脚的尝试都以失败告终，不出几十分钟，中央和预备队就已经成了一团混杂在一起的乌合之众。在看到罗马人已经因侧翼遭袭而陷入混乱后，哥特步兵也从车城防线中冲出来发动正面进攻。御林军、轻步兵、枪骑兵、辅助部队和军团在这一压力之下，也搅在一起动弹不得。瓦伦斯右翼的骑兵看到大势已去，未做任何努力便逃离了战场，右翼那些尚且没有因为交战太过激烈而无法撤退的步兵，也紧跟着骑兵毫无秩序地溃逃了。被抛弃在战场上的罗马步兵主力很快便认清了自己所面对的局面是何等恐怖——侧翼和背后已经被骑兵包围，正面又遭到从车城中冲出来的哥特大军攻

◎ 阿德里亚堡会战中交战的双方步兵。罗马步兵虽然凭借密集的阵型击退哥特步兵，但最终被哥特骑兵从侧翼击溃，几乎全军覆没

击，自己既不能战又不能逃，只能在原地等待被对方屠杀，这一画面与坎尼会战如出一辙，后来又在罗斯贝克会战（The Battle of Roosebeke）中以较小的规模重现。士兵们互相间是如此拥挤，甚至无法举起手臂挥舞短剑，长矛也被卡在了人群之中，根本无法将它们垂直立起来，不少士兵甚至直接在拥挤中窒息而亡。哥特人冲向这群发抖的乌合之众，用骑枪和刀剑刺向无助的敌军。直到三分之二的罗马士兵都已经阵亡后，才有几千人因为行列逐渐宽松和夜幕的降临冲出了包围，跟着右翼的逃兵一起向南逃亡（378年）。

　　这就是阿德里亚堡会战，重骑兵所赢得的这次胜利，显示出他们已经有能力替代罗马重步兵，成为战场上的决定性力量。早在哥特人仍逗留在南俄罗斯草原之时，这支条顿人（Teutonic）的先行者就已经把骑兵看作主力部队。后来当他们居住于乌克兰（Ukraine）时，更是受到了这片孕育出了从西徐亚（Scythian）到鞑靼（Tartar），再到哥萨克（Cossack）等骑兵的土地的影响。在哥特人看来，骑马作战要比步行作战更为光荣，每位酋长也都有一个发誓效忠的骑兵中队追随。他们原本想要向罗马寻求庇护，以抵抗不断到来的匈人（Huns），但当他们不情愿地与罗马帝国发生冲突之后，哥特人才发现自己必须要与长久以来阻挡着野蛮人的罗马军队面对面交战。双方于377年在马西安诺波利斯（Macianopolis）和柳边镇（Ad Salices）爆发的会战虽然血腥，但却并不具决定性，直到瓦伦斯调集了东部帝国所有的军队想要进行一场决定性会战时，审判日才终于到来。很可能连哥特人自己都十分惊讶地发现，凭借坚实的骑枪和优秀的战马，自己居然可以突破罗马步兵的密集列队。哥特骑兵成为战争的决定性力量，也是所有中世纪骑士的间接祖先，骑兵占据支配地位的时代从此开始，并延续了一千年之久。

　　阿德里亚堡会战彻底击垮了罗马帝国东部的军队，随瓦伦斯一同被消灭的大军之中，还包括他从波斯前线抽调而来以及所有原本驻扎在亚洲的部队。继位者狄奥多西必须担负起重组军队的任务，重建全国的军事体系。他似乎完全认清了阿德里亚堡会战的意义，全盘抛弃了旧有的罗马战争体系，认为骑兵在未来的军队中必须占据最重要的地位。为获得一支有效的骑兵，狄奥多西所被迫采取的政策使5世纪的军事体系与4世纪变得完全不同。在通过提出合理的条件与哥特人媾和之后，他便立刻开始整个部落地收编所有能够被收买的条顿酋长。哥特王公和他们的部队并没有被编入原有的罗马军队中，也没有以罗马式的纪律加以约束。他们通过向罗马皇帝，而不是哥特国王宣誓效忠，作为皇帝本人的家臣进入罗马军队服役。作为回报，皇帝会向酋长们支付黄金和粮食（Annonae Foederaticae），再由酋长们分发给自己的骑兵。由于哥特部队成了狄奥多西军队中最有效的组成部分，故国家的命运也被他们握在了手中。罗马逐渐将帝国的安危寄托在被称为"蛮盟"（Foederati）的哥特部队身上，而这一做法却招致了毁灭性的结果。从此时起，无论是皇帝人身安全的保障，还是罗马世界秩序的维持，完全取决于只要不断用金钱贿赂和加官晋爵就能从蛮盟指挥官那里所赢得的忠诚。罗马此后再也没有组建有效的本族部队来阻挡日耳曼人入侵，而原有的本族部队残余部分也在整个军事体系中沦为了二等部队。

　　阿德里亚堡会战仅仅六年后，便已经有4万名哥特和其他条顿族骑兵效力于东罗马帝国军中。依靠着这些部队，狄奥多西在几年内便从篡位者马格努斯·马克西穆斯（Magnus Maximus）手中重新夺回了高卢和意大利。在西斯卡（Siscia）和埃蒙纳（Aemona）这两场决定了387年战役战局的会战中，狄奥多西对哥特骑兵的信任得到了回报。在这两场会战中，西罗马帝国那些一向被认为是世界最优秀步兵的哥特军团，最终都被名正言顺的东罗马帝国皇帝麾下那些条顿骑兵突破、碾碎。但西方人并不愿意臣服于东方皇帝，哥特军团心中始终孕育着一种类似于民族精神的愤怒和不满。392年，他们谋杀了被狄奥多西指定为西罗马帝国皇帝，此时尚且年轻的瓦伦蒂安二世（Valentinian II），再次叛乱，试图挑战东罗马帝国皇帝和他麾下的蛮盟大军。西罗马帝国名义上由愚笨的尤金（Eugenius）领导，但实际掌握着大权的是一位名叫阿博盖斯特（Arbogast）的坚韧佣兵。西罗马帝国军队在冷河会战（The Battle of Frigidus）中面对狄奥多西，在经过远比387年更激烈的挣扎后再次被击败。他们这一次失败的主因仍是作为狄奥多西军队核心的两万名哥特骑兵所致。

　　在此之后，和东方一样，骑兵也在西方成了优势兵种。虽然高卢和不列颠步兵在一段时间内仍维持着他们原有的重要地位，但那完全是因为他们的主要敌人和兵源——法兰克人和撒克逊人（Saxon）这两支条顿种族都还没有学会骑马。由于日耳曼佣兵后来在西方也成了帝国军队的主力，因此与东方一样，罗马本土士兵被降格到了二等部队。只要浏览一下5世纪时的高级军官名册，即可发现外族军官在数量上已经超过了罗马人。虽然自从君士坦丁的时代开始，就已经有大量半罗马化的野蛮人担任部队指挥官，阿米阿努斯也在史书中记载了其中不少人的事迹，但直到狄奥多西时代，外族军官数量才开始逐渐膨胀，占据了大部分军官职位。在狄奥多西去世后经过大约三代人的时间，从斯提里科（Stilicho）到阿斯帕尔（Aspar）和里西默（Ricimer）时期，毫不夸张地说，军队中几乎所有的高级军官职位都已被日耳曼人所占据了。在这一时期，埃提乌斯（Aetius）和马切利努斯是仅有的两位罗马高级将领，而其余高级将领则全都是外族人。事实上，随着蛮盟成为军队中最重要的部分，这一情况也是十分自然的，因为蛮族军队除了自己选择的酋长和王公以外，不会听令于任何其他领导。

韦格蒂乌斯在那部著名的论著《兵法简述》（*De Re Militari*）中，收录了一幅大约绘于瓦伦蒂安二世第二次统治西罗马帝国时期（388年至392年）的绘画，为我们揭示了西部各省中帝国军队的军容。如果韦格蒂乌斯并没有一味记录理想状况下的军队编制而改为记载当时军队的实际状况，这部著作对我们而言就会更有价值。他对于很久之前罗马军团全盛时期的组织、操练以及战术的关心，远超过对他自己所在时期那些同样背负着军团之名却已经大为退化的部队的研究。韦格蒂乌斯并没有记载390年的蛮盟大军或是仅有1000人的小型军团和战斗群，而是固执地在书中详述了帝国早期的军队组织。那时所有军团的编制中都还有5000名至6000名士兵，军团也仍是帝国军队中最重要的组成部分。显然，韦格蒂乌斯希望用这部写给瓦伦蒂安的教材，教导这位年轻的皇帝重建帝国军队原有的纪律和组织结构。因此我们也只能在这部书中读到理想化的规定而非实际情况，韦格蒂乌斯也经常用"这种习惯早已消失"或"这些操练如今只有一部分仍在实行"等词句证实我们的看法。

韦格蒂乌斯非常崇拜旧式军团的组织理论，因此完全忽视了在过去一百年间军事体系发生变化的原因所在。他对于罗马步兵之所以衰败的解释，完全建立在一个我们可以认定为伪造的故事之上。他写道："从共和国直到已故的格拉提安（Gratian）皇帝在位时期，罗马步兵都配有头盔、胸甲和盾牌，但在格拉提安时代，由于懒惰和玩忽职守，日常的操练演习逐渐荒废。由于士兵平时不再习惯穿戴盔甲，因此到了战时就感觉盔甲太重。后来皇帝放宽了要求，允许他们在作战时不穿胸甲，后来又允许他们不戴头盔，这样一来，当我们的士兵前去与哥特人作战时，胸膛和头部就没有了保护，在无数次战斗中都因此被对方的矢石所消灭。可即使经历了如此之多的悲剧，丢掉了那么多伟大的城市，却还是没有指挥官能够劝服士兵们重新穿上原本对他们大有裨益的头盔和胸甲。自那之后，每当我军士兵在不穿盔甲的情况下走上战场时，他们头脑里所想的就不再是如何取胜，而是如何逃跑。我们能指望那些只装备了弓箭，没有头盔和胸甲，而弓箭和盾牌又不能同时使用的步兵发挥什么作用呢？因此，自从步兵们无法忍受穿着老式盔甲所带来的苦劳时起，他们就只能将裸露的躯体暴露在受伤或死亡面前，要么就只能选择投降（这比受伤或阵亡还要更悲惨）或者通过可耻的逃亡背叛祖国。结果却是，相比承担起必要的劳苦，士兵们反而可耻地选择像羊群一样被对方屠杀。"

雄辩家成分多于士兵的韦格蒂乌斯在这里用非常奇怪地方式扭曲了因果关系。虽然在他生活的年代里，大部分罗马步兵都已经抛弃了盔甲而变成了轻步兵，而这种趋势也确实是以格拉提安统治西罗马帝国，也就是阿德里亚堡会战摧毁东罗马帝国军队之后的时代作为起点。但这个故事里其余的部分很明显是荒谬不实的。罗马帝国的步兵在与哥特人初次交战时，依然身穿着全套的旧式盛装。生活年代与这段故事发生时期完全相同的阿米阿努斯，在记录阿德里亚堡会战时两次提到了军团步兵身穿着盔甲。十年之后，又有一位学者将自己关于武器装备的论著献给了狄奥多西、阿卡狄乌斯（Arcadius）和洪诺留等三位奥古斯都，他在其中便建议说，当士兵在冬天或寒冷潮湿地带作战时，应在胸甲以内穿

◎ 正在练习射箭的罗马步兵。到罗马帝国后期，步兵所依赖的主要武器已经变成了弓箭而非刀剑，地位也沦为辅助部队

着厚实的内衣。又过了十年，阿卡狄乌斯军中的罗马士兵们依然穿戴着头盔和胸甲。

在一个骑兵穿戴越来越多的盔甲的时代，认为步兵会仅仅因为懒惰和体弱无力就将盔甲抛弃，毫无疑问是荒唐可笑的。事实情况是，装备传统胸甲的士兵在战场上已经失势了。在仅靠重步兵组成一条坚固战线即可抵挡哥特骑兵的希望落空之后，罗马军队开始着眼于增加步兵中弓矢部队的比例，同时也开始扩编并强化自己的骑兵部队。只要弓箭和长枪的配合足够合理，就足以抵挡住英勇有余但却组织混乱的骑兵洪潮——就好像一千年之后福尔柯克（Falkirk）与克雷西（Crecy）两战中的情况一样。

即使这种新战术在面对阿拉里克的哥特人和阿提拉的匈人时先后遭遇失败，我们也不能将其原因归结为战术本身存在问题。洪诺留、阿卡狄乌斯以及他们的后继者之所以屡次失败，部分原因在于军队中的条顿蛮盟部队并不可靠而且十分贪婪，完全只为赏金和抢劫作战，毫无忠诚可言；另一部分原因则在于本土部队受到轻视，甚至还要忍受地位低于蛮族友军的窘境，导致他们丧失了勇气，士气低落。只要能够拥有像斯提里科或埃提乌斯那样的优秀指挥官领导，罗马军队依然能够打出一些漂亮仗。但通常情况下，指挥官却总是一些追逐名利的佣兵或是无能的宫廷宠臣，导致在整个5世纪里，罗马军队的表现越来越差。情况的恶化已经无可避免，随着条顿辅助部队发觉自己的雇主越来越虚弱无力，他们也变得愈发贪婪不忠。而那些本族部队看到帝国深陷泥潭，也丢掉了一切的自尊和对胜利的渴望，最终真的成了韦格蒂乌斯所言的懦夫，他们在走上战场时，心中所想的都是如何找到最安全、最容易的撤退路线。

在洪诺留和阿卡狄乌斯治下，罗马军队不再是一支有组织的正规军。大约于406年成书的《百官志》正是在这二位皇帝共治时期写成的，按照其中的记录，一些旧有的制度仍被保留了下来。许多弗拉维王朝（Flavian Dynasty）时代的步兵大队、战斗群，甚至连帝国早期便已建立的军团仍然存在于军队序列之中，只不过他们已经被数不胜数的蛮族部队所淹没，并被冠以"洪诺留军"、"狄奥多西军"、"瓦伦蒂诺军"（Valentiniani）、"阿卡狄乌斯军"（Arcadiani）之类华而不实，甚至可以说怪异的名字，而并没有继续按照更容易看出军团民族构成的老式命名办法，如卡马维（Chamavi）步兵大队、朱顿基（Juthungi）骑兵中队、法兰克大队、阿拉曼尼大队、泰法尔（Taifalae）、哥特、阿兰中队等等（406年至409年）。随着哥特王阿拉里克的入侵以及同时期君士坦丁在不列颠（407年至411年）、马克西穆斯在西班牙（411年）以及约维努斯（Jovinus）和塞巴斯蒂安努斯（Sebastianus）在莱茵河边境（411年至412年）等地接踵而来的叛乱，再一次给罗马军队带来了巨大的混乱。

正是在这一黑暗的年月中，罗马军队最终瓦解了，大部分本族军队随之消失，而与此同时无能的洪诺留却始终躲在拉文纳（Ravenna）的城墙和沼泽后方。早在阿拉里克时代之前，君士坦丁堡早已领教过了哥特骑兵的威力，并且已经设法让他们暂时为自己效力，意大利人对此应该也一清二楚，可此时的哥特人，却还是像之前之于东方一样成了罗马城的梦魇。骑枪和战马为他们赢得了胜利——斯提里科的将才，西罗马帝国训练有素的旧式轻、重步兵以及部署在军团两侧的本族或是蛮盟骑兵，都无法抵挡哥特骑兵的冲锋。直到斯提里科被他那位不知感恩的皇帝谋杀之后，帝国获得救赎的最后希望也随之消逝。哥特征服者们任意踏过意大利的土地，最终攻陷了王城拉文纳。他们后来之所以撤出意大利，也完全是出于自己的意愿，因为此时世界上已经没有任何部队能够阻挡他们了（409年）。

欧洲南部的步兵时代至此彻底告终。步兵虽然依旧存在于军队之中，但已经不再是军队的核心战斗力量，而是沦为了辅助部队——或是在会战时被当作轻步兵使用，或是用来驻守要塞，抑或是在骑兵无法深入的森林和山地中作战。罗马人和野蛮人都将他们的精力，集中在了骑兵部队的建设方面。

到匈人出现在罗马边境之后，这一趋势变得更加显著。这支新出现的马上民族，因数量庞大、行动迅速，而且可以发射出足以让敌军无法接近的箭雨而战无不胜。他们的战术可谓是教王阿尔士朗（Alp Arslan）、成吉思汗（Genghiz）以及帖木儿（Tamerlane）等人的原型。匈人对罗马军队的影响也十分显著：在匈人的范例引导下，罗马骑兵也引入了弓箭。随着5世纪的发展，罗马本族军队已经变得与他们在1世纪时的敌人——帕提亚骑兵相差不多了，较为高等的骑兵部队全部身着锁甲，配备弓箭和骑枪。与这些马弓手并肩作战的条顿蛮盟骑兵则仍然只装备着骑枪，而这也正是埃提乌斯和里西默指挥下在沙隆（Chalon）平原上抵挡匈人时的罗马军队。

◎ 沙隆会战中正与匈人作战的罗马步兵。在能干的将领指挥下，5世纪的罗马步兵依然能发挥出不错的战斗力。但大多数情况下，罗马将军没有这种才干，步兵也因此而愈发衰弱

具有决定性的沙隆会战实质上是一场非常精彩的骑兵战。双方的马弓手和枪骑兵互相对决，埃提乌斯的罗马部队拥有狄奥多里克（Theodoric）的西哥特（Visigothic）骑士作为盟军，阿提拉（Attila）的匈人轻骑兵大军也有更加稳重的日耳曼仆从军以及东哥特人（Ostrogoth）、格庇德人（Gepidae）、赫鲁利人（Heruli）、锡里人（Scyrri）、卢吉亚人（Rugian）提供支援。在埃提乌斯军中，法兰克盟军一定拥有规模最大的步兵部队，但史料中从未记载他们在战斗中有何作为。但这场会战之所以能够获胜，并不是因为什么杰出的战术，而完全是得益于艰苦的激战。会战的决定性时刻，也出现在狄奥多里克的西哥特骑兵击败匈人本族部队之时，而且无论如何，这场胜利的主要功劳绝不会属于罗马士兵（450年）。

第二节
贝利萨留和哥特人（450年至552年）
——骑兵主导地位的确立

我们没有必要继续追寻5世纪军事变革的太多细节。但必须注意的是，在这个世纪中叶变革仍在滚滚向前之时，西罗马帝国和东罗马帝国的军事发展方向逐渐走向了两个不同方向。在西方，蛮盟成为帝国所依仗的唯一兵力。其中一位酋长，苏维汇人（Suevian）里西默在长达20年时间里，随意推举或是推翻皇帝。在他之后不久，又有一位锡里冒险分子奥多亚克（Odoacer）打破了西罗马帝国的皇位传承，推翻皇帝，自己以条顿国王的身份统治了意大利。只不过他为了将自己的篡位行为合法化，还是从君士坦丁堡的东罗马帝国皇帝芝诺（Zeno）那里求得了一个"罗马贵族"（Patrician）的称号（476年）。

在东方，本土部队的衰败从未达到西方那样的程度，蛮盟部队也从没有得到过政局的主导权。拜占庭（Byzantium）之所以没有沦落为里西默或奥多亚克之流的囊中之物，多半要归功于皇帝利奥一世（Leo I，457年至474年）。这位皇帝受到意大利所发生的变故警告，决心即使在一定程度上牺牲作战效率，也要始终维持本土部队的规模，以制衡条顿辅助部队。尽管正是日耳曼将军阿斯帕尔拥立他登上皇位，但由于忌惮这位将军的显赫威名，他还是心狠手辣地杀死了阿斯帕尔。与此同时，利奥也开始增加军队中罗马人的比例。继位者芝诺（474年至491年在位）继承了利奥的政策，甚至还成为第一位将小亚细亚南部艰苦山区行省的伊苏里亚人（Isaurian）动员起来服役的皇帝。在此之前，这些狂野的高地人一直被罗马人视为难以驾驭的惹是生非之徒，直到芝诺才终于将他们的勇气动员起来用于保护，而不是抢劫自己的邻居。这就好像13个世纪之后，威廉·皮特（William Pitt）将苏格兰高地上那些以抢劫为生的凯尔特人动员起来，将他们编成数个步兵团一样。除此以外，芝诺还招募了亚美尼亚人以及其他一些罗马边境地区的居民。到芝诺的继位者接管东罗马帝国军队时，其中的本土部队已经足以制衡蛮族部队了。另外，芝诺还做出了另一个正确决定，即将条顿辅助部队中最强大的东哥特人全部哄骗到意大利去。如果不是如此，倘若狄奥多里克在击败了芝诺的数位大将、践踏诸多省份后仍留在巴尔干半岛，东罗马帝国就将陷入巨大的危机。所幸，狄奥多里克受到芝诺皇帝的建议和威名影响，决定带领着他的东哥特子民前去寻找一片新的家园。这样一来，默西亚和马其顿虽然已被践踏成一片废墟，但至少没有野蛮人定居下来（489年）。

在芝诺的继位者阿纳斯塔西乌斯一世（Anastasius I）以及查士丁一世（Justinus I）相对和平的统治期间，东罗马帝国在军事和财政两方面都恢复了相当的实力。一本流传至今的小册子告诉我们，此时东罗马帝国军队的战斗力已经完全集中在了骑兵身上。一位并非行伍出身的纸上谈兵者厄比西乌斯（Urbicius）曾向阿纳斯塔西乌斯进言，说他"发明了一种能够让步兵抵挡骑兵的办法"。他在开篇序言中声称为适应新的战争形势，必须建立一套新的防御体系，因此他提议重新采用古老的马其顿方阵。只不过在他的体系中，方阵必不可少的长矛屏障并不再由士兵们自己手持长矛来组成。步兵们以弓箭和标枪作为武器（显然此时所有罗马步兵都装备了远程武器），每十人配属一匹驮马，负责背负装有矛尖的短木桩。敌军进入视野之后，步兵们必须迅速将木桩布置在队列前方，组成一道不间断的拒马（chevaus-de-frise）。如果地势开阔，敌军又有可能从不同方向发动进攻，步兵们就要组成一个空心的四方阵，并在所有方向上部署尖刺和木桩。"野蛮人在冲锋时通常十分鲁莽冲动，这些拒马将会迫使他们停下脚步，之后我方步兵所发射的箭雨即可在敌军拆毁屏障之前一排接一排地杀伤敌军，而这毫无疑问将会击溃敌军。如果能够用每支步兵部队都配有的弩炮加强四角，则更加万无一失。"

这种不如说是幼稚的方法，缺点也是显而易见。它假定步兵们总是有充足时间去组成四方阵，而各部队从驮马上卸载木桩时的速度也必须步调一致，因为只要这道屏障上出现哪怕一个漏洞，都将带来致命后果。不仅如此，这种战术还会导致部队陷入动弹不得的境地。一旦组成四方阵，部队便再也无法移动，只要敌军尚有一个中队未被击溃，步兵们就必须死守阵地。另外，如果野蛮人在一次骑兵冲锋的掩护之下派出几队步兵去拆毁拒马，他们也肯定能够在某些地方取得成功。即使在最理想的情况下，这种方法也只能防止步兵被敌军击溃，永远不可能对敌军施以致命打击。因为它会导致部队无法采取攻势，只能从自始至终地采取守势。

事实证明，这种战术从未被投入到实践检验中去，东罗马帝国的

◎ 查士丁尼时代的罗马军队。无论是在作为主力骑兵，还是在作为辅助力量的步兵中，蛮族士兵的比例都已经相当高

军队也始终将胜利希望寄托在本土和蛮盟骑兵身上。幸运的是，厄比西乌斯及其主人阿纳斯塔西乌斯之后那一辈人所进行的战争细节，被普罗科皮乌斯（Procopius）这位观察力敏锐而又十分能干的亲历者记录了下来。从他的书中，我们可以读到有关6世纪中叶东罗马军队的所有知识，无论是阵型部署、组织结构还是战术体系都应有尽有。

在查士丁尼（Justinian）手下那支为罗马帝国重新征服了意大利、阿非利加以及南西班牙的军队中，各族酋长领导的外族辅助部队和本土正规部队数量大体相当。蛮盟部队虽然仍以格庇德人、赫鲁利人、伦巴第人（Lombard）等条顿人为主力，但其中也混杂有数量可观的匈人和一定数量的亚美尼亚人。本土部队在一定程度上说即是原先常备军中幸存下来的各战斗群，但在此基础之上还有大批新部队，都是由经过皇帝允许的将军们为执行特殊任务或应对紧急情况而自行组建的。这种体系与中世纪英国的军队招募方式有几分相似之处，但更像是17世纪华伦斯坦（Wallenstein）和曼斯费尔德（Mansfeld）在名义上受皇命招募部队，却还是要依靠自身威名吸引佣兵的情况。

此时无论在蛮盟还是本土部队中，骑兵都已经成了更重要的兵种。从亚洲各省招募而来，身着锁甲的铁甲骑兵（Cataphracti）以及胸甲骑兵尤其受普罗科皮乌斯青睐。普罗科皮乌斯在书中指出，当时的马弓手要比古时的重步兵更加优越，由于这段文字极有代表性，我们在此也加以引述：

"有人一提到我们今天的步兵便称他们'不过是一群弓箭手罢了'，而只去称赞历史上那些'手持盾牌与敌军进行白刃搏斗的军团步兵'。这些人为我们失去古时的好战勇气痛心疾首，但事实上这却正代表着他们不过是无知百姓而已。他们说弓箭手在古时是受人鄙视的兵种，却不记得在他们所说的荷马（Homer）时代，弓箭手是既不骑马也没有装备长枪、盾牌或盔甲的轻装部队，他们徒步进入战场，或躲在战友的盾牌背后，或依靠岩石作为掩护。这样的弓箭手当然既不能有效保护自己，也不能信心十足地攻击敌军，只能小心翼翼地周旋于战斗的边缘地带。不仅如此，由于这些人的体质柔弱，而且缺乏射击技能，他们只能把弓弦拉到胸口，箭矢飞出时自然显得漫无边际，而且威力可能也不足以杀伤敌军。"

　　"但我们今日的马弓手已经完全不同了，他们身着胸甲，腿上也拥有及膝的胫甲。这些马弓手们配有弓矢和刀剑，大部分人配有长枪，左肩上还有一块小盾，它们由皮带绑在肩膀上，而无须用手握持。他们骑术高超，能够在战马全速奔跑时弯弓射箭，无论是前进还是撤退时都能保证箭矢的精准。他们并不将弓弦拉到胸口，而是拉到脸颊，有时甚至会拉到右耳，因此箭矢的威力也变得更大，总是能给敌人造成致命伤害，甚至能够毫不费力的同时穿透盾牌和胸甲。可即使如此，仍然有厚古薄今之辈因无知和愚昧，对我们的马弓手抱有鄙夷。然而这些马弓手的效率，

◎ 6世纪的罗马马弓手

早已在历次大战中展现得一清二楚了。"

　　事实上，拜占庭人在6世纪所采用的骑兵战术不仅完全适合于当时的职业士兵们，而且也要比先前罗马人的步兵战术更优越一些。在当时的将军们看来，只要能够让本土部队的马弓手与外族酋长率领的伦巴第、赫鲁利、格庇德等只用长枪做武器、装甲更为厚重的蛮盟部队配合作战，仅靠骑兵便足以进行一场会战了。在本土骑兵担任轻装部队，再由蛮盟骑兵加以支援的情况下，除驻防要塞或在森林、山区、沼地等骑兵无法通行的地带作战以外，步兵似乎便再无任何使用价值。而且这种观点也得到了不少战例的证明——第一次波斯战争中十分激烈、艰苦的达拉会战（The Battle of Daras）便主要是依靠骑兵赢下来的。而更具决定性的特里卡梅伦会战（The Battle of Tricameron），也就是将汪达尔（Vandal）势力逐出阿非利加的那一战，更是完全由骑兵打赢的。步兵在当天被远远地甩在了后方，直到会战结束、夜幕降临之后才抵达战场。

　　查士丁尼麾下军队所取得的成就，无愧于普罗科皮乌斯给予他们的盛赞。他们所打赢的胜仗都来自于自身的强大，而败仗却基本都可以归因于皇帝的昏庸政策——查士丁尼坚持将指挥权割裂以交给几位不同的将军。这样一来，虽然他增强了对军队的控制，却牺牲了军队本身的作战效率。查士丁尼也许可以辩解说，东罗马帝国此时的军队招募方式已经形成了对皇帝权力的长期威胁。条顿人以士兵们效忠于王公个人的方式，围绕各自王公组建部队，而这种体系也已经深入到了罗马部队的根基之中。由于此时皇帝已经开始允许一些最出色的军官自行为帝国招募部队，而不仅仅是任命他们去指挥帝国原有的常备军，因此这种在蛮盟中始终占据着主导地位的效忠体系，也逐渐传播到了本土部队中间。在整个6世纪里，皇帝始终忌惮于士兵对其直接上级的

◎ 一幅描绘查士丁尼及其手下重臣的马赛克画像，分列这位皇帝两侧的便是贝利撒留（左）和纳尔塞斯（右），二人都曾立下赫赫战功，手下也都拥有规模庞大的家兵

忠诚。这些士兵们因指挥官的威名而应征入伍，而他们对指挥官的忠诚很可能导致他们对皇权视而不见。到后来，将军们又获准可以将任何在战斗中表现出色的士兵编入个人卫队之后，名将们就开始被规模和入伍动机都令人感到十分危险的家臣所簇拥。贝利撒留（Belisarius），甚至太监纳尔塞斯（Narses）等人都拥有由忠实部下组成的庞大部队，其中贝利撒留在对哥特人作战取得大胜的时期，拥有不少于7000名效忠于他本人的老练骑兵。因此也无怪乎罗马人会喊出"仅凭一人家兵便推翻了狄奥多里克王国"之言。

若以更加现代一些的情况来举例，这种亲兵部队的存在，使每一位成功的罗马指挥官都有成为华伦斯坦的能力。可这样一来，皇帝为了避免某位军官变得功名过于显赫，就不得不让几位互相不和的将军共同指挥军队，而这通常都会带来灾难性结果。这种由忠诚于将军个人的部队组合而成的帝国军队，正是6世纪罗马军事体系的显著特征。在当时，人们会以指挥官的名字而非正式番号来称呼其手下部队，这足以显示出这种体系的普遍性。这与罗马原先的习惯实属天壤之别。

重骑兵与弓箭的结合，在查士丁尼大军中所占据的主导地位，从其在东西两个方向上面对帝国最重要的对手时所赢得的三场主要胜利中可见一斑。

三场胜利中时间最早的是530年的达拉会战，这也是贝利撒留所赢得的第一次决定性胜利。达拉是一座重要的边境要塞，在当时受到了40000波斯军队的威胁。贝利撒留为避免达拉遭到围攻，集中了22000人马。他将士兵们部署在城墙下不远的地方，以便在被击败时可以迅速寻求城墙的保护。其主要由步兵组成的中央部分要比两翼更为拖后，而且受命避免与敌军进行白刃战。左右两翼实力相等的骑兵部队位置则相对靠前。为避免两翼和中央脱节，步兵阵线两侧还各布置有600名蛮盟骑兵（匈人），以便从最近的距离上支援两翼骑兵。在步兵阵线的背后，则是贝利撒留本人和由胸甲骑兵组成的将军卫队。贝利撒留的整个正面由一道壕沟掩护，其上开有数条可供部队自由进退的通道。由于双方在会战中都曾不止一次跨过壕沟而没有遭遇什么困难，可见这条壕沟并非难以跨越的障碍物。贝利撒留在一翼上拥有一座孤立山丘作为掩护，另一翼是否拥有同样的掩护则不得而知。

波斯人似乎组成了两条战线，他们也和罗马人一样将骑兵部署在两翼，而步兵位于中央。不过其具体排布方式并没有得到明确记载，我们只知道所有的激烈战斗都是由骑兵进行的。按照贝利撒留的评价，波斯步兵不过是一群"半训练的农夫，只能担任苦役或从远距离射箭"。第

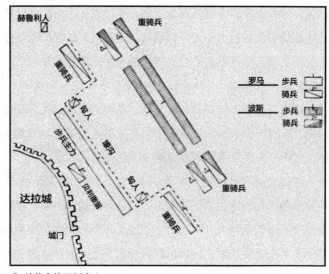

◎ 达拉会战（530年）

一天，双方仅进行了一些没有决定性的散兵战斗，第二天才迎来了激烈的会战。

波斯人开始推进之后，便与罗马的两翼发生接触，但由于罗马的中央部分位置拖后，即使在两侧的骑兵已经爆发激战之后，双方步兵仍然仅限于以弓矢互射。在罗马军队的左翼，波斯人起初占据了优势，但当他们越过壕沟之后，侧翼便遭到了罗马步兵左侧的匈人骑兵冲锋。与此同时，一小队隐藏在那座孤立山丘上的赫鲁利蛮盟部队也对敌军后方发动了冲锋。波斯人在被击败之后只好撤退，但并没有溃散或退出战场。罗马人则重新占据了开战之初的阵地。

与此同时，波斯人对罗马右翼的进攻要远比左翼更为猛烈可怕。波斯指挥官将著名的不死军（The Immortals）以及从其他骑兵中挑选出来的精兵布置在了这里。在第一次冲锋之下，罗马右翼的骑兵便被赶向了达拉城门。可这样一来，得胜的波斯骑兵便与其中央脱节了，而后者此时还在与躲在壕沟中的罗马步兵用弓箭互射。为打击波斯中央与左翼骑兵之间的空隙，贝利撒留首先投入步兵阵线右侧的600名匈人骑兵，之后又将原先位于步兵左侧的匈人也投入了进去，这支部队早在罗马左翼的危险告一段落之后被贝利撒留召回。贝利撒留也亲自率领将军卫队紧随其后。在侧翼和背后遭到上述生力军打击之后，波斯左翼掉过头来开始逃跑，而其逃跑的方向更使其与中央部分彻底脱节。在命

令重新集结起来的右翼骑兵去追击逃敌之后，贝利撒留率领匈人和将军卫队打击波斯中央部分暴露的左侧，位于此处的波斯步兵立刻便被击溃逃亡，大批士兵被罗马人屠杀。此战过后，波斯人便再也不愿在开阔地上与罗马军队进行正面会战了。

这场会战的战术要点在于，贝利撒留通过将步兵部署于拖后位置并由壕沟对其加以保护等精心部署，始终没有让步兵承担战斗的压力，而将重任完全交给了骑兵部队。骑兵则被部署于突前的位置上，以此来将敌军的主要冲击吸引到他们身上。由于波斯人也同样采取了加强两翼的部署，贝利撒留得偿所愿，其中央步兵几乎完全没有受到任何冲击。如果对方指挥官采取完全相反的计划，加强自己的中央，并以罗马阵线的相应位置作为主要攻击点，贝利撒留也可以在敌军进入罗马两翼和中央拖后步兵构成的空心地带之后，挥动两翼骑兵攻击波斯侧翼，击败对方。

对于碾压了汪达尔人的那两场战斗，我们无须多加太多笔墨。其中的十里会战（The Battle of Ad Decimum）不过是一些机缘巧合的结果，战斗双方仅在毫无准备的情况下进行了几次互不相关的小战。在这场会战中仅有一点值得注意，即匈人轻骑兵的冲锋在当天起到决定性作用。而第二场，也是真正具有决定性意义的特里卡梅伦会战则是一场纯粹的骑兵战斗。在贝利撒留发现汪达尔人已经列好了阵势与他对敌时，罗马步兵仍然被落在后方行军。但即使如此，贝利撒留仍然决心立刻迎战，他将蛮盟骑兵和本土的骑兵常备军分开部署在两翼，而将全军的精锐，此事人数已达到数千人之多的将军卫队部署在中央。罗马人的正面由一道小河掩护，贝利撒留希望能够引诱汪达尔人渡河，以便在对方因渡河而秩序发生混乱时对其进行冲锋，可汪达尔国王格拉米尔（Geilamir）却没有采取攻势，始终在河对岸按兵不动。贝利撒留派出一些小股部队，渡河去骚扰对方的中央，试图引诱对方对自己发动冲锋，不过汪达尔人始终能够控制住自己，仅派出了规模比罗马小股部队稍大一些的骑兵，将罗马人逐退到了河对岸，而自己却并没有渡河追击。在看到敌军变得如此小心谨慎之后，贝利撒留便认定对方已经因十里会战的失败而士气低落，自己可以用速决战击败对方，因此贝利撒留命令自己的中央部分渡过小河，前进发动攻击。汪达尔人则围在这支部队周围，在一段时间之内给将军卫队造成了极大的打击。可正当汪达尔人所有的注意力都集中在试图包围并摧毁罗马军队中央之时，贝利撒留开始推进其两翼的部队，命令他们渡河全力参战。汪达尔人由于对敌军的全线进攻准备不足，而且又在试图包围罗马中央的过程中被敌军打击了侧翼，其两翼一触即溃。而两翼的逃亡又使中央失去了掩护，导致后者几乎全部被罗马人杀死，其中也包括国王的弟弟，军队的司令官特查宗（Tzazo）。格拉米尔本人的表现十分拙劣，根本没有尝试重整部队，而是骑着一匹快马逃之夭夭（535年）。

汪达尔王国就这样在不到一小时的骑兵战斗中被终结了。这场战斗给人们的教训在于两支骑兵部队对决时，完全采用消极防御态度的一方即使人数上占有明显优势，也一定会在面对敌军冲锋时被击碎。显然，格拉米尔本应在罗马中央军队渡河时向对方进行冲锋，可他并没有这样做，而是任由对方对自己发动攻击，导致会战失败。1300年后，英国重骑兵在巴拉克拉瓦（Balaclava）的冲锋也在小规模上印证了这一经验。当时也是较为强大的那支骑兵停在原地坐等攻击，并在一段时间内顶住了苏格兰灰色轻骑兵（Scots Grey）和恩尼斯基林龙骑兵（Inniskilling）的正面进攻，可是短短几分钟后，当皇家骑兵卫队和第4、第5近卫龙骑兵团对其侧翼进行冲锋之后，敌军便立刻被击溃，并陷入了灾难性的混乱。

查士丁尼发动的三场战争中规模最大的哥特战争，本质上是一场由围攻而非会战组成的战役。直到贝利撒留占领拉文纳为止的战争前半段，哥特人和帝国军之间并没有爆发哪怕一场全面会战。在战争的这一阶段，决定性事件为罗马城的长期围困，最终哥特人不得不接受挫败选择撤退。导致该结果的部分原因在于哥特人缺乏使用攻城武器的技巧，另一部分原因也在于坎帕尼亚（Campagna）地区流行的致命热病削弱了他们的兵力。不过即使围攻战是535年至540年间战争的主角，双方还是发生了很多散兵战斗和小规模战斗，只不过从这些战例中，我们无法看出双方的数量和战术。我们可以看到，这些战斗中几乎所有的对决都是由双方骑兵进行的，而骑兵似乎在双方兵力中也占据了超过一半的数量。从史料中我们可以发现，贝利撒留极少使用的步兵部队中，有不少人都在战争的第三年设法弄到了马匹，并学着成为轻骑兵，甚至曾有一次，步兵中最优秀的伊苏里亚弓箭手指挥官找到贝利撒留抱怨，他们

◎ 在贝利撒留坚守罗马的过程中，往往只派骑兵出城作战，步兵只能在城墙上观战喝彩

因在大部分战斗中都无法参战而感到十分苦闷，因此贝利撒留在后来的一次出击中给他们安排了重要的位置。毫无疑问，这一安排只是为了安抚这些勇敢的士兵，而绝不是认为将他们置于第一线会对战斗有利。战斗的结果对这些步兵而言也十分苦涩——己方一小队骑兵头脑发热地逃跑，冲过了伊苏里亚弓箭手的行列，使他们陷入了混乱，紧接着哥特骑兵又攻击了这支步兵部队，将他们彻底击溃。两位负责这次出击的指挥官，普林西皮乌斯（Principius）和塔木图斯（Tarmutus）均在试图重整溃散的部队时被杀。这次战斗的结果也只会让贝利撒留更加确信骑兵的优势地位。

幸运的是，这位伟大将领对这次战争中战争艺术形式的见解被保存了下来。在罗马围攻战期间，他手下的一些军官询问他如何敢于凭借如此小规模的部队去攻击哥特势力，试图寻找到他一直以来对最终获胜充满信心的原因。根据当时亲自在场的普罗科皮乌斯的记载，贝利撒留做了如下回答："在与哥特人最初的几场散兵战斗中，我总是会去观察敌军，寻找对方战术中的优点和弱点，以便调整我自己的战术加以应对，尽可能弥补我在数量上的劣势。我发现，我们与敌人最大的区别在于我军的罗马常备骑兵和匈人蛮盟都是马弓手，而敌军的骑兵却并不懂得如何骑射。由于哥特骑兵只会使用骑枪和刀剑，而他们的步弓手又总是被部署在重骑兵的背后，因此他们的骑兵只有在白刃战中才能发挥效力，很容易在双方接触之前就在队列中被射倒。另一方面，他们的步弓手因为绝不敢向敌军骑兵前进，因此始终都只能留在后方太过遥远的地方。"哥特大军的两只臂膀始终无法协调行动，骑士们总是想接近敌军，而弓箭手们更愿意从远距离上射击，而且十分担心自己会暴露在敌军骑兵冲锋的面前。因此在通常情况下，前者总是会在罗马人的弓箭火力挑逗之下发动鲁莽且不成熟的冲锋，而后者在看到骑兵被击败后也会立刻撤退，绝不会抱有一丝挽回局势的想法。

贝利撒留的这些真知灼见，以及他对于哥特大军弱点的透彻了解，可以从这场战争中一场鹤立鸡群的大会战看得一清二楚（即使这位名将并没有亲自参与会战）。这场塔吉纳会战（The Battle of Taginae，552年）为战争画上了句号，赢得这次会战的太监纳尔塞斯虽然只是一位宫廷宦官，但表现出了不亚于贝利撒留的军事天赋。此时哥特人的领袖已不再是贝利撒留所面对的那位优柔无能之辈维蒂吉斯（Witiges），而是曾在不少小战中击败过东罗马人，对敌军战术了解颇深，勇猛且颇具经验的战士托提拉（Totila，原名巴杜伊拉）。这也使纳尔塞斯的胜利显得更加光彩夺目。

塔吉纳位于亚平宁山脉中部分水岭的山脚之下，位置接近现代的古比奥（Gubbio）。维蒂吉斯原本希望据守山脉一线，可是就在他集中力量守卫主要的山口时，纳尔塞斯却从一条小路绕了过去，很快就会出现在山脉西侧的山脚下。托提拉及时赶到，占据了谷底的出口，并列成战斗序列，强迫纳尔塞斯要么与他进行会战，要么就只能在面对着一支强大敌军的情况下，冒险从难行的山口撤退。这片战场位于一块群山环抱的高地平原之上，有大约两英里宽的地面适于骑兵行动，而狭窄的山谷尽头则流淌着台伯河（Tiber）的支流基亚肖河（Chiascio）。虽然罗马人在数量上占据着不小的优势，但双方在平原上的战线长度似乎相差不多。在纳尔塞斯极左翼的前方，有一座陡峭的孤立山丘能在侧翼受到攻击时提供不错的掩护，纳尔塞斯派出一小队步兵占领了这个山丘。在双方会战之前的那晚，哥特国王试图占领山丘，但他派出的骑兵无法在通往山顶的陡峭道路上站稳脚跟，并在受到了一些损失后被罗马人击退。

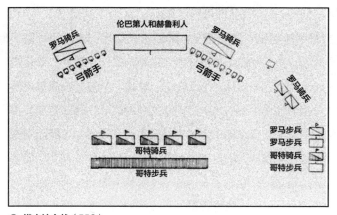

图中标注：

伦巴第人和赫鲁利人

罗马骑兵
弓箭手

罗马骑兵
弓箭手

罗马骑兵

罗马步兵
罗马步兵
哥特骑兵
哥特骑兵

哥特骑兵

哥特步兵

◎ **塔吉纳会战**（552）

有数百名日耳曼佣兵的加强，后者经常从罗马军中出逃，转而效力于他们眼中古代英王的继业者。托提拉将骑兵部署在第一线，并将全部步兵（大部分是弓箭手）列其后组成第二线。他计划不进行任何散兵战斗或缓步前进，而凭借一次出人意料地猛烈冲锋突破罗马人的中央。根据他的亲自观察，罗马军队的中央部分仅部署了步兵部队，因此被他视为薄弱环节。托提拉希望以最快速度接近敌军，以此来避开罗马部队最有效的防御手段，也就是密集的弓箭火力。在拖延了一整个上午之后，托提拉突然在午餐时分率领全军前进，试图出其不意地攻击纳尔塞斯。

为迎击哥特人的冲锋，宦官将军纳尔塞斯采用了一套似乎是由他本人所首先发明的战术——无论如何，那个时代的任何将军都不曾使用这种战术。纳尔塞斯的中央部分由精选的蛮盟部队组成，拥有八千名伦巴第人、格庇德人和赫鲁利人。他命令这些部队下马，使用骑枪进行步战。这种让披甲骑兵下马作战的战术，与后来爱德华三世（Edward III）在克雷西会战中的战术极为相似，如果考虑到纳尔塞斯还在蛮盟的下马骑兵两翼各部署了四千名罗马步弓手，二者就更为相似了。这些弓箭手位置要稍微靠前一些，使阵型呈新月形，这样一来，敌军在前进时就会发现自己进入了一片中空地带，受到弓箭手的半包围，并暴露在从两侧而来的箭雨之中。为保护这些弓箭手，没有下马的罗马本土骑兵被部署在他们背后。最后，在先前提及的那座阵线前方的山丘上，纳尔塞斯还部署了两个骑兵支队，与主力部队呈夹角布置。如果哥特步兵跟在骑兵后方一同推进，将侧翼暴露出来，这支部队即可以对其进行侧击，将其击溃。

这一独特的阵型将手持长枪、排成密集方阵的下马骑兵与侧翼的弓箭手结合了起来。在这个时代，步兵早已不再依靠整齐的枪阵来抵挡骑兵，而托提拉似乎也对他所面对的这种战术有何威力毫无概念，就连写下这场会战历史的史学家，都仅仅是从政治而非军事角度去解释纳尔塞斯的战斗序列。普罗科皮乌斯告诉我们说纳尔塞斯并不信任伦巴第人和格庇德人，认为他们可能因同情和敬仰托提拉而临阵脱逃甚至投敌，因此才让他们下马以阻止他们移动。但这一毫无道理的解释无疑是错误的，在纳尔塞斯的另一次伟大胜利，即卡西利努会战（The Battle of Casilinum）中，他也使用了与此相似的阵型，而当时蛮盟部队并没有任何不忠的可能。

到了中午时分，哥特国王突然命令骑兵发动冲锋，他们对直向着敌军的中央前进，而没有理会两侧的弓箭手。这是一个严重的错误，就像后来法国骑士在克雷西会战中所犯的错误一样。当他们进抵罗马人组成的半圆阵型中间时，就开始成百地被从两翼而来的交叉火力所射倒。由于损失惨重，再加上数百匹或是自身受伤，或是骑手受伤的发疯战马在行列中胡乱冲撞，哥特骑士陷入了巨大的混乱，他们冲锋的速度也因此被减缓到了极慢的程度。直到很长时间之后，哥特人才在经受了极大困难之后抵近蛮盟下马骑兵密集方阵所在的罗马战线中央。由于哥特人已经失去了一切的突然性和冲击力，他们没能击败对方的枪阵，使战斗陷入了两线作战的白刃肉搏中。哥特骑兵在数小时里反复冲锋，却始终无法打开突破口，而罗马两翼的弓箭手也始终不断地利用齐射大批地将他们射倒。而本应去攻击罗马弓箭手以支援骑兵的哥特步兵，却因为担心自

◎ 查士丁尼时代的法兰克军队

己侧翼会遭到纳尔塞斯左翼的骑兵支队攻击，根本没有前进到足够靠前的位置。

到了黄昏时分，哥特人已经彻底力竭，在进行了最后一次努力后，精疲力竭、士气动摇的哥特人骑兵大军开始撤退。纳尔塞斯立刻便派出罗马骑兵对他们发动冲锋，罗马骑兵在之前根本没有投入战斗，是一支生力军。哥特人随即溃逃，并在无组织的逃亡中碾过了自己的步兵，后者在混乱中也没有散开行列以供溃退的骑兵通过，始终因惊恐而无助地停留在原地。

长枪和弓箭的第一次协同作战实验以全面胜利而告终。假如托提拉命令步弓手在部分骑兵的支援下前进，或者在对罗马中央的下马骑兵冲锋之前派出一些骑兵去攻击罗马弓箭手，战况也许会变得完全不同。由于整场会战中托提拉根本没有表现出他先前赢得威名时的能力，因此我们也倾向于接受普罗科皮乌斯的说法，即他在大冲锋开始时便受了致命伤，哥特人事实上在整个下午的战斗中根本没有统一指挥。不过此事还有另一种说法，即托提拉在没有受伤的情况下逃离了战场，想要趁着夜色逃之夭夭，但却被一小队追击的骑兵杀死。后一种说法通常更被历史学家们所认可，但被认可的原因很可能只是这个说法所能提供的细节更多而已。

纳尔塞斯攻克了几座在塔吉纳和萨尔诺会战（The Battle of Sarno）后仍然坚持抵抗的哥特要塞后，哥特战争的余烬几乎要被他完全扑灭。可就在此时，他却又被派去对付一个全新而又完全不同的敌人。在奥斯特拉西亚（Austrasia）的休德伯特（Theudebert）手下两位将军——洛塔尔（Lothar）和布塞林（Buccelin）两兄弟带领下，一支法兰克大军进入了意大利，试图阻止罗马帝国享受胜利果实。与哥特人不同，法兰克人是一个步兵民族，擅长使用长枪、刀剑和战斧，下一章中我们也将对他们的战术加以详述。在坎帕尼亚的卡西利努，距离哥特人最后一搏的萨尔诺战场不远处，纳尔塞斯对他在塔吉纳会战中用来对付托提拉的战术稍作改动，便消灭了布塞林手下的8万大军。

法兰克人通常会以大纵深的纵队或楔形队形前进，其阵型的坚硬程度使其即使在侧翼受到攻击时也很难被击溃——在前进时，如果侧翼遭到攻击，法兰克人就会停止前进，转向受攻击的方向，击退进攻者。熟知这种战术的纳尔塞斯为法兰克人准备了一个可怕陷阱。他将自己的步弓手和其余步兵布置在中央，并让部分精选的蛮盟骑兵下马，列在步兵背后，同时再由罗马本土骑兵

（全是马弓手）组成两个宽度很大的侧翼。法兰克纵队在攻入中央之后，没有遭遇多大困难便击溃了第一线的普通步兵和第二线的步弓手，之后法兰克人便开始与位于轻装部队后方的赫鲁利人以及其余蛮盟部队接战，压迫着他们后退。但就在此时，纳尔塞斯将两翼的骑兵向内旋转，似乎要对前进中的法兰克纵队两翼进行冲锋，法兰克人立刻停止前进，做好了迎击骑兵的准备。可纳尔塞斯没有让骑兵接近对方，而是停在了距离对方一百码的距离上，并命令马弓手们向敌军密集纵队这一巨大的目标尽可能倾泻箭雨。由于担心阵型破裂，对方骑兵冲入空当，法兰克人既不敢向前方也不敢向侧翼前进，只能绝望地站立在原地，暴露在自己无法还击的箭雨之中。法兰克人的蛮勇虽然也使他们得以在原地坚守长达数个小时，但最终他们的士气还是发生了崩溃，并开始向唯一没有被包围的后方逃跑。等到对方已经彻底动摇，失去秩序之后，纳尔塞斯才下令进行全面冲锋。他的骑兵一再突破已经破裂的纵队，展开了一场大屠杀，据说在布塞林的军队中只有五人得以从战场上逃离。

这是东罗马军队在意大利所取得的最后一场胜利，并为战争艺术史的转型期画上了句号。古代的战术和阵型早已消失，中世纪也随着法兰克人进入战场而降临到了整个欧洲。

第二章

中世纪早期
(500 年至 768 年)

第一节
西哥特人、伦巴第人和法兰克人

当我们将眼光从罗马帝国后期的战争艺术移开，转向建立在西罗马帝国灰烬之上的条顿各王国的战争艺术时，我们就从一个相对明确清晰的领域迈入了一块充满疑问和模糊不清之处的新领域。要知道，即使我们有着韦格蒂乌斯所著作的军事教程，也有《百官志》这样的官方文件，以及像阿米阿努斯和普罗科皮乌斯这样优秀的士兵记录战史，我们对于罗马后期的战争艺术仍多有疑惑之处。而对于只能从牧师们撰写的冗长编年史、古代诗歌片段以及各种条顿法律中找到一些资料的西欧战争艺术，我们又如何能指望获得深入了解呢？想要从史料的只言片语中勾画出希拉克略（Heraclius）皇帝在历次战役中遭遇的波斯人曾如何行动已经十分困难了，而想要发掘出特斯特里（Testry）、瓜德雷特（Guadelete）、迪奥汉姆（Deorham）、海温菲尔德（Heavenfield）等会战中的决定性战术要点更是不可能之事。因此我们对这个长达几个世纪的时期，只能局限于介绍其军事体系、武器、盔甲，其间仅穿插有少量关于战术的剪影。在为数不少的情况中，对我们而言，编年史的价值尚且不如同时代各族法典、诗歌、古代绘画手稿或是战士坟墓中早已腐烂的遗物碎片。

所幸，那个时代的特点也使当时的战争艺术史显得十分简单。到6世纪，罗马延续下来的最后一些战争艺术也已经在西欧彻底消失。除被拙劣修补起来的城墙仍矗立于一些大城市周围，罗马的军事技艺已经彻底无迹可寻。在这个根本没有什么战略艺术的时代中，人们完全依靠蛮勇，而非技艺高超的机动或是利用外部优势条件去赢得战斗。各民族的战术也不过是墨守原有的民族组织结构。在中世纪早期的几个世纪中，真正值得关注的是一套新式军事制度的逐步演化，而这套军制最终缔造了一个军事阶级，并使它成为战争中的主要力量。而与此同时在大多数民族中，整个部落全民皆兵的老式体系已经衰亡。伴随着这种变化，士兵的武器装备也发生了变化，这对于战争面貌的改变也一样是翻天覆地。我们可以认为这段转型期在11世纪告终，因为到了那时，封建骑士已经压倒了从东方的马扎尔（Magyar）马弓手到北方的丹麦斧手等一切曾与之对敌的部队。作为两百年间西欧步兵单独对抗骑兵的最后一次著名战例，哈斯丁会战（The Battle of Hasting）成了这一时代终结的标志。

于5世纪在西罗马帝国境内建立的条顿诸国，有些是由擅长在马背上作战的民族建立的，也有些是由擅长徒步作战的民族建立的。似乎所有原栖息地位于多瑙河以远或黑海以北的部落，此时都已经学会了骑马，如东西哥特人、伦巴第人、格庇德人和赫鲁利人。另一方面，来自于莱茵河下游沼泽地带或日耳曼北部、斯堪的纳维亚半岛荒野的部落，基本上都以步兵为主，如法兰克人、撒克逊人、盎格鲁人以及无一能在马上作战的北欧人。最令人感到奇怪的是，在这两种差别如此明显的民族中，都有很多部落曾与罗马人紧密接触了长达数百年，他们本应从罗马帝国身上学到些经验才对。可最终的结果并非如此，尽管法兰克人的祖先卡马维人和卡蒂人（Chatti）在与罗马人为敌之前，已经作为辅助部队为罗马人效力了400年之久。但令人惊讶的是，5世纪的法兰克人似乎根本没有受到其强大邻居的任何影响，而情况与之相似的哥特人却在罗马的影响下全盘改变了武器和战术。在西罗马帝国崩溃的时候，法兰克人似乎也并没有比撒克逊人、盎格鲁人等与罗马接触时间较晚，接触程度相对也没有那么紧密的民族更加先进。从某种角度来说，出现这一情况肯定与罗马皇帝鼓励各辅助部队继续保留自己民族的原有武器装备有关。诚如蒙森（Mommsen）所说，在4世纪和5世纪中，那些罗马化程度较低的条顿佣兵部队反而更被罗马人所看重。可尽管如此，直到克洛维（Chlodovech）时代，法兰克人仍然没有装备任何盔甲且完全不会骑马作战，这点也还是令人感到十分惊讶。更令人惊讶的是，罗马军队在400年左右时便曾拥有过一到两个法兰克骑兵中队。但很显然，罗马人的战争经验并没有对该民族大部分部落造成影响，因此他们的战术也没有发生变化。

西哥特人（500年至711年）

我们在前文中已经对哥特人以及他们将骑兵视作优势兵种的情况有所着墨。狄奥多里克曾率领西格特人在加泰罗尼亚（Catalaunian）平原上对匈人发动冲锋，托提拉的东哥特人则在面对纳尔塞斯的马弓手时精疲力竭。到553年，东哥特人退出了历史舞台，但他们的西哥特亲族却一直保留着相同的好战风俗，并一直幸存到了8世纪。若以军事力量而论，西哥特人并没有多么强大，他们在与法兰克步兵的争斗中往往都会以失败告终，而且也曾在与来自塔里克（Tarik）和穆萨（Musa）的撒拉逊人作战时十分耻辱地遭到惨败。可话虽如此，在我们看来，西哥特人的弱点来自于政治问题而非纯军事性。从一开始起，西哥特人的数量就显得实在太少，难以稳固守住他们所征服的庞大领土。苏维汇人能够在几代人的时间里，不断在加利西亚（Galicia）山区与他们对抗，而即使是查士丁尼在伊比利亚半岛南海岸建立的薄弱边防线，也同样能够在70年的时间里抵挡住西哥特人。到了6世纪，西哥特军队依然以少量贵族带领着麾下家臣（Buccellarii或Clientes）组成，而这些贵族手下的部队也并不效忠于国家或者民族。最初由阿拉里克和阿道夫（Ataulf）率领的军队规模很小，而由于致命的宗教隔阂，哥特征服者无法吸纳西班牙各省居民以充实人口数量。雷卡雷德（Reccared）国王虽然在589年改信正教，但已经为时过晚，无法拯救因人数过少而即将灭亡的西哥特人。虽然西班牙各省居民能够在军队中服役，但由于这些当地人并不情愿服役而且只能充当效率极低的辅助部队，因此从军事角度上来看，他们的价值很小甚至根本没有价值。而将他们与其哥特主人融合起来的工作又进行得极为拖沓，甚至到撒拉逊人于711年征服西班牙时仍然没有完全结束。哥特王国之所以毁于一旦，主要原因在于缺少由自由人组成的坚实中层阶级。由于缺少中层阶级，西哥特军队的核心力量就只能由各路公侯和宣誓效忠于他们个人麾下的骑兵组成。这支部队在缺乏忠诚这方面，可以说将后世那些封建军队的缺点表现得淋漓尽致。在阿马尔里克（Amalric）于531年被杀死后，原有的哥特王室便断绝了，而之后也没有任何一位国王能够成功建立起一个永久性的王朝。哥特王位在一位又一位篡位者之间不断更迭，所有权贵都觊觎着王位，并希望有朝一日能够在自己的家臣帮助下将其纳为囊中之物。各省平民在权力更迭之中只能无助地逆来顺受，根本无法保障自己的任何权益，而后期的哥特诸王也完全没有想到要通过与教廷建立友谊、争取群众支持来稳固王位。到7世纪末，似乎所有中层阶级都已经消失了，而且还出现了英格兰在遭到丹麦入侵后一样的情况，即小户自由民"自告奋勇"地拜入当地豪族门下，成为后者的佃户。

西班牙贵族的地位最初与英格兰乡绅一样，是要通过服役而非血缘关系才能赢得的。原先阿道夫用来征服西班牙的大军，虽然在名义上是西哥特人，但其中却混杂了大量条顿各族的士兵。而阿拉里克早年在伊庇鲁斯所率领的大军中，由西哥特组成的核心部队规模也很小，直到各种冒险分子加入之后使全军数量变得庞大起来。在这些后来者中，最重要者是在斯提里科被杀后投奔入侵大军的三万意大利蛮盟部队。也正因为如此，这支多民族大军之中并没有公认的贵族血脉，而只有像伦巴第人、巴伐利亚人或撒克逊人那样更加紧密的民族中才会存在贵族血统，因此在早期哥特的军队中，只有被国王提拔的人才能出人头地。可一旦这些人得到了"公爵""伯爵"之类的头衔，获得土地和佃农，就会变得富有起来，而他们的后人也会在几代人的时间内，利用财富和在地方上的影响力，成为真正的贵族阶级，大部分省区的总督都是从这一阶级中提拔而来，一些铁腕国王想要用并无太多威望，但却十分忠于自己的家臣取代他们时，贵族们就会怀恨在心。辛达苏因斯（Chindasuinth，641年至652年在位）和瓦姆巴（Wamba，672年至680年在位）两位国王曾在短期内压制住了这些贵族，可一旦权杖被传到了较为弱势的国王手中，贵族们便会重新树立威风。到711年西哥特的君主政体彻底倒塌之时，整个哥特王国立刻就被彻底地封建化了，贵族也逐渐成为国家的真正主人。

关于那个时代西班牙的史料记载实在太少，因此我们对6世纪和7世纪间连续不断的哥特内战细节也知之甚少。到7世纪末，就连编年史也变得愈发空洞，埃吉卡斯（Egicas）、罗德里克（Roderick）等最后一批哥特国王仅在史书上留下了名字。不过可以确定的是，到7世纪末，西哥特国王们一定在绞尽脑汁地维持军队规模，旺巴所制定的一条著名法律也足以为此提供佐证。按照旺巴的命令，"参加军队的所有人，无论公爵、伯爵、城主、哥特人、罗马人、自由民、被释奴隶还是王家土地的佃户，都要带上自己十分之一的奴隶随军出征，并为他们配备武器"。除了极度缺乏善战的中层有产阶级以外，再无任何情况能逼得这位国王制定如此绝望的法律。一定是出于同样的原因，导致旺姆巴在另一条法律中，又要求拥有土地的教士也要带上武装奴隶参战。对于哥特军队的组织结构，我们只知道从各地区征召来的部队都由各自的伯爵带领，而各地区的分划规则继承自先前罗马的行政区（Civitas）。在伯爵之下还有千夫长（Thiufads）和百夫长（Centenarii），各自负责征召并指挥自己领区的部队。在和平时期，伯爵负责担任当地的法官和总督，地位与英格兰的郡长（Ealdorman）相当。到了战时，他们还要在战场上担任各地区征召兵（无论哥特人还是罗马人）的指挥官。正因为这种组织结构，西班牙的哥特军队虽然总是拥有庞大的数量，但却缺乏组织纪律，而士兵对于服役也不情不愿。这些乌合之众对朝生暮死的国王毫不关心，而更在意如何讨好自己家乡的统治者和伯爵。所以，当贵族们发动叛乱时，哪怕由手下居民组成的军队十分慵懒，而且也同样不情愿参战，但贵族还是可以信任这支军队。到7世纪，居民中的大部分人口已经被权力达到顶峰的地方统治者们称为自己的"子民"，即使在官方文件中也是如此，就好像这些统治者（Tyranni）是不从属于任何国王的独立王公一样。

◎ 西哥特士兵及其装备。1a. 带护腮的头盔；1b. 普通的圆形头盔，其构造与5世纪时罗马人所使用的头盔相差不多；2a. 哥特人使用的腰带，与罗马形制也十分相似；2b. 一种自6世纪开始出现的，相对较窄的腰带；2c. 腰包；2d. 打火石；2e. 腰带扣具；2f. 在俄罗斯发现的哥特腰带扣具；3a/3b/3c. 三种不同的胸针

哥特贵族和手下的亲兵们都是骑马参加战斗，塞维利亚的伊西多尔（Isidore of Seville）曾在615年写道：

◎ 5世纪的哥特骑兵

"（哥特人）享受战马奔跑的感觉。"不过在必要时，他们也会下马作战。骑枪是哥特人最重要的武器。士兵身着锁甲或者鳞甲，佩戴着带有装饰的头盔，其形制可能与他们的法兰克邻居相同。除此以外，他们还会携带圆盾、刀剑以及匕首（Semispatha或Scrama）。哥特人对战锤和战斧一无所知，直到后来他们才从法兰克人那里学会使用战斧，因此他们也将其称为"法兰克斧"（Francisca）。国王埃尔维希（Erwig）在680年颁布的一道命令中，曾命令主教和贵族们必须要为自己带到军队中来的一部分奴隶配备身甲，其余大部分奴隶也要拥有盾牌、长矛、刀剑、匕首、弓箭和投石索。从这道命令中，我们可以大体推断出甲胄在哥特人中是非常普遍的。埃尔维希在命令中使用了"Zaba"一词来指代身甲（该词也被莫里斯、利奥两位皇帝用来指代拜占庭骑兵的铠甲），而没有使用法兰克人、撒克逊人以及其他条顿部落常用的"Brunia"或"Byrnie"。

与哥特伯爵及手下的骑兵亲兵相反，本地征召兵组成了数量庞大的步兵，其地位与英格兰的民兵（Fyrd）相当。他们没有铠甲，使用的武器也是五花八门、粗制滥造，而且他们并不愿意服役。这些人身上只有很少，甚至根本没有哥特血脉，因此他们根本不愿为哥特人作战，即使服役也只是敷衍了事，效率极低。

西哥特人在围攻方面的技艺，似乎要比他们的条顿亲族们更为高超一些。这可能是他们在雷卡雷德、西希博特（Sisibut）和斯文西拉（Swinthila）等国王带领下，对西班牙南部各港口城镇进行围攻时从东罗马人那里学来的。当时，在整整一代人的时间里（580年至620年），这些国王的主要政治目标就是要夺回安达卢西亚（Andalusia）和阿尔加维（Algarve），二者都是因先王阿塔纳吉尔德（Athanagild）的愚行而叛变归顺了查士丁尼麾下诸将。我们从史料中发现，西哥特人知晓如何使用投掷石块的抛石机（Funda）和发射标枪的巨弩（Balista），他们还曾使用过攻城锤（Aries），并利用掩体（Pluteus）为其提供掩护。哥特人甚至还曾使用被称为"地鼠"（Musculus）的部队挖地道捣毁城墙地基。史料对于瓦姆巴于673年攻陷尼姆城（Nismes）的围攻战记载相对比较详细，在这次围攻中，攻城锤、抛石机、火箭都有投入使用的记录。

作为一支军事力量，西哥特人的终结显得十分突然，而且没有任何荣誉可言。我们无法判断各地伯爵们的不忠，伯爵手下民兵的懒散或是缺乏拥有优良装备的士兵对于瓜德雷特会战失利各自产生了多少直接影响。有关这场西哥特人末日之战的所有细节都已经遗失了，而且我们对于前一个世纪中发生在西班牙的各场战争，也找不到足够资料来解构西哥特军队的战术体系。

伦巴第人（568年至774年）

关于伦巴第人这最后一支以骑兵作为主要战斗力的条顿种族，我们所知道的要远比关于西哥特人的更多。伦巴第人在6世纪、7世纪和8世纪与东罗马帝国的直接接触要远比其余同胞更多，因此我们可以从拜占庭史料中找到一些关于伦巴第人的信息。执事保罗（Paul the Deacon）出色地记录下了关于伦巴第人的早期传说，而且还留下了一部关于他们后来经历的简略编年史，其中包括大量生动的故事和传说。即使这些故事可能并不是准确的历史，可由于记载了伦巴第人的习俗，它们还是具有无可估量的价值。除此以外，我们还可以从伦巴第国王罗撒里（Rothari）在643年编制的法典及其后任诸王增补的法条中找到一些信息。

与所有曾生活在多瑙河中游的种族一样，伦巴第人本质上也是马背民族。保罗所记载的早期民间传说将其显露无遗，而他们在历史舞台上的首次登场，也同样可以一目了然地证明这一点。普罗科皮乌斯曾记载伦巴第人为纳尔塞斯提供了两千五百名贵族出身的骑兵以及三千名作为前者家臣或者扈从的低等骑兵。虽然伦巴第人在塔吉纳会战中下马作战，但那只是依纳尔塞斯命令所为。当时这位老将决心将最为坚韧的辅助部队置于中央，以确保此处拥有足够的硬度。不久之后，当伦巴第人入侵意大利时，我们在史料中所读到的便是每一位国王、公爵或者英雄都是手持长枪，骑在战马上带领士兵冲锋陷阵。在一段很有趣的章节中，保罗记载了伦巴第骑士的装备，其中包括头盔、身甲和胫甲，其中最后者甚至在三个世纪后都不曾为很多其他西方民族所采用。在另一个章节中，我们可以看到他们的长枪（Contus）极为坚固，一位伦巴第勇士甚至曾在刺穿了拜占庭骑兵的身体后就直接用枪尖将其从马鞍上挑起来，在空中挥舞。伦巴第人的另一种主要武器是阔剑（Spatha），这也是他们时刻都会随身携带之物，而不仅是战士们准备上战场时才会佩带的武器。另外还有一次，一位英雄因为长枪不在手边，只好举着木棍参加战斗。尽管伦巴第人对于弓箭并不陌生，但似乎他们从来不在战争中使用弓箭或者标枪。与在他们之前占领过北意大利的哥特人一样，他们只信任长枪和战马。无论是劫掠支队跨过阿尔卑斯山去蹂躏普罗旺斯（Provence）和多芬（Dauphine），还是在阿迪杰河（Adige）上游与巴伐利亚人（Bavarian）对敌，抑或是追逐胆敢骚扰弗留利（Friuli）边境的卡伦西亚（Carinthia）斯洛文尼亚人（Slovene），伦巴第人始终只在马背上作战。根据"智者"利奥六世（Leo VI the Wise）在《战术论》（*Tactica*）一书中的一个段落记载，伦巴第骑士只有在受到重压或遭到包围时，才会将马匹赶走，下马背靠背组成密集队形，同时将长矛向外放平。这肯定只是他们走投无路之时才会使用的办法。保罗执事在一个极具代表性的段落中讲述了伦巴第人的一次战败，当时税务官阿尔盖特（Argait the Schultheiss）带领着士兵，催促战马攀上一道几乎无法攀登的山坡去攻击一支卡伦西亚斯拉夫人的劫掠部队，最终被杀。他手下的一位公爵曾在冲锋之前挑衅："你名字里有一个'懒'（Arga）字，而这也正是你的本来面目。"为证明自己的勇气，阿尔盖特带着骑兵们冲上了陡坡，但最终被斯拉夫人滚下的巨石所击溃。那时如果他选择下马迂回对方的阵地，伦巴第人"有足够的人数，也足够勇敢，足以摧毁数千名这样的敌人"。值得一提的是，伦巴第法律中关于马匹的规定要比其他条顿民族都更多。无论是关于偷马、马匹的繁殖、估价，还是诸如将人从马上摔下去（Meerworphin）等人为侵犯行为，抑或是被马踢到等意外事件，以及马匹买卖，都有数不清的条例规定。一匹配有马具的战马价值高达100索里迪（Solidi）①，是一名家养奴隶价值的两倍，也是伦巴第低级自由民价值的三分之二。由国王亲自饲育的战马价值极高，若将之赠予家臣或高官，足以显示此人受到了国王恩宠。

与法兰克人、西哥特人、撒克逊人不同，伦巴第人既不是由各路亲兵组成的乌合之众，也不是由多个民族混杂而成，而是一支由单一民族组成的紧凑民族性部队，他们带着妻儿、牲畜一同迁徙，占领了几乎已经荒无人烟的

---

① 1索里迪相当于七十二分之一磅黄金。

北意大利平原。可是在伦巴第人中间仍然存在着一股足以摧毁他们的祸根，即缺少一个永久性的王族。根据传说，早在阿尔博因（Alboin）国王征服意大利之前，伦巴第人的王朝就已经历了数次更迭。阿尔博因本人也只是第二位能够统御全族的国王，阿尔博因去世时没有留下后裔，他的直接继承人克莱夫（Cleph）也在仅仅一年后被杀。由于无法选出一位让全族都能认可的国王，伦巴第人度过了十年国中无主的日子。可伦巴第人并没有停止前进和征服的脚步，虽然带领他们的只是各大家族（Faras，伦巴第民族正是由这些家族所组成）的首领，也就是公爵（Heretogas，盎格鲁-撒克逊语中该词为Ealdormen）。在这些王公的带领下，伦巴第人分裂为数个部落，其中一些进入高卢，蹂躏了勃艮第（Burgundy），其他部落则沿着意大利半岛继续南进，在斯波莱托（Spoleto）和贝内文托（Benevento）建立了公国。直到拥有拜占庭人支援的法兰克人入侵后，伦巴第人才终于在压力下再次统一，被迫拥立奥塔里（Authari）作为全族的共主。不过伦巴第王国的重新统一从没能像应有的那样稳固，斯波莱托的公爵们暗地中始终试图独立，贝内文托的公爵们则根本不承认国王的统治权。直到法兰克人征服意大利之前，利乌特普兰德（Liudprand，712年至744年在位）才终于将贝内文托以北的所有伦巴第人整合成一个紧密团结的国家。

与所有条顿王国一样，在好战的伦巴第人中间，军事组织在平时也担负着民事政府的职责。伦巴第全境分为数个大大小小的公国，据说总数多达36个，每个公国的士兵都在其公爵指挥下骑马参战。这些首领通常都来自于古老的伦巴第贵族血脉，按照英格兰的说法也就是"伊奥一族"（Eorl Kin）。幸运的是，一部分贵族的名字被保留至今，其中包括考普斯（Caupus）家族、哈罗多斯（Harodos）家族、贝莱奥（Beleo）家族、阿纳瓦斯（Anawas）家族以及希尔德博特（Hildebohrt）家族。随着国家愈发强大，国王有时也会任命一位更依赖于王权的王领长官（Gastaldus）来取代造反的公爵。而在早年，这些王领长官似乎只担任着王领内的城市总督职责，同时也负责保护各公国内的王室领地。伦巴第人似乎拥有大量的中层阶级，而这正是西哥特人在西班牙所极为缺乏的。与英格兰民兵相同，无论地位高低，所有伦巴第自由军人（Exercitiales或Arimanni）都有义务响应国王的参战召唤，而通过对国王本人宣誓效忠，不少贵族和平民都成了国王的亲兵。这些人被称为"伙伴"（Gaisindi，与盎格鲁–撒克逊语中的Gesith同意），他们在骑马时与国王同行，在朝堂中也拥有一席之地。这些亲兵的首领分为总管（Marpahis）、持盾者（Scilpor）以及旗手。依照相似的组织方式，公爵们也拥有小规模的"伙伴"部队。不过与西哥特人在西班牙的那些伯爵不同，伦巴第公爵们从没能将公国内所有自由民都招纳成自己的亲兵。伦巴第人数量庞大的中层阶级遏制了这种可能的篡权行为，而且国王的亲兵和税务官（Schultheiss，在英格兰被称为"地区长官"）也会驻扎在各个公国，压制当地的公爵，并保护自由民不受公爵压迫。

在介绍了哥特人和伦巴第人之后，我们在下面将开始介绍北方的几个条顿王国。在那里，战争的主力是步兵而非骑兵。

法兰克人（500年至768年）

被克洛维（Chlodovech）的强大军队所统一起来，并在其带领下横扫塞纳河（Seine）、卢瓦尔河（Loire）谷地的法兰克人，可以算是文明程度最低的条顿民族之一。尽管他们与罗马帝国接触已久，可正如我们上文所述，法兰克人在走上征服高卢之路时仍然只是一群野蛮的异教徒。按照西多尼乌斯·阿波里纳里斯（Sidonius Apollinaris）、普罗科皮乌斯、阿伽提阿斯（Agathias）以及图尔的格里高利（Gregory of Tours）等人描述，法兰克人此时仍保留着三个世纪之前塔西佗笔下的先祖——锡加布里人（Sigambrian）和卡马维人的大量痕迹。西多尼乌斯在460年对他们的描述，与阿伽提阿斯在一个世纪后写下的文字几乎完全相同，证明即使在征服南高卢之后，他们的军事传统也没有发生太多变化。奥弗涅（Auvergne）的诗人主教曾提及法兰克人不穿铠甲，仅扎着一条腰带，能够娴熟地使用标枪（Angon）和盾牌，而且与其他民族不同，法兰克人把战斧当作投掷兵器，而不是当作近战兵器使用。另外他还提到法兰克人的密集队形以及他们的快速推进："法兰克人接近敌军的速度如此之快，他们看起来好像跑得比自己投出的标枪还要快。"阿伽提阿斯的记载虽然更为详细，但显然他的描述与前者完全一样。他写道："法兰克人的武器十分简陋，既不穿身甲，也不着胫甲，腿部仅由亚麻布条或皮条保护。法兰克人虽然

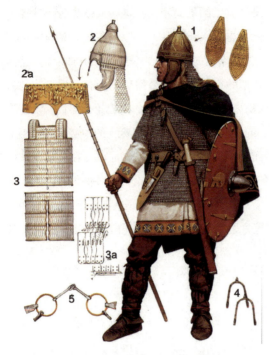

完全没有骑兵，但步兵却勇敢而老练。他们装备着刀剑和盾牌，却从不使用投石器或者弓箭，其远程武器是飞斧和带有倒刺的标枪。他们的标枪并不太长，既可投掷亦可刺击，而且其铁质枪头覆盖枪杆的范围很大，仅留下尾部很少一部分木杆没有保护。在战场上，法兰克人会将标枪投掷出去，只要命中敌人，倒刺就会将标枪牢牢固定在对方身体上，使其无法拔出标枪。如果击中盾牌，由于大部分枪杆都覆盖着铁皮，敌人也无法将其斩断。这时法兰克人就会冲过来，坐在地上拉下敌人的盾

◎ 法兰克士兵及其装备。1. 带护腮的法兰克头盔；2. 一种继承自阿拉曼尼亚形制的法兰克头盔；2a. 安装在头盔正面的装饰物；3. 法兰克人偶尔也会使用的东方式扎甲；3a. 扎甲的结构示意图；4. 马刺；5. 马嚼子

牌，砍掉敌人的首级或用第二根标枪刺穿对方的胸膛。"

　　法兰克战斧（或称"飞斧"）比倒刺标枪更具法兰克特色。墨洛温王朝（Merovingian Dynasty）的墓穴中曾出土过大量飞斧样本。这种单刃战斧的斧头重量较大，刃口既长又弯，斧头的中央大面积镂空。其重心经过精心调整，可以像美洲战斧那样投掷，效果甚至比在近战中使用更好。法兰克人拥有极为惊人的技巧，能够在与敌人战线接触前的一刹那投出战斧，而这种战斧的高效也使其成为最受欢迎的民族代表性武器。法兰克武士们还会携带一面盾牌、一柄剑和一把匕首。其中盾牌为宽阔的椭圆形，中央拥有一个铁制的尖头，盾牌的外圈也是由铁制成。法兰克人的剑为双刃剑，既可劈砍也可突刺，长度从30英寸到36英寸不等，匕首则是一种刀身宽阔的刺击武器，长度在18英寸左右。

　　从克洛维时代起，法兰克步兵在两百年时间里始终使用着以上这些武

器，他们似乎没有从罗马先人那里学到任何东西。不过，一部分被墨洛温王朝征召入伍的高卢人仍然在使用罗马帝国式样的装备。普罗科皮乌斯就曾提及过此事，而这位战史作者所写下的文字，可信度自然是非常高的。他说在他的时代中，高卢有很多依据有利停战条款向法兰克征服者投降的城市，它们给法兰克大军提供的部队仍使用着原有的罗马番号，士兵也仍然穿着全套的罗马武装，就连脚下打有重钉加固的草鞋也还是罗马式样。这一说法并不令人感到奇怪。在征服高卢的早期阶段，法兰克诸王肯定会从行省居民中征兵以加强军队。由于法兰克人并没有因信仰阿里乌斯教（Arianism）而与臣民产生致命的隔阂，因此他们做到这一点要远比伦巴第人和哥特人更加容易。但很明显，法兰克征服者自身并没有采用被征服者的武器，高卢军队中的罗马服饰和武器也在6世纪消失。在该世纪末高卢地区的罗马人换用法兰克语姓名的同时，我们也看到他们改用了法兰克人的军事组织。该地区的发展方向，不是条顿人走向文明，而是行省居民走向了野蛮。在整个墨洛温时代，甚至直到查理曼大帝（Charles the Great）时期，构成法兰克军队的主力，始终都是大群缺乏组织，以密集纵队投入战斗的无装甲步兵。

无论在军事还是其他方面，我们只有在地位最高的法兰克人中间，才能看到逐渐消失的高卢文明对入侵者产生了影响。哥特传说中曾有一句描述其部落民的名言："罗马的穷人想成为日耳曼人，日耳曼的富人想成为罗马人。"这句话对法兰克人也同样适用。在高卢民众忘却罗马帝国的军事传统，退化成部落式的乌合之众的同时，法兰克王公们却从消失中的罗马文明中学到了一些外来技艺。就好像他们将罗马帝国的残余部分据为己有，并在民事方面采纳了部分罗马制度一样，法兰克人在军事方面也并非完全不受罗马的影响。我们可以看到在6世纪和7世纪，骑兵和盔甲在法兰克人中缓慢发端，最初是在王公之间出现，之后才逐渐向下扩散。

关于法兰克人使用骑兵的首次记载来自于普罗科皮乌斯，他说在休德伯特国王于539年率领10万大军入侵意大利时，就有少量骑兵伴随其本人左右。这些骑兵装备着长枪，但文献中并没有提及他们是否穿着了盔甲。可能此时盔甲在法兰克人中间仍然十分少见，只有国王、公爵、伯爵等人才能使用。值得注意的是，图尔的格里高利虽然描述了无数战斗场面，但总体而言对盔甲的着墨非常少，甚至连首领们在下属面前进行决斗时，似乎也很少穿戴盔甲。不过从7世纪中叶开始，盔甲在王公中似乎逐渐变得流行起来，之后又扩散到了所有相对富裕的阶级中。萨基塔里乌斯（Sagittarius）主教在574年就曾被批评说上战场时"不戴神圣的十字架标志，却穿戴了世俗的胸甲和头盔"。吕达斯特斯（Leudastes）伯爵也曾惊讶于图尔主教居然身穿胸甲、头盔，腰间挂着箭囊，手中持着骑枪走进他的家里。贡特拉姆（Guntram）公爵的随从，甚至曾因胸甲太重而淹死在了一个水沟里（583年）。篡权者贡德瓦尔德·巴罗米尔（Gundovald Ballomer）也因身穿甲胄，在被标枪击中后逃过一劫（585年）。在626年的撒克逊战争中，洛塔尔二世（Clothar II）和达戈贝特（Dagobert）都穿戴了头盔和胸甲。法兰克人保护躯干用的所谓"布鲁尼亚甲"（Brunia），无疑就是我们能够在所有中世纪条顿民族身上都能看到的短锁环甲。[①]不过，给皮革缝上甲片制成的鳞甲也时有出现，其甲片有些是呈鱼鳞形状，有些则是方形。无论是哪种形状，上一排甲片都能够覆盖下一排甲片的上端，以保护甲片与皮革用线缝起来的部分。古罗马的环片甲（Lorica）在5世纪之后似乎就已经消失了，其原因可能是西方的盔甲制造者不懂得如何打造环片甲。可即使在并不缺乏制造技术的拜占庭，这种形式的胸甲也一样消失了，这可能是因为环片甲对马弓手而言用起来并不方便，所以当马弓手成为东方战争的主导力量之后，环片甲便被放弃，并由更加灵活合体的锁甲和鳞甲取而代之。

法兰克人的头盔十分与众不同，与普通的罗马头盔或者拜占庭带毛饰的尖顶头盔都不一样。典型的法兰克头盔呈壶形，顶部则为圆形，其前部略尖，并在面部开口，后部则更加圆滑，向下延伸的部分也更长，以便保护颈部。法兰克头盔上装有羽冠或皮革、薄金属制的饰物。与中世纪数不胜数的各种头盔相比，法兰克人的独特头盔却显得与16世纪的壶形头盔更加相似。这种头盔的原型毫无疑问来自于罗马后期某一种不太流行的头盔。与洪诺留和查士丁尼所佩戴的常见头盔不同，这种头盔更像某种角斗士所用的形制，其形象有时也会

[①] 事实上Brunia一词也会被用来指代鳞甲。

出现在5世纪和6世纪的钱币上。

一些德国学者曾质疑，在加洛林时期或在那之前大量出现在军事艺术作品中带有羽冠的法兰克头盔根本就不曾存在。他们声称这些画作不过是斯拉夫人从4世纪或5世纪的古罗马手稿中临摹而来。确实，这种临摹画的数量非常之多，但据此认为这种头盔并不存在却还是让人感到匪夷所思。法兰克人在进入高卢时还不曾拥有自己独特制式的头盔，而他们栖息于托克桑德利亚（Toxandria）荒野时，也总是赤着头颅作战，可

◎ 壁画中的一名法兰克士兵，可见其特有的壶形头盔

当他们来到自己新的国度后，却发现当地在大量使用罗马晚期形制的头盔。毫无疑问，法兰克王公们正是从自己的臣民那里借鉴了这种头盔。正如我们所知，法兰克人最初在战场上将属下的省民当作辅助兵使用，如效力于克洛维一世麾下的奥勒里阿努斯伯爵（Count Aurelianus）等罗马佣兵首领，毫无疑问佩戴着带装饰的头盔。普罗科皮乌斯笔下"保留着罗马传统军服和编制"的高卢部队也是如此，他们曾在539年加入过休德伯特国王的军队。我们不可能认为，当高卢的罗马主教萨基塔里乌斯在574年披挂上阵与伦巴第人作战时，佩戴的是某种新发明出来的法兰克头盔。毫无疑问，罗马晚期形制的带冠头盔被高卢省民中的领导阶级使用了很长时间，而法兰克人正是从他们那里直接学会了使用这种头盔。直到9世纪，这种头盔才被外形更加尖锐，形制也更简单的

◎ 保存在博物馆中的一顶法兰克头盔。与壶形头盔相比，这顶头盔的形制要更加简单，更易普及

新头盔取代。当然，昂贵的金属头盔最初肯定十分少见，直到头盔变得更加普遍，也变得更加便宜后（如8、9世纪手稿中常见的圆形皮帽），金属头盔才流行开来。不过，8世纪的《利普利安法典》（Lex Ripuaria）中规定头盔价值为6索里迪，价值相当于半件锁甲的正规头盔，绝不会是用皮革将就制成的，只有用金属精心打造的头盔价值才会如此高昂。

法兰克盾牌通常为圆形，向外凸起的幅度很大。这些盾牌都是由木头制成，边缘由铁箍加固，中央装有突出的尖头，有时也会安装尖刺。直到骑马作战变得常见之后，圆盾才演变成了风筝形盾牌。在9世纪之前，几乎所有法兰克人都使用圆形盾牌。

骑马作战的流行进程，几乎与盔甲完全一致，也是从6、7世纪起开始自王公向下扩散，到墨洛温时代末期传遍了整个上层阶级。到7世纪末时，所有伯爵、公爵以及他们周围的亲兵都已经习惯于在马上作战，只有在遭到重压或包围时，才会像祖先们那样下马步战。我们所知的第一次马上决斗发生在578年，由贡特拉姆和德拉柯里努斯（Dracolenus）进行。567年费米努斯伯爵（Count Firminus）和584年吕迪吉索公爵(Duke Leudigisl)的部队，则是出现较大规模骑兵部队的最早例证。不过，关于正规骑兵冲锋的首次记载，还要等到626年洛塔尔二世所进行的撒克逊战争时期才会出现，那时正是骑兵的冲锋为法兰克人赢下了一场会战。那时这位国王对威悉河（Weser）对岸不断挑衅、辱骂自己的敌军感到恼怒，"他催促马匹跨过汹涌湍急的河流，而所有法兰克人也都紧跟在他身后渡河"。洛塔尔在士兵们还未能跟上自己时便与撒克逊人的首领贝特沃尔德（Bertwald）交锋，"仍被落在后面的法兰克骑兵们一齐高喊：'坚持住，国王！打倒你的对手！'由于身穿胸甲，而且河水已经浸湿了国王的衣服，让它们变得很重，国王的双手也疲惫不堪"。不过洛塔尔还是在士兵们跟上他之前就斩杀了贝特沃尔德，之后又与士兵们一起杀死了大量撒克逊人。

通常而言，即使到了7世纪，骑兵在墨洛温王朝的军队中所占比例也仍然很小，而这也可以从很多证据中得到证明。例如弗雷德加里乌斯（Fredegarius）关于612年屈尔皮希（Zülpich）大捷的记录即可作为一个例证。在这场被作者描述为"人类历史上最血腥、最激烈"的大规模会战中，勃艮第的休德里克（Theuderich）击败了他的奥斯特拉西亚兄弟。当时似乎所有士兵都以步行参战，"休德里克军在与敌军的方阵（Phalanges）接战时遭受了巨大压力，双方交战也极为激烈，阵亡士兵的尸体甚至都无法倒在地上，而只能在拥挤之下仍然像楔子一样站立在生者之间"。这种情况显然只有在步兵战斗中才会出现。书中关于一百年后"铁锤"查理（Charles Martel）在普瓦捷会战（The Battle of Poictiers）中击退撒拉逊骑兵洪流的记载则更为有趣。在此之前，撒拉逊人已经横扫了西哥特王国的残余力量。按照弗雷德加里乌斯这位编年史作家所言："北方的士兵们在挥剑砍杀阿拉伯人时如同城墙一样岿然不动，就好像是一条被紧紧冻在一起的冰雪腰带。块头巨大、拳头好像钢铁一样的奥斯特拉西亚人英勇地战斗在最激烈的方向上，也正是他们找到并杀死了撒拉逊国王。"毫无疑问，法兰克人在普瓦捷会战中与他们两百年前在卡西利努会战中一样，排成了厚重的密集队形，从不曾分散作战或尝试进行任何机动性行动。他们之所以能够取得胜利，源于排成了四方阵型的步兵采取了全面防守态势。狂热的阿拉伯人一次又一次

◎ 一幅绘于1837年的普瓦捷会战油画。毫无疑问，这幅画所表现的场面与事实情况几乎毫不相关。在会战当天，法兰克人依靠下马骑士和步兵抵挡住了穆斯林的反复进攻，赢得了会战

向他们发动冲锋，每次都被撕成碎片，最后不得不在夜幕的保护下逃跑。不过由于查理决心不让自己的士兵从阵线中迈出一步，法兰克人并没有对溃退的敌军进行追击。查理可能是正确的，因为缺乏纪律的军队在攻击骑兵时必定要面对危险，而阿拉伯人即使已被击退，却依然十分灵活勇敢，绝不能留给他们任何透入己方密集队形的机会。综上所述，我们能够得出结论，法兰克王公、贵族全都下马在"冰墙"中步行战斗，抵挡穆斯林骑兵的凶猛冲锋。毫无疑问，这种战术在8世纪已经比较罕见了，只有在面对极为强大的敌军骑兵时才会使用。而在与撒克逊、弗里斯兰（Frisian）、巴伐利亚等完全或几乎由步兵组成的敌军作战时，法兰克人就会将骑兵摆在更重要的位置上。之前我们已经知道在普瓦捷会战一百年以前，洛塔尔国王就曾率领骑兵对撒克逊大军进行冲锋。如果是一位不如"铁锤"查理那样能干的将军指挥普瓦捷会战，可能就会重演洛塔尔的错误，并因此遭受一场灾难性的惨败。因为区区千余名法兰克骑士绝不可能在入侵大军面前发挥任何作用，而缺少了这些身穿甲胄、武艺精湛的贵族支援，法兰克步兵也很可能会被阿拉伯骑兵击溃。

几乎没有任何军事组织，能够比墨洛温时代的法兰克军事组织更加原始。伯爵、公爵既是行政区的总督，也是当地部队的统帅。当他收到国王的命令后，就会将全部自由人口征入军队，其中的罗马人似乎并不比法兰克人要少。似乎除少数受国王特许之人以外，任何人都没有免受征召的法定权利。不过在实际情况下，我们发现，每个自由民家庭中通常只有一人会被征召入伍。从法兰克人带到战场上的庞大士兵人数来看，军事义务显然不只是由法兰克人或有产阶级单独承担的。仅从布尔日（Bourges）一地，征召的士兵数量就达到了一万五千人。诚如库朗热（Fustel de Coulanges）所言，在一个大地主横行的时代，很难想象这样的一块地区会有一万五千户拥有国王直辖土地的家庭。根据《利普利安法典》，墨洛温王朝针对不履行应征义务的罚款十分高昂，法兰克人要缴纳60索里迪，罗马人、被释奴隶或教会人员也要缴纳30索里迪。在一头牛只值1索里迪、一匹马只值6索里迪的年代，像这样一个数字足以压垮穷人家庭，即使对富人家庭而言也是一记重击。

到此时为止，墨洛温王朝的军队中仍然没有表现出任何朝封建制度演进的迹象。从我们所能掌握的史料中看，高卢境内的法兰克人并没有像英格兰的伊奥一族、大陆撒克逊人中的埃迪林一族（Edilings）或是伦巴第公爵们那样的贵族血脉。与西哥特人一样，法兰克人似乎也把服兵役当作是唯一的高贵之事。克洛维似乎有计划地屠杀了所有被他吞并的小法兰克邦国统治家族，而他铲除这些人的行动也无疑获得了成功。除受到国王恩宠之人以外，克洛维的所有臣民都找不到理由凌驾于他人之上。早期墨洛温王朝的宫廷官员，地方的公爵、伯爵都是从各个阶层提拔而来，其中甚至还包括高卢居民。在6世纪早期，我们还能看到王国的高级官员中有几位罗马人。而到该世纪末期，所有最高的官位也都向他们敞开了，高卢的罗马人尤恩图斯·穆摩路斯（Euntus Mummolus）甚至高居贡特拉姆国王麾下的全军总司令之职。短短几年之后，另一位罗马人普罗塔迪乌斯（Protadius）又成为勃艮第的总督，一人之下万人之上。如同所有条顿君王，法兰克国王也通过宣誓来确立亲兵对自己的效忠。与在英格兰、伦巴第以及哥特一样，这些人也被称作"伙伴"。不过这些亲兵的人数似乎并不太多，尽管足以担任国王本人的卫队，却还是无法成为军队战斗力中最重要的组成部分。从法兰克人的赔偿金目录中可以看到，亲兵来自于社会的各个阶层。无论在哪个阶层中，这些亲兵的价值都要远高于普通人。无论是在《萨利克法典》还是在《利普利安法典》中，一个法兰克自由民的价值都是200索里迪，但一个"受国王信任的"自由人价值则达到了600索里迪。亲兵之中也同样存在高卢人和被释奴隶（Lete），这一点可以从《萨利克法典》的法条中找到证据："任何人如果闯入受国王信任的自由人家中并将其杀死，都要缴纳1800索里迪的罚款；任何人如果闯入受国王信任的罗马人或者被释奴隶家中并将其杀死，都要缴纳900索里迪。"负责统帅各地征召兵的公爵、伯爵，也正是从这些"伙伴"之中挑选出来的。

这些军官对于手下士兵的管制似乎存在不少问题。由于这些人只是王室指派而来，与自己治下地区并没有任何必要的纽带关系，他们的个人影响力通常也很小。当伯爵们与政府管理部门中的下属（即百夫长和千夫长）一同走上战场时，他们便成了手下那些未经训练的乌合之众的指挥官。王室既不为军队发饷，也不为他们提供食物，士兵们必须自带粮草参战，而这一点甚至一直到查理曼大帝的时代也还是如此。因此，法兰克军队存在纪律不佳的情况也绝不会令人惊讶，而且墨洛温时代的军队还拥有一个十分引人注目的特征，即随时随地都会进行抢劫行动。在耗尽自备的少量食物之后，军队便会开始四处搜刮，连己方土地也不放过。指挥官们对于手下士兵骚扰当地的行为也根本无力阻止，因为饥饿的士兵根本不会服从任何法律。如果是在一片敌军领地上，那士兵们会更加肆无忌惮地将途经的每一片土地吃得精光。如果因为要围攻某地或在战场上受挫，导致军队不得不在同一个地区停留较长时间，士兵们还是很快就会将那里搜刮一空，之后便开始忍饥挨饿。图尔的格里高利和执事保罗都曾记载过有一支法兰克军队在伦巴第陷入如此的窘境，士兵们最后不得不卖掉衣服和武器来换钱购买面包。很多情况下，一支墨洛温大军之所以分崩离析，并不是因为他们在战场上遭受失败，而只是士兵们无法忍受缺粮少米的日子纷纷逃离军队。在法兰克人迅速席卷高卢之后的两百年里，其疆界都无法再显著扩张的缘由中，这一点要比其余任何原因都更重要。

墨洛温军队的另一项顽疾在于缺乏纪律性。除非是国王亲率部队，否则军队中就会存在各地部队不愿服从指挥官的巨大风险。每位伯爵都认为自己不比旁人要差，而各地的征召兵们，至多只对自己当地的统领略存敬意，对外乡的统治者根本漠不关心。墨洛温国王们有时会为了确保军队听从命令，在边境地区任命公爵，并使他凌驾于数位伯爵及其管辖地区之上，以保证军队在面对敌人时能够统一行动。不过墨洛温国王们从不曾建立起一套正式的民事或军事等级制度，各种官员之间的从属关系也并不清晰。贡特拉姆国王手下的将军们曾在一次与西哥特人的战斗中耻辱地失败，他们在回到国王身边之后说："我们能做什么呢？没有人畏惧自己的国王，没有人畏惧自己的公爵，也没有人尊敬自己的伯爵。如果我们中的任何一个人想要改善这种情况，建立自己的权威，军队中立刻就会有人煽动兵变。"拜占庭皇帝"智者"利奥在三百年后，对他那个时代的法兰克人的描述仍然与此十分相似。

有时，就连国王本人都会感到人民对于世袭的王室血脉不够尊敬，难以确保他们服从自己。555年，洛塔尔一世在撒克逊人表示愿意纳贡称臣之后希望与对方握手言和，可军队却认为自己已经胜利在握，渴望能够得到早已许诺给他们的抢劫机会。最终军队迫使洛塔尔遣走了撒克逊使者，并与对方再次开战，不出所料，这支乌合之众被彻底击败了。军队缺乏纪律的另一个例证情况则与之相反。612年，作为足以令墨洛温王室蒙羞的大量兄弟不睦事件之一，休德里克二世和休德伯特二世的两支军队成了这个例证的主角。当休德里克命令军队继续向前推进后，士兵们违抗命令，在国王本人的营帐中杀死了催促他们发动进攻的普罗塔迪乌斯，强迫国王不情愿地与奥斯特拉西亚军停战。事实上，这种情况没有出现得更加频繁才是真正令人惊讶之处，墨洛温王朝的国王们是如此无能，而他们与他人开战的借口又是如此牵强，以至于我们不得不怀疑因这些借口便任由国王将自己带上战场送死的臣民们到底是有多么顺从。

第二节
盎格鲁-撒克逊人

从武器和作战方式的角度而言，席卷不列颠的盎格鲁人、朱特人（Jutes）以及撒克逊人要与法兰克人，而不是那些向南迁徙的日耳曼部落更为相像。可若要从血缘角度来讲，他们又要与伦巴第人，而不是法兰克人更为接近。不过在多瑙河流域度过的两三百年时间改变了伦巴第战士们的作战方式，使他们变得与易北河上那些在3、4世纪时离去的邻居截然不同。6世纪的盎格鲁人和撒克逊人甚至是比法兰克人更加纯粹的步兵民族，而且除装备一面轻盾以外很少拥有其他甲胄。他们与罗马帝国的接触相对较少，不过早在300年之前，他们便经常登上不列颠东岸进行海盗式的抢劫，而且在《百官志》中也记录有一支被称为"撒克逊骑兵中队"（Ala Saxonum）的蛮族辅助部队。

追随亨吉斯特（Hengist）和塞尔迪克（Cerdic）穿越北海的部队在武装和外貌方面的证据，最佳来源便是后来被发掘出来的那些数不胜数的盎格鲁-撒克逊古坟。我们不可能将费尔福德（Fairford）和奥森加尔（Ossengal）墓地中的证据抛在一旁，偏信比德（Bede）笔下或《贝奥武夫》（Beowulf）中的文学描述，后者虽然在对于7世纪和8世纪的情况而言算是出色的史料，但对5世纪、6世纪的相关记载却并不可靠。而在这两个时代之间，武器和盔甲都曾发生了翻天覆地的变化。

在这些英格兰的首批部队中，就连首领可能都没有盔甲。他们很有可能像手下的贵族（Gesith）们一样，在战场上只穿一件长袍，头部和躯干都没有任何保护，完全依靠手中的一面椴木大盾。与法兰克人的盾牌一样，这种盾牌也呈拱面圆形，四周由铁箍加固，中央凸出一块较大的铁质凸起。很多时候盾牌正面都会覆盖上硬质皮革，进一步加强其坚固程度。

在攻击武器方面，投枪要算是古英格兰最为重要的武器，其起源甚至可以追溯至塔西佗在四个世纪之前的记载。最常见的古英格兰投枪枪头呈菱形，

◎ 早期的盎格鲁-撒克逊士兵。他们此时还没有装备盔甲，完全依靠盾牌保护自己

长度在18至20英寸。虽然带倒刺的、树叶形、三角形等形状的枪头也都曾有出土，但都远不如菱形枪头常见。枪杆通常由白蜡木制成，由铆钉与枪头固定在一起，整枪长度似乎平均在6英尺左右。与投枪相比，刀剑显得并不那么常见，古英格兰人通常使用宽阔的双刃剑，尖端十分锐利，但其十字形护手很短，仅比剑刃宽一点，同时其握柄也很短小，全长则在2.5到3英尺之间不等。作为刀剑以外的另一种选择，古英格兰人最初也经常使用一种18英寸长的阔刃短刀，其作用与法兰克人的短剑相当（在撒克逊人中，法兰克短剑被称为西克斯匕首）。法兰克人标志性的飞斧在英格兰十分罕见，但在少量古坟出土的战斧中，通常都是法兰克式的弯刃轻型投掷武器，而不像是后来丹麦人所使用的那种重型双手战斧。

征服不列颠的古英格兰人在组织形式方面与其余条顿外来者有很多不同。他们并不像东哥特人那样，是一个由世袭国王带领的单一民族。他们也不像法兰克人那样，由大批血缘接近的小型部落组合在一起，接受将他们联合起来的首领独裁统治。此外，他们既不像征服西班牙的所谓西哥特人那样由大量民族混杂而成，但也不像意大利的伦巴第人那样血统纯正。东哥特人和伦巴第人总是会不停迁徙，法兰克人和西哥特人至少也会臣服于某位一位国王。而古英格兰人却只不过是一群分散定居在不列颠漫长海岸线的孤立部落，经常为各自利益彼此征战。事实上，这些人只不过是几个民族在大海对岸散落出来的碎片，更多的人依然留在祖辈居住的大陆上。他们的首领也并非全族原先的领

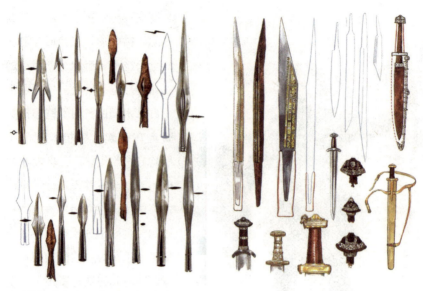

◎ 盎格鲁-撒克逊人所使用的各种投枪枪头　◎ 盎格鲁-撒克逊人使用的短剑和匕首

袖，而只是战时任命的将军，其权力并没有一个稳固的基础。大陆上的条顿国家没有一个是从如此的情况中诞生的，伦巴第人在克莱夫国王死后长达十年国中无主，30位独立公爵互不理睬的情况与英格兰的情况十分接近。没有国王的情况在伦巴第人中持续的时间并不长，很快便因法兰克人和东罗马帝国的外部威胁而画上了句号。而在不列颠，这种情况维持了超过四百年，直到丹麦人的入侵才终于带来了与伦巴第人彼此被迫联合的相似结果。

在这种情况下，古英格兰诸国事实上只是一些被各位将军带领着手下部队分划出来的小块领地而已。可即使这些领地，也是在与不列颠的罗马后裔进行了艰苦的长期斗争后才终于赢下来的。因为这些罗马人不像在高卢和西班牙的同胞那样通过逆来顺受来避免遭到屠杀，而是英勇地与散落在四处的入侵者作战。当然，如果是一支由阿拉里克或者狄奥多里克等伟大国王带领的大军登陆不列颠，罗马人肯定会望风而降以换得活命，而且很可能会在几代人时间里就把自己的习俗和信仰传播到征服者中间。不过来到不列颠的并非是一位狄奥多里克，而是数十名亨吉斯特或伊达斯（Idas）之类的小王，每人手下也只有一支小规模部队。不列颠的罗马人经常能够将入侵者击退，甚至将对方彻底赶走。即使撒克逊人在南海岸已经站稳脚跟之后，他们还是在整整两代人时间里都无法向北进入内陆。因此在征服不列颠的早期阶段，并没有发生像大陆上那样罗马人大规模有条件臣服的情况，而呈现出了一种向西向北缓慢发展的趋势。在第一阶段的征服中，英格兰诸国几乎完全由条顿人组成，各国内部仅剩少量幸存的凯尔特当地人。当然，各国肯定还有少量原住民作为农奴（Laets）存在，但更多原住民最后还是沦为了奴隶。领导肯特（Kent）、苏塞克斯（Sussex）、埃塞克斯（Essex）等邦国的将军们，此时已经获得了永久性权力，升格成为国王，其手下拥有宣誓效忠于国王本人的贵族以及其余自由民。其中一部分拥有贵族血统（伊奥族人），另一部分则为平民（赛奥族人）。在这些人之下还存在一些非条顿族人口，少部分为农奴，大部分人为奴隶。我们至今仍能从肯特国王艾塞尔伯特（Aethelbert）颁布的法典中看到征服初期的一些特征。由于在很长一段时间里，各国均因各种情况的制约而无法向凯尔特人主导的不列颠内陆进一步扩张，因此撒克逊诸国的情况变得极为单调刻板。这些国家的军队，情况与同时期的西哥特或法兰克大军完全不同，所有男性自由人口都被纳入军队之中，而这些自由人口又几乎完全由条顿人组成。平民自由人在国家中占据着非常重要的位置，他们也拥有自己的奴隶（法典第16条、第25条），侵犯农奴房屋的罚款相当于侵犯"伊奥族宅邸"的一半。绑架农奴也同样是重罪，要受到相对严重的惩处（法典第24条）。虽然农奴能够拥有自己的立足之地，但显然条顿自由人才是社会的栋梁。国王的臣属在法典中并没有被太多提及，而"贵族"一词则根本没有出现，直到90年后才由威特莱德国王（Wihtraed）加入法典中。

不过在后期那些面积更大一些的英格兰王国中，情况有所不同。我们从700年左右完成的《伊尼法典》（*Inis Code*）中，可以看到威塞克斯（Wessex）王国并不像艾塞尔伯特的肯特王国那样简单，而且条顿人的重要性也已经没有那么高了。在奥古斯丁（Augustine）国王登基，基督教进入不列颠之前，不列颠的罗马人已经开始有条件地向英格兰诸国投降。在一场胜仗之后，虽然罗马城市还是会被抢劫烧毁，但农村的凯尔特人不再只被当作奴隶或至多只能成为农奴，而是被允许成为独立的自由民，只不过其地位较条顿人要低一些。《伊尼法典》中就曾提及国王手下的威尔士臣民拥有半海德甚至一海德土地[①]，一些凯尔特人甚至还能够供职于国王左右。法典中对那些养得起马匹，能为国王办差的当地人也有特别提及，而基涅武夫（Cynewulf）国王的贵族之中也有一位威尔士人，这让我们立刻便能联想到海峡对岸法兰克国王手下的那些高卢罗马贵族。不过，700年的威塞克斯还有更多值得注意之处，此时其社会制度已经更加倾向于封建化，贵族已开始将服役视为一种高贵之事。而且不仅是奴隶、威尔士人，就连最普通的英格兰普通平民也拥有武器，要在各自的地主（Hlaford）、领主手下服役。如果平民逃避兵役，就会被施以巨额罚款。在我们看来，此时已经有很大一部分平民要么成为领主的家臣，要么就是在王家土地上缴纳租税的佃户。国王手下的有产佃农（Geneat）十分富有，其手中的土地甚至能够达到60海德之大，但最重要的变化在于，国王的亲兵们似乎已经取代了原先的伊奥一族，成为新的贵族阶级。"拥有土地的贵族"（Gesithcund）成为受法律认定的，在国王之下最重要的角色，同时他们也是各地的郡长。之所以如此，很可能是原有的贵族阶级可能已经加入了王室，成为宣誓效忠于国王的"伙伴"。虽然在法典中"领主"（Thegn）一词仅在一处取代了"贵族"，但领主阶级毫无疑问是存在的。不过在亲兵中间仍有部分无产人员存在，这些"没有土地的贵族"能从国王那里得到容身之所、食物、草料以及战马，他们在法典中规定的价值为一个平民的两倍。

平民和贵族一样都要服役。在发出动员令后，如果有产的贵族无视命令，其土地就要被没收，而且还要缴纳120先令的罚款（Fyrdwite）。无产贵族为这种抗命行为所缴纳的罚款为80先令，平民则为30先令。

法典第54条是盔甲逐渐变得更为常见的首个重要信号。根据该条款规定，如果一个人负担不起罚款，可以将自己的盔甲和短剑估值，抵扣部分罚款。但如果与法兰克人几乎同一时期制定的《利普利安法典》相比，我们就可以发现《伊尼法典》中根本没有提及头盔和胫甲（Bainbergce），二者的价值在大陆法典中都有着明确规定。因此，在700年左右的英格兰，身甲显然要比

---

① 一海德相当于80至120英亩，其名称Hide事实上就是兽皮之意，即将一块兽皮制成长条之后所能环绕的土地面积。出自一位英雄受赏时要求得到"一块兽皮所能覆盖的土地"的故事。

◎ 7世纪的盎格鲁-撒克逊军队。此时在英格兰，只有贵族才能够拥有甲胄，普通民兵依然只能依靠盾牌

头盔更为常见。

英格兰人从何时起学会使用甲胄？可能他们在离开撒克逊和日德兰时便已经知道了盔甲的重要性，但早期只有国王等少数人能够拥有。他们也有可能是从威尔士人那里学会了穿戴身甲。如果我们能够认定葛德丁（Gododin）的诗歌确为古时传说的准确再创作而非根据500年后的全新环境完全重写，那我们就可以断定不列颠的盔甲和战马一样都是罗马人留下的遗风。一首诗中曾声称那位半神话的亚瑟王（King Arthur）手下拥有"穿着罗马环片甲的军团"。另一首赞美诗则对杰兰特（Geraint）的战马有着详细描述："马蹄已被战死沙场之人的血液染红。"在这些文学作品中，盔甲的出现次数不亚于盾牌和长

◎ 盎格鲁-撒克逊人使用的头盔

矛。我们没有理由不相信这些罗马遗风始终为不列颠的凯尔特人所保留，就好像高卢的凯尔特人也一样保留着罗马遗风一样。可能英格兰人正是从威尔士的凯尔特人那里学会了如何使用盔甲，正如高卢的罗马人教会了法兰克人那样。如果真是如此，那这种先前文明的遗产肯定会被主要限制在不列颠东部，而生活在威尔士的一些野蛮部落，在几个世纪后却变得不穿铠甲，作战时也不骑马。他们之所以放弃战马甚至铠甲，则是因为丢失了洛格里亚（Loegria）平原后，西部山区的各种文化逐渐变得衰败之果。

可是从总体上而言，铠甲由法兰克人带到英格兰的可能性，要比英格兰人学自凯尔特人的可能性更大。侵略者们除融合了一些日常词汇以外，似乎没有从那些被他们驱赶到西部的部落身上学习任何东西。而且必须要注意的是，锁甲在英格兰流行起来的时间与锁甲在海峡对岸获得广泛使用的时间近乎完全相同。

可无论如何，撒克逊人的头盔绝非从法兰克人那里学得。尽管罗马后期的带冠头盔（例如墨洛温王朝战士所佩戴的那种）也曾在英格兰的绘画手稿中出现，但其民族通用的头盔还是在《贝奥武夫》中频繁提及的"野猪盔"（Boar Helm）。这种头盔由贝特曼先生（Mr.Bateman）从德比郡（Derbyshire）本蒂格兰奇（Benty Grange）地区发掘出来，作为仅有的一个标本被保存至今。这顶头盔拥有铁制的框架，中间填有角质护板，由银钉加以固定，在其顶部还拥有一个铁制的猪头，其眼睛部分为铜制。另外还有一种头盔省略了猪头形装饰，只有一个由皮革包裹的铜制框架，其顶部拥有一个球形凸起物，这种头盔的样本是在1844年从列克汉普顿山（Leckhampton Hill）出土。由铁、角和皮革混合制成的头盔可能是撒克逊头盔的早期形制，到7、8世纪时就已经演变成了全金属制的头盔。《贝奥武夫》至少在这一点上可以提供佐证："那顶带有银饰的白色头盔由铁匠打造而成，四周包裹着昂贵的锁甲……其头盔有着野猪头一样的外形，能够为脸颊提供保护，而且表面敷有黄金，在烈火锤炼下变得愈发明亮坚硬。"这些语句所描绘者无疑是经过打磨的全金属头盔，而非光鲜程度和防护效果都较差一些的混合材料头盔。不幸的是，身穿全副盔甲下葬的习俗在基督教时代消失了，因此我们只能从文字记载或绘画手稿中了解到后来的头盔。这些手稿中的头盔很大一部分只是简单的圆锥形，与先前流行的形状完全不同，其余头盔则如我们先前所说，与法兰克式的带冠头盔十分相似。

由于头盔和铠甲在《贝奥武夫》中出现得如此频繁，乍看之下我们似乎不得不认为盔甲在8世纪的英格兰已经变得十分常见。但事实上，这部史诗的作者只不过是像所有诗人一样，尽可能将笔下英雄描绘得更加富有、华丽。就如同荷马笔下的阿喀琉斯（Achilles）也会身着华丽惊人的盔甲，并配有艺术品般的装饰那样，《贝奥武夫》中那些武士们所拥有的财富，也是真正的8世纪君王们所绝不可能拥有的。因此在我们看来，头盔和锁甲此时应仍局限于王公贵族和大领主之间。

在英格兰人于这个新岛上相对平静地度过几个世纪的期间，英格兰人除

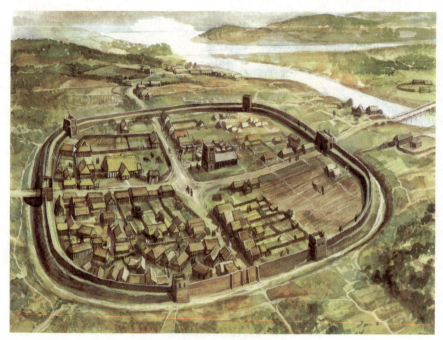

◎ 早期盎格鲁-撒克逊城堡，事实上就是用木墙包围起来的永备营地

偶尔与衰败的凯尔特人作战以外，便只有内斗。相比于大陆上那些早已开始改变作战方式的亲族，老式的条顿战争习惯在英格兰保持了更长时间。他们从没有像法兰克人那样学会骑马作战，即使首领们骑马前往战场，但还是会在作战时下马。甚至直到11世纪，英格兰人在尝试改变习惯，试图以骑兵身份作战时还是令人痛心地失败了，这种情况就好像是多罗斯托隆（Dorostolon）之战前，斯维亚托斯拉夫（Swiatoslaf）手下的俄国人一样。《贝奥武夫》中有一段文字描述某位国王的战马"从未在杀戮结束之前倒下过"，不过除此以外，我们就再也找不到战马在实战中冲锋的证据了。似乎这位诗人要么是像荷马描绘希腊国王们在战车上作战时那样采用了诗意的说法，要么就是受到了一些大陆作战方式的影响而凭空勾勒出了这一场景。无论从任何角度而言，马匹在英格兰通常只被当作代步工具，而没有被用作冲锋工具，只有一部分从大陆绘画临摹而来的英格兰手稿上曾出现过真正的战马。

另外，英格兰人似乎也没有学到太多建造工事的技艺，就连伦敦和切斯特（Chester）的罗马城墙都荒废掉了。他们至多也只会在重要的阵地前设立栅栏。《盎格鲁-撒克逊编年史》告诉我们，伯尼西亚（Bernician）王国的首都班堡（Bamborough）是第一座用篱笆墙加固的要塞，后来才更换成了正规的石头城墙。但实际的证据却与这个说法相反，彼得描述651年麦西亚人（Mercian）彭达（Penda）在围攻该城时，曾通过在城墙外堆放易燃物的办法，试图放火烧毁城墙，这似乎证明此时班堡的城墙仍为木制。照后面的文字看来，若不是"圣·艾丹（St.Aidan）祈祷来了一阵不可思议的大风，将火焰吹向了围攻者的方向"，这个计划是肯定能够成功的。如果当时真的是一道石墙矗立在班堡城下的地峡上，那对于当时的英格兰工程师而言无疑要算是极难攻克的坚固要塞。

由于上述种种原因，6世纪到8世纪间英格兰发生的战事既没有完善的组织，也没有决定性意义。埃德温、彭达、奥法（Offa）等人所率领的部队都是由人数相对较少，但装备精良的贵族组成核心，再辅以装备恶劣、素质低下的乡村征召兵为其提供支援。各国的国力仅能维持一场会战，至多也不过一次短期的战役。即使他们能够获得会战胜利，也无力继续压迫被征服的敌人。被击败的部落国王虽然要暂时臣服于征服者，向其纳贡，但却没有任何力量能够阻碍他在感到自己足够强大之后重新造反。如果想要将征服成果永久化，就只有两个办法，要么在被征服的地区殖民，要么就要在当地的设防地带驻军。可尽管英格兰人非常愿意在威尔士人的土地上建设立足点，却从不愿向身为自己亲族的敌人的土地上殖民。英格兰人不愿建造设防工事，而且由于没有常备军，他们也没有办法在被征服地区留下驻防部队。直到阿尔弗雷德和长者爱德华（Edward the Elder）的时代之前，都不曾出现一位伟大的武士国王来改变英格兰极为原始的战争方式。正因为如此，彭达和奥法所进行的一切会战和征服行动都没有对历史带来太多影响——当征服者死去后，他所建立的帝国便随之一同消逝，原先臣服的各邦也都重新恢复自由。

盎格鲁-撒克逊人的会战方式极为简单，从不曾有史料记载他们使用过什么诡计或者花招。双方的军队通常会在某个适宜会战的山坡上相会，各自组成密集的"盾墙"（Shield Wall），由于必须让士兵们能够方便地投掷投枪或挥舞刀剑，因此队形似乎也不会太过密集。国王位于战线中央，头顶飘扬着自己的王旗，手下装备精良的贵族围绕在其四周，来自各郡的征召兵则列在他们的左右两侧。在互相投出投枪之后（此时的战争中很少使用弓箭），双方的军队便会接近，整条盾墙上的士兵都会开始"劈砍对方的盾牌"，直到一方败退为止。在取得胜利之后，征服者不会去占领对方的战略要地，而是一心想着到对方最富庶的谷地中抢劫一番。如我们前述的那种系统化征服工作，从不曾出现在这些入侵者的头脑中，他们至多只会把被征服者纳入自己的部落。

第三章

从查理曼大帝到哈斯丁会战
（768 年至 1066 年）

第一节
查理曼大帝与早期加洛林王朝
（768年至850年）

与西欧大部分领域所发生的情况一样，查理曼大帝的登基代表着战争艺术也走向了新的纪元。在第二章各节中，我们已经介绍了法兰克人、哥特人、伦巴第人和撒克逊人的作战方式。除英格兰和阿斯图里亚斯（Asturias）的少量西哥特幸存者以外，查理曼的征服将西方所有条顿王国都统一到了一个国家中。迄今为止很少互相接触的各民族将被置于相同的王权影响之下，在同一个主人的领导下被引向相同的政治目标。查理曼发布的诏书无论是在帕维亚（Pavia）、帕德博恩（Paderborn）还是巴塞罗那（Barcelona）、雷根斯堡（Regensburg）都会受到同样的尊敬和服从。自西罗马帝国覆灭以来，埃布罗河（Ebro）到多瑙河之间的人民首次被纳入了同一个帝国组织之中。查理曼长期在位期间向全西欧所有省区注入的一致性，即使在其王朝消失，国土分裂为数个独立国家之后也不曾完全消失。这种现象在战争艺术史上的体现，与在法律、文学、

◎ 查理曼大帝的塑像

◎ 查理曼时期的欧洲。可见查理曼已经统一了西罗马帝国原先的大部分领土

艺术史上的体现一样显著。在后来的时代中，尽管各民族之间仍有一些差别，但西欧所有民族的军事发展很明显地都走向了同一条道路。

　　前文已经指出，在墨洛温王朝后期诸王和宫廷指派的地方总督影响下，法兰克人已经表现出装备盔甲和骑马作战的决定性倾向。可是直到查理曼大帝时期，这种倾向才终于得到了宫廷的正式认可，而且这种改变也不再是个人自愿的行为，而是被写进了法律中，必须强制执行。与此同时，查理曼还为原法兰克征召兵提供了固定的食物给养，并对他们施行严格的纪律，努力提高其作战效率。最重要的改变则是引入了一套新的征兵体系。查理曼保留了普遍的兵役义务，但将承担兵役的个人编入到一些小组之中，每个小组只需提供一名装备精良的士兵参战即可。这样一来，法兰克军队即可得到一名能够有效战斗的武士，而非两个、三个或者六个装备恶劣的农夫。

　　查理曼之所以进行这种改革的原因也显而易见。在墨洛温后期诸王统领下，法兰克人在面对撒克逊人、弗里斯兰人（Frisian）、巴伐利亚人等宿敌侵犯时，其至连自己的疆界都很难守住，而他们对西班牙和意大利的远征也几近中止。这段衰落时期以及不断的内战在725年至732年撒拉逊人入侵后突然告一段落，"铁锤"查理幸运地走上历史舞台，拯救了全体法兰克人。在其后四十年间，法兰克人开始对撒拉逊人、伦巴第人以及撒克逊人展开攻势战争。撒拉逊人和伦巴第人都是马上战士，我们可以肯定法兰克人在与伦巴第国王艾斯图尔夫（Aistulf）以及西班牙的一众穆斯林埃米尔作战时，发展出了自己的骑兵部队来与敌军骑兵对抗。由于法兰克人在面对所有敌人时都取得了惊人胜利，我们也完全可以认定，他们的骑兵在数量和效率上都要比7世纪时更高。

查理曼大帝所进行的战争规模要远比丕平（Pepin）和"铁锤"查理时更大。他的军队所到之处是如此遥远，所征服的区域又是如此广大，致使老式的法兰克征召兵显得极为缓慢笨拙。一支由纽斯特里亚人（Neustrian）、奥斯特拉西亚人组成的步兵军队，根本无法在塞斯（Theiss）和多瑙河中游的平原上猎杀阿瓦尔人（Avars）。法兰克帝国的扩张规模之大，使其疆界已不仅

◎ 查理曼征服帕德博恩。由于查理曼帝国的疆域远比墨洛温王朝时期更大，也导致查理曼对军队进行了一系列改革

仅是从乌得勒支（Utrecht）延伸到图卢兹（Toulouse），而是变成了从汉堡（Hamburg）到巴塞罗那。为确保这个强大帝国的稳定，就必须要有一支能够快速行动的机动部队。也正因为这个原因，查理曼才尽了一切努力来增加骑兵的数量。此外查理曼还增加了军队中士兵披甲的比例，因为在面对盔甲精良的伦巴第人、撒拉逊人以及后来的阿瓦尔马弓手时，没有盔甲的部队将会陷入极大的劣势之中。

在查理曼大帝制定的各项法律中，第一条与军事相关的规定，来自于他对国内能否尽可能保有更多盔甲的担忧。779年，他下令禁止商人向国外出口盔甲，后来这条法律也一再出现于如《米诺拉敕令》（Capitula Minora）以及805年的《亚琛敕令》等法令中。在《亚琛敕令》中，查理曼还规定与文德人（Wends）、阿瓦尔人进行盔甲交易要受到专门的严惩。任何商人一旦被抓到向国外运输甲胄的行径，都要被判决没收全部财产。

查理曼在位前期给新近征服的伦巴第人制定了大量军事法律。他将法兰克式的军事规定应用到伦巴第人身上，规定如果有人逃避动员令，就要缴纳60索里迪的罚金，与先前的《利普里安》法典规定数额相当。而对于"被法兰克人称为逃兵"的临阵脱逃行为，惩罚则是死刑，或至少也会被交给国王定夺其性命和财产的命运。有趣的是，在786年的《伦巴第敕令》中，向王室宣誓效忠的伦巴第人都被定义为骑兵，敕令中说道："所有住在乡村或是效力于伯爵、主教、修道院长麾下的人，以及在王室、教廷土地上耕种的佃户，所有拥有领地之人以及领主的家臣，以上人员，都必须自备马匹、武器、盾牌、长枪、刀剑和匕首前来军队服役。"查理曼手下大批的伦巴第骑兵，是对阿瓦尔人作战时最为重要的力量之一。几乎所有与这些野蛮马弓手的战斗都是由丕平（查理曼之子，被国王任命为意大利副摄政）率领下的伦巴第人承担。790年，正是一支伦巴第部队一路攻入潘诺尼亚（Pannonia）的核心地带，在野战中击败了阿瓦尔人。与此同时，行动迟缓的奥斯特拉西亚步兵却只蹂躏了远至拉布（Raab）的阿瓦尔边境。几年之后，又是伦巴第骑兵彻底扫清了阿瓦尔人势力。当时在丕平和弗留利公爵埃里克（Eric, Duke of Friuli）的率领下，伦巴第骑兵在塞斯平原深处占领了被称为"巨环"（Ring）的阿瓦尔王室大营，将对方两个世纪以来抢劫到的财富全部当作战利品送回了亚琛的王宫之中。自此之后，阿瓦尔人再也没能重新崛起，最终衰落而亡。如果查理曼手下仅拥有法兰克步兵部队，他永远不可能征服这支马背上的游牧民族，而数量庞大的伦巴第骑士们既可以追击敌军，又能在追上对方之后将其击溃。一个值得注意的有趣之处在于，在长达两百年时间里，阿瓦尔人始终是弗留利地区和所谓"奥地利"（Austria）地区的战乱祸根，但他们的国王却没能像查理曼大帝那样激励自己的部队进行远征，也没能找到任何补救措施。

查理曼大帝所颁布的最重要的军事法规，来自于其晚期的五份文件——803年的《军队改革令》（*Capitulare de Exercitu Promovendo*）、805年的《亚琛敕令》（*Capitulare Aquisgranense*）、807年和813年同样在亚琛发布的两道敕令以及811年的《博洛尼亚敕令》（*Capitulare Bononiense*）。所有这些文件，都有必要深入研究。

在这些文件中发布时间最早的803年敕令，主旨在于建立一支人数较少但装备精良的部队来替换老式征召兵。这部敕令要求大领主们在参战时必须尽可能将更多在自己领地内拥有封地的家臣带上战场。一名伯爵有时只能留下两名家臣来保护妻儿，再留下两名文官料理公务，而一位主教总共也只能留下两名手下。其次，敕令还重新安排了全部有产法兰克人的兵役制度。所有拥有四份地①或更多土地的法兰克人都要服役，如果他的领主也要参与作战行动，就由其领主指挥，如果领主要在其他战场担负任务，那就由当地的伯爵来指挥。对于只有三份地的法兰克人，则会与一位只有一份地的人划为一组，二人自行决定由谁出征，而装备的费用则由二人分摊——如果由较为富裕的那位出征，那么较为贫穷的那一位必须承担其装备费用的四分之一，如果由较为贫穷的那一位出征，较为富裕的那位就要负担起费用的四分之三。与此相似，所有拥有两份地的法兰克人都被编为两人一组，一位出征，另一位则负担其一半的费用。仅有一份地的人也会被分为四人一组，其中一位出征，另外三人负担四分之三费用。各地伯爵也要负责将所有拥有一份地或更多土地的领民全都编入这种小组。那些被查出没有编入任何小组的人，都要因逃避兵役遭到重罚。这样一来，

---

① 一份地相当于25至48英亩。

◎ 一副描绘查理曼带领骑兵与撒克逊人作战的中世纪绘画。虽然这副绘画在细节方面错误颇多，但也可以看出骑兵在查理曼军队中的地位和数量比例相比之前已经大幅提高

所有装备恶劣的穷人负担都被减轻了，而富人的义务则被规定得更为严格，其总体结果是全国军队在数量上有所减少，但士兵们平均的战斗力相应得到提升。

805年的《亚琛敕令》是对803年敕令的补充。敕令要求所有拥有12份地之人都要在服役时身着身甲，任何人如果拥有铠甲，但在服役时没有将其带上，就会受到没收铠甲和一切国王授予的特权的处罚。逃避兵役或没有编入803年规定的那些小组之人，都要被没收一半财产——任何拥有土地或其余财产估值达到六磅黄金者都要缴纳三磅黄金的罚款，财产为三磅黄金者则要交纳30索里迪，其余以此类推。向国外销售武器的禁令也在敕令中被再次强调，其中甚至还规定任何人在和平时期，都不得在其所属的领区内携带武器——"如果奴隶被发现携带投枪，那就要用投枪抽打其后背直到投枪折断为止"。

军队主体由财产少于12份地的人组成，但很明显的是，只有另外那少部分人才拥有盔甲。显然，所有那些被编入小组的人都是只装备了盾牌和投枪的步兵。

与805年的敕令相比，807年的敕令要更为重要。在这份敕令中，查理曼甚至将兵役推广到了财产少于一份地的人群中，而在803年的敕令中，一份地被看作是需要服役的基准底线。从807年起，每三名，而不再是四名拥有一份地的法兰克人就要提供一个士兵，而六名只有半份地或是财产价值超过十索里迪之人，也要提供一个士兵。敕令中还有两个条款，分别规定了撒克逊人和弗里斯兰人所需承担的兵役，其中前者显然被认定为最贫穷的阶级，其提供的军队全都是步兵。在对撒拉逊人和阿瓦尔人进行远征时，提供士兵的标准为每六人提供一名士兵，在与波西米亚（Bohemia）的斯拉夫人作战时，标准为每三人提供一名士兵，而在与他们的邻居文德人、索布人（Sorbs）作战时，所有撒克逊适龄男性都被带上了战场。

查理曼对弗里斯兰人所做的规定则与此完全不同。包括各伯爵在内，所有从王室获得过封地（Beneficium）之人以及所有在"马背上作战的人"（Caballarii Omnes）都要在国王发布动员令时随军出征；平民（Pauperiores）则要每六人提供一位装备精良的士兵。不幸的是，敕令中并没有提及划分骑兵、步兵的财产标准，而这对我们而言原本十分重要。比较可能的情况是，那些财产超过12份地的富农以及大领主和高官的家臣组成了骑兵部队。

◎ 在查理曼时代，法兰克军队的主力虽已经转移到了骑兵身上，但步兵仍占据军队的绝大部分

《博洛尼亚敕令》对于了解查理曼军队内部的纪律情况十分重要。从敕令中我们可以看到，对于未能按照指定时间报道之人，会被处以长时间禁止饮酒、食肉的惩罚。被发现在军营中喝醉之人，则要受到在战役结束前都不准饮酒的处罚。任何拥有王室封地之人，无论是因为胆怯还是个人私怨，在战场上抛弃战友都要被国王收回其土地。士兵们每人需要自备三个月的口粮和给养，而从后来的一份文件中我们也可以看到，口粮主要包括面粉、鲜猪肉和葡萄酒。这三个月的时间以军队跨出国界为起点计算，而对于那些从远方赶来的士兵，计算方法会更加宽松一些。所有从莱茵河以东地区赶去西部边境服役之人，这三个月时间都是从跨过卢瓦尔河开始计算的，而从卢瓦尔河以南地区前往东部参战的人，则可能会以跨过莱茵河为三个月的起点。与此相对，在莱茵河以东居住的士兵若要参加东部战事，其时间起点则仅能以跨过易北河疆界为准，而卢瓦尔河以南的士兵要参加南方的战役，也只能从跨过比利牛斯山

（Pyrenees）开始计算。《博洛尼亚敕令》中明确指出，有必要让尽可能多的士兵穿戴盔甲，因此敕令中也规定任何发现自己拥有多余盔甲的主教或者修道院长都必须立刻将此事告知国王，并将盔甲贡献给军队中的其余士兵，而绝不能将其束之高阁。另外，敕令中对于领主不在领地时其家臣也要依令服役的情况进行了严格规定——如果这位领主没有将士兵交给当地的伯爵，他就必须缴纳违反动员令的罚款。

对于《博洛尼亚敕令》中有关给养的部分，查理曼在《庄园敕令》（*De Villis Dominicis*）也有所补充。其中要求跟随军队行动的车仗必须能够搭载12蒲式耳①的谷物或12个小酒桶。另外，每辆车仗都要配备带有预制缝合孔的皮革篷布，在必须时只要在其中装上填充物（主要是干草）并缝合起来即可制成浮囊。另外，车仗中还要携带一支骑枪、一面盾牌、一张弓以及箭囊，以备车夫的不时之需。

查理曼大帝在813年发布的《亚琛敕令》是其最后一道军事命令，其中也有不少重要条款有必要提及。该敕令命令伯爵在集结部队时必须确定每人都配有一支长枪、一面盾牌、一张弓、两条弓弦以及12支箭。任何人都不得只带着一根木棍就来报道，即使装备最差的士兵也至少要带上一张弓。在这道敕令以及《庄园敕令》中对于弓箭的规定十分重要。此时这种武器对于法兰克人而言仍然是新鲜之物。可能是由于与阿瓦尔人（也是查理曼帝国唯一大量使用弓箭的邻国）作战的经验，法兰克人也开始尝试大量装备弓箭。《亚琛敕令》中另一个值得关注之处在于其规定伯爵、主教、修道院长手下所有士兵②都要配备头盔和铠甲。而且从敕令第10节中，我们还可以一窥军队中后勤纵列的大体情况——王家车仗中装有鹤嘴锄、短柄小斧、铁桩、拱形大盾（Pavise）、攻城锤以及"投石器"（肯定是大型的攻城机械，而非投石手所使用的投石器）。国王麾下的元帅们负责提供可供投石机使用的石块。

在806年写给阿尔塔齐修道院长富尔拉德（Fulrad，Abbot of Altaich）的征

---

① 专门用于谷物的体积计量单位，一蒲式耳大约为35至36升。
② 此处的"士兵"所指代者显然仅限于上述领主的家臣。

召令，算是对以上这些文件的最好总结，我们在此也有必要加以详细引用。其中写道："你应在5月20日前带领士兵沿威悉河（Weser）抵达斯塔斯弗特（Stasfurt），做好前往任何方向作战的准备。另外，你还应携带着武器、装备、被服、给养等一切战争物资前来。每个骑兵都应配备盾牌、长枪、刀剑、匕首、弓箭以及箭囊。在行李纵列中你也应准备好铁锹、斧头、铁头木桩等一切宿营所需之物。口粮必须足够三个月食用，被服则应足够六个月的用量。在前来报道的路上，不要伤害我们的臣民，除清水、树木和青草以外不得征用任何物资。你应让士兵与车仗、马匹一同行动，而不能把辎重落在后面，以免士兵犯下过失。作为对国王的尊敬，以上所述之事均不得忽视。"

以上即是国王对一位手下封臣的征召令，这段文字可在加洛林时代的文件中找到，其内容即为要求封臣带领其家臣负担兵役。值得一提的是，富尔拉德手下所有家臣似乎都是骑兵，因为文件中既没有提及步兵，也没有提及步兵的装备。另外，文件中也没有提及这位修道院长手下的骑兵是否穿甲。不过由于这份征召令早于807年和813年的敕令，其中没有提及盔甲也属自然。虽然按照805年的敕令，富尔拉德手下所有采邑超过12份地的富农都应穿戴锁甲，但这一规定当时还没有被推广到普通士兵身上。而命令中关于弓箭的部分，事实上查理曼也在让步兵尝试采用这种武器。不过无论是在骑兵身上还是步兵身上，法兰克人在很长一段时间内都没能大范围将弓箭推广开来。命令中所描述的大批给养以及掘壕工具一定会导致行李纵列变得十分笨重，但从中我们也可以推想到，为保护这些辎重，查理曼的营地一定是设防的，铁头木桩和铁锹也是为此准备的。征召令最后一段则显示出查理曼对于过去墨洛温时代士兵为非作歹的风气十分担心，害怕军队会在抵达边境之前就将所到之地抢劫一空。也正因为这样，富尔拉德才被要求带上如此沉重的给养。虽然补给纵列会拖慢军队的集结和行军速度，但若没有这些物资，军队就无法在敌对领土或一片焦土上作战数月之久。墨洛温时代的军队便经常因缺乏给养而陷入饥荒并自行解体。

如果所有这些命令都能够在王室的监督下完成（要知道查理曼总是无处不在的），那么显然这支军队已经变得和墨洛温时代的混乱大军完全不同了。这位大帝的征服工作即是军队效率的最佳体现，作为一位不知疲倦的国王，如果某次战役没能达成计划的最终目的，查理曼就会在第二年春天再次发兵。在

◎ 与法兰克骑兵交锋的阿瓦尔骑兵，最终阿瓦尔人被查理曼的骑兵彻底消灭

进行征服撒克逊人等特别困难的征服工作时，他甚至会在敌人领土上宿营过冬，以免当地人在他回国期间趁机叛乱。举例而言，在785年至786年的冬季，他不仅修建了大量堡垒、切断道路，甚至在隆冬时节还不忘反复对叛乱军发动突袭。

不过在查理曼的所有改革中，最重要者可能还要算是他对要塞的系统化使用。在某一地区表示臣服并交出人质和贡金之后，查理曼并不会像他的先王们那样从当地撤离，任由当地暴发叛乱。他会选择一个合适的地点，在那里建起一道木墙，并在周围挖掘壕沟，将其建成一座城堡（Burg），并在其中留下驻防部队。他最喜欢在依山傍水之处设防，每座城堡都拥有道路与邻近城堡以及原先的帝国边境相连。查理曼及其手下诸将最终积累了大量关于工事的经验技巧。不幸的是，帝国的继业者们忘掉了这些技艺，直到遭受丹麦人一连串的长期入侵之后才被迫重新将其拾起。巴塞罗那的围攻线可能要算是查理曼在位期间最具野心的工程，该工事由其子路易（Louis）带领阿基坦（Aquitaine）、塞普提曼尼亚（Septimania）两地的征召兵在800年建成。在800年至801年冬季，法兰克军队始终包围着巴塞罗那。他们建造了两道木墙并挖掘了内外两条壕沟，以便同时防御被围者出城突袭和从外部而来的救兵。这项工作完成得极为有效，迫使摩尔守军在经过了一段时间的英勇抵抗之后，不得不因饥饿而投降。查理曼的这些"城堡"作为权宜之计而言十分成功，而且极难攻克。776年埃勒斯堡（Eresburg）之所以陷落，原因在于城内出现叛徒。只有778年陷落的卡尔斯塔特（Karlstadt）是直接被撒克逊人发动的决死突袭所攻克。对于西欧人而言，这些要塞的出现在战争艺术史上翻开了新篇章。在此之前，条顿各族甚至连营地都不会设防，更不用说依靠壕沟和木桩来固守被征服地区了。有了这些要塞，查理曼才得以永久征服那些先王仅能靠发动突袭来抢夺贡金的地区。这些要塞的选址也极为优秀，其中不少甚至直到今天仍然还是当地的政治中心，如马格德堡（Magdeburg）、帕德博恩、不来梅（Bremen）等地。

◎ 加洛林时代正遭受法兰克军队围攻的一座要塞。查理曼大帝在位期间，在边境地区建立了系统化的要塞网，以便控制占领区

对于加洛林时代的军队，我们仍然缺乏很多艾因哈德（Einhard，查理曼大帝传记的作者）及其同僚所不曾给予我们的信息。我们无法给出军队中骑兵和步兵的比例，也无法给出士兵穿甲和不穿甲的比例。不过我们还是能够确定，由于查理曼不断颁布的敕令，在770年至814年间，身穿甲胄的骑兵在军队中所占比例肯定有了大幅提高。在一部有关782年撒克逊战争的编年史中，一段有趣的段落显示在当时的一些远征中，骑兵在法兰克军队中已经占据了相当的比例。照其描述，耶卢伯爵（Count Geilo）和阿达尔吉斯伯爵（Count Adalgis）在率军攻击一支叛军时，发现休德里克伯爵也率领军队从另一个基地出发赶来攻击敌军。前两位伯爵为了独占自认为已经到手的功劳，命令手下士兵准备作战，并说道："你们要像追击逃敌而不是与完整的敌军战斗那样全速前进，尽可能催动各自的战马，这样他们就会陷入混乱，冲向列在敌人营地前方的撒克逊人。"这次鲁莽的进攻最终被敌军击退，四位伯爵、两位国王钦差（Missi Dominici）以及超过20名贵族战死，"手下的士兵也有很多人选择与他们一同赴死，而没有逃亡"。即使这段描述无法证明耶卢和阿达尔吉斯手下部队是完全由骑兵构成的，也足以证明其中的骑兵比例极大，伯爵们也因此希望能够不依靠步兵支援来击败敌军，因为在这样一阵疯狂的进攻中，步兵肯定已被落在后方数里之远。而后一段话则是整个记载的关键所在，法兰克骑兵身为从伯爵那里得到采邑的家臣，即使在必死无疑之时也不会抛弃主人。在这场战斗中，步兵有可能被落得太远，根本没有参加战斗。

至于法兰克军队在会战中的阵型或者序列，如骑兵是位于步兵两翼还是前方等问题，我们同样无法给出明确答案。在一支集结起来的大军中是否还存在比"由伯爵亲率的当地士兵"更大规模的单位，我们也一无所知。从龙塞斯瓦列斯（Roncesvalles）的灾难性失败中，我们可以推测出法兰克军队在行军时会拥有独立的后卫和前卫。在这场会战中，由于后卫被主力落得太远，在主力部队的战友们赶回来救援他们前，后卫就已经被敌军击溃了。分为几个纵队同时进军的例子，则可以从791年的阿瓦尔战役和804年的撒克逊战役中找到。

关于部队战略部署的最科学记载，可能来自于一个查理曼并没有亲自指挥的战役，也就是800年至801年对加泰罗尼亚的入侵。当时军队由其子路易指挥，他将手下三分之一的人马用于围攻巴塞罗那，之后又将三分之一的军队交给图卢兹伯爵威廉（William, count of Toulouse），将他们布置在巴塞罗那以西数里格之处作为掩护兵力，同时路易本人则率领最后三分之一的人马驻扎在位于鲁西荣（Roussillon）的前进基地附近，随时准备在前述二者需要帮助时提供支援。科尔多瓦（Cordova）的哈里发率领援兵从萨拉戈萨（Saragossa）出发，但却发现路易的掩护兵力占据着极佳的阵地，因而没有进入加泰罗尼亚，反而去入侵了阿斯图里亚斯（Asturias）。当他撤退之后，掩护部队即与围攻部队会合在一起，如前文所述那样挖掘壕沟宿营过冬。

　　不幸的是，对于查理曼军队军容最详尽的描述，并非来自于这位大帝在位期间。好在后世的一位学者对这一点进行了记载，他走访了仍然记得查理曼大帝时期军队状况并曾在其军队中服役的老兵。这位学者是圣加尔（St.Gall）修道院的一位修士，其著作写于查理曼过世六十年后，而他也将这部书进献给了这位伟大征服者不称职的孙辈——"胖子"查理（Charles the Fat，即查理三世）。这位修士在书中描述了773年意大利战役中进逼帕维亚城下的法兰克大军。据称他在参考了查理曼时代的诗歌后写出了下述内容："狄西德里乌斯国王（King

◎ 加洛林时代的法兰克重骑兵及其装备。1.头盔；2.盾牌；3.锁子甲制成的护颈；4、5.护臂和胫甲；6.剑鞘；7、8、9.法兰克骑兵常用的几种长剑

Desiderius）和他的家臣奥吉尔（Ogier）远远地看着庞大的入侵军纵队。每当一支部队进入视野时，国王就会问查理曼是否就在这支军队中，敌军的主力是不是就是眼前这支部队。奥吉尔一次又一次回答说查理曼还没有出现，眼前这些数量庞大的士兵只不过是其前卫而已。最终当平原被军队映得发黑时，才有一支比先前所有部队都更为庞大的部队接近。之后那位铁王终于出现，铁盔上戴着王冠，手臂上披着铁锁制成的甲袖，宽阔的胸膛上覆盖着铠甲，他左手持着长枪，右手则握着那柄从未被征服过的长剑。他的大腿上也覆盖着锁甲，而手下士兵则不愿意在腿上穿甲，以便骑马时更加灵活。国王的小腿上绑着铁制胫甲，军中所有士兵在这一方面也与他相同。他的盾牌由钢铁制成，没有任何装饰。亲兵们环绕在国王四周，装备也是尽其所能地向国王看齐。铁甲布满整个平原上的所有道路，就连阳光都被铁甲折射到了其他地方。帕维亚的市民

◎ 加洛林时代的法兰克重骑兵，可见他的腿部和小臂均没有甲胄保护

惊恐地哭喊着：'铁甲、铁甲，到处都是铁甲。'"

在这段对8世纪盔甲的描述中，有趣的一点是，我们可以发现身甲这种长度不及臀部的甲胄，并不是在查理曼的孙子，也就是圣加尔编年史成书的"胖子"查理时期才开始流行，而是早在那位大帝在世时就已经十分流行了。另外按照上述的记载，胫甲也已被大量使用，在多数人身上，只有大腿部分没有装甲保护。需要注意的是，按照这段描述，甲袖（Manica）与身甲并非是一体式的。另外，书中还有一段文字记载，弗雷瑞斯伯爵埃伯哈德（Eberhard，Count of Frejus）曾在837年留下过一顶带锁甲护颈的头盔、一件身甲、一只甲袖和两块胫甲。可能只有右手才需要穿着甲袖，左手则依靠盾牌来保护。

与查理曼大帝在位期间制定了大量军事法律相反，其子"虔诚者"路易在位期间（814年至840年）只制定了很少有关军队的法律。当然，若以这两位皇帝的性格来看，这种情况也并不令人意外。路易所发布的敕令大多旨在解决教廷相关事务的问题。查理曼所建立的军事体系也被保留了下来，这从路易同其子洛塔尔在828年联名发布的一道敕令中可以看到。该敕令要求各地伯爵严格清点手下的小土地所有者是否已被正确编入了相应的征兵小组，而这些小组正是查理曼在803年所建立起来的。832年，洛塔尔在帕维亚向意大利境内各分国发布的另一份文件，也再次重申了禁止将盔甲卖到国外以及拥有12份地之人服役时必须穿着身甲的规定。

路易在位时期，法兰克帝国中央权力急速减弱，地方伯爵的独立性相应也变得更强，王公贵族们手下的骑马家臣在数量和重要性上相比于无装甲的征召步兵也肯定在持续增加。路易执政后期，国内爆发了长期的内战，其中充斥着大量士兵突然逃亡或大规模部队因各种原因投靠敌军的情况。可见，各地伯爵已经将确保自身利益摆在了比确保属下臣民忠诚更为重要的位置上。对王室征召令的俯首帖耳已经荡然无存，取而代之的则是大量的公开背叛事件。由于路易皇帝对膝下儿子们的慷慨，整个帝国同时存在四位统治者。野心勃勃的贵族们将自己的计划掩盖在长袍之下，假意效忠于叛乱的年轻统治者们，等到各地领主的意志终于超越了有名无实的帝国皇帝后，封建时代也终于走上了历史舞台。早在查理曼大帝时代，伯爵们便已经开始压榨较为贫困的自由人，他们违抗皇帝敕令中一再重申的命令，从这些人身上征收非法税贡和徭役，而在路易及其子嗣这样的懦弱统治者治下，这种恶行变本加厉。与此同时，封建社会的另一个特征也开始逐渐显露出来，这一点表现在社会而非政治方面，即小地主阶级数量相对于大地主阶级不断增加。可能前往遥远边境地区作战的沉重兵役是导致自由农民衰落的元凶之一，墨洛温时代相对较少的兵役压力，在查理曼时代因帝国向易北河、多瑙河的大规模扩张而成倍增加。

不过，国家向封建制度的转变以及军队中民族性征召步兵的衰落，若不是因外来因素的影响，只会以相对缓慢的步调发展。从军事角度来说，西欧所发生的快速变革，可以说是北方民族入侵的直接结果。东部边境上的马扎尔人（Magyars）以及意大利的撒拉逊人所带来的小规模威胁，虽然加剧了这一变革，但其重要性远不如斯堪的纳维亚人（Scandinavians）入侵所带来的影响。

第二节
维京人（800年至900年）

✦━◆━✦━◆━✦

从三个世纪之前的515年，利普里亚的休德伯特在弗里斯兰海滩杀死英雄贝奥武夫的兄弟，丹麦人海格拉克（Hygelac）时起，北方民族和法兰克王国之间便已经存有敌意。不过，由于自由的撒克逊人夹在二者之间形成了一道屏障将他们隔开，因此法兰克人与丹麦人很少相遇。到查理曼大帝时代，斯堪的纳维亚人主要忙于不知名的内战之中，北海沿岸也很少听到他们的名字。不过当法兰克人凭借着财富、贸易以及基督教影响力横扫撒克逊人，将边境推进到艾德河（Eider），以及查理曼首次征服撒克逊人的短短几年内，居住在卡特加特海峡和斯卡格拉克海峡对岸那些浅水峡湾中的维京人（Vikings或Wickings）便登场了，这也是他们首次严重扰乱西欧的和平。其动因可能来自于从法兰克大军面前逃亡到日德兰群岛的撒克逊人威德金特（Witikind）。毫无疑问，他将法兰克铁王那不知疲倦、组织严密且无可阻挡的进军，当作恐怖故事一样讲给接纳了自己的丹麦人。这种威胁此时对丹麦人而言也已经是迫在眉睫，撒克逊人的命运可能很快就会在丹麦重演。丹麦北方诸王收容了威德金特，同时派遣使者劝说查理曼，尽最大可能平息这位大帝的怒火。最终，当威德金特不得不在785年屈服并接受基督教洗礼后，丹麦诸王肯定认为接下来就要轮到自己来面对法兰克风暴了。可是在之后几年时间中，规模庞大的阿瓦尔战争、撒克逊人的屡次叛乱以及意大利的纷争导致法兰克军队不得不在别处作战。法兰克人与北方人长期战争中的首次攻势，反而是由后者所打响。奇怪的是，最早一次有记录的丹麦突袭并没有针对查理曼大帝领内，而是选择了更偏远的地区。斯堪的纳维亚人首次出现在789年，"三艘来自赫尔塔兰（Herethaland）的战舰"进行了一次孤立的海盗行为，焚毁了多塞特郡（Dorsetshire）的韦勒姆（Wareham）地区。四五年之后，两只小型舰队又焚毁了林迪斯芳（Lindisfarne）地区富庶的修道院以及诺森伯利亚（Northumbrian）海岸上的韦尔茅斯（Wearmouth）地区。795年，丹麦人又出现在了远达爱尔兰的不列颠西部，摧毁了都柏林湾（Dublin Bay）雷切卢（Rechru）地区的修道院。直到799年，也就是丹麦人突袭韦勒姆整整十年后，维京人才终于第一次攻击了法兰克领土。据说在那一年夏天，他们登上海岸，给弗里西亚、阿基坦两地带来了一场浩劫。警惕性极强的查理曼不久后便抵达当地，并下令建造一支舰队来保护北方的狭窄海域和纽斯特里亚（Neustria）海岸。不过要等到810年，丹麦人在好战的国王戈德弗雷（Godfred）的带领下对弗里西亚进行大胆入侵时，法兰克帝国才终于感受到了严重威胁。在200艘船只的支援下，戈德弗雷横扫了弗里斯兰群岛，从居民那里勒索到了大笔贡金。在他得意于胜利喜悦时，甚至还说要进军亚琛"拜见"查理曼皇帝，可不久之后，戈德弗雷就被自己的一位手下所谋杀，其侄子亨明（Hemming）即位后立刻与法兰克人讲和，并上船驶回国内。从此时起直到76年后，丹麦人才终于得以进抵亚琛。不过，亨明的和平承诺并没有得到严格执行，有记录显示在810年至814年间，法兰克帝国北部仍遭受了数次小规模劫掠，不过这些劫掠都显得无伤大雅，维京人的劫掠要一直到"虔诚者"路易在位期间才开始变得严重起来。在查理曼大帝晚期，维京人最喜欢的活动区域是爱尔兰。从807年起，他们便在爱尔兰的整个海岸线上制造了无数的灾难，沿着海湾和岛屿，将所有修道院一座又一座地抢劫一空。

在早期的几次试探性突袭中，斯堪的纳维亚人尚没

◎ 维京人出现在法兰克帝国海岸后，烧杀抢掠，为祸各地，给沿海地带造成巨大灾难和威胁

有意识到自身拥有何等力量，他们也还没有成为后来那些经验丰富的劫掠者。可无论如何，斯堪的纳维亚人几乎在一夜之间成为一支重要军事力量这件事本身，就已经足够奇怪了。最初他们只会驶向自己尚不曾涉足的海域，船只也都是轻型的无甲板长船，似乎根本无法适应波涛汹涌的大西洋海况。在维京长船首次出现于北海不到20年后，这些龙骨并不坚固的船只便开始航行于多尼戈尔（Donegal）和凯瑞（Kerry）等礁石众多之地，足以证明维京人的航海技能是何等出色。从本质上讲，维京长船是由划桨而非风帆推动，其桅杆可以，也经常会被拆下，维京人只有在风力、风向条件良好的情况下才会使用风帆。这样一来，每舷配备的10至16名划桨手便成为维京长船的主要动力来源。到10世纪、11世纪造船技术变得更为科学之后，划桨手的数量也有所增加，到后来甚至还出现了少量拥有两排桨座的长船。长船的船头和船尾都呈高大的弧形，船头经常会被装饰成传说中极为著名的龙头形状。长船没有船舵，而是依靠船尾的一个大型船桨来控制转向，原理与今天的设得兰（Shetland）六桨渔船（Sixern）相同。早期的维京长船可能会搭载60至100人，而10世纪建造的大

◎ 维京人使用的长船。由于有长船的支援，维京人在海岸地带来去自如，使各地守军难以应对

型长船则可搭载多达200人。

　丹麦人、瑞典人以及其他北方民族在800年左右时的社会形态，都与三百年前前往不列颠的盎格鲁–撒克逊人十分相似。劫掠者们并非由组织紧密的部落组成，而是由在某位著名人物领导下的冒险者所组成的乌合之众。通常而言，这位领袖也不过是一位声望卓著的战士，而与王室血脉并无干系。维京时代早期，很少会有一族之主亲自上阵的例子，只有810年戈德弗雷登陆弗里西亚这首次行动是一个例外。所谓的"海王"（Sea King）事实上不过就是军事指挥官而已，其权力和地位在一次远征结束后就会告终。不过修士阿波（Abbo）也曾在介绍886年围攻巴黎的那位海王时写道："虽然国王只是有名无实，但麾下还是拥有很多战士。"

　最早的维京冒险者们，装备并不会比5世纪那些英格兰劫匪们更好。即使领袖们从南方抢到或是买到了一些头盔和锁甲，主力士兵肯定还是完全不着甲胄的。除金银财宝以外，头盔和铠甲是这些劫掠者们最渴望得到的战利品。不过这种情况并没有持续太长时间，在短短两代人之内，北方人便用从敌人那里抢来的战利品将自己武装了起来，而他们自己的铁匠们也逐渐掌握了盔甲制造技术。到850年或900年为止，那些与所有外族为敌，而且除战争以外便再无其他事情可做的专业维京战士都已经拥有了锁甲。他们的甲胄与法兰克人几乎完全相同，但头盔却并非法兰克人那种一直使用到9世纪的半古典头盔，而是采用了尖顶形状，而且还经常带有护鼻。维京盾牌与多数条顿民族所使用者一样呈圆形，直到10世纪，与《贝叶挂毯》（Bayeux Tapestry）及其他同时代艺术作品中所出现者呈相似形状的风筝盾才开始为维京人所使用。他们通常会给盾牌图上红色或其他鲜艳色彩，在海上航行时则会将盾牌挂在船舷上，将船舷装扮得极为五彩斑斓。

　丹麦人的进攻武器以投枪、刀剑和战斧为主。从北方墓穴中挖掘出的早期维京剑长度较短，呈树叶形，没有十字形护手，剑柄也很短小。后来维京人改用了法兰克剑，剑刃更长也更宽阔。相比之下，维京战斧要更具代表性。与投掷用的轻型法兰克战斧不同，维京战斧极为沉重，斧头也只有单面带刃，安装在一个五英尺长的斧柄上，想要用好这种武器，就必须双手并用。在强壮且老道的战士的挥舞下，维京战斧足以在一击之下将对手的盾牌和头盔同时砍

◎ 维京人的头盔　　　　　　　　◎ 维京人的盾牌

穿，斩断头颅或躯干，即使砍倒一匹战马也毫不费力。正如传说所言，维京人有时会给剑或者战斧刻上符文，多数关于北方民族的博物馆中都保有如此装饰的文物。斯堪的纳维亚人的投枪与法兰克人和盎格鲁人所使用者没有任何明显区别，而他们使用弓箭的技巧则要比所有与他们作战的民族更熟练，因为此时英格兰人尚没有掌握这种武器，而查理曼大帝试图在大陆上推广弓箭的敕令也没有发挥太多效力。即使是最负盛名的北欧勇士，也一样会骄傲于自己拉弓放箭的技巧。对维京人而言，弓箭是一种享有荣誉地位的武器，而在他们的敌人中，弓箭却被看作是最为贫穷之人才会使用的低级武器。熟知北欧传奇故事的人肯定对奥拉夫·特拉哥瓦森（Olaf Tryggeveson）及其亲信埃纳尔（Einar）的高超射技耳熟能详，也一定会对马格纳斯国王（King Magnus）在梅奈海峡（Menai Strait）射杀休米伯爵（Earl Hugh）的那著名一箭记忆犹新。

　　维京人出现在不列颠西部海域不久之后，便取得了对原先那些条顿王国的绝对优势。最初他们还比较谨慎，不敢深入内陆，只敢在蹂躏某个海岸城镇或修道院后便带着战利品逃之夭夭。对于早期的这些劫掠行动，法兰克人、爱尔兰人以及英格兰人似乎更多感到的是愤怒而非惧怕，而且他们也确实曾

◎ 维京人的投枪枪尖　　　　　　◎ 维京人的战斧和短剑

追上并摧毁了几支数量不小的入侵者。但是随着入侵舰队规模越来越大，劫掠者们变得更加大胆，装备也越来越好，而且他们也掌握了敌人防御力量的弱点。在首次劫掠英格兰并进攻法兰克人的大约30年后，西欧人终于开始发现，北方民族已经不再是单纯的害虫和讨厌鬼了，他们已经成了对基督教世界的一大威胁。832年托尔格齐（Thorgils）率领大军入侵爱尔兰内陆；834年维京人蹂躏多施塔特（Dorstadt）的繁华海港，劫掠教区大教堂所在地乌得勒支（Utrecht）；851年在英格兰塔内岛（Thanet）建立首个维京营地等事件，成为这一时期的标志。入侵者的数量变得十分庞大，而且愈发肆意妄为。毫无疑问，若想阻止他们的进一步扩张，就必须采取新的办法。

在爱尔兰那些被横扫的部落中，我们找不到他们有联合起来或进行有组织协同抵抗的证据。英格兰人和法兰克人本应要比他们表现更出色，但此时二者内部的政治环境不佳。在英格兰根本没有任何统一的政权领导，即使是被七国联盟（Heptarchy，包括肯特、埃塞克斯、苏塞克斯、威塞克斯、东盎格利亚、麦西亚和诺森伯利亚）推举出来的埃格伯特国王（King Egbert），其权力事实上也仍局限于他自己的威塞克斯境内。埃格伯特并没有能力去保护诺森伯利亚或者麦西亚，他所能做到的只是确保自己的国土不受侵犯而已。838年，他在亨斯顿（Hingston Down）对一支维京、威尔士联军取得了相当规模的胜利，但他还是无法将北方和东方从劫掠中拯救出来。埃格伯特死后，其软弱的儿子埃塞伍尔夫（Aethelwulf）继位，威塞克斯对七国联盟的领导也彻底变得有名无实。埃塞伍尔夫在位期间，仅有一次率军越过边境，前去救援另一个英格兰邦国的例子（853年）。虽然埃塞伍尔夫是一位称职且善良的国王，但他并不是军事天才。尽管维京人每次出现时，他都会尽职尽责地率军与敌人作战，而且也曾不止一次取得胜利，但在他执政期间，英格兰的命运还是走了下坡路。伦敦和坎特伯雷（Canterbury）均在850年被维京人洗劫，尽管埃塞伍尔夫在萨里（Surrey）的奥克利（Ockley）地区消灭了敌人，三年之后还是有另一支维京部队来到了威塞克斯，并采取了最令英格兰人感到不安的行动——他们在斯韦尔（Swale）沼泽背后的谢佩岛（Sheppey）上建起了工事，使敌军再也无法赶走他们，而这也是丹麦人第二次在不列颠过冬。在威塞克斯处境堪忧

◎ 9世纪的盎格鲁-撒克逊民兵，其战斗力根本无法和维京人相提并论，因此英格兰诸国在维京人来袭之初也居于下风

的同时，麦西亚和诺森伯利亚的境况还要更差，这两个王国都已被彻底蹂躏，领内已经很难找到一座没有被烧光的城镇或修道院了，而这还只是灾难的开始，维京人虽然断断续续地进行劫掠，但至少尚未开始在英格兰定居。

法兰克帝国本应承担起抵抗北方民族的最主要责任，但此时法兰克人的情况甚至比英格兰人还要更糟。而这之中，英格兰至少是朝着统一方向发展的——威塞克斯终于永久性地吞并了肯特和苏塞克斯；麦西亚也即将吞并东盎格利亚（East Anglia），原先的属国威克斯（Hwiccas）、林迪斯瓦拉（Lindiswaras）也已经被兼并。虔诚者路易治下的法兰克帝国此时却弥漫着走向分裂的气氛，阿基坦和巴伐利亚人早就有分裂的倾向，伦巴第对于法兰克人的统治也十分不满。路易早已将各省的统治权分封给了膝下那些忘恩负义的儿子们，正是在他们的带领下，上述地区开始叛乱。皇帝愚钝的心慈手软与其儿子们的野心勃勃虽然在表面上是叛乱的原因所在，但事实上，叛乱的真正原因来自于各臣属民族对独立的渴望。在所有民族中，只有奥斯特拉西亚人始终支持帝国的统一和制度。路易儿子们之间的内战终于在830年爆发。在之后的一段时间里，愈演愈烈的维京突袭仅被帝国人民看作是令人讨厌的节外生枝，除了遭到劫掠时以外，他们更关心路易到底是会将孩子们镇压下去还是会丢掉皇位，又或者路易的幼子查理是否应与其余兄长们一样得到国王冠冕。在丹麦人深入弗里西亚，沿默兹河（Meuse）和卢瓦尔河进行大胆入侵之后不久，路易便于840年去世。在他死后，内战变得更加频繁混乱，在841年血腥的丰特奈会战（The Battle of Fontenay）中，奥斯特拉西亚军队被彻底击溃，帝国也确定了分裂的命运，从汉堡直到巴塞罗那的整个法兰克帝国被永久分裂成了大批民族性独立王国，再不曾出现一个能够调动全西方军队的强权帝国。

若以现代观点来看，从某种角度而言，也许三到四个结构紧凑的民族性王国要比查理曼大帝那庞大笨拙的帝国更容易抵抗维京人，可是在当时，加洛林王室的利益争乱，仍在阻挡着民族性国家前进的脚步。每一位国王都觊觎着自己兄弟或是远亲手中的省份，在朦胧中，他们也仍试图将帝国统一在自己麾下。直到"虔诚者"路易长子的男性后代全部在意大利去世（875年），次子的后代也全部在日耳曼去世（911年）之后，这些断断续续的统一计划才彻底告终。只要这些计划仍然存在于世，西欧就永无安宁之日——"秃头"

查理（Charles the Bald）准备在梅斯（Metz）或罗马为自己加冕的同时，维多（Wido）可能正在席卷勃艮第，而卡洛曼（Carloman）和阿努尔夫（Arnulf）可能也在蹂躏伦巴第平原。而在他们的后方，丹麦人、撒克逊人和马扎儿人已经将他们的国土撕成了碎片。沉迷于帝国政治的各位国王们，根本无暇顾及整顿边境和海岸防务这项最基础的工作。因此840年至900年间的这六十年，毫不令人意外地成为5世纪条顿王国首次出现后，基督教世界最黑暗的时刻，直到878年阿尔弗雷德将丹麦人从威塞克斯驱逐出去；885年至886年奥多伯爵成功守住巴黎；891年阿努尔夫在卢万（Louvain）取得大捷之后，局势才终于开始好转。

我们有必要对北方民族的战术，以及英格兰人和法兰克人为应对他们所采取的办法做一分析。到9世纪中叶，由于远征取得了十分幸运的成果，几乎所有斯堪的纳维亚男性都投入到了这项事业之中，导致入侵者在数量上增加到了令人生畏的程度。而北方战士们所面对的敌人却不过是刚刚放下锄头的农民——这是一场经验丰富的老兵与民兵守卫队之间的较量。他们在装备方面要远强于对手，可能所有人都已配备了头盔和锁甲，而同时英格兰民兵和法兰克征召兵主体仍以无甲的步兵构成。海峡以北只有领主阶级，海峡以南只有伯爵及其家臣拥有足够优秀的装备，能够与入侵者正面对抗。在双方人数接近的情况下，维京人总是能够保持不败。不过一旦整个乡村都被动员起来，或是几个郡县联合起来对抗入侵者，维京人就必须小心行事，以免自己被数量压垮。只有在他们组建起了一支格外强大的舰队时，北方人才能在旷野上与对方进行会战。毕竟，作为抢劫者，会战并不是他们的目标所在，只要当地居民能够集结起一支具备压倒性优势的军队，入侵者就会回到船上，驶向一个尚且完整的省份再进行抢劫。更重要的是，维京人很快就认清在岸上也要同样具有快速机动能力的重要性。因此每当他们在某处登陆后，立刻就会将附近所有马匹抢夺过来，以便运载士兵和战利品。维京人并不打算以骑兵身份作战，他们抢夺马匹也只是为了快速行动而已。关于维京人在英格兰实施这种行动的记载最早出自866年，当时"有一支庞大的异教徒军队骑马来到东盎格利亚"。有趣的是，在这一年，丹麦人也在法兰克领土上首次尝试了这种策略。毫无疑问，维京人的作战基地就是他们的舰队，而所有抢劫行动都会以快速回到船上而告终。只有在水路不通时，袭击者们才会离开船只周围。按照惯例，

维京人会驾着船只沿主干河流溯流而上，沿途抢劫两岸的城镇和修道院，直到他们抵达河流无法继续通行之处，或是遭遇一座横跨两岸的设防城市，导致他们无法继续前进时，维京人才会在那里下锚或将船只拖上河岸。之后，他们会建起一道篱笆墙来保护船只，在其中留下部分部队驻防，其余人则围绕着营地继续在周边地区抢劫。如果有占据优势的敌军接近，早期的维京人就会赶紧回到船上顺流而下逃向大海，到了后来，随着入侵者愈发大胆，他们也开始在易守难攻之

◎ 凭借着盔甲和战马的优势，维京人既能在小规模战斗中击败各地守备队，也能够快速机动，躲避敌方大规模部队，因而很少遭受失败

处设防，抵挡敌军进攻直到对方因缺乏给养或冬季到来而解散为止。这些要塞通常都建立在岛屿上。劫掠纽斯特里亚的各路抢劫者总是会在塞纳河中的约塞尔（Oiselle，又称奥斯塞卢斯岛）上建立根据地，该地位于鲁昂（Rouen）上游十英里。维京人曾在这里曾抵挡住"秃头"查理于858年和861年进行的两次围攻，而且至少有一次，维京人甚至敢于在更加上游的布吉瓦尔（Bougival）境内的弗萨–吉瓦尔迪（Fossa Givaldi）建立阵地。相比岛屿，此处更像是一个被沼泽包围的半岛。在英格兰，维京人会将要塞建立在塔内岛或谢佩岛。在871年一次很有名的入侵中，维京人选择在泰晤士河（Thames）与肯尼特（Kennet）之间的雷丁（Reading）狭地上建立要塞。在卢瓦尔河口，他们会占领努瓦尔穆捷岛（Noirmoutier），在罗纳河（Rhone）口则据守卡玛格湿地（La Camargue）。攻击佛兰德斯（Flanders）和奥斯特拉西亚时，维京人又会选择瓦尔赫伦岛（Walcheren）。863年溯莱茵河而上的维京大军，面对洛塔尔二世的奥斯特拉西亚和日耳曼人路易的撒克逊联合部队，坚守住了诺伊

◎ 维京人的设防营地

斯（Neuss）附近的一座莱茵河小岛，最后他们撤离该岛也只是出于自己的意愿，而非被迫。面对一支缺乏战舰的敌军，这些岛屿要塞几乎坚不可摧。

即使丹麦人没有将要塞建立在无法接近的岛屿上，大陆人也很少能突破由重甲斧头兵镇守的木墙和壕沟。"秃头"查理曾止步于吉瓦尔德（Givald）的壕沟面前（852年），胖子查理面对阿什罗赫（Ashloh）时一筹莫展（882年），威塞克斯的埃塞雷德（Ethelred）也未能在雷丁得胜（871年）。所有这些失败都是围攻丹麦人营地要面临何等困难的例证。因此，少数几位能够攻克这些坚固要塞的基督教国王便会享有极大的荣誉。阿努尔夫国王在891年攻克了卢万的维京大营可以说是9世纪所有类似行动中最为出色的一个。当时北方人已经袭扰了整个奥斯特拉西亚，并在格勒会战中（The Battle of Geule）击败了当地的征召兵。这位日耳曼国王听到民兵战败的消息后，立刻从东部边境赶回。他发现敌军已经在一处被戴尔河（Dyle）环绕之地建起了阵地，两岸之间也挖掘有一道灌满沼泽的壕沟，而在壕沟后方，维京人还建起了一道高耸的城墙。阿努尔夫并没有被要塞的坚固程度所吓倒，他跃下战马，命令所

102

有伯爵和骑兵也都要下马，他们拔出长剑涉过沼泽，在木栅中打开了一个缺口，紧跟在后的士兵们也猛烈地冲进缺口。在一场激战之后，丹麦人的盾墙崩溃了，所有维京人都在混乱中被推进了戴尔河，并在那里成百上千地淹死。像这样一次胜利，要比在旷野上取得数次胜利更有意义，因为它使丹麦人开始怀疑自己利用工事据守内陆要塞的能力。在这次大捷之后，维京人便再也不敢深入日耳曼内陆。因为这一原因，攻陷卢万营地在军事历史上理应要比阿尔弗雷德13年前在埃瑟顿（Ethandun）所取得的胜利享有更高地位。当时那位威塞克斯国王虽然在会战中击败了丹麦人，却并没能攻克他们在奇番海姆（Chippenham）的营地。该要塞最终只是有条件投降，考虑到当时阿尔弗雷德和古思伦（Guthrum）的情况，停战条件一定是对丹麦人较为有利的。

如果丹麦人在距离营地较远的地方遭到突袭而被迫应战，他们便会像871年在阿什当（Ashdown）或878年在埃瑟顿那样，在陡峭的山坡上或一条河流背后找到最适合的阵地，在那里列好盾墙与对方决一死战。在某些情形下，如果维京人在野战中被法兰克骑兵击败，他们便会撤退到距离最近的掩蔽所中。881年，他们在索古(Saucourt)战败后逃到了一个村庄中，866年在布里萨特（Brisarthe）战后逃到一座教堂中，873年在弗里西亚则逃到了一座大型建筑中。在这些地方，他们要么奋战到击败敌军，要么全军覆没，要么就坚守到夜幕降临后逃之夭夭。

丹麦人经常能够在失败之后通过集结溃兵挽回败局，而这也是他们坚韧不拔的绝佳例证。868年在约克城下进行的大战中，丹麦人最初被奥斯伯特（Osbert）和埃拉（Aella）彻底击败，一直被击退到了城镇之中，但在利用房屋将败兵集

◎ 8世纪至9世纪的维京战士

◎ 与盎格鲁-撒克逊人进行会战的维京部队（右侧），双方都习惯采取盾墙阵型，但由于维京人在盔甲、武器和战斗素质等方面都更为优越，因而经常能获得胜利

中起来后，他们又将诺森伯利亚人赶了出去，并最终杀死了两位英格兰国王，赢得了会战。同样的情况也发生在872年，当时他们已被阿尔弗雷德重挫，向后撤退了一段距离，但在看到威塞克斯人因胜利的激动而丧失秩序后，他们便重新集结起来挽回了败局。索古会战也险些重现此事，若不是路易国王那令人钦佩的努力重整了部队秩序，维京人在绝望之下的最后一搏本可能使对方从胜利走向灾难性的失败。在911年的查特尔会战中（The Battle of Chartres），维京人大败，损失了6000名士兵，但在刚刚抵达战场的普瓦捷伯爵（Count of Poictiers）率领骑兵向他们发起进攻时，这些虽然战败却仍然不屈不挠的士兵便转过身来将这位公爵击退，攻入他的营地，用一场夜战胜利来为这失败的一天画上句号。只要维京人的战旗仍在飘扬，战场上还有一名战士没有倒下，对手就不能说自己已经击败了维京人。

与百年战争期间的英格兰人一样，北方民族在野战中很少主动进攻，而更愿意选择防守。当然，让一支由步兵组成的部队，去对在多年的发展中几乎已经演变成全骑兵部队的敌人发动进攻，也无疑是不现实的。如果维京人真的采取了攻势，通常也是像格勒会战中那样进行奇袭。在这场会战中，奥斯特拉西亚征召兵们认为维京人已经逃跑，便解散了队形，无序地寻找北方士兵，但入侵者们并没有停在原地防守，而是采取攻势，突然对他们进行攻击，混乱的法兰克人很快就被击溃。

接下来我们将介绍法兰克人和英格兰人尝试击败维京人的办法。最初他们很少能取得胜利，之所以如此的一个重要因素在于，查理曼大帝家族和埃格伯特家族的国王们，必须面对手下的征召民兵无法在正面战斗中击败入侵者的事实。法兰克伯爵和英国郡长们虽然也曾进行勇敢的抵抗，而且时有胜绩，但遭遇灾难性失败的次数还是要远多于胜利。与法兰克和英格兰的民兵相比，维京人的装备实在太好，他们不仅极为谨慎，而且对于战争的每个方面都很精通。想要击败维京人，对手们就必须组建更加有效的部队，而如果想要阻止他们蹂躏国土，也必须建立一套防御系统。在9世纪时，除那些拥有古代罗马城墙的城镇以外，法兰克境内就再无任何系统的防御工事了。英格兰的情况则更为糟糕，自从征服者们首次登陆以来，他们就任由罗马城墙风化腐朽，而在罗马时代之后才建立起来的城镇则根本没有任何防御工事。

第三节
维京人被击退
（900年至1000年）

为击退丹麦人，9世纪的军事史中出现了两个重要发展方向，其一是专业的军事阶级取代了义务征召兵，二是在重要地点上建立并发展出了系统化的永备要塞。二者相加，也使封建体制逐渐发展成了中世纪后期的样貌。尽管英格兰和法兰克诸国均走上了相同的道路，但海峡两岸在形式上还是有所不同。10世纪的英格兰领主，与法兰克封臣并不完全相同，英格兰城镇与大陆式城堡更是完全不同。

基督教诸国最需要者，即为一支数量庞大、士兵勇敢且装备优良的军队，以便在战场上与北方人正面作战。要塞固然重要，但还是要有足够优秀的守军才行。即使是最为精巧的城堡，也不可能在没有作战意志的守军手中发挥任何作用。881年西法兰克（West Francia）的路易国王就正是吃了这样的苦头。他虽然在埃特伦（Etrun）拥有巨大的城堡，但麾下贵族们无人愿意承担守城的风险，导致城堡没有发挥任何作用。

在抵抗维京人的行动中，行动迟缓的大批义务征召兵大军已经被证实难以满足需要，其行动速度过于迟缓，装备太差，而且没有经过训练，如果维京人的小股部队很容易利用船只或马匹逃走，大部队更是完全可以将这些征召兵击溃。诸国所仅有的另一支军事力量，便是豪族及其家臣。如前所述，在800年左右时，法兰克和英格兰都已经出现了贵族阶层，最初其权力来自于国王，他们只是王国的公务人员，也经常被称为"高贵服役者"。到了此时，大陆上的贵族已经不仅限于伯爵或宫廷高官，还包括了大量从国王那里获得"恩赏"（Beneficia，即采邑）的世俗或是神职人员。每一位伯爵和所有不同类型的封臣（Vassi）都拥有效忠于自己的部队，这些士兵或拥有土地或没有土地，既可能是有产之人，也可能是耕作在各种土地上的佃户。由于一个家庭在得到官职和"恩赏"之后，就再也不会退回到普通的自由人行列中，因此封臣的数量变得越来越多。而且即使是封臣阶级，也已经开始侵占邻人土地。伯爵们在向小地主阶级施压时会使用自己的职权，而封臣们则会使用一些虽然不那么合法，但同样有效的手段。与此同时，教会也在所有方向上扩张着自己的领地。早在831年，"虔诚者"路易之子洛塔尔就已经开始立法限制将土地转让给权贵阶层。丹麦人的可怕入侵，加速了社会封建化的过程，而其结果也显而易见。到10世纪末期，在数量庞大的小地主阶级中，无论是出于自愿还是被迫，已经有大部分人将土地交给了地位更高贵的邻居。

　　丹麦人入侵对封建制度的另一方面也产生了巨大的加速作用，公爵、伯爵成为当地的世袭统治者，国王无法再对其进行任免。在纷乱的时代里，让儿子继承父亲的权力有着显而易见的便利之处，因为没有任何人能够像他们一样了解自己出生之地的需求和能力。更重要的是，在持续不断的内战中，如果国王想要将某位大贵族从其父的职位上撤下，这位贵族可能立刻就会转投加洛林王室的另一位国王麾下。"秃头"查理和他那短命的继承人总是习惯通过让贵族子弟继承先人职位这种拙劣的手段来赢得贵族好感。在之后的一代人里，西法兰克的土地全都变成了世袭封地，儿子对父亲领地的继承权也变成了永久性的绝对权利。中世纪后期所有大规模采邑所使用的世袭制度，都能追溯至从决定性的丰特奈会战到"胖子"查理被推翻之间的那些年。852年，图卢兹出现了第一位将领地传给儿子的统治者，在佛兰德斯则是862年，接下来是867年的普瓦图（Poitou）、870年的安茹（Anjou）、877年的勃艮第以及886年的奥弗涅。在东法兰克，情况的发展并没有那么迅速，在才被法兰克人征服不久的日耳曼、撒克逊、弗里斯兰部落中仍然存有大批自由农民。不过那些查理曼大帝克服了极大困难才清除掉的部落公爵们，在9世纪末期又重新开始出现了。在他们之中，柳道夫（Liudolf，死于866年），也就是第一位撒克逊公爵（Dux Saxonum），首先传位于儿子布鲁诺（Bruno），后者也是一位英勇的战士，最终在880年吕内堡荒原（Lüneburg Heath）的惨败中死于丹麦人手中。在其死后40年，巴伐利亚、洛陶林吉奥（Lotharingia）、图林根（Thuringia）、士瓦本（Suabia）等地也重新出现了公爵，而埃诺（Hennegau）、莱提亚（Rhaetia）以及一些规模较小的地区则出现了世袭伯爵。大约在同一时期，伦巴第也发生着相同的情况，伊夫雷亚（Ivrea）、弗留利、摩德纳（Modena）、斯波莱托也成为世袭领地。

早在查理曼大帝去世之前，法兰克伯爵和其他领主已经习惯于在马背上作战，而且在赶赴军队中报到时也要让自己的家臣与自己一样乘马作战。因此，封建制度的发展就意味着骑兵的发展。从查理曼大帝去世到9世纪末期，征召步兵变得素质低下，受人歧视，最终完全被封建骑兵取代，彻底解散。从编年史中我们可以找到两段记载，一段来自于820年，另一段来自于891年，从中即可看到变化之彻底。820年，巴塞罗那公爵贝拉（Bera）受到另一位加泰罗尼亚贵族萨尼拉（Sanila）挑战，要与其进行比武审判。按照编年史记载，"他们采用了哥特人骑马决斗的方式"。按照塞普提曼尼亚地区的西哥特传统，二人采用骑马决斗的方式并不令人意外，但这对于法兰克人而言还并不常见。这一段文字的记载与富尔达修士（Monk Fulda）描述891年阿努尔夫进攻卢万营地时极为不同，当时阿努尔夫曾对于是否应该让骑士下马作战感到犹豫，因为"法兰克贵族们通常不会徒步作战"。

◎ 训练中的法兰克骑兵。查理曼大帝去世一段时间后，法兰克贵族及其亲兵已经全部成为骑兵，他们也成为法兰克人反击维京人的主要力量

因此我们可以判断，在9世纪的后70年里，步兵数量变得越来越少，骑兵数量则越来越多，这与自由民减少而封臣数量增加的趋势相一致。从9世纪中期开始，骑兵就已经成为军队中最重要的力量，按照尼扎尔（Nithard）在记录"秃头"查理于丰特奈会战前后经过时所使用的言语来看，我们可以推断出这位年轻国王手下大部分士兵都是骑兵。30年后，"秃头"查理在入侵奥斯特拉西亚试图夺取其侄子的领地时，甚至曾声称"军队中的战马数量之多，足以将莱茵河水饮尽，这样他们就可以从干河床上渡河了"。

　　我们可以认为步兵在西法兰克彻底衰落的确切时期是866年。从这一年起，查理在著名的《皮特雷敕令》（Edict of Pitres）中要求每一位拥有马匹或家产足以负担马匹的法兰克居民，在前往军队报到时都必须骑马，任何人都不得以任何借口违背命令。其中所用到的"法兰克居民"（Pagenses Franci）一词，意在覆盖仍服役于伯爵手下的幸存自由农民，而由贵族（Sniores）所率领的士兵，早已被大量其他敕令规定必须骑马作战。

　　在《皮特雷敕令》重申了骑兵重要性的25年后，西法兰克国王厄德（King Odo）率领阿基坦军队与其竞争对手"傻子"查理（Charles the Simple，即查理三世）作战时，手下拥有一万名骑兵和六千名步兵。编年史作家里彻（Richer）将这支军队中的骑兵称为"士兵"（Milites），而步兵则被单独称为"步兵"（Pedites）。这也是第一次在史料中出现将骑兵单独称为"士兵"的情况，在短短数年之前，"士兵"一词还会被用在所有作战部队身上，这也是骑兵的称呼逐渐演变成后来中世纪所用的"骑士"（Knight）一词的开端。到10世纪开始时，西法兰克的步兵已经彻底消失了，在如罗伯特国王（King Robert）惨遭失败的苏瓦松会战（The Battle of Soissons）等血腥战斗中，双方军队都毫不例外地完全由骑兵组成。

　　这种改变所带来的军事性意义很容易让人理解。不仅只有重甲骑兵的冲击力才能在战场上突破维京盾墙，而且一旦维京人找到了马匹，可以在乡村中任凭自己意志作恶之时，就只有骑兵才能跟上他们的迅捷行动。当地的伯爵只要能够将少数几百名英勇、忠诚、纪律性强且经验丰富的重甲骑兵带到战场上，对入侵者的威胁就要远比一万名征召兵更大。即使骑兵们没能在会战中击败敌军，也可以继续在其行动路线上进行袭扰，切断其失散人员，在对方分散

◎ 正在对维京人发动冲锋的法兰克重骑兵

开来洗劫村庄或庄园时对其发动进攻，抑或是据守易守难攻的渡口，在隘路上以少敌多，抑或是利用本地人要远比外来人更为熟悉的岔路上与敌军周旋。法兰克骑兵发展达到巅峰后，维京人在行动上便受到了严重制约。最终，维京人发现唯一能与法兰克人对抗的办法就是自己也学会骑马作战。虽然维京人学得这一技能的时间太晚，无法改变西欧的历史进程，但在10世纪末的一段时间里，北方骑兵也和任何基督教国家的骑兵一样优秀。到11世纪时，他们甚至成为第一次十字军东征中最精锐的骑士部队。

为对付北方民族，法兰克人还采取了另一项办法，即在要地建造系统化的复杂要塞。这项经过深思熟虑的政策，同样也是在866年的《皮特雷敕令》中所确定的，之前我们已经叙述过该敕令对骑兵发展所起到的重要作用，不过早在862年，这项工作其实就已经展开了。当时"秃头"查理意识到，如果能够在河流上的合适地点建造设防桥梁，就可以阻止丹麦舰队顺流而上，深入内陆。他所选择的最主要地点即为皮特雷，其位置位于维京人在塞纳河的约塞尔岛要塞上游数英里处。"秃头"查理在那里建造了一座大桥，其两端均设有桥头堡（Tetes-du-pont）。这座大桥的建设花费了数年时间，在此期间丹麦人仍然能够随心所欲地从未完工的中央部分通过。因此查理又在更上游的特利巴都（Trilbardou）建造了一座规模较小的桥梁，试图以此来截断入侵者的退路。在尝试突破该桥无果之后，北方人的首领韦兰（Weland）交出了俘虏和战利品，以此作为条件换得了法兰克人的放行。在皮特雷建造的巨大要塞最终在866年完工，奥文斯（Auvers）和沙朗（Charenton）也建起了两座较小的要塞作为附加保险来守卫瓦兹河（Oise）和马恩河（Marne）。最为重要的是，查理还在巴黎这座岛屿城市周围设置了桥梁以连接塞纳河的南北河岸。这些工事在未来对维京入侵所造成的影响，要比所有后来在河上新建的建筑都更大。对于这套防御系统而言，缺点在于每个要塞都需要驻防部队，而在当时又很难找到永备部队来防守它们。像巴黎这样的城市，可以动员自身的居民，但像皮特雷那样的孤立要塞就必须组建专门部队，而这并不是随时都可以做到的。在"秃头"查理死后的内战时期，这些要塞显然都被攻破了，而且我们也可以发现，西法兰克人在885年集中了全部精力，在蓬图瓦兹（Pontoise）建造新要塞来顶替它们。当丹麦人沿塞纳河溯游而上围攻巴黎时，他们首先就摧毁了这个障碍。虽然要塞进行了极为坚强的抵抗，但由于缺乏外部救援，最终还是被迫投降。在抵达巴黎后，围攻者们开始了长达十一个月的围攻。"秃头"查理将城市要塞化之前，巴黎曾数次落入维京人手中，而正是由于这些要塞，使巴黎这一次才终于能够抵挡住对方的进攻。尽管皇帝"胖子"查理没有提供太多帮助，但巴黎的守卫者厄德和戈泽林（Gozelin）主教还是进行了勇敢的抵抗，阻挡住了敌军的每一次攻势。确实，最终丹麦人通过将船只拉上河岸，沿着平缓的河岸绕过南部桥头堡的费力方式进抵了塞纳河上游，但无论如何，他们没能攻陷巴黎，最终只能满足于在接受一笔贡金后解围离去（886年）。在西法兰克，这次守城胜利的重要意义，几乎与英格兰的埃瑟顿会战以及奥斯特拉西亚的卢万会战具有同等价值。

900年后，丹麦人对日耳曼便不再进行大规模的劫掠，而在西法兰克，虽然大规模的劫掠仍然持续了一段时间，但其威胁性再也没有达到过886年那样的程度。在巴黎围攻战之后，法兰克人取胜的次数已经能够与北方人相当。888年的蒙福孔（Montfaucon）、892年的蒙旁西埃（Montpensier）以及911年的查特尔等几场会战全都足够引人注目。这些战绩都证明法兰克人已经不再像三十年前那样逃避艰难的会战，而开始变得逢敌必战。他们在战场上也经常能够击退入侵者，保证自己的土地不被踩躏。不过相比之下，要塞在保卫法兰西没有变为焦土这一点上，要比会战更为重要。当每个城镇都开始用封闭城墙将自己环绕起来，并努力用设防的桥头堡来封锁河道后，丹麦人就发现自己的行动空间严重受限。入侵者所想要的是战利品，而不是前途未卜的长期围攻。像法兰克人886年在巴黎、887年在桑斯（Sens）的英勇抵抗，不仅拯救了城市，更间接地使所有可能具有抵抗长期围攻能力的城镇都免于受到进攻，因为它们动摇了丹麦人的信心，迫使他们在行动前考虑遭遇类似失败的可能性。对他们而言，袭扰开阔的乡间并没有太多价值，因为那里不仅已被无数次劫掠洗劫一空，而且农民们也已经学会带着所有家当前往设防地点避难。在几代人的时间里，主教、伯爵、修道院长以及大领主们都在努力工作，在所有要地设防，以至于到了此时，避难所和要塞的数量多到已经足以容纳所有乡人了。不久之后，不仅大城镇，就连小城都已经拥有城墙，而贵族的私有城堡也可作为防御体系的补充。大部分要塞都仅以木材或栅栏而非岩石建成，但只要能够合理防守，依然可以起到防御作用。

由于劫掠法兰克的难度越来越大，成果却越来越差，最终导致丹麦人罗尔夫（Rolf）在911年选择与"傻子"查理谈判，就好像是古思伦在878年与威塞克斯的阿尔弗雷德谈判一样。"傻子"查理提出在埃普特河（Epte）和西海之间给予他们一大块所谓"丹麦领"（Danelagh，这其实是英格兰人的叫法），罗尔夫接受了条件，答应把族人集合起来，在那里定居并与法兰克人和平共处。相对于可能发生的其他情况而言，维京人选择定居可以算是"傻子"查理的一次巨大胜利。在此之后，其余的丹麦部落逐渐离开了卢瓦尔河和加伦河（Garonne）的河口，与罗尔夫的人定居在了一起。与英格兰的古思伦一样，诺曼底的罗尔夫对国王的忠诚也超出了预料，甚至还曾多次派出部队去帮助国王镇压本地人叛乱。直到查理死于维尔曼多伯爵赫尔伯特（Count Herebert of Vermandois）的阴谋之后，诺曼人才重新对大陆展开劫掠（928年）。不过法兰克人这一次证明他们已经足以保卫自己，罗道夫国王（King Rodolf）在利摩日会战（The Battle of Limoges）中，将劫掠者击溃并赶入了阿基坦。从长剑威廉（William Longsword）的时代开始，诺曼人摆脱了外来的异教侵略者身份，而成为法兰西内部无法驾驭的封臣。到1000年时，无论从各种角度来说，他们都已经被邻居们所同化了，诺曼底也成为法国王室手下最重要的封臣之一。

我们现在应把目光转回英格兰，叙述阿尔弗雷德及其子孙是如何对付"秃头"查理用骑兵、城墙以及桥头堡来解决的丹麦入侵问题。在维京人开始入侵时，英格兰人手中没有骑兵，埃格伯特的军队从这一点来说与查理曼大帝完全不同。对英格兰人来说，加强骑兵这一问题根本无从谈起，因为这个兵种对他们而言根本不存在，但在其他方面，我们却能发现法兰克人采用的办法在海峡对岸也有所发挥。威塞克斯虽然无法用重甲骑兵来重组军队，但他们却拥有重甲的步兵。被伊尼称为"拥有土地的国王伙伴们"，或是阿尔弗雷德在法律中所规定的"领主"，实质上与大陆所称的"封臣"或"恩赏所有者"意义相同。与9世纪的法兰克倾向于将所有人都纳入封建等级之中相同（相对重要的自由农民变成封臣，不那么重要的则成为农奴），英格兰的中层阶级也依照相同方式被划分开了。赛奥族人（Ceorls）中较为富裕者被纳入贵族阶层，较贫困者沦为强势邻居的下人。从阿尔弗雷德所颁布的法律中，我们可以轻易看出自由中层阶级的地位远不如《伊尼法典》时代那么突出。早在《伊尼法典》的时代，地主和佃户就已经存在了，到阿尔弗雷德时代，他们无疑已经占据了人口中的大部分。之所以发生这种变化的原因，可以从10世纪早期的两份重要但没有名字的文件中找到。按照索普（Thorpe）所著的《早期英格兰法律》（*Early English Laws*）一书中第79页至第81页所述，其中一份内容涉及"人价"（Weregeld，即不同阶级的人的不同价值界定），另一份则涉及"人民的等级和法律"问题。"人价"文件的第一版中规定"如果一位赛奥族人家业兴旺，拥有了头盔、锁甲和带有金饰的宝剑，但受国王保护的土地不足5海德者，仍算作赛奥族人。但如果他的儿子或孙子家业愈发兴旺，后来得到了那么多土地，其后代就将被算入'伙伴'之列，价值为2000司雷萨斯（Thrymsas）"。在第二版中，这一段又被改为"如果一位赛奥族人拥有锁甲、头盔和带有金饰的宝剑，即使他没有足够的土地（5海德），也应被算作'伙伴'，依此类推"。"等级与法律"文件中还有另一段文字写道："赛奥族人如果发达到了名下拥有足5海德土地、礼拜堂、厨房、钟楼、城堡，亦或是在国王麾下任职，从今后即被看作领主。"另外，"曾三度自行出资渡海的商人"也会受到同样待遇，这一点也是值得注意的。

这些文字的意义显然在于，将所有拥有5海德及更多土地，但并非领主之人划入了领主的范畴，在获得了领主特权的同时，也要受到领主的义务限制。不仅如此，如果第二版"人价"文件的内容可信，即使是那些没有5海德土地的赛奥一族，只要能够拥有全套盔甲，也会被算作贵族阶级。导致这一结果的原因，自然是因为国王希望扩大领主阶级的数量，他们鼓励赛奥人只要能尽可能优良地武装自己，就能进入领主阶级。另外，对于商人也提供了相似的许可条件。

对领主阶级而言，最主要的义务就是在国王召唤时身穿全套盔甲前往军队报到。这项政策的目的，无疑就是不计代价，尽可能提高部队的披甲率。值得一提的是，在"等级与法律"的文件中，我们发现在地主手下的佃户们只要拥有足够的土地和财富，也可以被列为贵族，即使他们并非直接宣誓效忠于国王，现在也会被视为领主阶级的一部分了，他们被称为"间接领主"（Medial Thegns）。

阿尔弗雷德及其继任者用来对付丹麦人的主要武器，即为由赛奥一族中新近被列入贵族的兼具财富和热

◎ 英格兰贵族重步兵。由于英格兰不存在有效的骑兵部队，抵挡维京人的核心力量便是这些重步兵

诚之人所组成的新军。原有的征召民兵虽然仍保留着杂乱无章的武器，效率相对也仍然很低，但由于被分为了两个部分，一半在前线作战，另一半则在家乡务农，致使其在战场上所能发挥的作用反而有所提高。打个比方，若领主阶级是铁矛头的话，民兵便是这支长矛的矛杆。

对于"秃头"查理在修建要塞方面的经验，阿尔弗雷德也没有忽视。虽然由于英格兰的要塞建筑水平要远比大陆更低，所建出来的城堡通常也仅有木墙，但对于阻挡劫掠者而言似乎仍然十分有效。只在少数情况下，英格兰人才会使用石块，如887年被阿尔弗雷德称为"光复荣誉"（Honorifice restauravit）的伦敦罗马城墙修补工程。907年，阿尔弗雷德好战的女儿埃塞尔弗莱德（Aethelflaed）也在切斯特效法其父，而她对那里所做的粗糙修复，直到今日还与原有的罗马城墙格格不入。坎特伯雷虽然也早已拥有城墙，但其防御工事主要是由木桩、组成同心圆形的几道壕沟以及由护城河保护的封闭土垒组成，阿尔弗雷德及其后人就以这些工事保护切斯特外围。"长者"爱德华在对抗丹麦人时，以最系统的手段发挥了这些工事的作用。他所建造的第一道城堡（Burhs）防线，主要用于保护自己的边境，但他和姐姐埃塞尔弗莱德逐渐又开始建立第二道用于进攻的城堡线。这些要塞全都建造在丹麦城镇对面，其中还部署有驻防部队，用以防止居民出城并控制周边地区。在长达二十年的战争中，没有一座这种要塞被敌军攻陷，可见丹麦人在围攻行动中的效率之低。

这种由城堡所组成的军事系统，似乎与几年后"捕鸟者"亨利（Henry the Fowler）在日耳曼所建造者十分相似。每座城堡周围都会划有一定面积的土地，每一位在该地区拥有采邑的领主都有义务保卫城堡。他们每人都在城堡内拥有一处住所，要么他本人居住在那里，要么就必须派一位值得信任的武艺精湛者作为替代。因此城堡内的居民最初全都是战士，只不过到了后来，随着战争日渐平息，城内的房屋也成了高价财产，领主也开始允许商人、手工业者等非作战人员入住。不过在9世纪早期，城堡居民均以军事成绩作为其生涯目标，如在剑桥、伦敦等地，骑士工会（Cnihtengild）成为当地居民最早的组织。这些为了保护再次征服而来的土地的居民来自四面八方，因此才建立了这样的组织来巩固关系。

在阿尔弗雷德的城堡中，有一种类型值得特别提及，因为这无疑是从

◎ 英格兰海岸要塞的复原图，这些要塞在抵挡维京人入侵时发挥了重要作用

"秃头"查理那里直接照抄过来的。896年，一支庞大的维京部队乘着大量船只进入李河（Lea）。阿尔弗雷德在李河与泰晤士河的交汇处迅速选好了地址，在河岸两侧建起了两座城堡，并非常有效地把二者连接起来（至于是采用浮墙还是桥梁则不得而知），将丹麦人封锁在了上游而令其无法返回泰晤士河，丹麦人最终不得不放弃舰队，沿陆路撤退，任由伦敦人将他们的船只拉回去庆功。这次行动，无疑就是法兰克国王862年马恩河行动的完美翻版，毫无疑问，阿尔弗雷德听说了这次行动并将其牢记在心，最终在机会来临时将其精心复制了出来。

无论如何，对与丹麦作战所取得的的胜利而言，阿尔弗雷德所采取的第三项措施，要远比任何内陆要塞都更有效，即建立一支足以与维京人在海上争霸的强大舰队。阿尔弗雷德在位早期便已经视舰队为保卫海岸的最有效办法。早在威德摩尔（Wedmore）和平协议签订前的876年，阿尔弗雷德便已组织了一些船只来驱赶小型的劫掠支队。在与古思伦讲和后，阿尔弗雷德也腾出手来继续扩张舰队。到885年，虽然他仍然无法和维京主力舰队正面对抗，但也已经拥有了数十艘船只。根据编年史记载，后来他又建造了"长度几乎相当于其余船只两倍的长船，其中一部分拥有60个桨座，有些甚至更多。它们划起来又快又稳，比其余船只也更高一些。这些战船既不是按照弗里斯兰的式样，也不是按照丹麦的式样建造的，而完全取决于阿尔弗雷德认为什么样的船更有用"。新舰队第一次有史可查的胜利来自于897年。阿尔弗雷德给英格兰留下最有价值的遗产，可能就是一批足以作为舰队核心的优秀战船，而他的儿子也继承父业，继续对舰队进行扩张。到911年，爱德华已经能够派出数百艘战船去保卫肯特的海岸。又过了二十年，这支海军在数量和训练水准上已经如此强大，阿尔弗雷德的孙子埃塞尔斯坦（Aethelstan）凭借它们席卷了整个不列颠东岸，甚至入侵了苏格兰国王康斯坦丁（Constantine）的土地。虽然此时丹麦人也正在诺森伯利亚叛乱，但他们根本无法派出任何足以干扰埃塞尔斯坦的舰队。

法兰克人的重甲骑兵和系统化要塞，英格兰人的重甲步兵、优秀城堡以及舰队，最终成功抑制住了北方民族的劫掠。但我们不能忘记的是，防御一方面对进攻一方所取得的胜利，在一定程度上也来自于入侵者自身发生了变化。早期维京国王们之所以能够取得胜利，很大部分原因在于他们手下拥有精悍的军队，而且也没有自己的家园或者财宝需要保护，他们的妻儿以及财产全都被留在了大海对岸敌军无法触及的斯堪的纳维亚半岛，而他们在战场上也没有用来保护舰队的基地。可是到了他们子孙的时代，后代们或多或少地已经在塞纳河或亨伯河（Humber）两岸扎根，导致情况变得与原先完全不同。从他们开始永久居住在北海南岸之时起，他们便失去了自己的部分优势。等到他们把妻儿家小也接到当地，一同在英格兰或法兰克的丹麦领上永居后，他们便彻底失去了所有的战略优势。一位生活在诺曼底或者英格兰所谓"五堡之地"（Five Boroughs）的丹麦人，不仅要试着去抢劫纽斯特里亚或威塞克斯，更要为保护自己的家产而战。一个你能够去烧毁其村庄、抢夺其家畜的敌人，要远比没有任何后患而且还在海上来去自由的劫匪更容易对付。到10世纪，英格兰人和丹麦人之间的局势已经完全发生了逆转。我们可以将《盎格鲁-撒克逊编年史》中以下关于"长者"爱德华在位第五年的记载，与840年至880年间的灰暗历史做一对比：

"905年——本年中，东盎格利亚的'军队'（古思伦之子埃里克手下的丹麦人）首先骚扰了麦西亚，后进至克里克莱德（Cricklade），最终跨过泰晤士河，在布雷登森林（Braden Forest）附近将全部能带走的东西装上船返回家乡。爱德华国王紧随其后，以最快速度集结士兵，蹂躏了敌方在戴克斯（Dikes）和乌斯（Ouse）之间，北至沼泽地的所有土地。"

　　这次在对方入侵之后所进行的报复性劫掠十分有效，英格兰人在烧光了东米德兰（East Midlands）的最后一块农田后掉头向威塞克斯撤退，埃里克在试图切断爱德华手下最后一支撤退的部队时，与数百名维京战士一同被杀。有了这些功绩，我们就不难理解，当19年之后，爱德华国王在逐步征服了东盎格利亚和五堡之地后，被所有英格兰北方人尊称为"吾父吾王"。

　　爱德华之子"邋遢王"埃塞雷德（Ethelred the Redeless）与丹麦王"八字胡"斯文（Sweyn Forkbeard）之间的战争性质，与阿尔弗雷德、爱德华在一百年前所进行的生死搏斗完全不同。此时的入侵者们，所求之物不再是赃物或者土地，而是为了政治性的征服而来。从血缘上讲，他们与私生子威廉（William the Bastard）的关系比与英格瓦（Ingwar）或古思伦更为亲近。克努特（Cnut）之所以能够征服英格兰，绝非其手下的士兵个人战斗素质更高。此时的丹麦人与英格兰人在战争中已经没有什么两样，使用的武器和战术几乎完全相同。埃塞雷德的失败，主要原因在于其手中的英格兰已经在封建化道路上走向了分裂。由于埃德加（Edgar）的错误政策，英格兰已经被划分为数个大郡（Ealdormanry），郡长们也变得独立性过强，难以在危急时刻互相援助。先前由国王统帅着领主作为核心，再辅以民兵支援的军队，如今却只能由各地的总督们各自带领着当地部队，在没有太多协同的情况下各自为战。撒克逊王室的逊位，也完全是由于埃塞雷德的臣子们抛弃国王，转投斯文和克努特门下。

　　克努特担任英格兰国王期间值得一提的功绩，并不仅在于其采用快刀斩乱麻的手段处死了乌特雷德（Uhtred）和埃德里克（Eadric）两位叛乱伯爵，从而暂时镇压住了英格兰的封建分裂苗头，更在于为王国建立了一套新的军事体系。在将大部分丹麦部队解散之后，他在身边还保留了一支小规模的精选雇佣军作为常备军，他将这些人称为"家仆"（Huscarles），事实上即为他的军事家臣。这些家臣的数量在数千人左右，作为其军队的核心始终追随国王。相比于那些需要从远方赶来的领主阶级，这支部队拥有相当明显的优势，能够随时在国王左右准备应对任何突发情况。直到克努特的家系断绝之后，这套佣兵体制仍然幸存了下来，忏悔者爱德华（Edward the Confessor）以及哈罗德·戈德温森（Harold Godwineson）均保留着这支精锐部队。在痛击威尔士人格里菲斯（Griffith）和苏格兰人麦克白（Macbeth）的军队的战争中，这支部队仍是核心力量。直到在森拉克（Senlac）战场上[①]，为保护威塞克斯龙旗战至最后一人时，这支部队才迎来了自己光荣的末日。

丹麦人给英格兰战争艺术留下的印记，不仅在于导致其军事体系的重组和推动了封建制度的发展，而且也带来了一些新的武器装备。似乎英格兰人在10世纪用风筝形盾牌取代圆盾，正是吸收了维京人的经验。更值得一提的还是英格兰人采用了丹麦战斧，这种双刃重型战斧取代了英格兰人早先使用的轻型飞斧。到"忏悔者"爱德华在位期间，战斧在领主中间的普及程度已经不亚于长剑。在哈斯丁会战（The Battle of Hastings）中，战斧也是哈罗德军队中的标志性武器。而在遥远的东方，拜占庭皇帝手下的瓦兰吉卫队（Varangian Guard）中的英格兰人和丹麦人也显得十分特别，并因此被其雇主称为"持斧蛮族"。

---

① 即哈斯丁会战。

第四节
马扎尔人（896年至973年）

尽管维京人是9世纪、10世纪这一黑暗时代里对基督教世界最大的威胁，但他们绝非唯一的敌人。在斯堪的纳维亚人的劫掠仍令法兰克人和英格兰人颤抖不已的同时，其他敌人也在冲击着基督教世界的南部和东部疆界。对于曾在路易二世和贝伦加尔（Berengar）时期令意大利苦不堪言的撒拉逊人，我们在此不多加笔墨。因为他们与拜占庭所面对的克里特、非洲穆斯林是同一批部队，我们将在后面讲述东罗马帝国的章节中对他们进行详述。而本章中，我们将重点介绍攻击日耳曼的入侵者们。

马扎尔人第一次出现在西方人视线中是在862年，当时他们穿过了匈牙利，对巴伐利亚境内的东疆（Ostmark）进行了一次短暂突袭。不过直到896年，也就是最凶狠的那批丹麦人在东法兰克被遏止住的那一年，他们才终于永久性地进入了帝国边境。892年，阿努尔夫国王曾在与摩拉维亚（Moravia）的斯拉夫人作战时向马扎尔人求援。很显然，对这些斯拉夫部落所取得的轻易胜利，也诱使马扎尔人进一步西进。此前，他们刚刚被自己的邻居帕济纳克人（Patzinaks）击败，被逐出了位于布格河（Bug）和第聂伯河（Dnieper）的家园，开始大规模地从喀尔巴阡山脉（Carpathian）各山口涌入塞斯河和多瑙河谷地。阿瓦尔人早已消失得无影无踪，继他们之后生活在多瑙河中游的斯拉夫人面对侵略者根本没有任何抵抗之力。就这样，在短短一年之内，没有经历任何大规模的交战和抵抗，多瑙河上便出现了一个匈牙利（Hungary）王国。

东法兰克人的这些新邻居是真正的马背民族，精于骑射，随时准备投入战斗或抢劫行动中。他们在行动迅捷方面无人能敌，在战斗时长于诡计和突袭，在行军时也小心翼翼，而且极为贪婪残酷。正如编年史作家雷吉诺（Regino）所言："如果马扎尔人的力量和耐力与他们的胆子一样大，那么就无人能够阻挡他们了。"不过马扎尔人既无法围攻有城墙的城镇，也难以在

◎ 马扎尔马弓手

白刃搏斗中占得上风。他们在西欧所采取的战术与他们在东欧活动时相同，即大批环绕在敌军周围，用矢石击溃对方。如果遭到法兰克重骑兵的冲锋，他们就会一边掉头逃跑，一边继续向背后的敌军射箭。

马扎尔人来到新家园不过三年时间，便开始对信仰基督教的新邻居们进行抢劫。从斯拉夫人那里所能抢到的微薄战利品根本无法满足他们，而他们对相对富裕的法兰克人、伦巴第人也十分熟悉。他们派去拜见阿努尔夫的使者实际身份都是间谍，其主要目的在于摸清帝国内部的道路。899年对威尼斯（Venetia）以及900年对巴伐利亚进行的两次毁灭性突袭，完全打了基督徒一个措手不及。自从九十年前查理曼大帝摧毁阿瓦尔人之后，西欧便再未曾受到过来自东方的威胁。

马扎尔人所选择的入侵时机，对意大利和日耳曼而言也十分不利。在意大利，贝伦加尔国王刚刚从与竞争对手——斯波莱托的兰伯特（Lambert）的斗争中解放出来，准备与第二位争位者普罗旺斯的路易展开决斗（900年至901年）。与此同时，他还被来自拉丁姆（Latium）和托斯卡纳（Tuscany）的撒拉逊人严重干扰。在日耳曼境内，王座之上的"童子"路易（Louis the Child）不过是一个不足七岁的孩子，而他也是第一位在成人前便登基加冕的加洛林国王。路易身边并没有一位能干的摄政来帮他治理国家，而他手下那些已经自立为公爵的重臣们也即将投身于一系列血腥但毫无意义的内战之中。

马扎尔人在10世纪最初30年里所取得的惊人成功，更多是来自于敌方的分心和抵抗不力，而非他们自己的力量。他们无与伦比的敏捷，使敌军很难对其入侵进行拦截。可即使如此，如果能够用系统化的要塞对日耳曼的东部边境和威尼斯的阿尔卑斯山等战略要地设防，并且将所有边境地区的骑马部队集中起来协调行动，马扎尔人毫无疑问是能够被击退的。但无论是意大利还是日耳曼都没有采取这些措施，900年至918年间不断的内战导致各地不可能联合起来对抗马扎尔人。在巴伐利亚东疆建造的恩斯堡（Ennsburg），虽然只是一座独立无援的要塞，完全不足以抵挡马扎尔人，但也已经是"童子"路易所能做到的极限了。在日耳曼境内进行全体动员来对抗马扎尔人的情况，只在910年发生过一次，而且战斗还是分别发生在三个相距遥远的战场上。年轻国王亲自率领的主力部队在奥格斯堡附近被拜占庭人口中的"突厥诡计"所击溃。当时半数马扎尔人摆出一副要进行会战的样子，在稍作抵抗之后便转身逃跑，其余部队则隐蔽起来，趁着敌军胜利后的混乱彻底横扫了日耳曼骑兵。之后他们又攻击了路易的背后，原先诈败的部队也转过头来对路易的正面进行冲锋，赢得了一场巨大的胜利。

不过在与匈牙利人的战争中，很少爆发正面会战，因为劫掠者想要的是抢劫而非战斗，而且马扎尔人也并没有任何如维京船营那样的基地去收集战利品或临时避难。他们会将所有战利品都驮在马背上，像旋风一样横扫开阔的乡间，很多时候甚至能够在敌军完成动员之前便逃之夭夭。埃克哈德（Ekkehard）对于康斯坦茨湖（Lake of Constanz）岸在926年化为焦土一事所进行的描述，足以使我们对马扎尔人的劫掠过程有一个清晰了解："由于没有基督教军队阻挡，他们并没有组成一支大军，而是分成小队前来，蹂躏农田和村庄，完事后便一把火将它们烧毁。由于出现得很突然，他们总是能出其不意。不到一百名马扎尔人突然出现并攻击猎物的情况时有发生，而只有看到烟雾或者夜晚天空中的火光后，你才能看到他们已经去过了哪里。"

马扎尔人正是凭借着这种远比丹麦人更为迅捷的快速行动，才变得不可阻挡。他们在某些远征中的扫荡范围，也远比维京人的任何劫掠范围都更大。在马扎尔人的所有行动中，以924年、926年以及954年这几次最为凶猛。在924年，他们横扫了巴伐利亚和士瓦本，跨过了莱茵河，蹂躏了阿尔萨斯（Elsass）和洛林（Lorraine），一路冲入香槟（Champagne），又在阿登（Ardennes）重新掉头向东，穿过弗朗科尼亚（Franconia）退回到多瑙河。在926年的第二次行动中，马扎尔人将马背民族的特征展示得更为淋漓尽致。他们从威尼斯越过阿尔卑斯山，在横扫伦巴第的过程中攻陷了帕维亚城，之

◎ 一位9世纪的马扎尔人领袖

后又跨过本宁山脉（Pennine）进入勃艮第。在被小勃艮第的罗道夫以及维也纳伯爵休米（Hugh,Count of Vienne）所阻挡后，马扎尔人转向了无人防守的南方，涌入普罗旺斯和塞普提曼尼亚。在马扎尔人返程时，罗道夫和休米切断了他们中的一部分支队，但其主力还是安全地回到了多瑙河。与上述两次远征相比，马扎尔人在954年的行动要更为可怕。在这一年里，马扎尔人首先将巴伐利亚化为废墟，之后蹂躏了弗朗科尼亚，他们在沃尔姆斯（Worms）渡过莱茵河。正在发动叛乱的康拉德公爵（Duke Conrad）恶毒地与马扎尔人签订了协议，并提供向导去引导他们打击自己的私人仇敌——下洛林地区的雷吉纳德公爵（Reginald, Duke of Lower Lorraine）。在洗劫了这名公爵远至马斯特里赫特（Maestricht）的领地后，马扎尔人转向南方，突然从默兹河进入了毫无防备的法兰西。在烧毁了拉昂（Laon）、兰斯（Rheims）以及沙隆（Chalons）等地的每一个村庄后，劫掠者们又一次进入勃艮第。在这里，他们遭遇了相当程度的抵抗，但还是能够在勃艮第人中间杀出一条道路，从大圣贝纳德（Great St.Bernard）山口进入意大利，最终穿过伦巴第，在卡尔尼克（Carnic）越过阿尔卑斯山回到了自己的家园。对欧洲基督徒们而言幸运的是，第二年他们在列希菲德会战（The Battle of Lechfeld）中获得了胜利，马扎尔秃鹰的翅膀永久性地被奥托大帝（Otto the Great）所斩断（955年）。

抵御匈牙利人突袭与对付丹麦人的方法显然是相同的——组织快速的骑兵去追逐突袭者，并建立设防地区来为乡村的人口及其财产提供保护，使其能够不被入侵者所触及。对日耳曼来讲不幸的是，其东部并没有太多拥有坚固工事的城镇，撒克逊人和图林根人也是所有条顿民族中对骑兵战术掌握得最差的。事实上到此时为止，绝大部分撒克逊人仍然是步兵。

直到"捕鸟者"亨利（其同时代的人更明智地称其为"建城者"亨利）登基后，上述两种制约马扎尔人的必要手段才终于开始出现。从即位时起，亨利便表现出比弗朗科尼亚的康拉德以及"童子"路易这两位前任更胜一筹的能力。不过要直到其在位五年之后，亨利才终于能够腾出手来建立起一套防御系统来抵挡入侵者。在924年签订的耻辱性休战条约中，亨利被迫同意向马扎尔人支付大笔的"马扎尔税"①。在那之后，亨利便开始在疆界上建造一批新的要塞。在萨克森（Saxony）和图林根，每九个军事农民（Agrarii Milites，即需服兵役的农民）中就要有一人前往设防要塞驻守。当地的所有人口都被他动

◎ 与马扎尔人交战的西欧重骑兵。正是凭借着自己的骑兵，西欧人才得以遏制住马扎尔人的劫掠势头

---

① 在这里我们借用了"丹麦税"的说法，即专门在国内加收一份赋税用于向维京人进贡。

员起来，日夜工作建造这些要塞，并在其内部建造房屋。当要塞完工后，他就会让先前选出来的那个人居住在要塞以内，平日里照顾着其余八座房屋，以在战时供其战友入住，作为回报，另外八人则要将自己净资产的三分之一付给他。亨利还规定当地所有法律事务或宴会都要在新建成的城堡内进行，以便百姓能够尽可能熟悉城堡。这些城堡包括梅泽堡（Merseburg）、奎德林堡（Quedlinburg）、戈斯拉尔（Goslar）、诺德豪森（Nordhausen）、格罗纳（Grona）以及波尔德（Pöhlde）等。亨利还强制要求修道院必须建造城墙来保护自己，另外他还修复了很多人口中心地带以及很多历史可追溯至查理曼大帝时代的城堡工事。最初亨利所建的新要塞不过只是当地居民的避难所，但后来其中大多数都发展成了真正的城镇。在所有这些城堡中，位置最靠东部，位于萨克森突出部分，暴露在威胁之下的梅泽堡必须单独提及。为了让这座城堡能够有人居住，亨利赦免了所有被抓住的土匪，条件则是他们必须前往梅泽堡居住，同时他还在城堡四郊给他们分配了土地。有趣的是，这些编年史作者口中的"土匪军团"（Legio collecta a latronibus）在新家园表现十分出色，就好像是罗马建城者罗慕路斯（Romulus）手下的盗贼一样，在几年后就将城堡建设成了当地的经济中心。

在和平年份里，亨利致力于教导撒克逊人和图林根人如何骑马作战。不幸的是，现存史料无法证明亨利到底只是强制要求封臣们骑马作战，还是将易北河与威悉河之间仍大量存在的自由农民也纳入了强制骑马作战的压力之中。我们所能知道的只是，当马扎尔人在933年再次来袭时，北日耳曼已经拥有了"能够作战的骑兵部队"（Milites equestri praelio probatos）以及大量的新建要塞。

最终的结果十分令人满意。当入侵者再次进入图林根时，他们的小股部队被当地驻军打得七零八落，因为后者此时也已经能够以同样的速度追逐他们了。而马扎尔人的主力部队也遭到亨利本人攻击，这位国王召集了周边的弗朗科尼亚和巴伐利亚骑兵，并将他们与撒克逊人和图林根人集结起来。亨利将仅有少量重装部队的图林根征召兵单独布置在对方面前，引诱对方发动了进攻。当日耳曼全军突然出现在对方面前并开始冲锋后，马扎尔人立刻崩溃，在没有进行任何抵抗的情况下便开始溃退。其中一部分人被对方追上杀死，更多人则淹死在了其阵线背后的温斯特鲁特河（Unstrut）里，不过大部分马扎尔人还是安全回到了匈牙利。这便是利亚德会战（The Battle of Riade），现代史学家更愿意称其为梅泽堡会战，但事实上这场会战的地点距离埃尔福特（Erfurt）要比其余任何城镇都更近。

三年后，"建城者"亨利去世，他的儿子在后世甚至还要更负盛名，即奥托大帝。说来也怪，面对着这样一位能干的统治者，马扎尔人居然能在亨利展示出如何对付他们的办法之后的二十年里，依旧深入日耳曼腹地进行劫掠。不过在对这一问题进行更深刻的研究后我们就能发现，其情况远非表面看上去那么令人惊讶。除两次特殊情况以外，933年之后，马扎尔人的入侵远不像早年那样不可阻挡，而那两次比较成功的突袭，一次是在奥托尚未坐稳王位之时进行的，另一次则是在大规模内战时期与叛乱者里应外合的结果。事实上，奥托在位初期（936年至955年），其国土并没有受到过马扎尔人的太多攻击。在巴伐利亚边境地区进行的小战中，日耳曼人所取得的胜利要远多于失败。950年巴伐利亚人进入匈牙利，将塞斯地区化为一片废墟，而没有再像30年前那样坐等着敌军蹂躏自己的土地。自利亚德会战之后双方士气所发生的变化，从这次行动中即可见一斑，而位于新要塞网后方的撒克逊人，在防守本土时也可以说是游刃有余。

马扎尔人在954年和955年进行的大规模入侵，可以说是劫掠大军的最后集结。当时马扎尔人已经意识到猎物正在逐渐脱离自己的控制，决心在情况不可逆转之前再进行最后一次大胆尝试。按照编年史记载，他们将所有可用的骑兵全都带上了战场，组成了一支前所未有的庞大部队。与1683年向维也纳进军的土耳其军队一样，955年向奥格斯堡进军的匈牙利大军也同样是意识到了自己即将丧失优势而准备进行最后一搏。

无论如何，奥托国王在圣劳伦斯节（St.Lawrence's Day）赢下的列希菲德会战，从任何角度而言都足以令他自豪。此时他的国家仍因几年前的大规模叛乱而经历着阵痛，而易北河下游和洛陶林吉奥方向的斯拉夫人也对其虎视眈眈，因此他无法调集全国所有的征召兵一同对付马扎尔人。撒克逊人、图林根人、洛陶林吉奥人几乎全都没有加入他的军队，弗朗科尼亚也仅有少量征召兵前来。其军队主要由巴伐利亚和士瓦本的骑兵组成，另有一千名弗朗科尼亚士兵和一些由博莱斯拉夫（Boleslav）率领的波西米亚斯拉夫封臣。在获悉奥格斯堡受到围攻,守军面临极大危险后,奥托没有等待更多援军,而是迅速前往奥格斯堡解围。他将手下部队分成了八个分队,威德金特则将其称为八个"军团"(Legiones)。所有分队都完全由骑兵组成,人数均在一千人左右。在这八个"军团"中,有三个军团是巴伐利亚人,两个军团是士瓦本人,一个军团是弗朗科尼亚人,一个军团是波西米亚人,最后一个军团则是由国王自己的家臣以及从其余部队中挑选的精兵组成,其规模也要比另外七个军团更大一些。与946年伴随奥托入侵法兰西的那支军队相比,这支部队的规模显得小很多。照奥托本人宣称,他在入侵法兰西时"率领着32个军团,每位士兵都戴着一顶草帽"——这些日耳曼人在穿过香槟地区时并没有遭遇任何抵抗,因此在盛夏之中将头盔挂在了马鞍侧面,悠闲地戴起了草帽来遮阳。

得知奥托接近后,匈牙利人急忙解除了对奥格斯堡的围攻,在宽阔平坦的列希菲德平原上列阵以待,这里的地形对马扎尔人惯常使用的帕提亚式战术而言也十分适合,不过奥托却选择从匈牙利人并不适应的破碎地形上接近敌军,并在列希河(Lech)岸宿营。他将手下的八个军团列成了一条战线,其直辖的精锐军团位于中央,右翼是三个巴伐利亚军团和一个弗朗科尼亚军团,左翼则是两个士瓦本军团。无论是因为奥托并不信任波西米亚人的忠诚还是质疑他们的战斗素质,其军团被安排在了战线后方以保护行李纵列。必须注意的是,波西米亚军团的作用只是保卫营地,而不是作为前线部队的预备队。

不久之后,马扎尔人便出现在了奥托面前,他们由数百支小股部队组成,互相混杂在一起,秩序十分混乱。日耳曼的编年史称马扎尔人数量多达十万人,无论这一数字被夸张了多少,其实际规模肯定是数倍于奥托手下的部队。马扎尔人渡过列希河的速度出乎了奥托预料,他们的第一个行动非常典型——在留下部分力量从正面威胁日耳曼人的同时,派出一支大军从自己的左翼绕过敌军,在日耳曼人没有发现的情况下突然攻击了奥托的营地。在经过短暂抵抗后,留守的波西米亚人便逃之夭夭,之后马扎尔人掉转方向,开始攻击两个士瓦本军团的后方。由于从出乎预料的方向上受到了奇袭,士瓦本人被对方击败,并被马扎尔人压向了日耳曼战线的中央部分。奥托随即从右翼将弗朗科尼亚军团抽调出来支援左翼。在刚刚获得赦免,急于重获国王信任的叛乱公爵康拉德的率领下,弗朗科尼亚骑兵对马扎尔人进行了极为猛烈的冲锋,将对

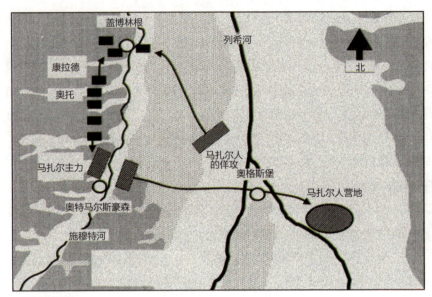

◎ *列希菲德会战*

方完全击溃，迫使敌军在混乱中向自己的主力部队方向溃逃。在此过程中，奥托率领着自己的近卫军团和三个巴伐利亚军团，始终监视着战况并与其余马扎尔部队对峙。在看到康拉德摧毁了迂回到自己侧翼的敌军之后，他迅速重整了左翼的秩序，并命令整条战线发动总攻。

早已因迂回支队被对方击溃而惊愕不已的马扎尔人没有进行太多抵抗便被击溃。事实上他们也根本无法在白刃战中与日耳曼人相提并论，他们的战马要比日耳曼人的更小，而且也很少有人拥有甲胄。在射出了几轮箭矢之后，马扎尔人便掉头逃跑。匈牙利战马已经因先前的战斗而精疲力竭，很多马扎尔人都被敌军追上斩杀，而由于列希河对岸十分陡峭，攀登起来十分困难，淹死在列希河里的马扎尔人数量还要更多。他们在进攻时虽然能够轻松下坡，但在撤退时却根本无法骑马上坡。

奥托的军队在第一阶段交战中损失惨重，但在第二阶段交战中则并没有损失太多人马。康拉德公爵在战斗即将胜利时，解开了护颈想要透气，结果却被一支羽箭射穿咽喉，战死沙场。当天夜间，奥托夺取了马扎尔人的营地并将其洗劫一空。接下来的两天里，日耳曼人对逃敌展开追击，很多敌人都在逃亡途中被巴伐利亚的农民杀死，三位被奥托抓获的马扎尔首领也被立刻施以绞刑。

根据威德金特记载，这场胜利是两百年来基

◎ 一幅描绘列希菲德会战的油画，画面中央身着重甲者即为奥托大帝

督徒对异教徒所赢得的最大胜利。在他的脑海中，723年的普瓦捷会战是最后一场能够与列希菲德会战相提并论的大捷。不过公平地讲，"建城者"亨利在利亚德的胜利尽管没有列希菲德会战如此耀眼，战果也不像后者这样辉煌，但却是马扎尔人入侵的真正转折点。在这一点上，其作用要比列希菲德会战更为重要。自933年以来，日耳曼人便已经发现入侵者们不再像原来那样令人生畏，955年的远征事实上也不过是他们所做的最后一搏而已。就好像在奥斯曼帝国（Ottoman Empire）对欧洲基督教国家的攻略史中，我们会认为1529年的维也纳之围才是最危险的时刻，而非1683年战役。在马扎尔人的劫掠史中，威胁最大的时刻无疑是933年，当时他们尚未遭受过任何重大挫败，而到了955年，他们已被奥托及其手下将领击退过数次了。

从各种意义上讲，马扎尔人的威胁都已经彻底成为过去。事实上，他们之所以能够一度发展壮大，完全是由于"童子"路易和弗朗科尼亚的康拉德在位期间东法兰克的无政府状态所致。在列希菲德会战之后不到一代人的时间里，日耳曼人和马扎尔人的角色完全倒转了过来。基督徒开始采取攻势，而信奉多神教的马扎尔人则不断退却。奥托本人也在973年的一次远征行动中夺回了马扎尔人在其祖父时代蹂躏并占领的潘诺尼亚（Pannonian）。作为巴伐利亚新的东疆，这里注定会在未来以奥地利（Austria）之名享誉世界。

第五节
武器与盔甲（800年至1100年）

如前所述，自5世纪条顿诸王国建立直到查理曼大帝时代，武器和盔甲在形制方面并没有出现太多的变化。不过到了9世纪，我们发现基督徒士兵的外貌开始逐渐发生变化。不仅披甲的士兵比重大幅增加，而且盔甲本身的外观也有所变化。所有的变化，目的都在于给穿戴者提供更好的保护。原先的身甲如今已经长及臀部，而开放式的法兰克头盔在面对丹麦战斧和马扎尔弓箭时也效果不佳。

第一项改变即为增加了专门用于保护咽喉、颈部和脸颊的护颈（Halsberge）。早期护颈只是一块能够覆盖颈部和耳朵的厚重皮革，可能会与头盔的下部系在一起，与锡克（Sikh）或波斯头盔的护颈十分相似。这种早期形制事实上只不过是给头盔加上了一块附加保护而已。837年，弗雷瑞斯伯爵埃伯哈德在遗嘱中列出"带护颈的头盔"之时，所指代者应该就是上述的皮质护颈。这种形制的护颈，可以参见维奥莱-勒-杜克（Viollet-le-Duc）雕刻的圣丹尼斯（St.Denis）象棋人偶，以及《斯图加特诗篇》（Stuttgart Psalter）中的士兵绘画。在那之后发展出的下一种护颈形式要显得更为完整，其材质已更换为精心打造的锁子甲，形状更为接近头部形状，同时覆盖范围也向前延伸到了可以覆盖下颚和颈部的程度。这种形式的护颈通常会被制成头巾或兜帽形状，其中被头盔所覆盖的一部分由皮革制成，头盔以外的部分则

◎ 《斯图加特诗篇》中的法兰克骑兵绘画，可见此时其身甲长度已及膝盖部位

由锁甲制成，其下端或是被身甲覆盖，或是覆盖着身甲，此时二者尚未被结合起来制成一件甲胄。

在10世纪和11世纪，所有装备精良的武士都会拥有这种颈甲。较为贫穷者仅有一件身甲，只有较富裕者才能再多拥有一件护颈。在许多次战斗中，我们都能找到使用护颈的明确记载。例如923年的苏瓦松会战时，罗伯特国王为了表明身份，曾经"将他的大胡子从护颈中扯了出来"，以便敌军能够看到自己。另外，康拉德公爵之所以在列希菲德会战中阵亡，也是由于他在即将取胜之时因酷热而解开了护颈透气，结果被弓箭射穿了喉咙。

在此之后，护颈的形式更进一步，与身甲结合到了一起，成为一件甲胄，就好像是爱斯基摩人（Esquimaux）的大衣一样。不过这种变化直到11世纪末、12世纪初才逐步显现出来。在《贝叶挂毯》中，大部分士兵采用的仍然是与身甲分离的护颈。到12世纪，护颈与身甲终于合二为一，"护颈"（Hauberk）一词也开始被用于指代整件锁甲。对于那些只知道"护颈"一词在后期的意义，而不知道最初该词所指之物只不过是头盔上垂下来的一块厚皮帘之人，这种词义变化无疑会带来极大的困扰。

头盔本身在9世纪也发生了翻天覆地的变化。原先带开放式的法兰克带冠头盔在经历一段巅峰期后彻底消失，被一种没有装饰的圆锥形头盔取代。对抵御刀剑或战斧劈砍而言，后者要更为有效。不过圆锥形头盔的盛行也并非只有这一个原因，它可以更方便地和护颈一起佩戴也是一个重要因素。老式的法兰克头盔下端距离脸部过远，安装在这种头盔上的护颈过于开放，效果不佳。

◎ 10世纪的法兰克骑兵及其装备。1、2、3、4、5.头盔；6、7.并不常见的鳞甲；8、9.马刺；10.盾牌；11、12.佩剑；13、14、15.剑柄

与此同时，这种头盔也很难紧贴头部，如果要将它佩戴在后期那种套头式的护颈之上，要远比圆锥形头盔更容易被敌人打掉。在9世纪后，老式的法兰克带冠头盔便彻底销声匿迹，只有在一些忠实临摹了早期绘画的手稿中才能偶尔找到它们的踪迹。

在10世纪，圆锥形头盔也增加了一个新的设计，即在面部开口的上端向下延伸出了一根铁条作为护鼻。其实这种设计早就已经出现，只不过直到950年才终于流行开来。从那时起直到12世纪后半叶，拥有完整面甲的壶型头盔（这种头盔形制可以参见理查一世印章上所刻的图案）取代锥形盔之前，这种护鼻始终十分盛行。

除头盔和护颈以外，身甲本身也在10世纪发生了变化。在此之前，锁甲的长度仅及臀部，如今已经延伸到了膝盖。当骑兵与手持重型武器的步兵（如维京人）作战时，膝盖和膝盖上方特别容易受伤。毫无疑问，身甲正是因为这个原因，才会变得越来越长，一直延伸到了胫部。为了不妨碍骑马，锁甲的下摆在前后都有开衩，其长度通常在三十英寸或两英尺左右。在技艺不精的画家笔下，这种身甲的开衩很可能会被画得与甲裤相似，而后者要直到很久以后才会真正流行起来。

锁甲甲袖在10世纪甚至11世纪的一段时间内，仍然以较短、较宽的形制为主，导致小臂缺乏防护。至于甲袖到底有多宽，从923年罗伯特国王在苏瓦松会战中居然能够被一支沿袖口刺入的长枪刺穿肝脏一事中即可见一斑。

综上所述，一位1050年前后的西欧武士形象已经跃然纸上。他头戴着圆锥形的头盔，护颈保护着他的耳朵和喉咙，身着长及

◎ 1050年左右的英格兰重步兵

膝盖的锁甲。其形象与加洛林时代的士兵完全不同，后者身上仍保留有不少罗马晚期的特征。只要稍加研究，我们就能发现11世纪的盔甲显然要更加有效，而同时盔甲的重量也尚未影响其施展武艺或使其苦不堪言。

若要再为这种对比做一补充的话，到1050年时，骑兵已经完全抛弃了圆盾而改用风筝形盾牌，只有此时已经颇受蔑视的步兵仍保留着圆盾。大型的圆盾对骑兵而言十分碍事，由于要用一只手勒住缰绳，盾牌只能被佩戴在大臂上，因此十分笨拙。而小圆盾虽然在武艺精湛的骑士手中足以用来抵御刀剑和长枪，但在面对标枪和弓箭时却完全不敷使用。风筝形盾牌的优势便是在能够覆盖身体的大部分的同时，既不会像圆盾那样过于宽阔，也不会阻碍左侧的视野。正是出于相同的原因，1200年以前的罗马人才使用矩形盾牌（Scutum）取代了圆盾。最后一批使用圆盾的战士来自于从不曾在南方定居的斯堪的纳维亚人。直到1171年，在都柏林（Dublin）与斯特朗博（Strongbow）手下的诺曼人作战时，丹麦人仍然手持着祖先们在300年前就已经使用的红色圆盾。

在800年至1100年间，武器的变化远没有盔甲那样明显。如前所述，从丹麦人那里传入的双手战斧被英格兰人采用，而其余民族也有少量使用。不过投掷用的轻型战斧也并没有彻底消失，克努特曾在一份文件中提及了这种武器，而普瓦捷的威廉在记载哈斯丁会战时也说英格兰人曾对冲杀过来的诺曼人投掷飞斧。剑的长度则变得比先前长得多，到1050年时，弧形的剑尖取代了原先的直角形状，使其彻底变成了一种劈砍武器。

骑兵使用的骑枪此时长度并没有变得太长。在哈斯丁会战中，诺曼骑士们的骑枪不仅能够突刺，而且也可以像投枪一样投掷。另外，在长达几百年时间里，弓箭的使用仍然十分普遍，只不过此时士兵手中所使用的仍然是短弓，而非14世纪时那种长达六英尺，威力巨大的长弓。斯堪的纳维亚人、南威尔士人以及与拜占庭接触频繁的民族使用弓箭最多。在哈斯丁会战中，拥有丹麦血统的诺曼人仍然仰仗于军队中的大批弓箭手，而日耳曼人、英格兰人和法国人都不曾如此重视弓箭。在886年成功防御巴黎的修道院长埃博拉斯（Ebolus）是笔者所知范围内，当时唯一的一位著名弓箭手。在我们本章中所讨论的这段时期结束时，弩和长弓一样已经开始被步兵们所使用，但直到1100年时，弩才真正开始走上一段上升期并在12世纪成为流行武器，最终在13世纪达到巅峰。

第六节
攻城武器（800年至1100年）

相比于战争艺术其他方面每个民族各有特色的情况，从中世纪一直到火药发明前，攻城武器的发展要更为一致。当我们在不同史料中读到维蒂吉斯在537年的罗马围攻战，贡德瓦尔德·巴罗米尔在585年的科曼日（Comminges）围攻战，瓦姆巴在673年攻克尼姆，北欧人齐格菲（Siegfried）在885年至886年的巴黎围攻战以及十字军在1099年的耶路撒冷（Jerusalem）围攻战等行动时，就会发现这些地理距离、年代差距以及血缘关系都相去甚远的部队在作战方式上有着惊人的一致。举例而言，在上述这些围攻战中，维蒂吉斯在537年围攻罗马时所采用的办法，与布永的戈德弗雷（Godfrey of Bouillon）在1099年围攻

◎ 哥特人对罗马城的围攻。由于哥特人始终没能将攻城塔推进到足以用吊桥钩住城墙的距离，围攻最后以失败告终

耶路撒冷时采用了完全相同的办法。在试图填满壕沟、用云梯攀登城墙等粗暴手段失败后，二者均转而采用了两个相同的手段：其一是利用攻城锤在城墙上打开裂口；其次是不再单纯利用城墙下的攻城武器发射矢石来扫清城墙上的敌军，同时也开始让士兵们在被推到城墙附近的可移动攻城塔上进行齐射。这样一来，围攻者可以居高临下，从上方扫清城墙。同样的办法，戈德弗雷成功而维蒂吉斯以失败告终，主要原因在于哥特人所建造的攻城塔从未能真正接近罗马城墙，而十字军却在用瓦砾填满了城壕后，将攻城塔推到了足以用吊桥钩住胸墙的距离，并在骑士的带领下切断了对方的城墙防御。

在整个黑暗时代中，被使用得最多的两种攻城武器分别是攻城锤和攻城锥（Bore）。前者的用处在于通过持续冲击，逐渐将墙体撞裂，使其整个承重结构发生破裂，最终垮塌出一个缺口。与此相反，攻城锥由一个带有铁制尖头的矩形木桩组成，其工作原理是利用尖头，一块一块地将石头分别撞碎，在箭塔或城墙上凿开一个圆形破洞。

攻城锤通常由一根以当地最大树干制成的庞大木桩制成，前部安装有庞大的铁头，需要40至60人拉动。攻城锤由绳子或者铁链安装在两个三角形框架之中，使用时由士兵尽可能向后拉动至绳索允许的最大距离后释放绳索，以此来冲撞城墙。由于防御者也会从城墙上射出雨点般的矢石，攻击者根本无法指望暴露在这种火力下还能生还，因此攻击者们开始为攻城锤安装类似于顶棚的掩体，覆盖范围可及轮子或者推杆。有些情况下，这个掩体会由主力部队负责运输，攻城锤每向前移动一段距离，士兵们要就扛起掩体将其移动到攻城锤所在之处。顶棚两侧的吊帘通常由兽皮制成，以尽可能确保整个结构不会超重到难以移动的程度。与之相比，顶棚本身为了抵挡沥青或热油等液体易燃物，要比吊帘更为结实。如果进攻者通过在顶棚

◎ 现代复制的攻城锤，可见其用来防御敌军矢石的顶棚

上和框架上覆盖兽皮、砖瓦或泥土等方式使其足够防火，防御者便只能向其投掷巨石或出城突袭才能将其摧毁。

可即使顶棚被造得坚不可摧，也不能代表攻城锤本身就会万无一失。从罗马时代之后，为防止攻城锤在撞击城墙时从框架上掉落，框架上又加装了一个叉形的木梁，以确保攻城锤能够固定安稳，同时该装置也能够防止士兵在向后拉攻城锤时将其拉脱。维京人在围攻巴黎时就曾使用过这种设计。另外还有一种不太有效的缓冲装置，即用一根绳索在攻城锤所冲撞的那部分城墙上方挂上与床垫相似并填有稻草的大布袋，或是又宽又厚的木板。但这样一来，攻城锤就会将大量动能浪费在这些缓冲装置上，而无法用在城墙上。在1099年的耶路撒冷围攻战中，上述的木板和布袋都曾被使用过，但最终却证明这种方法对进攻者而言是弊大于利。

在编年史中，我们可能会因攻城锤和顶棚很少以其真正的名字载入史册而困惑不已。"巨爪"（Cancer）、"乌龟"（Testudo）都曾被用来指代这种武器，只不过后者似乎是被用来指代顶棚而非攻城锤本身，因为其圆形的形状与龟壳十分相似。

与攻城锤相比，攻城锥在攻城战中的地位并没有那么重要，而且其效率也比较差。只有在经过长时间的尝试之后，才有可能在城墙上凿出破洞，而在此过程中城墙上的敌人对其造成的威胁并不亚于攻城锤所要面对的情况。不过，由于其重量较小，更容易运输，因此攻城锥也有自己的优势。更重要的是，攻城锥并不像攻城锤那样，需要数量庞大的士兵，其所使用的顶棚虽然制造方式与攻城锤所使用者相同，但尺寸要小很多。

攻城锥及其顶棚在编年史中也曾多次出现。由于其任务是在城墙下方凿出破洞，因此攻城锥有时会被称为"老鼠"（Musculus）。另外，由于用攻城锥撞破城墙的行动

◎ 攻城锤（前）和攻城锥（后）

也很像猫用爪子挠墙一样，因此攻城锥有时也会被称为"大猫"。第三种名称，也是最常见的名称则是"猪"（Scrofa）或者"母猪"（Sus），得名原因要么是其顶部呈圆形的顶棚看起来很像猪的背部，要么就是其运转方式很像野猪用獠牙攻击对手的样子。另外，在一些并不多见的场合中，攻城锥也会被称为"狐狸"（Vulpes），就如同"老鼠"之名一样，指代其在平面上打洞的能力。

　　与罗马晚期相同，黑暗时代的士兵们也会采用挖掘地道等方式来支援攻城锤和攻城锥。在火药发明前，围攻者们也只有这一种办法可用。在展开这种行动时，围攻者会选择对方要塞某个暴露在外的角落，在地面下方挖掘出一个尽可能大的空间，并由木梁将其撑住。在此之后，士兵们会在这个空间里填充稻草和灌木，并放火点燃它们。当木梁被烧毁后，城墙就会垮塌到地道中。一些早期作者会将这种地道称为"炉子"（Furnace），因为地道在被点燃后，

◎ 攻守双方在围攻战中都会挖掘地道，攻方希望以此来摧毁对方工事，守方则以反地道来阻止对方挖掘，双方甚至可能会在地道中交战

从上方通气孔中冒出的黑烟和火星很像他们日常使用的炉子。面对修建于土地松软之处的城堡时，挖掘地道会十分有效，而且围攻者也可以不受城墙上的矢石干扰，而后者对于攻城锤和攻城锥而言都是十分危险的。但反过来说，地道对于那些修建在高地或硬石地面上的城堡而言就无法发挥任何效力了。面对地道，最好的防御措施就是挖掘"反地道"，在地下攻击敌方挖掘工，将他们逐退并重新填满他们挖出的洞穴。不过，如果进攻者挖掘地道的起点距离城墙相对较远，而且小心地将入口隐蔽起来，其具体的位置和挖掘方向就很难被察觉，成功机率也会比较大。在英格兰，1067年诺曼人威廉攻克埃克塞特的行动，要算是使用地道的较早记录。

虽然攻城锤、攻城锥和地道是那个时代围攻技艺中最主要的手段，但我们也必须提及一些没那么重要的办法。在所有攻城武器中，云梯要算是最简单的一种，在面对工事完备的城堡时也根本无法发挥作用，不过还是有很多城镇在对方手中仅有云梯时所发动的全面进攻或夜间进攻中被攻克。除此以外，还有一种更原始的办法，即在对方城墙较低处将泥土或其他任何种类的资材堆积成一个土丘，让士兵从土丘上攻入城内，罗马城就曾被这种粗暴的手段攻陷过。896年，阿努尔夫国王命令手下的日耳曼士兵将马鞍和驮兽背负的辎重堆积在城墙脚下，并最终从堆出的小山上进入了这座永恒之城（The Eternal City）。

与用来掩护攻城锤的顶棚完全不同，移动式攻城塔仅在黑暗时代的开始阶段和末期出现过，但却并没有出现在中间的漫长岁月中。如前文所述，537年维蒂吉斯曾使用它们围攻罗马城，但没有获得成功。在此之后直到11世纪，攻城塔便再也不曾出现。可能在城防工事遭到忽视的年代里，攻城塔也显得没有用武之地，直到西欧人在维京人和马扎尔人的压力下重新建造出封建城堡后，攻城塔才再次出现在战场上。无论如何，攻城塔在十字军东征之前便已经被大量使用了，征服者威廉和其余所有杰出将领对其都有所使用。不过使用攻城塔获得成功的战例仍然发生在东方，即1099年的耶路撒冷围攻战。攻城塔有两种用途，其一是让士兵站在塔顶，居高临下向城墙上的防御者发射矢石，为后续进攻扫清城墙。另外一种常见用途就是在攻城塔上安装吊桥，这样就可以在合适时机将吊桥放倒在城墙上，以供一队士兵进行突击。攻城锤顶棚所要面

◎ 现代复制的攻城塔模型

对的一切危险，攻城塔都要面对，而且其重量也要比攻城锤更大，更难以移动。同时，攻城塔也一样易燃，即使前进道路上只有一条最浅的壕沟也足以迫使其暂停脚步，因为攻城塔只能在最为平坦的地面上移动。即使进攻者利用各种瓦砾将壕沟填平，在城墙脚下制造出了一块平坦地面，攻城塔也可能会因重量过大而陷入才填实的地面中。一旦攻城塔陷入泥土中，它就不可能被推出来了，而且其巨大的尺寸也会成为敌军投石机（Mangonel或Petrary）的极佳攻击目标。而在实战中，攻城塔甚至经常被守军仅用弓箭、矢石所摧毁。泰尔的威廉（William of Tyre）曾记载，攻击耶路撒冷的十字军只是勉强达成了目的，其攻城塔在进抵城墙前就已经严重受损，指挥官险些下令将它们推回阵地放弃进攻。

在早期的小型攻城武器中，最值得一提的便是各种掩体。这些掩体（Plutei、Crates或Hourdis）主要用于保护攻城士兵，其主要的制作材料为编在一起的各种树枝，正面通常还覆盖有一层皮革。某些情况下，整支攻城部队都会将掩体举过头顶，向城墙推进。掩体有时也会被用于保护那些没有顶棚的小型攻城武器。另外，围攻者还会将掩体排成一列，掩护士兵们进入攻城武器的顶棚之下或尽可能接近城墙。在按照后一方式排列的情况下，掩体通常会被按照罗马人的方式称为"乌龟"或者"藤牌"（Vinea）。如维京人和十字军等一些久经沙场的部队，对于这些轻型掩体十分信任，而且还掌握了快速制造掩体的技巧。一旦十字军来到某座叙利亚城镇之下，全军都会投入到掩体的制造中，并在展开任何正式进攻前即制造出大量掩体。由于这些掩体能够大幅降低人员伤亡，因此为其所付出的时间也十分值得。

在围攻战中，攻守双方都会使用相同的投射武器。按照其动力来源以及投射的矢石种类，这些武器也被分成了不同类型。在中世纪，用来发射石块或者标枪的攻城武器主要采用三种动力。在此之中，只有两种动力在早前的古典时代中也有所应用，即扭力（Torsion）和张力（Tension），第三种出现时间较晚的方式则是配重。扭力发射指的是，在用力将绳索反复旋转拉紧之后突然释放，借此射出矢石。张力则完全依赖于绳索的弹性和韧性，其原理与弓箭相似。[①]这两种设计都可以说是直接从罗马时代传承下来的。维楚维斯（Vitruvius）曾详细记载过这类攻城武器的结构，后来的韦格蒂乌斯、普罗科皮乌斯、阿米阿努斯也在著作中告诉了我们这些为西欧条顿诸国所使用的武器来自何处。在黑暗时期，君士坦丁堡始终能够按照古代工艺生产精良的扭力和张力式攻城武器，亚得里亚海（Adriatic）以西诸国则只能按照罗马样本生产小型而且粗糙的复制品。

在扭力式攻城武器中，扭力投石机要算是最佳的代表，而它们在重型攻城武器中也始终占据着最重要的角色。其主体结构由两根短而粗的木桩和两组或四组绳索组成。只要在两组绳索之间安插一根木梁，并将其向后拖动以使绳索向相反的方向扭转，即可产生强大的动力。为发射石弹，木梁末端通常会装有勺型结构或吊索。在工程师将石块或由铅、石块制成的球形弹丸放入勺型结构或吊索中后就会释放木梁，绳索在释放瞬间所产生的力量就会将石块或弹丸朝着抛物线的轨迹高高地抛出。由于整个机械的工作都取决于每次发射时的具体扭力，因此这种投石机很难精确瞄准。举例而言，天气过干或过湿都会对绳索造成极大影响。不过在攻击很容易瞄准的大型目标时，投石机还是很有效的，尤其是对于我们所说的"轰击"（Bombarding）任务可以算是极为合适，如将弹丸投掷到有城墙的城市或设防阵地内部等。这种武器首次被称为投石机（Mangon）是在886年，修士阿波在记录巴黎围攻战时采用了这一称呼。在那之前，扭力式投石机一直被简单地称为"投石器"（Fundus或Fundibula，相当于英语Sling，与投石兵所用的绳索同名）。如前文所述，这种所谓"投石器"肯定也就是查理曼大帝在行李纵列中所携带者。毫无疑问，扭力式投石机正是阿米阿努斯和普罗科皮乌斯笔下那些罗马投石机（Onager）的直系子孙。

---

① 不过弓箭的动力来自于弓臂，而非弓弦。

◎ 扭力投石机

    第二种以张力作为动力来源的攻城武器可以用巨弩（Balista）举例说明。普罗科皮乌斯记录537年贝利撒留防守罗马城时所使用的各种武器时，曾对于巨弩做了极为清晰的描述，诚如其所言，这种武器实质上就是一个巨型的弩机。他写道："这些武器在大体上与弓的形状相同，只不过弓臂是安装在中央的一个箱型框架上，而这个框架又是安装在一根铁梁之上。在向敌军发射弓箭时，首先要向后拉动连接着弓背的绳索，之后将弩箭放入框架中，这种弩箭比普通箭矢要粗四倍，但长度却只有其一半，另外，它们也不像普通箭矢那样在尾部沾有羽毛，而是在尾部安装了仿照羽毛形状制造的木片。巨弩两侧各有一名士兵负责用机械装置（如绞盘等）向后拉动弓弦。释放之后，弓弦会向前运动射出弩箭，其力量至少相当于两支普通箭矢，因此完全可以击碎石头、射穿树干。"

    在这段文字中，普罗科皮乌斯忽略了两个重要部分。首先，他忽略了向后拉动弓弦的装置，所幸阿米阿努斯曾记载这种装置就是小型的绞盘，只要反复旋转即可拉动弓弦。另外，普罗科皮乌斯也没有记录弓弦通常都是以拧成绳状的动物内脏制成。在拉紧之后，弓弦会被固定在铁梁或者木梁上的凸起处或凹槽中。之后只要将铁梁或木梁直接指向目标即可瞄准，一旦瞄准精确后，工程师就会释放弓弦，将弩箭发射出去。韦格蒂乌斯对于巨弩的描述要比普罗科皮乌斯简短很多，但也记载了弓臂越长，弩箭射出时的威力就越大。这种巨弩的威力一定十分惊人，在维蒂吉斯围攻罗马

◎ 巨弩

时，普罗科皮乌斯曾亲眼见到一位身着重甲的哥特将军被弩箭钉在了一颗树干上，其穿透树干的深度之大，导致尸体在树干上挂了很长时间都没有掉下来。另外，巨弩所能够发射的并非只有弩箭，还有更长的标枪。修士阿波告诉我们，在巴黎围攻战中，修道院长埃博拉斯曾射出一支运气不错的标枪，好几个丹麦人都被这一根标枪所射穿。看到这个场面，修道院长还向手下士兵们打趣说敌人就像是被穿在一根木棍上的烤鸡，要他们"把敌人的尸体抬到厨房去"。

由于在发射弩箭或标枪时能够径直进行瞄准，而无须像投石机所发射的石块那样需要曲射，巨弩相比投石机显然能够进行更精确的瞄准，就好像如今的火炮。因此在对小型目标进行射击时，巨弩显得十分有用。相比之下，投石机则更适于攻击大型目标。对围攻者而言，他们可以使用巨弩去射杀他们所攻击的那部分城墙上方的守军，反过来，守军也会用巨弩去射杀那些暴露在掩体以外的进攻者，尤其是那些距离超过了普通弓箭或投枪射程的敌军。在阿波修士对巴黎围攻战的记载中，指导丹麦人建造攻城锤的工程师就曾在距离城墙很远的距离上被弩炮射杀。

我们必须牢记，9世纪的攻城武器与其在4世纪由罗马人建造的同类武器相比，工艺是极为粗糙的。可能有很多在阿米阿努斯的时代里用铁制造的部件，在阿波的时代里就只能用木材制造了。法兰克人甚至可能都无法用铁来制造巨弩的弓臂，在巴黎围攻战时，巨弩的弓臂和托架可能都是用木材制成的。

毫无疑问，巨弩就是后世那些手弩的前身。①罗马人曾经拥有并使用过手弩，但11世纪的拜占庭人却在保留着其余罗马武器的同时将它们遗忘掉了。但在西方，手弩不仅被保留了下来，而且在十字军的时代之前就得到了广泛使用。亚眠的盖伊（Guy of Amiens）在著作中特别指出，诺曼人威廉带到哈斯丁战场上的弩手（Balistantes）并不比弓箭手（Sagittarii）要少。在早期的十字军中，同样也存在大量弩手，只是他们在对付突厥人的时候，起初并不懂得如何正确部署弩手。安娜·科姆尼娜（Anna Comnena）对于十字军使用的手弩曾做过详细说明，从中我们可以看到其结构简直就是将普罗科皮乌斯笔下的巨弩直接缩小了一样。只不过由于其尺寸较小，拉弦也不再需要绞盘，而直接依靠躯干自身的力量即可。她写道："这种迄今为止还不曾为人们所熟悉的脚张弩，并非像普通弓箭那样左手握弓，右手拉弦，而是需要射手弯下腰用脚踩住弓臂，同时再用双手全力拉弦。在弩身中央，有一个长度相当于一支箭的半圆形凹槽，一直延伸至弩身中部。这种弩使用的箭矢多种多样。在射击前，将箭矢放置在凹槽中，释放弓弦后箭矢即向前射出。弩箭能够轻易穿透树木或者金属，有时甚至整支箭都会被射入城墙或其余障碍物之中。"我们不知道是哪一位天才发明了这种可供单兵使用的缩小版巨弩，也无法确定其诞生的确切日期。我们只能推测，在黑暗时期最黑暗的年份里（即10世纪末期），一些工程师从罗马时代的手稿中复原出了这种武器。

至于配重式投石机等其他利用杠杆原理运转的攻城武器，我们将在介绍12世纪战争艺术的章节中再加以介绍。虽然我们确实无从知晓配重式投石机在何时被投入使用，但在本章所述的9世纪至11世纪中，它们显然还没有出现。在早期的编年史中，由于作者们总是会用不同名字来指代同一种武器，因此也会给读者造成巨大的混乱。在实际情况下，所有攻城武器都可以被分为两种，要么是投石机那样依靠扭力发射，要么是巨弩那样依靠张力发射。但在史料中，所有这些武器都会被混杂在一起，冠以"投石器""抛石机""投石机""攻

---

① 事实上这一点很值得怀疑，早在亚历山大大帝的时代之前，希腊人就已经制造出了手弩，其结构甚至要比中国同时代的著名手弩更为复杂精致。

◎ 一幅表现中世纪围攻战场面的画作，图中几乎出现了当时所有的攻城武器

城武器""攻城器械"或者"弩炮"等名称，导致记载变得极为模糊不清。其原因则是由于这些编年史的作者多是神职人员而非行伍出身，自己也无法区分笔下那些武器的区别。除此以外，工程师们对武器所进行的改造，也会引发这种混乱。如投石机本应用来发射石弹，但有时也会被制造成发射标枪的机械，本应用于精确发射弩箭或其他箭矢的巨弩，也可能会被用来投掷石块。

了解黑暗时期攻城战特点的最佳办法，便是选取一个具有代表性的例证并对其加以研究。但不幸的是，编年史作者们很少能为我们提供关于围攻战的详细记录。总体而言，我们对于885年至886年的巴黎围攻战所掌握的信息，要比查士丁尼时代到十字军时代之间所发生的其余围攻战都要多。虽然阿波在描绘这场会战的长诗中使用的拉丁语非常生疏拗口，而且其中也存在很多极为明显的事实性错误，但从大体上来说，其记载还是非常详尽且明确的。由于几乎所有黑暗时期中的攻城武器都曾被攻守双方所使用，因此我们也有必要花费一些篇幅来介绍这场长达11个月的围攻战。

先前我们已经提及，885年的巴黎是一座岛屿城市，"秃头"查理在环绕着巴黎城的两条塞纳河支流上建造了两座桥梁和相应的桥头堡。其中靠北的那

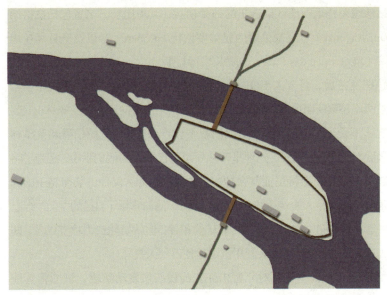

◎ 遭到维京人进攻时的巴黎，可见其城防工事位于塞纳河中央的岛屿上，两侧河岸由桥梁相连。由于该
图表现的是845年维京人首次围攻巴黎时的情况，可见此时桥梁两侧还没有桥头堡

座桥梁位于后来的夏特勒塔（The Tower of Chatelet）附近，靠南的桥梁则位于
今日的圣米歇尔（St.Michel）附近。这两座桥均为木质结构，中央支撑结构则
建造在被投入塞纳河的巨石堆上。桥头堡为石制碉堡，但北桥的桥头堡在丹麦
人到来时仍没有完工，建造进度仅达到竣工高度的一半或三分之一。巴黎城防
由周边地区的伯爵厄德以及巴黎主教戈泽林负责，城中的守军不仅包括巴黎市

民，也包括从纽斯特里亚地区挑选出的部分精兵，其中比较著名者包括拉格纳伯爵（Count Ragenar）、厄德伯爵的兄弟罗伯特（Robert），以及圣日耳曼德佩大修道院（St.German des Préz）的院长埃博拉斯。

占领蓬图瓦兹后，丹麦人于885年11月25日出现在巴黎城下。他们原本希望继续沿被两座桥梁所阻的塞纳河溯游而上，并派出使者向厄德和戈泽林保证，只要允许舰队不受干扰地通过桥梁，他们就不会攻击巴黎。厄德伯爵和戈泽林主教以非常恰当的词句回复道，查理皇帝之所以将巴黎交到他们手中，是为了将该地当作屏障来保护纽斯特里亚其余地区，如果他们为了保住巴黎而将王国的大部分地区奉送给维京人去烧杀抢掠，那就等同于他们背叛了自己的主君。维京指挥官齐格菲则回答道，如果巴黎拒绝自己的条件，他就要凭武力攻克巴黎，即使武力无法达成这一目的，他也会利用饥饿迫使巴黎人投降。

之后维京人便立刻登陆，对北桥未完工的桥头堡发动猛攻，试图将其攻陷。这次进攻虽然以失败告终，但守军也因碉堡的脆弱而感到了极大的震撼，当夜便利用木梁和木板草草地将塔楼建造到了原计划的高度。到第二天清晨，丹麦人惊讶地发现，自己所面对的碉堡已经比昨日高出了一倍多。

在意识到已经无法通过突袭来攻克这座桥头堡后，围攻者们决心采用老式的罗马攻城锥来摧毁其下层结构。在掩体的保护下，维京人将攻城锥拖到碉堡脚下，将石块一块一块地打碎。守军则以向掩体倾倒热油、沥青并将其点燃等方式予以回应。掩体背后的攻方士兵有大批人员因被泼到热油、沥青而被迫跳到了塞纳河中。接下来，丹麦人又试图用火攻方式来对付守军。他们在碉堡下方挖掘了地道，并按照通常的做法在其中填充了易燃物，将其点燃后引起大火。地道垮塌后，桥头堡的地基出现了一个缺口，维京人试图从这个缺口冲入碉堡中，但却为上方所投下的各种大型矢石所阻，没能占领碉堡。之后他们又在碉堡的大门周围放置了大批易燃材料，想要用火烧毁大门，但产生的烟火却被一阵大风吹了回来，城门依然屹立不倒。与此同时，守军也在碉堡和巴黎城墙朝向此处的那部分胸墙上布置了大量包括发射弩箭和标枪的巨弩在内的所谓"抛石机"。这些武器在维京人之间造成了一场浩劫，迫使对方在损失了300人后回到了自己的船只上（11月27日）。

在意识到无法通过强攻的方式攻克桥头堡之后，围攻者们开始派出小股部

队洗劫巴黎周边地区，搜刮了大量粮食和牲畜。之后便在圣日耳曼奥塞尔修道院（St.Germain l'Auxerrois）附近，凭借壕沟和栅栏建立了一个设防营地，彻底包围了巴黎城。维京人的工程师花费不少时间，建造了三座巨型攻城锤，每具攻城锤都拥有实木建造的顶棚，多达16个轮子，其顶棚可以容纳60人来操作攻城锤。可是当维京人推着攻城锤逐渐接近城墙时，却被守军发射的箭雨所压倒，据说设计这些攻城锤的两位工程师都被由巨弩射出的同一支标枪射杀。由于主力工程师阵亡，维京人将攻城锤拖到城下的时间也被耽搁了很多天。

时间进入到了886年1月，围攻战已经持续了两个月时间。远没有耗尽资源的维京人决心采用新的攻城办法。他们用藤条制造了大批重型掩体（阿波将这些掩体称为"床垫"和"板条箱"），并用厚重的新鲜兽皮覆盖它们。这些掩体每个都能为四至六个人提供保护，围攻者的主力部队试图在它们的掩护下接近城墙。与此同时，两支小型的突击队也乘坐着战船驶向桥梁，他们将船只锚泊在桥梁的基座旁，试图沿着基座爬到桥头堡内。

在掩体的保护下，从陆路进攻的维京人接近了桥头堡，并开始填埋环绕在碉堡四周的壕沟。他们将土块、树枝、稻草、灌木等所有能够找到的东西全

◎ 巴黎围攻战（一）

◎ 巴黎围攻战（二）

都扔进了壕沟，甚至在遭到挫败后，将畜牛也赶了进去，而一些在维京人扫荡周边时不幸被俘获的当地人，也被杀死而投入到了壕沟中。与此同时，守军不断地向维京人射出大量矢石，杀死了大批进攻者，不过就在守军的注意力都被吸引到了这一方面时，丹麦人修复了原先那三座大攻城锤，并终于将它们推到了碉堡旁。三座攻城锤分别从三个方向攻击碉堡，并给墙体的石块和砂浆造成了不小损伤。

到了此时，守军开始采用罗马时代经常用来对付攻城锤的一种古老办法。他们将带钩的木梁吊下城墙，用它们来钩住攻城锤的前端。这样一来，围攻者就无法再向后拉动攻城锤撞击城墙。另外，守军还建造了一批投石机，它们投掷出的巨石只要能够命中维京掩体，便足以将其摧毁，在其后方躲避的士兵也会粉身碎骨。在三天的攻击之后，丹麦人损失极为惨重，最终在黑夜的掩护下从城墙脚下撤走。他们带走了所有尚且完好的掩体，但抛弃了三座攻城锤中已经无法使用的两座，任由法兰克人将其当作战利品俘获。

在维京人对桥头堡发动失败进攻的同时，双方围绕着桥梁也展开了一场激烈战斗。维京人原本希望利用突袭将其攻克，但在被击败后，他们也被迫改用其他办法。他们将三艘战船装满稻草和木柴并将其点燃，之后凭借人力在塞纳河北岸用绳索拉着它们，试图将它们拉到桥梁下方，点燃桥梁的木质结构，切断巴黎城与桥头堡的联系。对守军而言幸运的是，这三艘战船全都搁浅在了木制桥墩的岩石基座上，要么自己毫无意义地烧光，要么被桥上投下的石块击沉。桥梁在攻击中没有受到任何损伤，维京人的水陆联合进攻也彻底失败（886年1月29日至2月1日）。

不过仅仅四天后，一场不幸的天灾就替丹麦人完成了他们力所不及之事。一场暴雨导致塞纳河和马恩河暴涨，汹涌的河水在2月5日至6日夜间冲垮了北桥的部分结构。更加不幸的是，在北桥被冲垮的同时，只有12名士兵驻守在北桥的桥头堡中。维京人立刻意识到，在桥梁修复之前，这些守军无法从巴黎城中获得任何支援，因此对这座孤立碉堡发动了猛烈突袭。他们将一车稻草推到碉堡的大门旁并将其点燃，守军由于人数过少，无法将进攻者逐退，而来自巴黎城墙上的抛射火力也因为距离过远而无法发挥作用。事实上，由于碉堡周围环绕的浓烟，巴黎守军根本无法看清其四周的情况。不久之后，桥头堡的木质结构便被引燃，仅有的少量守军不得不撤退出来，退到了与碉堡相连的断桥残垣中避难。出于对守军英勇抵抗的尊敬，丹麦人提出只要投降就饶过他们的性命，可就在守军刚刚放下武器后，这些阴险的野蛮人便将他们全部屠杀，并将尸体扔到了河水之中。在此之后，维京人便开始拆除这座不幸的桥头堡的石头地基。原本在完成这项工作后，维京人应尽可能从断桥方向将一部分船只送到上游，并对巴黎展开总攻，然而维京人没有如此行动，无论是因为需要补充给养，还是仅仅因为对围攻战感到厌倦，他们将大部分士兵派到了卢瓦尔河方向去蹂躏那里的土地。由于丹麦人的营地已经了无生气，巴黎守军误以为全部敌人都已经离去，修道院长埃博拉斯率领部队出城，试图攻占并烧毁丹麦人的营地。这次突袭虽然被击退，但法兰克人的进攻是如此猛烈，数千名丹麦人都被杀死在巴黎城下。

就在围攻逐渐失去活力的同时，萨克森公爵亨利也带领着皇帝派来的援军出现在了蒙马特尔（Montmartre）高地上。丹麦人退回自己的营地改取守势，这就使亨利公爵能够在不受干扰的情况下与巴黎建立联系，并将大量补给运到了城内。守军借着这个喘息之机，修复了北桥，并大体上重建了被毁的桥头堡。不过到此时为止，围攻仍然没有被解除，在对维京营地发动强攻而遭遇失败之后，亨利也撤离了战场，留下巴黎人自行应对围攻（886年3月）。可是围攻者也因解围军队的行动受到了震动，将营地转移到了塞纳河南岸，以仰仗河流抵挡一切北来的法兰克援军。在获悉皇帝查理本人也正在召集军队，继续亨利公爵没有完成的任务后，丹麦人最重要的领袖齐格菲建议解除围困。大部分丹麦人拒绝了齐格菲的提议，并决心在法兰克皇帝到来前对巴黎城发动一次总攻。4月初，维京人同时对两座桥梁、桥头堡以及岛屿本身发动进攻，他们将战船拖上狭窄的河滩，将它们放置在要塞的脚下，试图利用船体作为云梯来攀登城墙。不过他们在任何方向上都没能获得成功，几天后，齐格菲在从守军那里得到60磅白银（在当时这要算是一笔巨款）之后，便带领着很大一部分士兵离开了战场，他希望利用自己的这一行动以让全军都跟着他解围撤退。

在一位名叫辛里克（Sinric）的将军率领下，大多数维京人拒绝认输。他们可能从牧师那里听说拥挤的巴黎城内已经因气温升高而爆发了瘟疫，而两位守城主将之一的戈泽林主教本人也因瘟疫身亡。在接下来的时间里，围攻战的发展趋势变得十分奇怪。丹麦人将注意力集中在了塞纳河南岸，仅在北岸保留了一部分军队来监视北桥的桥头堡，而守军也能断断续续地维持与开阔乡村的联系。守军有时会派出船只溯游而上，有时也会从北桥方向突破封锁。这样一来，战斗就演变成了突破和反突破的散兵战斗。进入5月份，丹麦人突然在没有任何大规模准备的情况下，派出300人将船只停泊在巴黎城下的河滩上，开始用云梯攀登城墙。在第一次突击中，维京人的先头部队就冲进了城内，但在主力部队进城之前，他们即被四面赶来的守军击退。

6月底至7月初，原先从巴黎溜走前去寻求皇帝援助并征召援军的厄德伯爵，带领着三千人马回到了蒙马特尔。留在北岸的丹麦监视部队试图阻止其前进，但还是被厄德伯爵突破，后者也成功率领部队进入了巴黎。不久之后，皇帝本人亲自从整个奥斯特拉西亚和西日耳曼征召的大军前卫部队便出现在了巴黎守军视野之内。"胖子"查理本人虽然停留在了兰斯，但却派出萨克森公爵亨利去扫清通往巴黎的道路，不过这位公爵并没有像第一次援救巴黎时那么幸运，他因落入到丹麦人挖掘在营地外的暗沟中而阵亡。皇帝本人此后依旧在远方停滞不前，丹麦人则决心再次展开总攻。这一次，他们建造了远比之前更多的攻城武器，试图利用上千具攻城机械不间断地发射矢石、标枪、铅球来打击城墙上的守军。与此同时，维京人也再次开始攀登桥头堡和城市的城墙，并且还在桥头堡四周堆放了易燃物，试图将其烧毁。除险些摧毁为保护北桥而仓促重建的木堡以外，所有进攻方向上的丹麦人都在经过了绝望的挣扎后被守军击退。在北桥头堡，当守军最终被浓烟逼出碉堡后，火焰却在维京人冲进大门之前熄灭了，法兰克人也得以迅速回到了伤痕累累的碉堡中。

维京人的这次攻势，是巴黎所遭遇的最后一次危机。只不过在不久之后，虽然围攻终于被解除，但并不是因为查理皇帝带领着集结起来的大军将敌军赶走，而是和对方签订了一个不光彩的和约。"胖子"查理没有尝试攻击维京人的营地，反而与对方达成协议，只要维京人解除围攻，他就会向对方支付700磅白银，并允许对方自由地前往勃艮第。维京人自然接受了查理怯懦的提议，在收下白银之后向南前往桑斯城（Sens）。他们在那里又进行了一场六个月的围攻战，但仍以失败告终。最终，巴黎并非因守军的英勇，而是因为皇帝的懦弱而得救。不过巴黎人的英勇抵抗却给人们心中留下了深刻印象。在看到巴黎经受了如此猛烈的进攻，却还是能够挫败丹麦人后，整个纽斯特里亚地区的人口都受到了激励，在未来也像巴黎人一样勇敢地抵挡入侵者。

在读到这次围攻战的细节时，有两个地方十分有趣。第一点是丹麦人在对帝国进行了60年的劫掠后，居然已经学习到了如此高超的攻城武器技术。第二点则与第一点完全相反，丹麦人居然完全没能认清切断巴黎城与外界联系的重要性，事实上，只要攻方能够采取适当的办法将要塞孤立起来，那么不出几个月巴黎就会被迫投降。

回到第一点，我们仍然惊讶于来自北方的野蛮水手，居然能够将韦格蒂乌斯和普罗科皮乌斯笔下那些工具和攻城武器投入全面使用。攻城锤，用来发射矢石的攻城武器，为攻城武器提供掩护的顶棚、掩体、地道以及火攻一应俱全，全都被维京人用在了这次围攻中。显然，维京人肯定是在从"虔诚者"路易在位后期开始的长期劫掠和围攻中，从敌人那里学到了这些技术。到了885年，法兰克人在围攻的技艺方面，已经不比他们的对手强出太多了。

另一方面，维京人的围攻战术可以说是完全错误的。由于没有设置适当的掩护兵力，任何规模较大的解围部队都完全能够直抵巴黎，进入城内。萨克森的亨利以及厄德伯爵带来的援军虽然都曾面对激烈战斗才得以突破丹麦的封锁，但二人既没有被迫与对方进行会战，也不曾必须建立一道对垒线与敌军相持。在围攻的最初阶段，维京人似乎完全忽视了塞纳河的南岸，而在围攻后半段当他们将营地转移到圣日耳曼德佩大修道院附近后，其在北岸留下的掩护兵力又显得不足。在长达数月的围攻过程中，守军始终都能够与外部的同胞们保持联系，或是通过塞纳河上游的船只，或是派出支队从围攻者的前哨间突破出去，援军和粮食也不止一次被送入城内。丹麦人本应利用铁索从塞纳河上游封锁巴黎，或在那里直接建造一些船只来封锁水道，而且他们也本应做好与任何解围部队进行会战的准备，而不只是派出一些支队来抵挡他们。若用近现代的例子来做一比较，丹麦人的情况与1855年英法联军在塞瓦斯托波尔（Sebastopol）所面对者极为相似。如果进攻者只对要塞的某一方向发动进攻，而任由其他方向保持与外界的联系，一场围攻战可能会永久性地拖延下去。而维京人所面对的困难还要更多，因为他们只能从很窄的正面，也就是两个桥头堡的方向发动进攻。由于有塞纳河阻隔，维京人无法对巴黎城展开任何有实际威胁的攻势，而巴黎的城墙也不曾被维京人部署在对岸的攻城武器所击破。因此我们可以说，维京人也只能凭借围困和饥饿来迫使巴黎人投降，这一点又是他们所没有做到的。而"秃头"查理所建造的新式要塞，也在实战中得到了检验。事实证明，这种要塞在面对敌军主力部队的粗暴进攻时极为有效，即使对方能够运用当时最先进的攻城武器也还是一样。

第七节
步兵的最后一搏——1066年哈斯丁会战
和1081年迪拉基乌姆会战

作为试图凭借老式条顿步兵战术来对抗已日臻完善的封建骑兵的最后例证，我们有必要对哈斯丁会战进行详述。关于这场会战，现代评论家们的争吵几乎与哈罗德和威廉两支军队在战场上的搏斗一样激烈。

关于这场会战前后的政治和军事事件我们不会多加笔墨。仅需提及的是，英格兰的老贵族们正是在获取自己最惊人的胜利之后，迎来了最终的失败。1066年夏天，刚刚被推举为国王的哈罗德被迫两面作战。诺曼底公爵威廉已经公开表示反对一月时推举出国王的会议，而且哈罗德也知道此时威廉已经开始在圣瓦莱里（St.Valery）集中庞大的陆军和舰队。哈罗德对威廉十分了解，认定他是自己最难以对付的敌手，因此他动员了国内所有可用的海军力量，集中起一支强大的舰队，在整个6月、7月和8月里巡逻于怀特岛（Isle of Wight）和多佛尔（Dover）之间，随时准备封锁英吉利海峡。与此同时，各地伯爵和镇长也已经收到命令，随时准备动员英格兰的陆军，国王本人则带领着亲兵驻扎在苏塞克斯海岸等待事态进展。在很长一段时间之内，威廉都没有跨海前来，他的大军需要很长时间才能集结完毕，而当他的舰队准备妥当后，8月的天气又是暴风连连、北风劲吹，一支大军根本无法在这段时间内出海。

与此同时，北方也出现了危险情况。哈罗德那造反的弟弟，托斯蒂格伯爵（Earl Tostig）带领着一支小规模舰队徘徊于不列颠海岸，并最终在5月登陆亨伯地区（Humber），但很快即被诺森伯利亚伯爵埃德温（Earl Edwin of Northumbrian）击退，不过托斯蒂格此时已经与好战且贪婪的挪威国王哈罗德·哈德拉德（Harold Hardrada）结盟。虽然其威胁不像南方的诺曼人那样迫在眉睫，但北方民族还是很可能发动入侵。这两方面的危险，均未在9月之前成为现实。

在极端不幸之下，危机还是在英格兰舰队在海上执勤三个月，耗尽补给之后降临了。9月8日，由于舰队已经经历了恶劣天气的洗礼，哈罗德命令他们返回伦敦补给、整修。舰队原本应尽可能迅速地回到海上继续巡逻。但仅仅七天后，哈罗德便收到消息，一支拥有300艘船只的挪威舰队在约克郡海岸出现，他们已经蹂躏了克利夫兰（Clevelad）并占领了斯卡伯勒（Scarborough）。哈罗德已经被迫将迄今为止表现出色的舰队调离，现在又必须亲自带领亲兵去应对哈德拉德的入侵。在北上途中，他又收到了一条灾难性的消

◎ 11世纪的维京战士

息。诺森伯利亚伯爵埃德温和麦西亚的莫卡尔（Morkar of Mercia）已经在约克城下富尔福德（Fulford）地区进行的一场会战中被敌军击败（9月20日），约克即将投降。在拼尽全力的强行军后，英格兰国王及时抵达了约克，阻止了惨败。当天下午，他便与北方人的军队在德文特河（Derwent）上的斯坦福桥（Stamford Bridge，此地距离约克7英里）进行了会战。在这场会战中，哈罗德彻底击溃了敌军，哈德拉德和造反的托斯蒂格伯爵均在会战中被杀，入侵的敌军也几乎被全歼。尽管北方人停泊在亨伯的船只多达300余艘，但幸存者却仅能开走其中24艘。

这场会战的细节已经完全失传了。由于《挪威王列传》（*Heimskringla*）中关于这场会战的所有说辞几乎都可以被证实有误，因此我们无法听信该书中的那些激昂言辞。据其说法，哈罗德可能向自己造反的弟弟提出过和谈，说自己会赦免对方，并给予对方一块伯爵领，而对于北方民族的国王，哈罗德则发誓说自己不会给予对方超过"七英尺的英格兰领土，而且这还是由于哈拉哈德的体型要比其他人更高大"。维京人可能以盾墙阵型战斗了数小时之久，最终在夜幕降临，国王不幸被弓箭射杀之后才战败。但由于这本传奇传记将莫卡尔认

◎ 《贝叶挂毯》上描绘诺曼人军队穿越英吉利海峡，在英格兰海岸登陆的场景

作"哈罗德·戈德温森的兄弟"，并说他死在了富尔福德，又说尚为孩童的瓦尔塞奥夫伯爵（Earl Waltheof）也参加了战斗，而英格兰军队主要由骑兵和弓箭手组成，因此我们根本无法相信其中的说法。《挪威王列传》对这场会战的记载，看起来就好像是将哈斯丁会战搬到了斯坦福桥一样，几乎是从头错到了尾。而《盎格鲁–撒克逊编年史》中所记载的唯一一个细节，即挪威军队在一座桥梁上拼死抵挡英格兰人这一点，却完全没有出现在《挪威王列传》中。我们只能估计，双方必定是都在以传统的维京和英格兰战术作战，"用盾牌互相推挤"，直到败者被打得全军覆没为止。

与此同时，9月28日，也就是斯坦福桥会战的两天之后，诺曼底的威廉在佩文西（Pevensey）登陆了，其间既没有受到仍在伦敦整修的舰队拦截，也没有受到刚刚在北方击退挪威人的陆军阻挠。入侵者开始蹂躏乡里，如入无人之境。仅有罗姆尼（Romney）拿起武器，击退了劫掠部队。

与此同时，威廉已经登陆的消息迅速传到了位于约克的哈罗德那里，据我们所知，消息送到时，哈罗德正在一场盛宴中庆祝自己击败了北方民族。哈罗德国王在10月1日或10月2日得到消息后，立刻向南全速前往伦敦。此时他手中不仅仍掌握着在斯坦福桥得胜的那支军队，埃德温（Eadwine）和莫卡（Morcar）麾下的诺森伯利亚征召兵也受命尽快追随国王行动。哈罗德在10月7日或10月8日抵达伦敦，并在那里停留了几日以召集南米德兰（South Midlands）的民兵。11日，虽然哈罗德的军队尚未完全集结起来，但他还是启程前去与威廉公爵决战。到此时为止，或是散漫，或是狡猾的北方男爵们仍然没有赶来汇合，西部各郡部队也尚未完成集结。不过哈罗德由于诺曼人残忍地践踏肯特和苏塞克斯的报告而慌了手脚，决心尽快通过会战与对方一决雌雄。原本只要再多等几日，其军队人数便可能增加一倍之多。在经过两天的强行军后，哈罗德抵达了安德雷斯森林（Andreds weald）边缘，毗邻过去半个月中饱受威廉践踏的地区。

哈罗德所选择的阵地，位于从伦敦到哈斯丁的大路刚刚跃出森林，通往海岸开阔地区之处。哈罗德将部队排布在森拉克泥泞低地中的一个孤立山丘上，这里距离任何有人烟的地方都很远，编年史作家也仅能以山脊上有"一棵灰白色的苹果树"标记其所在地。就好像两个世纪前阿什当地区也被编年史作家以当地有着古老荆棘作为其标志一样。

森拉克的那座小山宽度约有1100英尺，纵深在150码左右，由一道陡峭的

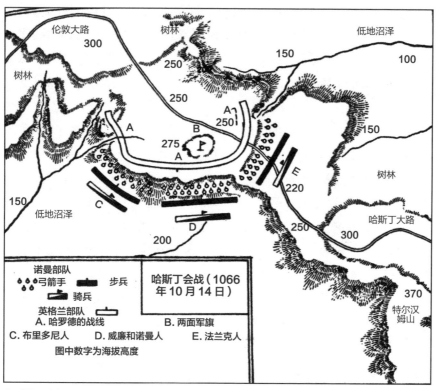

◎ 哈斯丁会战

山脊与韦尔登丘陵（Wealden Hills）相连。从伦敦通往哈斯丁的大路穿过这道山脊，在跨过那座山丘的最高处后又降入谷地，随后又登上了特尔汉姆山（Telham Hill）的山脊。相对而言，特尔汉姆山的高度要更高一些，其高度为海平面以上441英尺，哈罗德所在山丘的山峰高度为275英尺。在面对着敌军的南侧，这座山丘的坡度较为平缓，但其北侧除连接到韦尔登丘陵的山脊以外，其余部分都很陡峭，山脊本身也像栈道一样危险。被道路穿过的山顶，也正是哈罗德阵地中高度最大的地方，他在这里竖起了自己的两面战旗，其中之一是威塞克斯的龙旗，另一面则是属于他本人的战士旗。

从一些最权威的学者那里，我们知道这个阵地可能在之前某个世纪里被其他军队使用过，尤其是背面一些几近垂直的山坡，很可能正是之前那支军队所挖掘出来的壕沟。可能在893年至894年间，阿尔弗雷德的军队曾在此处宿营，当时他位于在利姆内（Lymne）登陆的丹麦舰队和宿营在米德尔顿（Middleton）的另一支军队之间，试图通过占据内线来阻止对方蹂躏肯特和苏塞克斯。对于监视一支刚刚登陆的部队而言，这块阵地确实是再合适不过了。它不仅掩护着穿过安德雷斯森林通往伦敦的唯一道路，而且距离森林的边缘也十分接近，如果守军不愿与对方进行会战，便完全可以退入背后那片无法透入的森林之中。

这座俯视着森拉克盆地的山丘，对于一支因战术所限只能采取守势的军队而言确实是不二选择，而哈罗德也决定在这里与对方进行会战。在一些学者口中，哈罗德国王曾考虑在对方因四处劫掠而兵力分散或防御不周的情况下对诺曼人发动夜袭，但这种说法是完全不可信的。哈罗德绝不可能甘愿在一片黑暗之中穿过8英里的低地丘陵，去攻击一座他完全不了解具体部署情况的营地。其手下军队在从伦敦赶到森拉克的过程中已经精疲力竭，抵达战场时夜幕也已经降临了。更重要的是，哈罗德深知威廉作为将军是十分能干的，因此也知道自己不太可能奇袭对方。更可能的情况是，哈罗德认为诺曼人有可能会拒绝进攻自己在森拉克的坚固阵地，选择在更接近海岸的开阔地带进行会战。可能正是为了预防这种情况，哈罗德才命令四周前那支回到泰晤士河的力竭舰队，休整之后重新起航绕过北福尔兰角（North Foreland）去威胁那些已经被拖上海岸，并由一座位于哈斯丁的木制城堡掩护的诺曼船只。哈罗德知道，威廉绝不会在获悉自己率军到来后就从海路撤退，所以他命令舰队一同前来的原因，要么是为了在自己取得陆战全胜后阻止诺曼人撤退，要么就是为了骚扰敌军已经上岸的船只，以迫使威廉撤退到海岸来保护船只。

按照一份史料的记载，英格兰人在阵地前方设置了工事。根据著作时间最近，但也最冗长的怀斯（Wace）记载，哈罗德命令手下士兵利用其背后树林中的木材建起了一道木栅。但早先的编年史作者，除少数例外，都仅提到了英格兰人的盾墙阵型，他们覆盖了整个山顶的密集队形以及上述的古代工事遗迹。不过，除去英格兰军队仅仅是在会战前一夜才抵达战场而且十分疲惫这一点以外，哈罗德采取老式的丹麦办法给营地设置木栅也绝非不可想象。10月14日清晨，尽管从破晓到诺曼人抵达战场之间至少有三个小时的间隔，但英格兰人可能还是没有建起工事。而且我们也有必要怀疑，英格兰人是否真的想为阵地设防。如果工事真的存在，早期诺曼史学家绝不会不提起它们，毕竟威廉所面对的阻碍越大，他的胜利就会显得越光辉伟大。作为我们做主要的资料来源，《贝叶挂毯》中的英格兰军队前方似乎也没有任何工事。可能怀斯在会战后的九十年撰写自己那部资料大多来源于口口相传的著作时，只从普瓦捷的威廉和奥德利克（Orderic）那里听到了一些关于工事遗迹和罗马大道的只言片语，便将他们认作了全新的工事，并依照自己所在年代中最有效的样式将它们写进了书中。

英格兰军队组成的单线密集队形横跨了整个山顶。从那条更接近山峰东侧而非西侧的大路算起，英格兰人的战线向左延伸了大约200码，一直延伸到了深谷的悬崖（谷底有一条小溪），这条悬崖本身则位于今日的教堂正东200码。在另一个方向上，大路以西的战线长度要长很多，从大路一直延伸到了另一条小溪的河岸，而这条小溪也构成了山丘的西缘。从大路开始到小溪之间的战线正面宽度在800码到850码之间。据我们所知，哈罗德的两面旗帜被树立在了今日"会战修道院"（Battle Abbey）的祭坛处。因此哈罗德本人所在的位置也应该是位于战线中央偏左，而非全军正中央。不过这一部署也是由于地形所致——此处正好是整个山丘的最高点，海拔275英尺，而英军阵地的大部分地区高度都位于一条250英尺的等高线上。若想要让四周都能看到王旗，此处无疑是一个显而易见的地点，而统帅站在这里，也可以从这块比周围略高的地方俯视前方。①

　　英格兰战线的中央部分略为突前，而两翼略为拖后，在诺曼人看来，英军应更像是一个环形的密集编队而非一条展开的战线。尽管诺森伯利亚和西部各郡的征召兵尚未抵达战场，可由于哈罗德已经召集了英格兰南部和中部的全部民兵，其军队人数也一定非常庞大。由于编年史中给出的数字往往多达数十万人，完全没有任何用处，因此我们也很难估算出军队的具体人数。由于哈罗德的战线长度在1100码左右，而一名士兵挥舞战斧或标枪所需的空间约为三英尺，因此其第一排的士兵人数肯定在1700人到2000人之间。另外，史料中称山丘完全被英格兰人所覆盖，其树立的长枪在诺曼人看来好像树林一般，因此英格兰人的战线厚度也一定不会过于薄弱——如果其纵深为10排或12排，哈罗德军的人数就会达到10000人至11000人左右。在这些人中，肯定只有少部分人是拥有全副盔甲的武士，其中包括国王的亲兵、各地的领主阶级以及拥有土地超过五海德的重步兵。军队中大部分士兵仍是装备简陋的征召民兵，如《贝叶挂毯》所示，这些士兵所使用的武器极为混杂，既有刀剑、标枪，也有棍棒、战斧和少量弓箭，甚至还有一部分人只是将农具改装了一下就带到了战场上。这些人所装备的防御武器，也只是圆形或风筝形的盾牌，他们身上只有一件平日里穿着的长袍，头上也只有一顶帽子。

---

① 本书第一版在此处采信了哈罗德为阵地建立了工事的说法，其原文如下："另外，哈罗德还采取了另一项预防措施。在几年前的一场战役中，哈罗德也曾在诺曼人的军队中效力，其间他在无意中访问了蓬蒂厄（Ponthieu），并完全了解了诺曼人的战术。他知道，对于英格兰军队而言，首要危险来自于诺曼骑兵的冲锋，其次则是威廉手下弓箭手的远射火力。为预防这两种威胁，哈罗德命令手下士兵从背后的森林中收集大量灌木，并将其编成了一道栅栏。这种用栅栏和壕沟抵挡骑兵冲锋的办法，实际上是一种十分古老的丹麦战术，两百年前便被使用过了。用来制造这些史官笔下的"掩体"的木材和柳条很容易得到，不过由于这道栅栏只是由疲惫的士兵在数小时内仓促制成，也可能只是用于防御矢石的掩体，而非用来抵挡骑兵冲锋的坚固屏障。无论如何，这道栅栏的高度不足4英尺，它们沿着一道浅壕被树立起来，浅壕可能是原先在森拉克山上宿营的军队遗物，也可能是哈罗德军队仓促挖掘的。这道浅壕以及用其中挖出的泥土堆砌的带胸墙土垒，并不能组成一道坚不可摧的要塞，而只是一道土木工事而已，对骑兵而言并非完全不可跨越。我们绝不能把这道工事想象成那种拥有6英尺深壕和高大木墙的城堡，像搭建这样一个工程所需的时间，远比英格兰人所花费的时间要多。按照怀斯（Wace）的说法，这道工事被分成了两翼及中央三个部分，互相之间留有空当。"

关于英格兰人的战斗序列，我们能够确定那些装备良好的亲兵（人数在2000人左右）应位于战线中央的国王和王旗周围，而各地的民兵会根据郡籍编队，排列在两翼。他们的领主、伯爵等拥有全套盔甲之人，可能会被列在民兵阵线的前几排，农民则位于他们背后为其提供支援。在战斗的开始阶段，这些农民所能做的也仅是越过穿戴重甲的战友头顶，将矢石投向冲过来的敌军。

目光再转向诺曼人。威廉公爵在这一次远征中所扮演的角色，并不仅仅是诺曼底各位男爵的头领，更是这支联合大军的总指挥官。在这支军队中，除了他自己的家臣以外，还存在大批从西欧各地聚集而来，或穷或富的冒险者。威廉将军队集结在利勒博讷（Lillebonne）时，诺曼贵族们曾一度拒绝为威廉对英格兰王位继承权所提出的要求而战，但最终所有人，或是绝大部分人都同意作为志愿者与威廉一同出征，不仅带领自己的封建家臣，同时也会尽量征集更多部队。作为回报，如果战事取得成功，他们就能够从英格兰获得战利品。另外，无论来自何方，只要是愿意帮助威廉夺得英格兰王位的骑士或者佣兵，都能够得到相同的回报。这样一来，大批人员"或是为了土地，或是为了金钱"涌入了威廉的军队。照此看来，虽然诺曼本土部队仍是入侵军队的战斗力核心，但外来者在数量上却要占据着更大的比例。如布伦伯爵尤斯塔斯（Eustace, Count of Boulogne）、布里多尼伯爵阿兰·费尔冈（Alan Fergant, Count of Breton）以及图阿尔的海默尔（Haimer of Thouars）等大贵族也都已经为巨额的战利品做好了牺牲的准备。如果亚眠的盖伊所言不虚，诺曼军队中不仅包括法兰西人、布里多尼人、佛兰芒人（Fleming）、安茹人（Angevin）、更远的阿基坦人和洛陶林吉奥人，甚至远达那不勒斯（Naples）和西西里（Sicily）都有人赶来助战。

威廉在迪夫（Dive）河口花费了好几个月的时间来建造舰队。其船只数量曾被很多编年史作家夸大到了荒唐的程度，即使是最为合理的数字，也多达696艘。至于这些船只到底搭载了多少名士兵，也和船只数量一样无法确定。若我们把对垒的两支军队做一对比，骑兵在诺曼底军队中一定占据了极大的比例。在大陆的军队中，步兵地位已经下降到了低谷，任何有经验的将军都会将全部精力用来扩充骑兵。按照我们的推测，威廉手下拥有3000名至4000名骑兵和8000名至9000名步兵，但这一数字也只是推测而来。按照编年史中的说法，即使是最合理的数字，威廉手下也会拥有多达六万名士兵。考虑到这些作家们可能根本不理解如此庞大的数字到底意味什么，我们必须认定，真实情况至多也只有五分之一。

9月28日，威廉登陆佩文西之后，前进到了哈斯丁，并在那里修建了一个木制城堡以保护舰队。由于哈罗德刚刚从约克启程赶回，倘若威廉此时进军伦敦，那么他将在不受任何阻碍的情况下将其攻克。不过这位公爵却决心在海岸附近与英格兰人进行会战，因此将接下来整整半个月的时间都花在了对肯特和苏塞克斯的系统性践踏上。当他从侦察兵那里获悉哈罗德已经接近，并在森拉克山上宿营后，威廉便知道其目的已经达成——现在他可以在自己所选择的时间上，在距离船只仅有数英里距离之处与对方作战了。10月14日清晨，威廉命令部队前进，穿过了将自己与哈罗德所在的森拉克山分割开来的八英里丘陵地带，当他们抵达特尔汉姆山后，便看到了英格兰人的阵地，此时双方的距离仅剩下一英里多一点。

在看到决战时刻已经近在眼前后，威廉和手下的骑士们便将锁甲披挂起来（为避免疲乏，他们在行军时没有穿着盔甲），并将部队列成了战斗序列。威廉将军队组成了平行的三个分队，均拥有步兵和骑兵。中央由诺曼底本土的家臣组成，左翼主要是布里多尼人、美因人和安茹人，右翼则为法兰西人和佛兰芒人，不过两翼似乎也拥有一些诺曼部队。按照惯例，诺曼底公爵本人负责指挥中央，两翼则分别由布里多尼伯爵阿兰·费尔冈以及布伦伯爵尤斯塔斯指挥，其中后者还有一位诺曼男爵——蒙哥马利的罗杰（Roger of Montgomery）来辅佐。

三支分队各自又分为三条战线。第一线由弓箭手和弩手组成，第二线由装备长矛和刀剑，而非远射武器的步兵组成。与英格兰的民兵不同，他们似乎都配有盔甲。在这两条战线背后的，即为军队中最重要的重甲骑士。可见，威廉计划先以弓弩手来扰乱并削弱英格兰的密集纵队，再由重步兵发动进攻突破其防线，将对方拉入白刃战，而最终的致命一击无疑仍将由位于各部队第三线的骑兵们来完成。

诺曼人在特尔汉姆山坡上展开队列后，即开始穿越与英军相隔的崎岖谷地，向前推进。当接近到射程内后，弓箭手们便开始向英格兰人发射箭矢，取得了一些效果。由于哈罗德的战线中仅有少量弓箭手，因此最初英军的反击肯定十分微弱。不仅如此，虽然英格兰人的盾墙肯定能够发挥一些效力，但也只能起到部分的保护作用。不过当诺曼人继续推进并开始登上森拉克山坡时，他们遭到了英格兰人极为猛烈的投射火力攻击。按照普瓦捷的威廉的记载，其中不仅有标枪、骑枪、飞斧等武器，甚至还有一些从石器时代就已经出现的粗糙武器。例如一些人就曾将石块绑在木杆上，像飞斧一样使用。威廉的弓弩手们很快被这些矢石所击退，但他们背后的重步兵却继续推进到了英格兰人的阵线上，与敌人展开了白刃战斗，但他们并没有动摇守军的战线，等到威廉命令骑兵前进时，这些重步兵可能已被击退。骑兵们登上已经布满了尸体的山坡，投入战斗中。冲在所有骑兵最前方的是一位名叫泰尔弗（Taillefer）的乐师，他一边冲锋一边鼓励着战友，就像吟游诗人般将宝剑抛入空中又抓回掌心。泰尔弗冲过了盾墙，在英格兰阵线中砍倒了数名敌军后战死。在泰尔弗的背后，所有诺曼骑士都在高唱着他们的战歌，并用最快的速度催动战马登上山坡。与此同时，诺曼步兵也从三支部队的空隙之间向后退却。诺曼骑兵对英格兰军队战线的冲锋是如此猛烈，以至于盾墙阵型中的很多前排士兵可能都被骑兵冲倒。可不管怎样，骑兵们都无法击溃英格兰人的密集队形，双方在激烈的冲撞后，

◎ 在哈斯丁会战中，诺曼骑士始终无法突破英格兰重步兵的盾墙，直到英格兰部队追击过于靠前之时，诺曼人才终于趁机击败了对方右翼

互相争斗不休，但守军在任何一点上都不曾退让。不仅如此，进攻者很长一段时间内都无法在激烈的抵抗面前占得便宜——英格兰人的战斧能够打破盾牌和锁甲，砍断对方的大腿，甚至将战马砍倒在地，大陆骑兵也从不曾面对如此坚韧的步兵。一段时间后，威廉左翼的布里多尼人和安茹人士气开始崩溃，在巨大的混乱中向山下后退，并冲垮了原本已经在他们背后重新集结起来的诺曼步兵。整条战线上的诺曼人都发生了动摇，大部分部队纷纷撤退，只不过中央和右翼并没有像布里多尼人那样混乱无序。此外，诺曼战线中还出现了诺曼底公爵本人已经战死的谣言，威廉不得不摘下头盔来在行列中奔走高喊，告诉士兵自己并没有战死，而且一定会赢得胜利。在此之后，威廉便开始在其兄弟厄德的帮助下制止部队后退，并开始整理败兵，很快便恢复了大多数部队的秩序。

可说来有趣，诺曼军队左翼的崩溃，反而给威廉带来了优势。在英军右翼，很大一部分征召民兵在看到布里多尼人逃亡后，也跟着他们冲下了山坡。他们此时已经忘记，自己赢得胜利的唯一希望就是保持战线完整，直到进攻者精疲力竭为止。在对方三分之二的兵力尚且完整，且士气也尚未崩溃之时便发动追击实属疯狂行为。看到英军混乱地跟在布里多尼人后方，威廉将自己的中央调转过来，打击追击者的侧翼。由于追击军的秩序原本就十分混乱，这些鲁莽的农民很快便被击溃，他们手中的轻盾、刀剑和标枪根本无法抵挡诺曼骑兵，人数多达数千的这一部分英军也因此全军覆没。在看到大部分英军并没有参加对布里多尼人的追击后，威廉认清会战的决定性阶段才刚刚开始，他将陷入混乱的骑兵们重新列成战线，再次下令对敌军战线发动进攻，紧接着，双方便爆发了可能比先前还要更为激烈的战斗。这一次诺曼人的运气要比之前更好一些，他们在英格兰人的阵线上打开了一到两个缺口，可能这些地方的英军已经因一小时前农民征召兵的鲁莽行动而被削弱。哈罗德的两位兄弟吉尔什（Gyrth）和利奥夫温（Leofwine）战死在第一线，如果当时的一位学者的著作是可信的，吉尔什就是由威廉亲手斩杀的，可是从全局而言，这位公爵的攻势仍未能取得太多成功。英格兰人虽然遭受了惨重的损失，但他们由盾牌和战斧组成的战线却依然覆盖着整个山坡，"滚出英格兰！"和"圣十字架！"的呐喊声也依然充满着无畏的气魄。

就在此时，威廉可能是受到了击溃英军右翼时的情况启发，突然灵机一

◎ 《贝叶挂毯》中诺曼骑士与弓箭手协同作战的场景

动，决心进行一次诈败。这种行动是布里多尼人和诺曼人此前从未尝试过的。在他的命令下，很大一部分进攻者突然调转方向，展现出了一副丧失秩序的样子开始撤退，英格兰人看到这一幕，比先前更为确定自己已经击溃了敌人，大部分兵力冲出战线去追击撤退的骑兵们。在英格兰人从上坡上冲下来时，威廉又故技重施，用那些仍然保持完整的部队去打击追击者的侧翼，同时那些诈败的部队也再次调头从正面攻击敌军，可见其结果也和先前一样彻底，民兵们在混乱中被击得粉碎，很少有人或者根本没有任何人能逃回高地上的友军阵地。不过在会战的这一阶段里，屠杀也并非只出现在英格兰人一方，一部分负责诈败的诺曼人也因跌入壕沟（可能是古代营壕的遗迹或森拉克低地中的一条干河）而损失惨重，他们受到了战友们的践踏，不少人命丧黄泉。当然，与英军相比，诺曼人的这些损失简直是微不足道。

到了此时，哈罗德的阵线已经被严重削弱，发生了动摇。可尽管损失惨重，他们还是能重新集结起来继续作战。战斗继续进行了数个小时之久，即使是诺曼骑兵猛烈的冲锋，也无法突破王旗周围的密集队列。先前被击溃的那些部队，只不过是征召民兵，装备精良的亲兵们并没有脱离战线，依然在哈罗德剩余的部队中占据着核心地位。

会战的第四阶段，主要以威廉发动的一系列猛烈骑兵冲锋组成，而在骑兵冲锋的间隔里，弓弩手们也会向英军射出密集的箭雨。此时这些撒克逊步兵们正承受着与后世的滑铁卢会战中那些不列颠士兵一样的考验，即要抵挡夹杂着毁灭性猛烈火力的反复骑兵冲锋。对步兵而言，没有什么能够比这种情况更加恼人了，他们必须始终坚守阵线才能渡过难关。英格兰阵线现在的情况已经变得极为悲惨，在重重压力之下，战线中充斥着伤兵，伤者不仅无法被送到后方，就连倒地喘息的机会都没有。敌军从两翼同时发动进攻，盾牌和铠甲已经被打破，投枪也已经用光了，现在他们只能被动地坚守在原地，等待夜幕降临或敌军精疲力竭。对哈罗德手下伤痕累累的亲兵们来说，诺曼骑兵的冲锋本身相比于两次冲锋之间的箭雨肯定要好对付一些。从史料中我们可以看到，即使在经历了正午时分那些灾难性的损失后，英格兰人还是能组织起一次冲锋，击退敌军的弓弩手。一些英格兰战士，因为长时间在阵线中站立不动而变得发狂，挥舞着战斧或宝剑冲出战线，最后在开阔地上被对方杀死。不过绝大部分亲兵们仍然坚守着阵线，普瓦捷的威廉记载："这真是一场奇怪的会战，一方始终在运动中不断冲锋，另一方却好像是生了根一样一动不动地被动承受。在诺曼人的一方，弓箭和刀剑在发挥着自己的效力，而在英格兰人的阵线中，仅有的就是那些死去之人倒下。"尽管情况已经完全绝望了，但英格兰人一直坚守到了夜幕降临，只要国王仍然站在战场上，王旗也没有倒下，亲兵们就不会放弃战斗。威廉屡次亲率骑兵对他们发动冲锋，骑乘的战马也有三匹阵亡。最终决定了胜负的并非刀剑而是弓箭，威廉特别下令，要求弓箭手们不要平射，而采取抛射的办法，这样一来，箭矢就可以覆盖整个英格兰人的战线，而不仅仅是前排的士兵们。也正是一支这样射出的羽箭，命中了哈罗德的眼睛，给他造成了致命伤，在箭雨打击下的英军听说国王已经倒下，终于崩溃。一小队诺曼骑士也终于在做了无数次无效的冲锋后，突破了英军阵线，将重伤倒地的哈罗德砍死在马下，并砍倒了威塞克斯龙旗和哈罗德的战士旗。

到了此时，英军的残部彻底崩溃了，仍坚守在被鲜血染红的山丘上的少数几千人或几百人转过身去，希望能在背后的森林中寻求掩蔽。一些人步行着逃进了森林，另一些人则从营地里抢走了领主和亲兵们的马匹，骑着它们逃跑。可即使是在奔逃之中，他们仍能给诺曼征服者们造成一定打击。胡乱跟在他们背后的诺曼人，在从森拉克山背后那道好像斜堤一样，骑兵根本无法通行的陡峭山坡向下冲锋时，也有很多骑士在傍晚的昏暗中连人带马一起摔进谷底。最后的一批英格兰人也转过头来，在杀死了一些骑士后继续逃亡。在一小段时间里，诺曼人甚至认为是英格兰人的援军赶到了，事实上，埃德温和莫卡的征召兵也确实早该到来了，威廉公爵不得不亲自去聚集溃兵，并拒绝了布伦伯爵尤斯塔斯认为应乘胜收兵的懦弱建议。毫无疑问，在诺曼人变得更加小心之后，那道陡坡便不能再阻挡他们，而最后那批英军也彻底溃入森林之中消失，这一整天的艰苦战斗终于告一段落。

　　尽管英格兰人占据着适于防守的地形优势，但在威廉的弓箭手和骑兵的

◎ 在哈斯丁会战中，诺曼骑士击溃了英格兰重步兵，彻底给西欧的步兵时代画上了句号

协同作战面前，由战斧组成的静止方阵还是遭到了决定性失败。英格兰人死战到底的勇气，只不过是增加了双方的伤亡数字。在英军的将领中，有记载的幸存者仅有"拖延者"安斯加（Ansgar the Staller）和布恩修道院长利奥弗里克（Leofric，Abbot of Bourne），而且二人在逃跑时都已经身负重伤。国王和他的兄弟们、顽强的亲兵以及英格兰南部的领主们全部战死沙场。从未有人能够估算出英格兰军队的伤亡数字，可以肯定的是，其数字与全军总数应该相差不多。另一方面，诺曼人的伤亡数字也很难估算，曾有一部编年史称诺曼人损失了12000人，虽然这个数字本身并非全无可能，但这部记录英格兰历史的著作本身却错误百出，完全不可靠。不过，无论双方的伤亡数字具体是多少，其给后人的教训却依然不可磨灭：在仅装备着近战武器且缺乏骑兵支援的情况下，即使是最好的步兵，也绝对无法抵挡能够在优秀统帅指挥下协同作战的骑兵和弓箭手。如果没有弓箭手支援，诺曼骑士可能永远无法攻破英军的工事，而倘若没有骑兵掩护，弓箭手又绝对无法抵挡英格兰人的全面攻击。但在威廉的巧妙指挥下，二者的协同作战可以无坚不摧。

在远离英格兰的地方，盎格鲁、丹麦式的武器和战术又一次与诺曼人的骑枪和弓箭遭遇。哈罗德战败十五年后，另一支由英格兰战斧兵组成的部队（其中有些士兵可能参加过森拉克的战斗）出征与一位诺曼亲王的部队作战，这支部队便是亚历克修斯皇帝（Alexius Comnenus）手下的瓦兰吉卫队，也就是著名的持斧蛮族。当时诺曼亲王罗伯特·吉斯卡尔德（Robert Guiscard）正在围攻迪拉基乌姆（Dyrrhachium），瓦兰吉卫队则与拜占庭军队一同前去解围。诺曼人早早便列好了战线，而亚历克修斯的部队展开速度却很缓慢。位于拜占庭全军最前方的便是瓦兰吉卫队，他们与西方的领主一样，骑马来到战场，但在接近敌军后就会将马匹送到后方，自己下马作战。亚历克修斯之前曾将一支配有弓箭的轻骑兵也交给了瓦兰吉卫队的指挥官，此时皇帝便命令这支骑兵趋前攻击敌军，但必须等到他们用弓箭扰乱了罗伯特的战线后才能进行冲锋。可是瓦兰吉卫队的指挥官纳姆皮特斯（Nampites）却忽视了这道命令，在接近敌军后，英格兰人便陷入了盲目的狂热之中。在希腊军队尚未完全展开，皇帝本人也没有下达进攻命令之前，瓦兰吉卫队便组成了一个密集纵队，开始攻击诺曼人的左翼。他们将诺曼左翼指挥官巴里伯爵（Count of Bari）的骑兵和步兵一起赶进了大海。不过他们的成功也打乱了自己的秩序，而且由于拜占庭主力部队尚未接近，吉斯卡尔德也得以派出生力军抵挡他们。凭借一次勇猛的骑兵冲锋，诺曼人切断了大部分英格兰士兵，其余士兵则聚集在海边的一个小土丘上，围绕着一个被放弃的礼拜堂。诺曼人将他们包围在了那里，局势就好像是缩小版的哈斯丁会战一样。在骑士和弓箭手的协同打击消灭了大部分瓦兰吉卫队士兵之后，幸存者们仍顽强地坚守着礼拜堂。最终罗伯特不得不从营地运来了一些柴火和木材，将它们堆在礼拜堂外点燃，英格兰人被迫从教堂中冲出，要么被诺曼人一个一个地杀死，要么葬身火海，整个瓦兰吉卫队都因鲁莽地过早与对方交战而付出了生命代价，全军无一人幸免。这也是步兵与11世纪的封建骑士之间最后一次重要对决。确实，在后来的12世纪中，骑兵曾数次被步行的敌军所阻，但这些部队并非真正的步兵，而是在危险时刻将战马送到后方，步战坚守阵地的骑士。到了此时，封建骑士的支配性地位终于建立了起来，直到将近三个世纪后，才会有一支真正的步兵部队，能够在没有骑兵支援的情况下与重甲骑兵在会战中再次较量一番。

◎ 中世纪绘画中的瓦兰吉卫队，可见其中很多人都是使用战斧的西欧重步兵

第四章

579 年至 1204 年的拜占庭军队

第一节
拜占庭军队的发展演化

吉本曾经写道："拜占庭军队继承了太多缺点，他们的那些胜利不过是偶然事件。"事实上，这句话与实情相距甚远，如果对拜占庭军队而言，失败是意外事件，而胜利才是惯常之事，似乎要远比吉本所言更接近事实。东罗马帝国皇帝们所遭遇的那些灾难性失败，通常都是由将领无能、数量不足或意外事件所导致的，而绝非部队素质太差。拜占庭部队之所以如此善战的原因也不难找到，在勇气方面，他们不输于敌人，而在纪律、组织和装备方面又要远比敌人更强。最为重要的是，他们不仅保留着传统的罗马式战略，而且还拥有一套在精心调整后完全适应了时代需求的完整战术体系。

在数百年的时间里，东方人将战争视作一门艺术来加以研究，而西方人只是把战争看作决斗。在法兰克贵族中间，只要一位青年能够安坐在战马上，驾驭住自己的骑枪和盾牌，就算是可以从战争的学院中毕业了。而在拜占庭上流社会中，除去相同的武艺训练以外，他们还要学习战争的经验知识，阅读莫里斯（Maurice）、利奥、尼西弗鲁斯·福卡斯（Nicephorus Phocas）以及其他一些作者现今仅留下了书名的著作。欧洲东西方对于战争的两种不同看法，所带来的结

◎ 拜占庭马弓手

果也是显而易见。西方人虽然将战争视作生命中最重要的工作，但当他们面对自己所不熟悉的战术时，总是遭遇失败。而东方的将军们，通过在面对不同敌军时采取最适宜的战术，总是能够击败斯拉夫人、突厥人、法兰克人或者撒拉逊人。

查士丁尼死后的25年里，拜占庭军队在6世纪后半叶里进行了大规模的改组，这也使7世纪的拜占庭军队变得与众不同。这次改组的细节被记载在《战略论》（*Strategicon*）一书中保存至今。这部书对于研究战争艺术史具有无可估量的价值，因为其中对于何人在何时进行了何种改革都有着详细记载。后世的东罗马学者经常将这些改革错误地归功于希拉克略，即那位著名的波斯征服者和真十字架发现者。事实上，在他手下战无不胜的那支军队，早已由能干但却不幸的前任皇帝莫里斯完成了改组，只不过后者在582年至602年的统治时期遭遇了太多麻烦。《战略论》一书，也正是由莫里斯撰写并编纂成书。虽然曾有学者质疑该书是否真的出自莫里斯之手，但只要仔细对照书中的年代信息，我们就能发现该书绝不可能是在570年之前或600年之后完成的。书中将波斯国王暗指为帝国的主要威胁，但在605年至608年的入侵之后，拜占庭就再也没有在任何史料中扮演侵略者的角色了，而在另一方面，《战略论》中将斯拉夫人和阿瓦尔人视为帝国在多瑙河上的敌对力量，而并没有提及格庇德人和伦巴第人，因此后两者在《战略论》成书之时，肯定已经离开了多瑙河流域，因此可以证明该书成书于568年之后。另外，由于书中提及罗马人与斯拉夫人的所有战斗都是在多瑙河附近进行的，而且大多数都位于多瑙河以北的罗马境外，所以《战略论》成书时间应该早于581年至585年进抵色萨利和温泉关的斯拉夫人入侵时期。这样一来，该书的成书时间范围又可以缩小到570年至580年之间，而该书作者没有采取皇帝的口吻，也完全可以和当时莫里斯尚未登基的事实相吻合。他在书中说到只是"希望能将一部分自己的军事经验传达给众人"，因此他所提出的也只是建议而非命令。如果我们将莫里斯的《战略论》与利奥在登基后所撰写的《战术论》相比较，就可以发现二者在前言中所使用的口吻完全不同，并由此确定莫里斯在成书期间只是一位正在向更高层攀升的将军而已。他在582年登基加冕，因此如果我们将《战略论》成书时间定在此前一到两年，应该是比较合理的。同时，在我们看来，该书的成书时间也应该更接近于580年而非570年，因为作者在写作时所处的年份显然已经与查士丁尼时代相隔了一段时间，而这位皇帝去世的时间是565年。莫里斯在书中提及拜占庭军队历经了一段衰退时期，而且也已经忘记了他们过去的胜利，我们很难想象这种情况会在塔吉纳会战和卡西利努会战大胜不过数年后出现。按照阿伽提阿斯的记载，拜占庭军队在查士丁尼统治最后几年里已经开始衰落，当时"皇帝已经步入了生命的最后时光，由于早年的辛勤，他此时已经精力不济，转而倾向于在敌人中间制造不和或通过金钱来安抚他们，而不再信任自己的军队，也不再敢于面对战争的危险。由于皇帝不再需要军队去开疆拓土，因此他也默许军队人数下降，负责税收和管理军队的官员们，也同样受到了这种冷淡态度的影响"。查士丁尼末期开始的衰落期，在其继任者查士丁二世统治的十三年里（565年至578年）仍在继续，若按照莫里斯的说法，在查士丁二世统治后期，军队的堕落已经达到了灾难性水平。

关于《战略论》的成书时间，我们还可以推测得更加大胆一些。提比略·君士坦丁（Tiberius Constantinus，即提比略二世）接替查士丁二世继任皇帝之后（578年），对军队进行了彻底的改组，其主要的细节性工作被交到了两位高级军官手中，其中一位是日尔曼努斯（Germanus）之子查士丁尼，另一位就是莫里斯。按照记载，他们二人"矫正了错误的事情，用秩序替代了混乱，简言之，即让所有事情都走上了正轨"。在这种情况下，我们也许可以推

◎ 拜占庭金币上的莫里斯皇帝头像。这位皇帝对罗马军队进行了行之有效的改组，而其撰写的《战略论》也为后人研究6世纪罗马军队提供了极佳的参考

测，莫里斯正是在此期间将《战略论》当作一本改组帝国军队的指南发表出来。如果事情果真如此，那么该书的发表时间便是在579年，这一时间符合了上述的所有条件。

莫里斯和查士丁尼两位将军，似乎在很多方面都对拜占庭军队进行了彻底的改革。莫里斯笔下的军队在组织和命名方式上，也与普罗科皮乌斯笔下三十年前的军队完全不同。虽然重甲马弓手（Chavallarios或Chontatos）依然占据着重要的位置，并且仍是帝国大军的战斗力核心，但无论是骑兵还是步兵，都采取了全新的组织方式。在查士丁尼皇帝时期，大规模部队并没有永久性的建制，普罗科皮乌斯将查士丁尼时代的基层部队单位称为"战斗群"，这一名称在改革中延续了下来。莫里斯将战斗群视作大规模军队的基层单位，保留了其原有名称，但更多时候却将其称为"营"（Tagma），另外，他还将营级部队组合起来，编成旅级或师级部队。六至八个营组成一支两千人或三千人的"旅"（Moirai）。三个旅编组在一起则组成一个拥有六千到八千人的"师"（Meros）。莫里斯还强调说，一个营的人数不能少于三百人，但也不应超过四百人，而各旅下辖的营数量不应相同，以防敌军仅凭清点军旗数量便能将自己所面对的军队数量掌握得一清二楚。后来拿破仑对于自己的各军也采取了相同的办法，始终避免各军采用完全相同的编制。

一个拥有三百人到四百人的战斗群或营，由一位被称为"伯爵"（Comes）或"护民官"（Tribunus）的军官负责指挥。非常有趣的是，很多高级头衔随着时间推移都已经变得不再显贵了。例如在4世纪时，整个帝国中能够拥有伯爵头衔的，大概只有寥寥十几位高级贵族，他们每人都是独当一面的大将，手下也指挥着很多大队一级的部队。而护民官的情况也与此相似，该职位原本负责指挥拥有6000人的整个军团，可到了此时，这两个头衔不仅变成了近义词，而且所指代的也不过是校级军官了。另外，手下拥有七到八个营的旅级指挥官被称为"公爵"，要知道在4世纪时，公爵的权力和地位都是要低于伯爵的。

不过在莫里斯的著作中，并没有显示出由营组成的旅级部队是永久性单位。恰恰相反，他还提及军队指挥官在战争爆发时的首要任务，就是把各营编组成旅，这一点也正是580年的罗马军队与后一个世纪的最大不同。到了那时，各营将永久性地与驻地绑定在一起，而永久性的大规模单位也将出现。

在这次改组之中，莫里斯所做出的最重要行动，便是对军队效忠对象的改革。原先罗马部队效忠于指挥官，而这一习惯又是从蛮盟部队扩散开来的。在改革之后，由于百夫长以上级别的军官都改由宫廷任命，军队也改为对皇帝而非其直接上级效忠。这样一来，师长、军长手中的权力和财产都不再对皇帝构成威胁，将军们的地位也已经降格成了皇帝的代表，而非拥有庞大家臣团的半独立王公。因此，士兵也不再将自己视作直接上级的家臣，而是真正成为帝国军队中的一员。

这项改革之所以如此成功、彻底，与帝国军队内部的蛮族士兵数量大幅减少有着直接关系。在查士丁尼后期，帝国的财政收入快速减少，而在其继任者统治下，这一情况也仍在持续。随之而来的，就是罗马军队中条顿佣兵数量的减少。这种情况与一首现代诗中"钱在哪，瑞士人就在哪"（Point d'argent，point de Suisse）的情况完全相同，由于这些外族士兵要比本国士兵更为昂贵且独立性更强，一旦罗马人付不起他们的军饷，他们就会立刻消失。导致这一情况出现还有另一个原因——在组成查士丁尼手下蛮盟大军的民族中，伦巴第人迁徙到了其他地区，赫鲁利人和格庇德人则从历史中消失掉了。在改革时还剩下的最后一批外族部队已经衰落到了谷底，莫里斯在将他们并入其余部队时也没有带来什么军事性的危险。在莫里斯的著作中，外族部队以"蛮盟"、"精选军"（Optimati）、"家臣"（Buccellarii）等名称出现，其中前者似乎指代的仍是效力于自己首领的老式条顿辅助部队，这些人无一例外全都是重甲骑兵。塞奥法尼斯（Theophanes）曾告诉我们，提比略·君士坦丁为了维持蛮盟部队的数量费尽心机，他甚至花钱买下了罗马内外所有能够找到的条顿奴隶，赐给他们自由并将他们编入军队。提比略二世最终将蛮盟部队的人数增加到了15000人左右，而负责指挥他们的，正是被赐予了"蛮盟伯爵"（Count of Foederati）头衔的莫里斯。"精选军"似乎是从蛮盟部队中所挑选出来的精锐，从蛮族志愿者中间挑选而来，由于其地位十分重要，每人都拥有一名或者更多的"武装侍从"（Armati），后者地位与中世纪骑士手下的侍从相当。蛮盟部队中的"家臣"部队曾因部队的称呼而在拜占庭时代和现代历史学家中都引起了不必要的误会。这些"家臣"是从蛮盟军队中精选出来的皇帝

◎ 5世纪到6世纪时的拜占庭重骑兵，此时他们已经成为罗马军队的绝对核心力量

卫队，也就是近卫军中的蛮族部队，与1世纪近卫军中的巴达维亚大队（Batavian Cohort）地位相当。这些人直接效忠于帝国皇帝，视自己为皇帝的"伙伴"。如前所述，其组织结构源自于日耳曼人。西哥特法律中也曾用"家臣"一词来指代

通过缔结誓言向主人效忠的部队，而在盎格鲁–撒克逊人中，这些人被称为"伙伴"。后来罗马人也采用了这种形式，像埃提乌斯、贝利撒留等著名将领都像哥特国王一样拥有大批家臣。

在帝国军队中，条顿部队只占据了很小一部分，其中包括很多如赫鲁利人、东哥特人、格庇德人等已经被消灭的部落残部，以及一部分散落在外，不愿为自己国王效力的伦巴第人。在这些伦巴第人中，德罗克塔夫（Droctulf）在莫里斯的时代里最负盛名。此外，蛮盟部队中还包括一些所谓的"西徐亚人"，事实上就是匈人的残部以及从洽干大王（Great Chagan）那里叛逃而来的阿瓦尔人，从《战略论》中我们可以得知，他们十分易怒。

拉丁语、希腊语和条顿语混用的情况，要比其他一切更能代表莫里斯时代东罗马军队的特征。此时拉丁语仍然是帝国的官方语言，《战略论》中的所有操典命令也都是拉丁语，但此时的拉丁语地位已经下降了，这些命令的词尾变型也是既有缺失，又有令人疑惑不解之处。而在这些幸存下来的罗马词汇以外，莫里斯也使用了4世纪至5世纪中由蛮盟引入的一批条顿词汇。最后，《战略论》一书中还存在大量希腊语词汇，其中一部分是由拉丁语转译而来（如"战斗群"一词），还有一些来自于古代典籍中的马其顿军事用语，剩下的词汇则是拜占庭人后来发明的。

事实上，当时帝国的官方语言也同样混杂不清，同一件物品经常拥有两个甚至三个名字，每一个名字都来自于一种不同的语言。如莫里斯对于营级部队，既称"营"又称为"战斗群"，或者"战团"，旅长也一样拥有"旅长"和"公爵"两个名称。但总体而言，拉丁语仍然占据着主导地位，而在三百年后利奥撰写的《战术论》中，所有名词都已经变成了希腊语。莫里斯的手下仍有很大一部分军队是说拉丁语的，这些部队招募自色雷斯、默西亚以及巴尔干半岛内陆，直到《战略论》成书数年时间后，这些行省也被斯拉夫人的劫掠所席卷，拉丁语才从东罗马帝国消失。莫里斯从不曾将拉丁词汇翻译成希腊语，而他的后继者利奥却这样做了。

为适应时代的变化，莫里斯在改组中还采取了一项非常重要的措施，我们在此有必要加以详述。在改革过程中，莫里斯非常急于打破自4世纪以来罗马帝国在人民中所建立起来的一道壁垒，即将纳税者和服役者一分为二，纳税之人不必服役，而服役之人不必纳税。由于帝国此时已经不能像查士丁尼时期那样雇佣大量的外族辅助部队来填充到军队中，招募更多本土部队的需求就变得越来越强烈。莫里斯希望帝国在军事问题上能够自给自足，所有兵源都应从国内招募。他写道："我们希望所有年轻的罗马自由人都能够学习使用弓箭，而且随时准备好弓箭和两支标枪。"在他看来，只要人民掌握了使用兵器的技巧，他们也就会更愿意应征入伍。不过无论如何，如果莫里斯只是想以此作为推行普遍兵役制的第一步行动，那么他的盘算最后还是落空了。直到三百年后，利奥还在书中写下了相似的文字："弓是最容易制造，用起来也最有效的武器之一。因此我们希望所有城堡、乡间或城镇的居民，即所有罗马臣民都能够拥有一张弓，如果不可能的话，至少每个家庭也要拥有一张弓和四十支箭，并在开阔地、丘陵、隘路、森林等各种地形中加以练习。如果有敌人突然攻入我国腹地，在山地、隘路或森林小路中使用弓箭的人们，就能给侵略者予以沉重打击。敌人并不习惯不断派出支队去驱逐弓箭手，所以在进行劫掠时就不敢分散得太远。如果敌人不愿被拖在持续不断的弓箭游击中，我们就能保证大片土地不受敌军伤害。"

不幸的是，没有准确信息能证明这个旨在建立一套游击战体系的计划到底被执行到了什么程度，但按照我们所能够掌握的一部分信息来看，这项工作在很多地区中根本没有取得任何成果。我们总是能在史料中看到，各行省在没有常备驻防军时依然无力保护自己，但从另一方面来讲，很多原先不承担兵役的行省，也开始为帝国军队提供兵源了。举例而言，"生于紫室者"君士坦丁七世（Constantine Porphyrogenitus）在著作《帝国行政论》（De administrando imperio）中曾提及岳父罗曼努斯一世（Romanus Lekapenos）在位期间"计划招募伯罗奔尼撒部队远征伦巴第人，当时约翰（John the Protospathiarius）统治着那个省份。伯罗奔尼撒人提出上缴一千匹配有马鞍和马具的战马以及一森特纳尔黄金来替代士兵。在这一要求被同意后，他们很快便缴纳了上述马匹和黄金。科林斯（Corinth）大主教受命提供四匹战马，佩特雷（Patras）大主教也一样要提供四匹战马，每位主教则要提供两匹，所有大贵族都要提供三匹马，普通贵族也要提供一匹马。另外，较为富裕的修道院要提供两匹马，贫穷的修道院则每两座提供一匹。原本需要服兵役者每人交纳5枚金币，只有最贫穷者可以只缴纳两枚半金币。这样一来，战马和黄金便很容易地筹集起来了"。不愿打仗的希腊地区通常倾向于采取这种方式缴纳后来被西欧人称为"兵役免除费"的贡金，而更尚武的亚洲人和北方人则绝不会如此。在很多边境省份中，经常出现当地人口拿起武器作战的例子，尤其以拜占庭帝国后期为甚。在亚美尼亚到卡帕多西亚的边境上，当地人显然非常依赖自身力量抵御外敌。而且，当地似乎采取了一种半封建式的永久性军事分封制度，这一现象在10世纪、11世纪时从撒拉逊人手中夺回的土地上最为显著，在这些地区，军事移民可以用武力换得土地。曾有一首奇怪但又有趣的诗歌，记载了10世纪一位居住在卡帕多西亚边境上的男爵，从中我们可以看到当地的好战首领居住在城堡中，其属下的家臣则居住在周围的农村。这些人与西里西亚（Cilicia）和美索不达米亚（Mesopotamia）的撒拉逊人不断地互相突袭。他们依靠着自己的强大武力，而非常驻防军来保卫自己的边境。从《战术论》关于围攻战的章节中，我们可以看到罗马人在边境城镇遭到围攻时，会依赖于当地公民来守城，并将他们派到先前就已分配好的前哨。只有某地居民被怀疑不忠时，利奥才认为该地的守备应由常备部队负责，公民则只能被分配到各支常备军中间担负辅助作用。关于亚洲地区曾建立普遍民兵制度的最明确记载，来自于卡卓努斯（Cedrenus）和佐纳拉斯（Zonaras）的著作，二人都曾提及君士坦丁九世在1044年不明智地减少了东疆各省征召民兵支援常备驻防军的义务。在那之前，这些行省都是以兵役来换得税收的优惠，而如今他们却被命令解散民兵，改为向国库缴纳金钱。

虽然东罗马帝国从不曾实行普遍兵役制，但至少莫里斯还是希望实行这项政策的。从他在位时开始，军队的所有兵员几乎都来自于帝国内部，而且所有民族也都在能力所及范围之内提供了数量可观的士兵，只有希腊人除外。小亚细亚的亚美尼亚人、卡帕多西亚人、伊苏里亚人以及欧洲的色雷斯人被认为是军队中最好的士兵。

在《战略论》发布后，东罗马帝国军事史上的下一次变革，来自于604年至656年间波斯人、撒拉逊人的迅猛入侵。提比略Ⅱ君士坦丁和莫里斯所进行的战役比较幸运，他们击败了波斯人，而且也侵入了多瑙河两岸的斯拉夫人土地。可能是由于莫里斯削弱了高级指挥官们的权力和重要性，而且又实

◎ 拜占庭与波斯的战争在7世纪初期曾导致罗马人丢失了几乎整个小亚细亚，甚至连君士坦丁堡都曾在626年遭到敌军围攻，直到希拉克略击败波斯人之后，拜占庭疆界才终于重新推进到叙利亚。图为一幅描绘626年君士坦丁堡围攻战的中世纪壁画

行了严格的经济政策，导致他在军队中并不太受欢迎。莫里斯最终在一次兵变中被杀，其继任者弗卡斯（Phocas）残忍却又无能，将帝国拖进了与波斯人最后一场，也是最具灾难性的战争中。从幼发拉底河到赫勒斯滂的整个东部都被波斯国王科斯罗伊斯（Chosroes）席卷。与此同时，斯拉夫人与阿瓦尔人的洽干也进入了帝国的欧洲行省。此时帝国看起来似乎气数将尽，希拉克略皇帝与他们苦战了六年之久，才终于拯救了帝国的命运（622年至628年）。但就在波斯战争刚刚结束，帝国恢复了旧有的疆界后，撒拉逊人发动了更为致命的入侵（633年）。希拉克略晚年见证了帝国永久性地失去了埃及和叙利亚，而他也不得不重新沿着托罗斯山脉（Taurus）为帝国建立了新的军事疆界。

直到659年之前，帝国与撒拉逊人始终征战不休。在这26年时间里，罗马全部军队都集结在亚洲边境上，与狂热的撒拉逊人进行着殊死搏斗。君士坦斯二世（Constans II）皇帝在位时，也许是在这场漫长的战争过程中，但更可能是在战争结束后推行了一套最为重要的新式军事组织。此时各边境行省的疆界都已被波斯人和撒拉逊人摧毁，各省的民事政府也已经彻底失去了作用，只能永久性地实行军管，而这一职责也就落到了将军们身上。看到这一情况之后，君士坦斯二世或是他的儿子君士坦丁对博斯普鲁斯海峡两岸那些尚未被敌军征服的地区重新进行了划分，并依照当时的军队组织结构，将原有的民事行政区划分为"军区"（Themes）。此时在小亚细亚地区服役的军队包括：在叙利亚等原有东方"教区"（Diocese）的军队，他们在希腊语中被称为阿纳托利亚人（Anatolichoi）；美索不达米亚和亚美尼亚边境地区的部队，通常被称为亚美尼亚人（Arminiachoi）；在危机时期从色雷斯被派往亚洲的部队，即色雷斯人（Thracesian）；残余的蛮盟部队则被统一称为"精选军"；帝国近卫军中的本土士兵和外族士兵被分别称为"扈从"（Obsequium）和"家臣"。在战争期间或结束时，这些军队被部署在了小亚细亚各地，或独立行动或被编入野战军。由于长时间的战争，很多军级部队已经成为永久性的建制。

7世纪中叶开始实行的新行省制度，将这些原本是为了方便征发给养或征兵而建立的军区永久化。一个军的指挥官，也成为当地行政机构的总督。各旅则被永久性划归给战争结束时该旅的所在地区。依照各个部队的名称和所在地区，新的地理区划和军队都得到了相应的军区命名，如阿纳托利亚军区（Anatolicon）、亚美尼亚军区（Armeniacon）、色雷斯人军区（Thracesion）、精选军区（Optimaton）、家臣军区（Buccellarion）、扈从军区（Obsequium）等，以上便是亚洲地区最初的军区划分。不久之后，亚洲又建立了一个新军区，其各种特征都与先前几个军区类似，只不过这个军区起源于舰队而非陆军。这就是西布里亚军区（Cibyrrhaeot），该地位于小亚细亚南部的卡里亚（Caria）至伊苏里亚之间，所统辖的土地仅包括山地与大海之间的狭长海岸。

西布里亚军区规模很小，就连拜占庭帝国后期的学者们都不清楚为何要在此处专门建立一个军区。君士坦丁七世在记录这些军区的情况时，认为这个军区之所以存在完全是出于皇帝的玩笑，而这当然是不可能的。更可能的情况是，设立该军区是希望以此作为帝国舰队的主要基地，保护小亚细亚南岸和通往爱琴海的航路。西布里亚军区是一个纯粹的海军基地，作为一块孤立的海岸平原，此处只能通过海路与外界联系。而这里可能也是属于帝国舰队的特别领地，即使当地拥有一些骑兵部队来阻挡撒拉逊人袭扰，其指挥权也肯定归属于西布里亚舰队司令。仅在利奥皇帝的《战术论》一书中，我们就能找到相关证据，书中说，在阿纳托利亚军区遭到攻击时，当地总督派出信使前往西布里亚，请求西布里亚舰队司令在撒拉逊人背后已被入侵的西里西亚登陆。在君士坦丁七世的年代里，位于首都附近的精选军区可能已经没有任何军事基地了，统治该地的长官也已经换成了执事（Domesticus）而非将军。

以上就是拜占庭帝国在亚洲的各军区，其欧洲的军区数量要比亚洲更少。在希拉克略时代，巴尔干半岛各行省已经被斯拉夫人彻底占领，不再属于罗马领土。在多瑙河以南可能只有三个军区——色雷斯军区、色萨利军区和希腊军区。除此以外，帝国西部还有另外三个军区，即西西里、阿非利加和意大利的剩余帝国领土，只不过我们通常不将意大利领土称为军区，而称为拉文纳督主教区（Exarchate of Ravenna）。后来8世纪和9世纪的皇帝们又将东西方的军区都加以细分，最终使军区数量达到了三十个以上。

莫里斯的《战略论》年代过早，无法给我们提供关于军区和各地驻军的信息。但如果我们以"智者"利奥在军区制建立250年后写下的《战术论》为依据，就能够看到各军区的统帅手下通常会拥有两到三个师的兵力。一个骑兵师（Turma）通常人数在三千到五千左右，全军区的总兵力则通常在八千到一万两千人左右。不过无论如何，军区总督似乎是无法动员所有部队前往其他地区作战的，因为大部分步兵都要被留在当地负责防御性任务。按照利奥的估计，在相邻军区需要支援时，一个军区平均只能动员四千到六千名精锐骑兵前

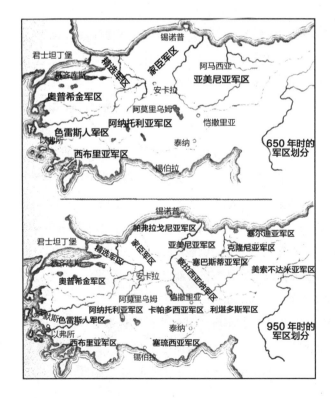

◎ 650年和950年的军区变迁

去支援，尼西弗鲁斯·福卡斯在写给各军区指挥官的手册中则将这一数字确定为五千人，不过这一数字只包括最精锐的部队，其余老弱残兵或缺乏训练的骑兵则会被留在要塞中。这样一来，各野战骑兵师虽然兵力不多，但极为紧凑，能够应对艰苦战斗。在《战术论》的一个段落中，利奥说担负野战勤务的骑兵师下辖各营人数不应超过256人。

正如同"军区"一词同时被用来指代地区和军队，军区下属的小规模部队也被分为团和师在各地驻防。也正因为如此，我们才能够看到诸如"卡帕多西亚是阿纳托利亚军区下属的一个师"或"凯法利尼亚（Cephallenia）是郎格巴迪亚军区（Langobardia）下属的一个师"这种说法。君士坦丁七世在《帝国行政论》中告诉我们，各防区的配置会经常调整，并重组为新的单位。举例而言，君士坦丁七世的父亲，即《战术论》的作者利奥，曾为了建立新的察拉西亚纳军区（Charsiana）而对东部边境进行了大范围的重组。君士坦丁七世写道："察拉西亚纳原本是亚美尼亚军区的一个师，但在虔诚的利奥皇帝将其升级为军区之后，原先驻守在巴雷塔（Bareta）、巴尔巴登（Balbadon）、阿斯波纳（Aspona）以及阿卡尔库斯（Acarcus）等地的驻军即从家臣军区划到了卡帕多西亚军区。与此同时，欧多西亚斯（Eudocias）、圣·阿戈培（St. Agapetus）和阿帕拉西亚（Aphrazia）等地的军队也从阿纳托利亚军区划归了卡帕多西亚军区。"

"这七支部队，四支来自家臣军区，三支来自阿纳托利亚军区，在卡帕多西亚军区组成了一个新的骑兵师，称为柯玛塔（Commata）。而家臣军区同时则将迈里奥塞费隆（Myriocephalon）、哈吉奥斯·斯陶罗斯（Hagios Stauros）以及维利诺波利斯（Verinopolis）的驻军划入察拉西亚纳军区，再加上从亚美尼亚军区划过来的塔尔比亚（Talbia）和柯诺德洛马斯（Connodromus）驻军，合并成了察拉西亚纳军区下辖的萨尼亚纳师（Saniana）。另外，卡帕多西亚还将整个卡萨师（Casa）和恺撒里亚（Caesarea）、尼萨（Nyssa）两地的驻军都划给了察拉西亚纳军区。"

综上所述，察拉西亚纳军区包括了来自家臣军区、亚美尼亚军区和卡帕多西亚军区的各支部队，同时卡帕多西亚军区由于失血过多，也得到了来自家臣军区和阿纳托利亚军区的七个营补充。在此之后，家臣军区的兵力可能从三个师减少到了两个，亚美尼亚军区和阿纳托利亚军区则只受到了轻微削弱。由于有着卡帕多西亚军区和察拉西亚纳军区与撒拉逊人相隔，这些军区此时已经位于内陆，一定程度的削弱是完全可以接受的。

在利奥著成《战术论》，其子君士坦丁七世著成《帝国行政论》的年代里，帝国边境地带还出现了一些比军区更小一些的单位。这些地区是完全的军事地区，既不包含任何广阔的土地，指挥官也不享有任何民事权力。这些地区被称为"关隘"（Clissura，拉丁语为"Clausura"），通常包含一条重要的山地隘路和一座要塞以及相应守军。其指挥官被称为"关守"（Clissurarch），其职责与4世纪时那些"撒克逊海岸伯爵"（Comes Littoris Saxonici）相差不多。某些情况下，一个关隘中会包含多条隘路以及相当数量的守军，以至于君士坦丁七世奇怪为何不将这些关隘升格为军区。对处于上升期的年轻军官们而言，成为关守是一个非常好的机会，如果他们能击退斯拉夫人或撒拉逊人的突袭，为自己扬名立万，最终便有可能会成为军区司令。

第二节
拜占庭军队的装备和组织

莫里斯在578年的《战略论》一书中所记载下来的武器和组织体系，在900年左右利奥著成的《战术论》中几乎原封不动地被保留了下来，拜占庭军事体系卓越的持久性从此便可见一斑。在此之中，利奥关于盔甲、纪律、行军、宿营守则的章节只能算是《战略论》一书中相应章节的重修。倘若我们说《战术论》的这位作者只是抄袭前人，那对于利奥而言实在有些不公。尽管在军事上他是一位外行（他在位时间超过二十年，却从未率军出征过），但却是一位颇具慧眼之人。在很多章节中，他都彻底重编了《战略论》中的内容，使其能够合乎时代需求。由于利奥在书的前言中坦诚地对其手下大将尼西弗鲁斯·福卡斯的长处和功绩大加赞赏，后者在战争中使用的成功战术和新计策也被利奥反复夸奖，因此读者们很容易对利奥的坦诚产生好感。《战术论》一书中最具价值的部分，要数有关军制、征兵、后勤运输以及与周边蛮族交涉的章节，这些方面也是利奥作为一位身居首都的战争管理者所必须精心关注之处。书中价值最小的部分，自然是那些介绍战略、战术的章节，其结构十分混乱，与其说是军事教材不如说是哲学论文。该书的另一个特点在于缺乏对进攻战役的指导，这与利奥本人没有太多进攻精神，采取了守势国策的情况密不可分。利奥所考虑到的仅是如何去劫掠对方领土，而不是如何去征服它们，这位皇帝的最终目标也仅是守住疆界，而非征服邻国。只要我们将《战术论》通读一遍就能够发现，为何在利奥时代东西方局势都十分适合发动进攻之时，帝国却还是只能安守疆土。该书的另一个缺点在于论点缺乏事实例证支持，如果利奥能在书中用历史事件来为论点提供佐证，《战术论》的条理性原本会更加清晰。但是利奥在这一方面做得很少，仅列举了福卡斯所打的几场战役以及巴西尔一世（Basil I）在日耳曼战役中的两个例证，另外，他还从莫里斯的《战略论》中错误地引用了查士丁二世在阿瓦尔战争中的一个事件。除此以外，书中就只有极少量

◎ 中世纪壁画中的巴西尔一世（左）及其子利奥六世（右），后者所著的《战术论》一书详细记录了9到10世纪的拜占庭军队情况

来自古希腊、罗马时代的战例。作为读者，我们只能自行寻找例证，以证明利奥的结论是否正确。

在利奥的时代里，东罗马军队对于重骑兵的依赖仍不亚于莫里斯的时代。步兵仅是支援部队，在很多战役中甚至都不曾出场。似乎东罗马帝国步兵的作用仅限于驻守边境要塞、隘路，保护重要的战略中心以及在山地中进行小规模远征，而伴随骑兵一同进行野战并不是他们的主要任务。

重骑兵在莫里斯和利奥的时代，都会佩戴一个带有小型羽饰的钢制头盔，长锁甲从颈部一直覆盖到大腿，另外，他们还会穿着钢制护臂和铁靴。军官和前排骑兵的马匹都拥有钢制护额和胸甲，并配有牢固的马鞍和大号的铁制马镫，其中后者在5世纪开始出现，来源则并不为人所知。在天气炎热时，士兵们会在铠甲外面套上一件薄亚麻外套，在天气寒冷和雨天里则会套上一件羊毛的斗篷。在不使用时，两件外套就会被挂在马鞍两侧。重骑兵的武器包括一柄阔剑、一把匕首、一张骑射弓和相应的箭囊，以及一杆用皮带挂在背后的长枪，同时这杆长枪上装饰的小旗也能起到军旗的作用。作为刀剑的补充，一些骑兵还会把一柄战斧挂在马鞍上。头盔上的羽饰、长枪上的小旗和斗篷全都会使用同样的颜色，以作为各部队的标识，因此我们也可以说拜占庭骑兵与其罗马前辈一样是拥有制服的，而不像

◎ 10世纪的拜占庭重骑兵，其装备可谓十分精良

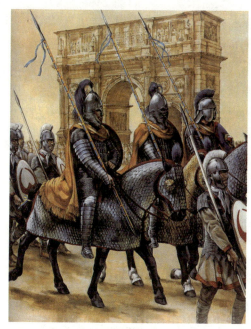

◎ 拜占庭重骑兵，其枪尖上的飘带有识别单位归属的作用

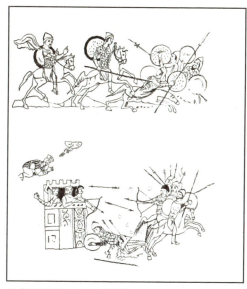

◎ 中世纪手稿中的拜占庭骑兵

16世纪前那些西欧军队一样杂乱无章。

　　能够忠实反映拜占庭军队的盔甲，而非抄袭古代作品的绘画十分少见，因此我们也有必要在此列出两幅11世纪的手稿。这些手稿原属于恺撒里亚的西奥多所作的诗篇，如今被保存在大英博物馆中，准确地反映了当时东罗马士兵的装备情况。这两幅手稿的年代为1066年，因此其中描绘的士兵形象和装扮应该与1071年在曼齐克特会战（The Battle of Manzikert）中那支不幸的军队相同。必须注意的是，画中的骑兵与利奥在900年时所记载的形象已经所有不同，其锁甲长度要比之前较短，而且头盔上也已经没有羽饰，只有一名位置靠前的骑兵头盔上还有一个很小的球形装饰。另外，画中的骑兵在身甲内还穿了一件长袍，腿上也穿着长靴。他们的小腿和小臂都没有装甲保护，但大臂和大腿都拥有由细长金属片制成的甲袖（Brassard）保护，这也是拜占庭大部分军队都使用的标志性盔甲。后一幅

187

图中的马弓手没有甲袖，而是使用了无袖的身甲，这说明甲袖会干扰拉弓的动作。图中大部分头盔都是尖顶的，只有一名骑兵佩戴圆形头盔。所有盾牌都是圆形的，尺寸适中。其中还有几位骑兵背后飘扬着斗篷，他们使用的武器包括长枪、弓箭、战斧和铁锤。后一幅手稿中的骑兵似乎是在参与围攻作战。两幅画中的马匹都采用了轻型马镫，而且也没有像利奥在《战术论》中所提及的那样装备护额和胸甲。

在那些不太流行弓箭的行省，利奥认为应该让征召步兵装备两支标枪和一面盾牌，直到他们学会使用弓箭为止。在这个过程中，罗马人会先让新兵们使用弓力较弱的短弓，当他们的射技逐渐熟练后再更换弓臂更长、威力更大的强弓。士兵们在彻底掌握了这种新武器后，由于需要用双手来射箭，就会放弃使用盾牌。

与旧共和国时代一样，拜占庭骑兵通常在社会中拥有较高地位。在介绍如何征召骑兵时，利奥写道："军区司令在从各地居民中挑选骑兵时，既不能选择太年轻者，也不能选择太过老迈之人，而必须选择那些强壮勇敢之人，而且他们也必须具有一定的财产。只有这样，他们在某地驻防或参加远征时才不会担心家中无人耕地糊口。另外，为避免因为主人在外征战导致家中受到损失，我们同意免除士兵名下田产除土地税以外的一切赋税。我们必须保证不让自己的同志（我们以此来称呼所有为我们帝国和神圣罗马帝国英勇战斗的士兵）在征战时家中却因为财政压力而崩溃。"

拜占庭军队中的一部分士兵征召自拥有田产的军事移民，但大部分人还是从自由农民中募集的。而他们的军官，尤其是高级军官，则来自于拜占庭贵族中最负盛名的家族。利奥也曾写道："在寻找足够多的既有财产又有勇气的贵族来领导军队的问题上，没有任何事能难倒我们。士兵们敬仰他们的高贵，而他们的财富也让他们能够时不时地给士兵们施以小恩小惠，使其在军队中更受欢迎。"东罗马帝国权贵家族中依然继承着真正的尚武精神，像斯克雷罗斯（Skleros）、福卡斯、布里恩尼乌斯（Bryennius）、柯尔库阿斯（Kerkuas）、科穆宁（Comnenus）等家族世代从军，在帝国军队中担任要职。只要跨出君士坦丁堡的城门，这些贵族们便会将奢华和权谋置于脑后，成为一名热诚的专业士兵。

◎ 训练中的拜占庭骑兵

　　由于所有军官和不少士兵都来自上流人群，他们在出征作战时也会带着数量可观的仆人和年轻奴隶，其余士兵也可以自行雇佣邑从。利奥十分认可这项传统，并认为如果一支军队中没有随营人员，很多士兵就要被派去执行一些如照料驮兽等琐碎的工作，导致战斗人员数量减少。另外，他还建议即使是较为贫穷的士兵们，也应该每四人或五人雇佣一位随从，如果可能就再添置一匹驮马来运输那些不适合让战马去背负的行李。虽然这些非战斗人员和驮兽会给骑兵部队的快速行动带来不少麻烦，但利奥认为只要他们能够保证士兵们身体健康，不被拖累，就完全能够弥补这一代价。在边境的沙漠地带行军时，士兵们所需要的食物和马匹所需要的草料都十分难寻，此时部队的生存在很大程度上就要依赖于随营人员了。这一点与在印度作战的英国军队十分相似。

　　利奥并没有像介绍骑兵那样详细说明步兵的装备和组织。不过我们仍能知道，拜占庭步兵被分为轻步兵和重步兵两种。前者与查士丁尼、贝利撒留的时代相同，几乎全都是弓箭手，只在少数几个不善射箭的军区里，弓箭手才会被标枪兵所代替。按照《战术论》的描述，一名典型的弓箭手身着齐膝长袍，脚下穿着宽趾钉靴，其箭囊中拥有40支箭，背后还背着一面小型圆盾，为应付近身战斗，腰带上还挂有一柄战斧。另外，帝国还会尽可能为这些弓箭手提供轻型身甲。由于书中并没有提及，弓箭手们显然也没有配备头盔，利奥只建议弓箭手们应将头发剪短，但对于头部防具则没有任何提及。

在查士丁尼时代被称为"重盾兵"（Scutatus）的重装步兵，在利奥时代配有一顶带有羽饰的尖顶头盔、一件身甲，有时还配有甲袖和胫甲。这些重步兵拥有一面大型圆盾、一杆长枪、一柄长剑，以及单面开刃的带刺战斧。每个营的盾牌和羽饰都会采用相同颜色。

在《恺撒里亚的西奥多诗篇》的手稿插图中，我们可以看到三个1066年时期的拜占庭步兵的典型形象。他们在长袍外穿着身甲，其中两人拥有拜占庭标志性的甲袖，另一人则完全依靠身甲延伸出来的袖子保护大臂而没有专门的甲袖。三人的头盔各不相同，一人佩戴尖顶头盔，一人佩戴顶部拥有球形装饰的老式圆形头盔，另一位则没有佩戴头盔。但值得注意的是，这位裸着头部的士兵却穿着一条锁甲裤，这一点与手稿中其余步兵或骑兵都不相同。在两位睡觉的士兵中，有一位穿着皮裤，而两人都穿着高筒靴。他们的投枪较长，佩剑则比较短粗。另外，三人之中有两位使用圆盾，与利奥的描述相同。但另一位使用的却是椭圆形盾牌，其正面绘有两道条纹。此外，三人中有两人穿着系在颈部四周的短披风，另一人则没有披风。

◎《恺撒里亚的西奥多诗篇》手稿中的拜占庭骑兵和步兵

与骑兵相同，拜占庭步兵背后也会跟随着相当规模的行李纵队和随营

◎ 拜占庭营地（一）

◎ 拜占庭营地（二）

人员。按照规定，每十六名步兵拥有一辆用来携带口粮和箭矢的车仗，此外还有另一辆车仗用来运载一架手磨机、一柄斧子、一套铁锯、一把砍刀、一个筛子、一把木槌、两把铁锹、两把锄头、一个大柳筐、一口铁锅以及其他宿营用品。除去这两辆货车以外，这一组士兵还会拥有一匹驮马，这样一来，如果步兵们必须要将行李纵列抛在身后进行强行军或执行其他任务，这匹驮马就可以为他们携带八到十天的口粮以备食用。这两辆货车和一匹驮马至少需要两个随营人员来照看，因此每个步兵营都会拥有大量的非战斗人员。值得注意的是，第二辆辎重车中的物资使每个"百人队"（实际为160人）拥有20把铁锹和20把锄头用来挖掘工事。与古罗马相同，拜占庭人也会为营地精心设防，以防止敌军偷袭。

　　在拜占庭军队的前卫中，总会伴随有一队被称为"测绘组"（Mensores）的工程师。在夜幕降临时，他们会用木桩和绳索圈定军队驻扎的地点。它们不仅要圈定营地的轮廓，同时也要安排好每支部队在营地中的位置。当主力部队到达后，由车仗和驮马组成的行李纵列就会被安置在设防营地的中央，步兵则会沿着测绘组留下的绳索挖掘战壕，每个营都要担负规定好的一部分挖掘工作。与此同时，在距离营地较远之处还会设立一道警戒线，而所有不参与掘壕工作的士兵都要紧握着武器。这样一来，除非警戒线松懈大意，否则敌军便不可能偷袭拜占庭营地。通常而言，车仗也会依照车城的形式被布置在壕沟内部，以构成第二道防线。如果此时与敌军的距离尚且较远，大部分步兵就会驻扎在战壕以外，而只留下骑兵在营地内过夜。但在与敌军距离较近时，所有步兵和骑兵就都会驻扎在营地内，步兵居于外围，骑兵则在步兵防线以内。之所以采取这种部署的原因，自然是为了避免骑兵被夜袭骚扰。由于作战前必须先给战马配鞍，骑兵在面对偷袭的威胁之时远比步兵更加脆弱。

◎ 拜占庭军队中的医疗人员

拜占庭军队的编制极为完善，军队中不仅包含工程师和行李纵列，甚至还拥有一支医疗纵队。每个营都会拥有一名医师和一名外科医生，以及六到八名专门负责将伤兵从战场上抬下来进行医治的救护员。救护员手下专门配有几匹驮马，它们的两个马镫全都被安置在一侧以便驮载伤员，另一侧则可以携带一个大号水囊。救护员对于拯救士兵而言有着很高的价值，拜占庭军队甚至允许他们向身负重伤者收取将其救出战场的酬劳。

现在我们应将目光转向拜占庭军队的战术。我们所要注意的首要之处，就是骑兵占据了军队中最重要的部分，步兵则只负责在山地、隘路等骑兵明显不敷使用的环境下作战。虽然步兵仍会经常伴随着骑兵出征，但抵达战场后，骑兵就会单独行动，而不再依赖任何步兵的支援。造成这一结果的原因，一方面是由于步兵当时的名声已经跌入谷底，更重要的则是拜占庭人在欧洲和亚洲所面对的主要敌人，都是像突厥人、马扎尔人、帕济纳克人和撒拉逊人等纯粹的骑兵部队，如果这些部落入侵到帝国境内，步兵根本不可能跟上他们。通常情况下，在收到突厥人或撒拉逊人前来突袭的消息后，当地的军区司令就会派出所有步兵去占据山地隘路或大河的渡口，以便阻止敌军退却。在此之后，他就会单独派出骑兵去追击入侵者。我们可以从利奥在《战术论》中的说法推导出这套行动模式，而在尼西弗鲁斯·福卡斯登基称帝后，为亚洲边境驻军所颁布的指导手册中，对此更是有着明确记载。

如果步兵与骑兵在战场上一起行动，那么拜占庭人所要面对的敌人通常就是斯拉夫人、法兰克人等以步兵为主的军队，或是撒拉逊人发动的一次正规入侵，而不仅仅是劫掠支队。在常规的拜占庭战术中，步兵会被布置在战线中央，骑兵则会被布置在两翼，另外还会在后方布置第二条战线作为预备队。依据不同情况，步兵营会以16排或8排的纵深排列，极少数情况下也会排成4排。在步兵中，重盾兵会被部署在中央，弓箭手和标枪手则位于两侧。在可能受到骑兵冲锋或敌军重步兵攻击时，轻步兵就会退到重盾兵背后寻求掩护，就好像是一千年以后，16世纪至17世纪那些躲在长矛兵背后的火枪手一样。各步兵营也会视情况排成一道或两道战线，在后一种情况下，如果整个营纵深为16排或8排，后8排或4排士兵就会站立在原地，前8排或4排士兵则会在向前推进一段距离后停下来。在防御性会战中，由步兵组成的中央通常会被布置在距离营

◎ 训练中的拜占庭重步兵

地较近之处，背后由营壕和守营人员防守的车阵保护。如果军队前进到距离营地较远之处并采取攻势，步兵就会组成两道战线。在这种情况下，指挥官可能会命令各旅将一部分步兵营排列在第二线，或如同前述的那样将所有步兵营都一分为二，前后互相保持着300码的间隔。拜占庭军队从不会只排成一道战线，所有拜占庭学者也都在关于会战战术的著作中对单线战术大加批判，只有在无论如何都必须排出一条与对方长度相等的战线时，拜占庭人才会以此作为绝望情况下的最后手段。

在冲锋时，拜占庭步兵会排成16排，弓箭手和标枪手退到重盾兵背后，重盾兵则会接到命令组成密集队形，第一排士兵互相将盾牌连结起来，第二排和后方各排则将盾牌举过头顶，组成与古罗马"龟甲阵"相似的阵型。后方的弓箭手仍会尽其所能地越过前方友军头顶向敌军射击。在进抵距敌方仅有几十步的距离后，重盾兵会像古时的罗马军团步兵一样将投枪掷出，之后就拔出刀剑或者战斧与对方进行肉搏。拜占庭步兵所依赖的主要武器也就是这些短兵器，而非长枪。如前所述，一个拜占庭步兵师在冲锋时，其战线中包含着数个小型纵队，各纵队人数在250人至400人之间，互相保持着一定间隔。各步兵师人数在2000人到6000人之间，下辖的步兵营数量也在5个到12个不等，这也是拜占庭军队的一个明确规定，要求各师必须保持不等的规模，以确保敌军无法单靠清点各师军旗数量就获悉帝国军队的实力。无论一个步兵师的实力强弱，在前进时都会排成两条战线。其中第一线被称为"战斗线"（Cursores），第二线则被称为"预备线"（Defensores）。

只要战场的地形可供骑兵行动，拜占庭步兵两侧就肯定能够得到骑兵掩护，因此步兵们根本不会在意自己的侧翼，但另一方面，其背后可能会遭到完全绕过了己方侧翼的敌军骑兵威胁。在这种情况下，第二线的预备队就会调转方向面对后方，也就是说，在不得不同时注意前后两个方向的时候，各营会依照上述方式，组成所谓的"双重方阵"（Difalangia），后方的八排士兵会收到"向后转"的命令，转向后方，而前半个营则依旧面对前方。

如果在山地、隘路等骑兵无法行动的地区作战，重盾兵会被排列在步兵中央，轻步兵则位于两侧靠前的位置，组成一个向内凹的新月阵型。这种阵型对于守卫隘路而言十分适用，重步兵横跨道路，弓箭手和标枪手则尽量向内转，靠近重步兵所在位置，以便射击强攻道路的敌人。利奥认为在防御林地隘路时，应更多依靠在短距离内更加有效的标枪手，而在防御山地隘路时，则应该更多依靠在远距离上更占优势的弓箭手。

◎ 拜占庭重步兵

东罗马帝国中的骑兵战术发展得要远比步兵战术复杂得多。如前所述，骑兵是军队中的主力部队，在步骑混合部队中，骑兵的数量往往能够与步兵相等甚至更多。在骑兵占据多数的情况下，利奥建议军队的第一线应完全由骑兵组成，而步兵则作为预备队布置在第二线。尼西弗鲁斯·福卡斯于965年在塔尔苏斯（Tarsus）城下获得大胜之时，就采取了这种阵型。很多时候军队中根本没有步兵，而完全由骑兵组成。利奥的《战术论》和尼西弗鲁斯·福卡斯的指导手册都对这种情况进行了详细说明，而且两本书中也都有关于如何统帅骑兵部队作战的详尽指导。由于这些章节代表着拜占庭战争艺术最具代表性的发展结果，因此我们也有必要在此加以说明。

东罗马帝国骑兵在战场上，一定会分成以下四部分：第一线为战斗线；第二线为支援线；第二线后方部署有一支小规模的预备队；两翼外侧会部署一些小型支队，一部分用于迂回对方侧翼，一部分用于保护自己的主力部队。至于这四部分的数量比例，第一线通常会占据超过三分之一（大约为八分之三），支援线人数为总兵力的三分之一，预备队人数为全军十分之一，侧翼的支队则占据总人数大约五分之一。

在《战术论》的一幅插图中，利奥为骑兵阵型举了一个实例。他假定东部边境的一名军区司令追击着一支大规模的撒拉逊劫掠部队，强迫对方与自己进行会战。在将所有体弱的士兵和战马留在后方，并派出了一部分必要支队后，指挥官仍保留在手中的兵力为两个不满编的骑兵师，每师由两个旅组成，每个旅则包含五个营。各营的兵力此时已经减少到了200人至250人，但所有士兵都是精兵。因此，整支军队的总人数仅有4600人。如果按照两个满员的骑兵师来计算，其战斗部队人数将达到6500人至7000人。

以下为其具体的阵型布置：

一、在这支军队中，第一

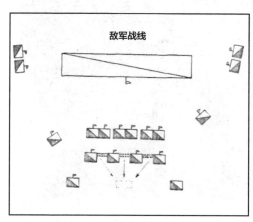

◎ 两个拜占庭师的阵型实例

线由三个拥有500人的分队组成，每个分队包含两个250人的骑兵营。各分队之间仅保留最小距离的间隔，因此实质上是组成了一条连续的正面。两位师长中较为资深者，也就是军队中地位仅次于军区司令的高级军官，带着自己的棋手、卫队和号手位于战线中央，负责指挥第一线。六个骑兵营则各自向前派出三分之一的部队（全都是马弓手）作为散兵，其余部队则原地不动，等待冲锋开始。

二、第二线由四个营组成，即1000名骑兵。他们不会像前方的战友那样组成一条连续的正面，而是会互相相隔一箭射程的距离。这三个空当是为了在第一线被击败后，供其撤退而预留的通道。全军总司令带着100名卫兵和全军的总战旗位于第二线中央，不过其位置并不会固定在这里，而是会根据需要前往任何地点。为了让第二线看起来也像战斗线一样坚实，还会有少量骑兵排成两排布置在各营中间的空当里。

三、作为最后的预备队，两个不满编的骑兵营（各有200人）会被部署在第二线侧后方（并非正后方）。

四、侧翼支队位于战斗线两侧稍稍靠前的位置。右翼为一个200人的不满编营，负责在双方战线交汇后迂回到对方左翼。左翼也会布置一个200人的不满编营，他们的任务则是防止敌军进行类似的迂回行动。值得注意的是，利奥假定双方军队都会从自己的右翼去迂回对方左翼，也就是难以挥舞武器的左手方向。

五、在远离上述军队的左右两翼，还会分别部署两个不满编营（即各400人）。他们负责进行大范围的迂回行动，利用树林、低地和山丘的掩护对敌军背后发动奇袭。

全军总人数分配可见下表：

所在位置	营数	人数
第一线	6个营	1500人
第二线	4个营	1000人
第三线	2个营	500人
迂回部队	1个营	200人
反迂回部队	1个营	200人

侧翼部队	4个营	800人
将军卫队	半个营	100人
第二线填充部队	一个半营	300人
总计	20个营	4600人

照笔者估计，第一师的十个营会组成第一线和侧翼部队，第二师则会被布置在第二线、第三线和其余的小规模支队中。不过这一点在史料中并没有明确提及。

骑兵营在会战中会排成八到十排纵深，但利奥认为这样的队形过于厚重。在他看来，理想状况下的骑兵队形纵深应该是四排。但他也承认，在实际战斗中，指挥官应将骑兵至少排成八排，最可靠、稳定的阵型则是十排。

上述战斗序列理应得到最高的赞赏。该阵型能够提供骑兵部队在战斗中所必需的连续冲击能力。在所有拜占庭骑兵逐步投入战斗的过程中，总计能够对敌军进行最多五次攻击。第二线预留出来的空当，完全可供第一线被击败时退到后方，而不至于引发全军混乱，另外，预备队和各侧翼支队所发动的冲锋，也不会针对敌军中央，而是会针对敌军最暴露、最易受攻击的侧翼。与此同时，第二线也将在第一线撤退后掩护正面。我们现代的骑兵部队，也在总结了现代战争经验后采用了极为相似的队形。

在整个阵型中，唯一值得怀疑的便是在第二线各营空当中的两排骑兵，利奥希望用这些骑兵来迷惑敌军，让他们认为第二线同样是一条极为坚固的连续战线。如果第一线被对方击败，这些骑兵就会后退到第二线后方，即位于第三线的两个骑兵营中间，以便将空当让出来供第一线骑兵撤退。另外，他们在退到后方后，还会成为撤退骑兵的集结点，被击溃的骑兵将在他们两侧重新集结起来，可是在实际情况下，在前方败兵杂乱无章地向后退却时，这两排骑兵在退到第二线后方的过程中就可能已经被败兵所冲乱，导致灾难性的结果。这样一来，这些骑兵非但不能成为败兵的集结向导，反而会被败兵冲散，在混乱中与败兵一同退出战场。只有最老练、冷静的部队，才能完成这样一个后退行动。可是话虽如此，在接下来所要讲述的几个拜占庭骑兵战术例证中，我们可以发现，东罗马帝国的骑兵确实非常善于重整旗鼓，再次发动冲锋。

第三节
拜占庭军队的战略和战术

我们之前已经提及，在东罗马帝国的军事书籍中，关于组织、装备和战术的章节总是要比关于战略的章节写得更好。一向对东罗马帝国带有歧视成见的吉本曾说拜占庭人之所以写这些书，是为了教导将军们如何避免失败，而非如何获得胜利。这种嘲讽有一部分也确实是正确的，拜占庭军事战略的取向总是很被动，几乎全是守势，很少会去采取攻势。从这一角度而言，这些军事手册也确实是为满足这些情况和需求而写的。600年至800年间以及1050年至1453年间，君士坦丁堡的统治者在帝国存亡的重压之下，无法采取攻势在境外作战。而在希拉克略与波斯人所打的几次战役（622年至628年）和尼西弗鲁斯·福卡斯征服西里西亚的战役中（964年），东罗马将军们也还是无法对敌国领土进行大规模入侵。虽然他们经常在战术层面上采取攻势，但目的也仅限于夺回自己的领土，而非占领邻国土地。总体而言，这几个世纪拜占庭军队的全部任务就是防止撒拉逊人占领小亚细亚，阻止斯拉夫人、保加利亚人、突厥人占领巴尔干半岛以及阻止伦巴第人和法兰克人占领意大利军区。在以上三个主要战场中，以第一个最为消耗国力。在9世纪中叶，阿拔斯王朝（Abbasside Caliphate）衰落后，东罗马帝国便迅速重整旗鼓，重新成为一支极具侵略性的征服力量。西里西亚、叙利亚北部和亚美尼亚都被拜占庭人占领，直到多瑙河南岸的巴尔干半岛也被他们重新征服，另外，拜占庭人还对西西里发动猛攻，试图将其夺回。可是，我们所能读到的军事手册却几乎完全属于那些帝国军队呈守势的年份。如果巴西尔二世的年代里也有一本利奥《战术论》那样的著作，其价值将无可估量，但不幸的是，这样的古籍并不存在。

拜占庭军事战略以守卫疆土而非攻击敌人为主要目标，主要来源于其自身限制，不过这并不能解释中世纪早期东西欧对于军事问题的看法为何完全不同。在拜占庭，虽然军人也一样十分骄傲自豪，充满着宗教热情，但却并不像

地图图例：

- 750 年的帝国领土
- 920 年重新征服的地区
- 751 年被伦巴第人和各地领主夺走的地区
- 820 年至 930 年被撒拉逊人占领的地区

地图标注：黑海、塞尔维亚人、保加利亚人、地中海

◎ 700年至950年间的拜占庭疆界变化

西欧那样崇尚骑士精神。东罗马军官们骄傲于自己的勇气、精力和军事素养，认为自己肩负着保护基督教不被撒拉逊人和其他异教徒毁灭，保护帝国的传统文明不被野蛮人毁灭的荣耀。但与此同时，他们并不反感那些古罗马人使用得十分纯熟的诡计和权谋。然而由于骑士精神的存在，西方的条顿王国对于诡计十分蔑视，这是他们的力量源泉，同时也是他们的最大弱点。在君士坦丁堡，勇气只被看作是获得胜利所必须的条件之一，而非战士的唯一最高美德。对东罗马帝国的将军们而言，在不与对方进行大规模会战的情况下取得战役胜利，才是战争最划算、最圆满的结局。在他们看来，在完全能够通过计谋来获得同样的结果时，却还要去花费大量物资、金钱以及牺牲老兵们的宝贵生命进行会战是极为荒谬的。马尔伯勒（Marlborough）在1706年仅损失60人的情况下便切断布拉班特（Brabant）交通线的行动，以及威灵顿（Wellington）在1813年将法军从杜罗河谷（Douro Valley）赶走的行动，在拜占庭人眼中要远比马尔普拉凯（Malplaquet）或者塔拉韦拉（Talavera）那样的血腥会战更

值得尊敬。他们并不认可那种会带来无谓牺牲的好战狂热，并认为那只是头脑简单的蛮族作风，对于任何自认为有大将之才的军人都是致命缺点。与此相对，他们对于诡计、伏击、诈败等策略有着相当的偏爱。对于那些在没有确保自己已经占据所

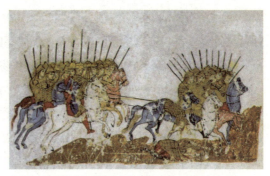

◎ 中世纪壁画中拜占庭皇帝击败保加利亚人的场景

有优势的情况下便与敌军进行会战的将领，拜占庭人是非常看不起的。当然，我们也绝不应该因此而轻视拜占庭人。毕竟，他们只能凭借手中相对少量的高素质部队来对抗狂热的撒拉逊大军或突厥、斯拉夫等蛮族部落，因而必须用技巧来弥补数量的不足。如果在拜占庭出现一连串像西方王公那样鲁莽无谋的皇帝或者统帅，整个帝国在五十年内就会被彻底毁灭。给东罗马帝国带来最沉重损失的，正是两位勇而无谋，无论情况适当与否都会逢敌必战的马上皇帝——在曼齐克特会战中失败被俘而输掉了整个小亚细亚的罗曼努斯四世（Romanus Diogenes），以及在匈牙利和亚美尼亚的胜利中将帝国最后的军事资源全部挥霍一空的游侠皇帝曼努埃尔一世（Manuel Comnenus）。

　　不过令人疑惑的是，在拜占庭的战史中，军人们似乎并不仅仅是蔑视鲁莽和蛮勇。现代将军们对于战争规则的执行，并不总是坦率而光荣的，但他们也不会以这些恶行为荣，并将这些行为记录下来作为先例教导后人。而我们却有充足的证据证明（这些证据不仅体现在编年史中，甚至从《战术论》的一些章节中也可以找到），东罗马人对于自己某些过分"聪明"的诡计和把戏似乎并不感到羞耻。利奥本人就曾以一种自豪与聪慧的口吻建议道，如果己方正在与邻邦谈判，而指挥官并不打算与对方缔结和约，那么就要用最温和的辞藻来麻痹对方直到最后一天为止，让对方误以为自己已经能够得到想要的和平，然后突然发动远征攻击敌军。他还建议指挥官去收买对方将领。另外，利奥还说将军们可以使用两种在那个时代便已有一千年历史的计策：其一是给对方军官送去书信，在内容中影射此人已经变节，并故意让这封书信落入敌军统帅手

中，使后者对手下副将们产生怀疑。第二种办法则是在对方境内制造谣言，声称某位重要人物在暗地中帮助罗马人，同时军队在行动中也不去侵犯他的田产，以增加谣言的真实性。此外，利奥还建议将军们应在会战前谎称其他战区已经取得胜利，以此来鼓舞己方士兵的士气。另一个把戏不仅在拜占庭时代，而且在后世也十分常用，即以某些无谓的琐事作为借口，派出使者造访敌营，探查对方的人数和意图。虽然现代仍有将领会使用这些诡计，但在公开出版的战争艺术手册中已经因国际公约而删除了这些内容。不过我们也必须承认，在记录这些诡计的章节中，同样也记录了大量正直、公正的规定，如：不得违背和约、破坏休战；不得伤害使者；不得虐待女性俘虏；不得屠杀非战斗人员；不得残暴对待或羞辱勇敢的敌人等。上述那一少部分不道德的诡计，并不能掩盖拜占庭军事战略的优越性。在10世纪，君士坦丁堡的战争艺术是当时全世界唯一真正优秀的军事体系。西方国家直到16世纪甚至17世纪，才能像罗马人那样训练自己的军官。即使东罗马帝国军事教科书中记载了一些近似于欺诈的诡计，我们也必须记得，它们仍然要比世界其他地区所使用的诡计更加人道。

我们本章所要讨论的主要内容是拜占庭军队的效率，而非其战争习惯的道德性。因此我们所应该关注的是其军队的战略和战术。

新罗马（君士坦丁堡的官方名称）的将军们非常自豪于他们知晓在面对帝国东西方的各种敌人时，应如何使用最为适宜的战术来应对敌军。莫里斯在《战略论》中记载了波斯人、阿瓦尔人和伦巴第人的作战方式，并给出了应对方法。三百年后的利奥在书中用法兰克人、撒拉逊人、斯拉夫人和突厥人替代了那些帝国早期的敌人。利奥介绍这些敌人的章节，要比莫里斯书中的相应章节更加详尽有趣。我们有必要对此加以详述，以便阐明拜占庭将军们所要面对的各种敌人，以及他们在面对不同敌人时所采用的不同办法。对于君士坦丁堡的战争艺术而言，这也正是关键所在。

利奥写道："法兰克人和伦巴第人胆大妄为，虽然伦巴第人已经不复当年之勇，但他们仍认为哪怕向后方进行最小限度的运动，就是耻辱的行为，而且只要你排开阵势，对方就一定会和你进行会战。在他们的骑士无法骑马作战时，他们就会下马步战，背靠着背来抵挡数量占据压倒性优势的敌人，而不会选择逃跑。由于手持阔剑、长枪、盾牌的法兰克骑士只要冲锋起来就不可阻挡，因此在将所有优势都握在手中之前，应尽量避免与他们会战。你应该利用他们缺乏纪律、秩序混乱的缺点。由于缺乏组织和训练，无论是步战还是骑马，他们在冲锋时都会组成笨重的密集队形，根本无法进行任何灵活的机动。敌军虽然会将同部落、同家族的人或首领的亲兵会分别列在一起，但与我们营、旅、师层级分明的组织根本无法相提并论。因此只要对他们的侧翼或者背面进行奇袭，敌军就会立刻陷入混乱。而由于敌军对于警戒线、哨兵以及勘查战场地形的忽视，这一点是很容易做到的。

他们的营地也一样混乱不堪，而且没有设防，因此很容易通过夜袭来击溃敌军。相比之下，通过诈败将他们引入埋伏之中要更为有效，因为他们太过性急，每次都会陷入罗网。不过，对付他们最有效的战术，可能是拖长战役时间，将他们引入山地或废土之中，由于他们并不在意后勤补给的状况，等到给养耗尽后，其勇气也会灰飞烟灭。他们对于饥渴毫无耐力，只需少数几天，士兵们就会四散

◎ 与伊斯兰教徒作战的法兰克骑兵。利奥知道西欧骑士有勇无谋，但冲锋起来却所向披靡，因此在《战术论》中也对此专门设定了应对战术

奔逃，尽可能把军队里有用的东西偷回家去。因为每一位贵族都认为自己不逊于他人，军队对指挥官也毫无敬意，在发生矛盾时甚至会故意违背命令。另外，首领们也是很容易收买的，只需要不太多的金钱就能够破坏他们的一次远征。因此总体而言，通过游击战在旷野中拖延战役长度，切断对方补给等手段，要远比通过一次决战更容易击败法兰克军队，而且也更加划算。"

在这一段精辟的总结中有两个十分有趣之处。从这些描述拜占庭大敌的文字中，我们能够勾勒出一支9世纪或10世纪西欧军队的轮廓，而这正是在封建骑兵得到了长足发展的时代。不仅如此，这段文字还显示出了拜占庭战争艺术的一些显著优势和弱点。在一方面，我们能够认为利奥的教训是实际而有效的；但在另一方面，我们也能看到，这些经验完全是建立在帝国军采取防御态势的基础之上，因此对于这套办法的实用性，肯定是要打折扣的。拜占庭的显贵早已放弃了重新征服意大利的念头，只求守住卡拉布里亚军区（Calabrian Theme）和郎格巴迪亚军区。因此在军事战略中，偏重于谨慎而非进取。利奥笔下的那些诡计和把戏，也致使法兰克作家们将拜占庭人描述得极为阴险懦弱。在法兰克人眼中，通过伏击、夜袭或奇袭等方式获得胜利是卑鄙的。而东方的皇帝们正是凭借着这些计谋，在四百年时间里抵挡住了伦巴第公爵和法兰克皇帝们的进攻，牢牢将意大利军区握在手中。

利奥建议将军们抵抗"突厥人"[①]的办法，无论从任何角度而言，都与对付那些西方民族的办法完全相反。突厥人的大军是由数不胜数的轻骑兵部队组成的，他们携带着标枪和弯刀，但他们最依赖的武器还是弓箭。这些轻骑兵非常善于运用各种伏击和诡计，而且利奥还提及他们会对四周进行巡逻并设立警戒线。在会战中，突厥人不会组成密集队形向前推进，而是分成小股部队，环绕在敌军正面和侧翼，不断发射箭矢，只有在看到不错的机会时才会发动小规模冲锋。在相对开阔的战场上，他们很容易被拜占庭重骑兵冲垮，因此利奥也建议诸将在与突厥人交战时要尽快与对方接战，绝不要在远距离上与对方进行互射。另外，突厥人无法击溃组织严密的重步兵，而且由于步弓要比马弓更

---

① 利奥用这一名称来指代居住在黑海以北的马扎尔人和帕济纳克人。

大、射程也更远，步弓手更是他们的天敌。突厥人的马匹很容易被对方射倒，而一旦下了马，这些从不以步战闻名的草原牧民便无计可施了。综上所述，与突厥人交战的拜占庭将领们应尽快抓住机会，与对方进行白刃战斗。与此同时，他也要注意保护自己的侧翼，如果可能的话，还要利用河流、沼泽或者隘路来保护自己的背后。拜占庭将军应将步兵排列在战线正面，将骑兵部署在两翼，绝不能让二者脱节。骑兵在胜利后的粗心之下对敌军进行追击的行为也必须被禁止，因为突厥人很可能重整旗鼓，掉过头来击败秩序混乱的追击者。只要能够将活力和谨慎合理地结合起来，就足以击败一支突厥大军，因为在正面会战中，他们完全不是帝国铁甲骑兵的对手。如果西方十字军们阅读过这段文字，四代人的命运都有可能因此获救。十字军所遭遇的每一次失败，几乎都违反了利奥所订立下的原则，或落入对方伏击，或是追击过急，又或是步兵与骑兵脱节，要么就是在侧翼和后方没有掩护的战场上与敌军战斗。在另一方面，拜占庭人在与击败了很多西方军队的马弓手们作战时总体战绩十分成功。确实，罗曼努斯四世因鲁莽而招致了曼齐克特会战的灾难性惨败，给帝国造成了最为致命的打击。但除去少数几个例外，东罗马军队在面对突厥人时战绩仍然相当出色。阿莱克修斯一世并非一位军事天才，却能够屡次击败帕济纳克人，他的儿子和孙子也从塞尔柱王朝（Seljouk）那里夺回了半个小亚细亚，甚至到了1204年君士坦丁堡被十字军攻陷（史称"拉丁征服"）后，拉斯卡里斯（Lascaris）和巴塔佐斯（Vatatzes）仍能抵挡住突厥人。要知道，他们所面对的敌人并不是原先那些突厥部落的马弓手，而是奥斯曼帝国纪律严明的禁卫军（Janissaries），正是他们后来给东罗马帝国带来了致命一击。

利奥在书中记载的第三类民族是各支斯拉夫部落，即塞尔维亚人、斯洛文尼亚人和克罗地亚人等，他们居住在巴尔干半岛的西北部。利奥在书中针对他们所花费的篇幅，要远比先前两种敌人更少。他指出，自从斯拉夫人在其父巴西尔在位期间改信基督教，达尔马提亚（Dalmatian）和波斯尼亚（Bosnian）的斯拉夫人又于869年与帝国签订条约，成为东罗马名义上的属国后，斯拉夫人便没有再生祸事。他们是纯粹的步兵民族，只有在山地中才能战无不胜。在那里，他们的弓箭手、标枪手可以在敌军无法接近之处从远距离骚扰入侵者，枪兵也可以突然出现，打击敌军行军纵队的侧翼和后方。拜占庭人只要小心防范，应对这些骚扰便不成问题。如果斯拉夫人进行劫掠行动时与拜占庭人在开阔平原遭遇，由于他们根本没有任何纪律观念，而且除去一块大圆盾以外便没有任何盔甲，斯拉夫人很容易被东罗马帝国的骑兵击败并彻底消灭。虽然俄罗斯人此时已经出现在欧洲边缘并开始劫掠黑海沿岸各军区，但利奥并没有给出任何关于他们的信息。如果这位皇帝能够在书中花费一个章节来写下应对俄罗斯人的方法，那今天我们在研究俄罗斯人早期战法时就会拥有更多有趣的细节了。六十余年后，当约翰一世（John I Zimisces）与俄罗斯人作战时，后者已经采用了瓦兰吉卫队所使用的战术和盔甲，看起来更像是北欧民族而不是南方的斯拉夫人。他们在战斗时身穿锁甲，手持风筝形的大盾和战斧，其组织良好的密集纵队经常能够击退骑兵冲锋。英勇的约翰一世付出了巨大努力，才率领精锐的近卫骑兵突破对方坚强的阵型，而这场多罗斯托隆会战也是拜占庭军队打得最艰苦，且最值得称赞的一场胜仗（971年）。

关于撒拉逊人的章节是利奥花费最多篇幅，也最有趣的部分。尼西弗鲁

◎ 战斗中的拜占庭军队。由于罗马人始终保持着古代的严明纪律和灵活战术，因此在面对任何敌军时，都有办法应对

斯·福卡斯手下一名亲信军官，也曾在其主君死后的980年左右写过一本《战争观察》（*Perí Paradromís Polémou*）来记载尼西弗鲁斯·福卡斯的战争原则和实践经验，其中的大量细节也可以作为对利奥著作的补充。《战争观察》本质上是一本关于如何治理东部边境军区的军事教材，记载了大量抗击撒拉逊人劫掠的办法以及对撒拉逊土地进行报复性入侵的必要准备工作。与利奥的著作不同，该书给出了大量的战争过程和历史例证，而并非局限于简单的原则，因此也显得极具价值。

只有最谨慎、最能干的将军，才能对付帝国最强大的敌手撒拉逊人。利奥写道："在所有蛮族中，撒拉逊人在军事行动中是最明智谨慎的。"如果想要把"野蛮的撒拉逊异教徒"赶到托罗斯山脉以东，那些必须面对他们的拜占庭将领就必须在战术和战略两方面都使出浑身解数，手下士兵也必须具有良好的纪律和勇气。

在哈立德（Khaled）和阿姆鲁（Amru）率领下于7世纪征服了叙利亚和埃及的阿拉伯人之所以能够获得胜利，既不是因为武器有多么优秀，也不是因为他们的组织有多么合理。在宿命主义驱使下表现出的狂热勇气，使他们完全能够与装备更优秀、纪律性更强的部队作战。这种情况就好像是苏丹人（Soudanese）鼓起勇气来面对我们今天装备了后膛枪的步兵一样。只要记得英国步兵的四方阵是如何被苏丹人的猛烈突击所攻破之人，就一定不会怀疑希拉克略手下那些仅以长矛、刀剑武装的军队是否会被早期哈里发（Caliph）们手下的撒拉逊大军摧垮。

小亚细亚之所以没有遭遇和波斯、西班牙相同的命运，很大程度上要归功于东罗马的军队和希拉克略家族。不过当第一波伊斯兰信徒们横扫各地之后，普通撒拉逊人也逐渐开始定居在新的家园中，并立刻从被自己所打败的民族那里学到了经验。在此期间，拜占庭军队就成为哈里发们所学习的榜样。利奥曾说："在大部分军事技术方面，他们都效法罗马人，无论是装备还是战略。"与东罗马帝国的将军们一样，哈里发们也依靠重装的枪骑兵作为主要打击力量。与6世纪那些轻装的乌合之众不同，此时撒拉逊人已经配备了头盔、锁甲以及胫甲。不过在正面作战时，撒拉逊人和撒拉逊战马仍有着一项劣势，即体型相对他们的拜占庭对手而言要更小一些，在互相冲锋时很可能会被对方

◎ 撒拉逊马弓手

击溃。

到10世纪时，撒拉逊人已经发展出了一套自己的战争艺术，而他们所写作的一些军事著作也幸存至今，只不过没有一篇的写作年代能够远及利奥所处之时。在围攻和建造工事方面他们已经具有相当程度的水平，而且也学会了如何为营地设防并设立岗哨和警戒线。不过撒拉逊人从不曾建立一支大型常备军，也从未真正懂得训练和组织的真正价值。在撒拉逊军队中，只有王室卫队是常备军，其余部队则都是由各地首领率领的战团或小规模的佣兵、冒险者，以及从各部落、各省招募来的征召兵。

撒拉逊人之所以在10世纪成为拜占庭的大敌主要在于两点，其一是他们数量十分庞大，其二则是他们具有极为出众的战略机动性。一旦撒拉逊人准备对小亚细亚发动进攻，对战利品的贪婪就会将远至埃及和呼罗珊（Khorassan）的所有躁动不安者连结起来。东方的狂野骑兵们从塔尔苏斯和亚达那（Adana）山口涌入小亚细亚，劫掠阿纳托利亚、亚美尼亚和卡帕多西亚军区的山地。"他们不是正规军，而是由大批志愿者组成的乌合之众，富人因家族的荣誉感而加入，穷人则希望靠抢劫发财。他们认为真主会青睐于那些在战争中表现出色的部队，而且也会因为他们的远征而感到高兴并为他们带来注定的胜利。即使是那些没有出征的男女们，如果为穷困的邻居提供了武器，也会认为自己所做的是一种善举。因此在撒拉逊人的军队中，经验丰富的战士总是要和未经训练的土匪并肩战斗。"

穿过托罗斯山脉的山口后，撒拉逊大军就会放弃与交通线的联系，一路分散开来，深入卡帕多西亚和弗里吉亚（Phrygia），烧毁开阔地区的城镇，扫荡四周乡村，在这片当时世界上最富庶的地区中将驮兽装满。只在一些例外情况下，入侵者才会以征服为目的，并停下脚步围攻某座设防城镇。673年和718年那两支在君士坦丁堡城下毁灭的大军，似乎一直被伊斯兰统治者和将领们牢记。穆斯林最后两次试图在托罗斯山以远地区获得立足点的行动，分别由806年的哈伦·拉希德（Haroun al Raschid）和838年的阿尔-默塔塞（Al-Motassem）率领。在这两次战役中，撒拉逊人都是在攻克了一座相当规模的城镇之后，就因在围攻中所花费的时间和精力，而对未来的行动望而却步并最终选择放弃。而这两人的后继者们，即使手下拥有成千上万的士兵，除抢劫以外也还是别无他求。

撒拉逊人在突破托罗斯的隘路之后，由于他们的行李都是由骆驼或其他驮兽搭载的，而步兵们也都拥有马匹或者由骑兵搭载着一同行动，因此能够以惊人的速度推进数日。整支军队会直扑预定好的劫掠地点，而且他们也坚信凭借自己的速度，能够在当地居民带着财物躲进设防城镇之前到达。

从这里开始，就轮到拜占庭将军们来施展自己的招数了。如果当地的守将称职，那么他早前就应该已经布置好了常备的前哨来监视隘路，驻守在那里的士兵每十天或十五天换一次班。这样一来，在敌军袭来时，哨兵们就会将消息送到军区首府和距离最近的营长和师长那里。在全军主力向某一个中心地带集结的同时，那位师长则要进入遭劫地区，迅速将距离最近的两三个营集中起来，不惜代价阻挡入侵者前进的脚步。即使是一支小规模的监视部队，也足以迫使入侵者小心行事，不敢让手下军队四散抢劫。与此同时，整个军区中所有可用的步兵，也都要赶去占领那些敌军可能用来退却的山口。虽然这些步兵的数量并不太多，但一位称职的指挥官还是完全能够占据所有山口。

为确定敌军的动向和目的，军区指挥官必须竭尽所能，那位负责跟踪、骚扰敌军的师长也肯定会不断给司令送信。除此以外，利奥还说："无论白天还是夜晚，无论你是在睡觉、吃饭还是沐浴，永远不要拒绝接见那些说自己能给你提供入侵者消息的自由人或者奴隶。"如果能够与敌军始终保持接触，那么拜占庭军便胜利在望，而如果军区司令丢失了敌军踪迹，那么就可能会遭受灾难性的失败。一旦全部或大部分军队完成集结，军区司令就要率领着他们全速奔赴报告里的敌军出现之处。如果敌军人数相对较少，那么军区司令就要尽可能立刻与敌军交战。如果敌军实力太过强大，他也必须尽可能在不遭遇会战

◎ 与拜占庭军队鏖战数百年的撒拉逊军队。由于撒拉逊人认为只有骑兵才有战斗力，因此步兵素质很差，骑兵也不愿与步兵配合作战

失败的情况下阻止敌军前进。如果撒拉逊人继续前进的道路上存在渡口和隘路，军区司令就要尽可能长时间地坚守这些关隘，同时坚壁清野，破坏所有水井和道路。更重要的是，他还要切断所有从敌军营地中外出抢劫的支队。如果劫掠支队的数量太过庞大，拜占庭将军就要采取完全相反的策略，趁其不备去攻击对方营地。通过这些手段，拜占庭人可能会迫使敌军撤退，或至少能够阻止敌军相当长的一段时间，等待临近两三个军区的援军抵达。在集中了足够数量的部队之后，就可以与敌军进行会战了。不过，像这种大规模的突袭并不常见，因此拜占庭人也并不经常需要动员所有东部军区各自的4000名或4600名精锐骑兵。按照利奥的说法，在极端情况下，东部各军区可以在一段不太长的时间内集中三万名精锐骑兵。863年，当马拉蒂亚的埃米尔（Emir of Malatia）奥马尔（Omar）率领着一支撒拉逊大军入侵时，拜占庭就曾进行过大规模动员，而这也是这种快速动员能力的一次完美例证。当时在至少十位军区司令高超的协同作战之下，这支入侵军队被彻底包围起来给消灭掉了。

不过，典型的撒拉逊人入侵是以小规模劫掠为主，军队中也仅包括来自于西里西亚和北叙利亚的士兵以及从伊斯兰帝国内部地区赶来的少量冒险者。为应对这种入侵，拜占庭将领们所使用的军队数量不会超过自身军区内的4000

名或4500名骑兵。在被拜占庭军追上后，撒拉逊人通常会掉过头来准备会战，而他们在战场上的战斗力也绝不容忽视。尽管单兵战斗力上不及敌军，但撒拉逊人通常都会占据数量优势，而且也总是信心满满。"撒拉逊人自认为会取胜时，总是非常勇敢，他们坚定地站在行列中间，英勇对抗最猛烈的进攻。一旦发现敌军的精神开始松散，他们就会发动全面冲锋，以做决死一搏。"可一旦冲锋失败，撒拉逊人就会崩溃，"因为他们会认为所有不幸都来自于真主，只要一次失败，他们就会认为是真主降罪于自己，并因此军心大乱"。撒拉逊士兵们并没有足够的纪律性来重整被击溃的阵线，因此撤退总是会演变成溃退。因此在撒拉逊军队撤退时，拜占庭军队可以进行全面追击，而对于古来已有的"穷寇莫追"的说法，在这种情况下并不适用。

在与撒拉逊人进行会战时，利奥建议将军们采取上文中所说的三线队形，并应配属侧卫、预备队以及用于迂回对方的侧翼支队。关于这种阵型的详情，我们已经在介绍拜占庭军队的组织时有所着墨。而撒拉逊人在会战中，通常会采取一种被利奥称为"长方形密集横队"的阵型。撒拉逊人中只有骑兵是具有战斗力的，步兵不过是一群土匪而已，根本无法抵挡拜占庭军队的攻击。埃塞俄比亚弓箭手是唯一有价值的撒拉逊步兵，但由于没有装备任何盔甲，他们也无法与拜占庭步兵对抗。在这种情况下，仅组成单独一条厚重战线的东方人，很难抵挡拜占庭人三条战线的连续冲击。东罗马帝国的将军们早已发现了现代军事科学中的最重要教条："骑兵战斗中能将最后一支预备队握在手中的一方肯定会获胜。"另外，他们也十分清楚，将预备队投入敌军侧翼远比投入正面战斗更为有效。也难怪《战争观察》一书的作者写道："拥有五千或六千名我军重骑兵和上帝保佑的将领，别无他求。"

不过在有些时候，拜占庭军队无法在撒拉逊人推进时追上对方，而只能在敌军撤退时才接近敌军。在这种情况下，满载着战利品的入侵者被迫以比来时要慢得多的速度撤退，他们的营地里也已经满是抢劫来的牲畜、家禽、车仗以及俘虏。尼西弗鲁斯·福卡斯建议用步兵或下马的骑兵进行夜袭。利奥也说："派出三个步兵营，以弓箭射程互相间隔，对敌军营地两翼发动冲锋，稍后再以步兵主力攻击敌军正面，只留下连接着敌军退路的背后不加攻击。在这种情况下，敌军肯定会本能地上马逃向唯一一个通往安全方向的道路，并将战

◎ 撒拉逊劫掠部队中的骑兵。这些部队来自阿拉伯帝国的所有角落，素质参差不齐，战斗也只以抢劫为目的

利品抛在身后。"

如果能够在入侵者穿过托罗斯山脉隘路撤退时追上敌军，拜占庭军对于胜利便更有把握了。只要该军区的步兵已经抵达隘口，并在敌军到达前占据了阵地，而骑兵又紧追在敌军后方，撒拉逊人就一定会遭到失败。此时撒拉逊军队中拥有不计其数的车仗和驮兽，并满载着战利品，挤在狭窄的隘路中只有失败这一种结果。在弓箭手的射击之下，敌军根本无法忍受马匹受到的伤害，因为"他们视战马高于其他一切"。只要不是与对方进行白刃战，撒拉逊人都会尽自己所能确保战马不受伤害。

最著名的隘路截击战例出现在963年，当时尼西弗鲁斯·福卡斯的兄弟利奥·福卡斯（Leo Phocas）面对着阿勒颇的埃米尔（Emir of Aleppo）赛义夫-阿道勒·本·哈马丹（Seif-ed-dauleh ben Hamdan）所率领的军队取得了胜利。尽管利奥·福卡斯手中仅有其本人麾下的察拉西亚纳军区驻军，他还是将整支撒拉逊军队全部俘获或杀死了，夺回了大量战利品，并解放了数千名基督教俘虏，甚至还缴获了这位埃米尔的军旗和他在军营中使用的银质器具。撒拉逊人在史书中也承认了这次灾难性的失利，只不过将被杀人数减少到了三千至四千人。赛义夫-阿道勒本人与三百名士兵爬上近乎无法通行的峭壁，仅以身免。阿布尔菲达（Abulfeda）曾记载说，这位埃米尔居然还敢从他入侵罗马时的马加尔·阿克霍尔（Maghar-Alcohl）山道逃回西里西亚。从这场完美的胜利中我们可以看到，在《战术论》于900年成书之后的六十年，将军们仍在使用利奥所建议的战术并取得成功，这足以证明这位皇帝不负其"智者"之名。

在利奥和尼西弗鲁斯·福卡斯的著作中，我们还能找到其他一些有趣之处。例如我们可以发现，东方入侵者并不喜欢寒冷或多雨的天气。在这种天气中，撒拉逊人表现得不像平时那样沉稳大胆，拜占庭军队也能占据更大优势。

撒拉逊人向北进入卡帕多西亚或察拉西亚纳军区时，如果拜占庭军能够对西里西亚或北叙利亚进行一次勇敢的反攻，也很可能会迫使入侵者放弃行动。因为在获悉这种报复性远征之后，撒拉逊人通常都会掉头撤退，去保护自己的疆土。拜占庭人经常采用这种破坏性的办法，而双方军队不顾自身土地的安全，一味破踩蹦敌国的情况对基督教或伊斯兰教的边境居民而言也十分常见。另外，海军也会和陆军一同行动。利奥说："如果西里西亚的撒拉逊人穿过山路去骚扰托罗斯以北的地区，西布里亚军区司令就要立刻带领所有可用部队上船去踩蹦敌军海岸。另一方面，如果西里西亚人乘船企图在帝国各行省海岸登陆，托罗斯地区的军区司令就可以不受阻碍地去洗劫塔尔苏斯和亚达那地区。"

　　在10世纪中，随着阿拔斯王朝逐渐丢掉了大部分边境省份，撒拉逊人变得越来越容易对付。此时整个阿拉伯帝国只能控制幼发拉底河谷附近的一片土地，而且就连宫廷卫队的责任也改由突厥人负担了。另一方面，在马其顿王朝稳重谨慎的治理下，拜占庭帝国走上了巅峰时期。在巴西尔一世登基后的一百五十年里，帝国边境不断向东扩张，而被征服的土地上也在不断设立新的军区。980年《战争观察》的作者在描述撒拉逊人时所使用的文字，与900年利奥在写作《战术论》时所使用的文字大不相同。在利奥的时代，撒拉逊人仍是东罗马帝国最为强大的敌人，而《战争观察》一书的前言开篇便写道："在今天，写作一篇关于边境防御的论述似乎已经没有太多必要，至少在东方，信奉唯一真神的基督教徒已经突破并挫败了伊斯兰教徒的势力，并切断了他们的劫掠行动……但无论如何我还是写下了这本书，因为我亲眼见证了我军胜利的开端以及各种作战原则是如何应用的，所以我的经验可能还是会派上一些用场。我看到，只要能够正确应用各种作战原则，即使是小股部队也能取得大胜。撒拉逊人曾经在边境上人多势众，即使动员所有罗马军队似乎也无法将其击败，但他们最终却被一位良将凭借着仅仅一个军区的兵力击败了。我也曾亲眼见证，一支弱小到根本不敢于在开阔地面上与敌军会战的军队，却凭借着各种作战原则，击败了敌方军队，保证边境不被对方踩蹦。据我所知，这套制度最初由巴达斯（Bardas Caesar）首次在近代推行，这位恺撒曾与塔尔斯奥特（Tarsiot）边境上的撒拉逊人对敌。他不止一次地愚弄对方，赢得了数不清的胜利。曾长期担任卡帕多西亚军区司令的君士坦丁·麦雷诺斯

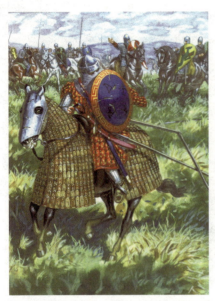

◎ 拜占庭军队在10世纪末期至11世纪初时达到巅峰，甚至能够推进疆界，夺回了部分叙利亚土地

（Meleinos），也曾利用这些原则赢得了伟大的胜利。永垂不朽的尼西弗鲁斯·福卡斯，也利用这些人所不曾记录下来的技巧取得了惊人成就，也正是这位将军，要求我将这套体系记录下来，以备后世参考使用。而我又更进一步，依靠我本人的经验（其中大部分是在尼西弗鲁斯·福卡斯手下积累的），使这些战术变得不仅能够应用在东部边境，也能在西方边境上使用。"

到10世纪结束时，拜占庭人已经习惯于对撒拉逊人采取攻势。与先前卡帕多西亚、弗里吉亚等地遭对方蹂躏的情况不同，现在轮到他们深入敌境，直捣大马士革（Damascus）和巴格达（Bagdad）城下了。尼西弗鲁斯·福卡斯征服西里西亚的行动，只是一连串攻势行动的开端，凭借着这些行动，罗马疆界又恢复到了查士丁尼时期的轮廓。安条克被拜占庭人征服，阿勒颇和的黎波里（Tripoli）的埃米尔在长达六十年时间里被迫向君士坦丁堡纳贡。即使在东罗马帝国最伟大的军人巴西尔二世驾崩之后，帝国疆界还在不断东进。1032年，罗马人攻克了埃德萨（Edessa），并在美索不达米亚建立了新的军区。1045年，帝国又吞并了整个亚美尼亚，君士坦丁九世甚至能够吹嘘说，自己的帝国在东方要比图拉真以来所有先皇治下都更为辽阔。

但这也正是东罗马帝国疆界所能企及的最远之处了，新的敌人已经近在眼前，并最终给了罗马人致命一击，使其永远无法恢复元气。1071年灾难性的曼齐克特会战，无疑是东罗马帝国伟大历史上的转折点。

第四节
拜占庭军队的衰落
（1071年至1204年）

巴西尔二世死后，尽管帝国内部的状况和政府机构日渐颓废，但在曼齐克特会战之前，军队并没有显示出衰败的征兆。直到这场灾难性的会战之前，帝国的疆界还在不断向东推进，而塞尔柱人的首次入侵也在没有遭遇太大困难的情况下即被击退。在某些年份里，突厥人进犯目的也不仅在于突袭小亚细亚抢夺战利品。虽然他们的劫掠部队不是被击退，就是被消灭，但由于突厥人的数量太过庞大，拜占庭人不可能将每一寸疆界都保持在军队的保护之下，恺撒里亚、伊柯尼乌姆（Iconium）以及柯尼埃（Chonae）都曾落入敌手。但无论如何，从不曾有入侵者能在帝国境内站稳脚跟，这一点也可以从那场决定性会战的爆发地点中看出，其战场位于亚美尼亚深处的凡湖（Lake of Van）附近。仅这一点即可证明帝国对其边疆地带的掌控并未有所动摇。

教王阿尔士朗手下的塞尔柱人战术与智者利奥在一个半世纪前描述的突厥人别无二致。他们与帕济纳克人以及其他西方亲族部落的唯一不同便在于其数量极为庞大。自从伊苏里亚人利奥（利奥三世，并非"智者"利奥）在位时期以来，帝国再不曾遭遇如此强大的敌军入侵。而此时坐在皇帝宝座上的却是一位勇而无谋的军人，其皇位合法性本身就受到很多人质疑，而且也有很多人在暗地中敌视这

◎ 塞尔柱马弓手。在教王阿尔士朗的带领下，这些马弓手最终给拜占庭带来了致命打击

215

◎ 罗曼努斯四世的浮雕，这位皇帝为了确保皇位，不断在外征战，可他本人并非一位才能过人的良将

位皇帝。曼齐克特会战前不久，罗曼努斯四世才刚刚通过与君士坦丁十世的遗孀欧多西亚（Eudocia）结婚而紫袍加身，成为其子迈克尔七世（Michael VII）的共治皇帝以及监护人。他深知自己受到很多也希望登上这一位置的原同僚的嫉妒和憎恨，因此急于像先前的尼西弗鲁斯·福卡斯、约翰一世那样，通过军事胜利来确保地位稳固。其在位三年的风雨飘摇时期（1068年至1071年），这位皇帝几乎完全是在战场上度过的。如果塞尔柱人是单凭热情和不断地机动就能击退的，那罗曼努斯四世肯定能够取得成功。可他并非一位良将，很容易产生动摇，采取行动时也总是过于仓促。

1071年春季，罗曼努斯调集了一支非常庞大的军队，人数至少在六万人以上。他亲自率领着这支军队前往帝国最遥远的东疆，试图在边境地带与突厥人进行决战，并夺回先前丧失掉的阿克拉特（Akhlat）以及曼齐克特两座要塞。在塞尔柱大军抵达战场时，罗曼努斯已经夺回了曼齐克特，阿克拉特也正由其分派出的一个师进行围攻。塞尔柱大军中拥有大批马弓手，其人数在十万人以上，率领着他们的苏丹也对胜利充满信心。罗曼努斯本应依照利奥的条令来制定战术，警惕敌军的伏击和突袭，绝不在侧翼或后方暴露的情况下与敌军进行会战，同时尽可能将步兵利用起来，不让步兵和骑兵脱节。罗曼努斯违背了所有的这些规定，他首次与敌军交锋，便因粗心大意而遭遇了灾难性的失败，只不过规模较小。当时一小队突厥骑兵前来侦察拜占庭军的营地，一位名叫巴希拉克斯（Basilakes）的军区司令（负责指挥狄奥多西波利斯军区）匆忙率军对他们发动了猛烈攻击，最终他因为驱赶敌军而与主力脱节并遭到伏击，巴希拉克斯和所有手下士兵全部被杀或被俘。罗曼努斯派去支援他们的一个骑兵师除找到遍地的尸体以外一无所获。

有了这样一个警告，这位皇帝本应该小心行事，可能罗曼努斯也确实打算如此，但他最终还是头脑发热，丧失了理智。罗曼努斯尽可能谨慎地在营地前方将全军排成战列。其右翼由帝国最东部军区的部队组成，包括卡帕多西亚人、亚美尼亚军人、察拉西亚纳人以及其他一些军区的士兵，他们由卡帕多西亚的军区司令阿利亚特（Alyattes）负责指挥。在尼西弗鲁斯·布里恩尼乌斯（Bryennius）指挥下的左翼则由欧洲各军区的部队组成。位于全军中央者即为皇帝本人，其手下的近卫军与其余各营都是从帝国中部的发达省份征召而来的。在第一线后方，还布置有一支非常强大的第二线部队，主要由雇佣骑兵（包括一支日耳曼骑兵和一些从意大利募集来的诺曼人）和从东部疆界雇佣的贵族征召兵组成。第二线的指挥权握在先帝君士坦丁十世的亲族安德罗尼卡斯·杜卡斯（Andronicus Ducas）手中，不幸的是，杜卡斯虽然是一位优秀的将领，但却是罗曼努斯的秘密敌人之一。

阿尔士朗在接到关于拜占庭军的报告后，因对方数量如此庞大，军容如此壮观而备受震动。在巴希拉克斯于小战中被俘的第二天早晨，这位苏丹便派出使团与罗曼努斯议和，提出双方以此时实际占有的土地作为疆界，而他本人也将率军撤退，不再侵犯拜占庭帝国。罗曼努斯拒绝了提议，由于突厥人从不信守承诺，这一

◎ 正在接见突厥使者的罗曼努斯四世，这位皇帝在会战前曾拒绝了阿尔士朗的和谈建议并羞辱了对方的使者

选择可能也并没有什么错误。他告诉使团，如果苏丹想要议和，就必须先撤出自己的营地，率军撤退，并任由帝国军占领其留下的营地。阿尔士朗不愿让自己威望受损，双方很快便爆发了战斗。与以往一样，突厥人不愿进行近身战斗，也不对帝国军发动全面进攻。大批马弓手徘徊在拜占庭战线周围，不断向敌军各部倾泻箭雨。拜占庭骑兵也尽可能地进行还击，但由于他们的轻骑兵数量居于劣势，因而在弓箭互射中损失惨重，不少战马都被射倒。罗曼努斯皇帝和手下的士兵们都因战事悬而不决而焦躁不已，到中午时分，罗曼努斯下令全线推进。从这位皇帝的角度而言，他完全确信自己已经掌握了战场主动权，而且预备队也保持在合适的位置上，足以阻挡任何从后方而来的进攻。在最初的几个小时里，拜占庭人压迫着面前的突厥人不断后退，但由于敌军不愿在任何地方停下脚步来做正面决战，其损失的人数并不多。突厥人在后撤过程中甚至退过了苏丹的营帐，而他们在几个小时前就已经将其中的人员和辎重疏散到其他地方了。到黄昏时分，罗曼努斯停下了脚步——士兵们已经又累又渴，而且留在营地的守军数量也不够多，因此他非常急于返回营地，以免敌军乘虚而入。在这种情况下，罗曼努斯下令全军掉头撤退。从此时起，会战便开始向灾难性的方向发展。各师对于撤退命令的执行情况不一，侧翼部队收到命令的时间较晚，而且对于该命令的缘由也不明所以，结果等他们终于将方向调转过来的时候，早已与中央脱节了，各部队之间也开始出现空隙。如往常一样，当拜占庭军队开始撤退后，突厥人就再次接近了过来。他们对于撤退行动的干扰是如此严重，罗曼努斯最终不得不命令全军再次转向，以求逐退敌军。所有第一线部队都执行了这一命令，但安德罗尼卡斯·杜卡斯的第二线却没有一同转身。按照大部分学者的说法，出于对罗曼努斯的敌意，这位不忠的指挥官故意抗命，没有停下脚步，反而快速返回了营地，他认定会战已经失败，任由皇帝本人自己孤军奋战。失去第二线部队导致罗曼努斯无法抵挡敌军对其背后发动的迂回进攻，最终被置于死地。突厥人很快便开始绕过拜占庭军侧翼，从背后骚扰第一线部队。拜占庭军的右翼试图将部队拆开，分别应付两面的威胁，却在日落时分的昏暗中丧失秩序，遭到突厥人的集中攻击，最终四散奔逃。在此之后，得胜的突厥人立刻打击拜占庭军队中央的侧翼和背后。在这里，皇帝进行了英勇的抵抗，反复率军对侧翼和后方进行冲锋，坚守住了阵地。不过与此同时，由欧洲人组成的左翼却已经与中央脱节，在同突厥人进行了一场近乎独立的战斗后被逐出战场。这样一来，罗曼努斯被彻底孤立，虽然他还在鼓舞手下士兵坚守阵地，但最终还是被突厥人突破了阵线，大批士兵遭到屠杀。罗曼努斯的战马被杀死，这位皇帝本人也与很多高级将领一同受伤被俘。整个拜占庭军中央被彻底击垮，无一人逃出罗网。

与古罗马时代的克拉苏（Crassus）一样，罗曼努斯四世也因为在开阔地形上攻击马弓手而付出了代价。在这种地形上，他根本无法掩护自己的侧翼和背后。公平来讲，若不是安德罗尼卡斯·杜卡斯的卑鄙行为，罗曼努斯完全有可能在不受太大损失的情况下将军队带回营地。当突厥人在开阔地上包围罗曼努斯时，他所处的局势并不像卡莱会战（The Battle of Carrhae）中的罗马人那样绝望。他手中的军队完全由骑兵组成，有能力进行快速行动，而且骑兵中也有很大一部分人装备了弓箭，可以与突厥人进行对射。可话虽如此，对敌军进行

◎ 罗曼努斯四世在会战最后阶段虽然拼尽全力抵挡塞尔柱人，但最后还是被对方俘虏

◎ 会战结束后正在清点尸体和战利品，并将俘虏押送到阿尔士朗面前的塞尔柱大军

的鲁莽追击，还是导致他陷入了彻底的被动局面。除非对方背后存在河流或隘路之类的障碍物，否则重装部队在追击蜂群般的马弓手时根本毫无用处。在曼齐克特战场上，突厥人完全可以无限制地向后退却，而拜占庭人则只会走得离营地和辎重越来越远，最终饥饿和口渴就足以导致他们无法继续前进。虽然他们在撤退时注定会面临危险，但导致会战遭遇灾难性失败的原因在于杜卡斯而非罗曼努斯。在后面关于十字军的章节中，我们可以看到，曼齐克特会战中的一些细节与后来西方骑士们应对突厥战术时所进行的几次会战十分相似。

　　虽然拜占庭帝国先前已经经历过数场与曼齐克特会战一样血腥的失败，但从未有哪一场失利能够带来如此巨大的灾难性结果。罗曼努斯被俘后，帝国的控制权便落入了迈克尔·杜卡斯（Michael Ducas），即迈克尔七世手中，此时这位原先由罗曼努斯监护的孩童才刚刚成年，在皇位上的表现也不过是一个书呆子和吝啬鬼。他在位的七年时间里，帝国陷入了混乱和内战之中，数位驻守在各地的大将拥兵称帝，罗曼努斯在被释放后也试图夺回皇位。与此同时，塞尔柱人不断涌入小亚细亚高原，由于帝国军残部此时将精力完全花费在自相残杀上，其推进几乎没有受到任何阻挡。在此过程中，拜占庭并没有出现一位能够力挽狂澜的天才，阿尔士朗之子马里克-沙阿（Malek–Shah）率领着突厥马弓手们一路前进到了爱琴海沿岸，甚至远及普罗旁提斯（Propontis），即马尔马拉海。突厥人入侵所造成的惨状要远比撒拉逊人更为严重，至少在后者进行永久性征服行动时，有时仅会要求被征服者向自己纳贡。与此相比，塞尔柱人不过是一群杀人取乐的野蛮之徒。对这些游牧蛮族而言，城镇、果园、耕地毫无用处。他们所想要的，不过是一片能够自由放养牲畜和家禽的荒漠。可能就连条顿人在5世纪入侵罗马时，都不曾像1071年至1081年间那样，在短短十年间给小亚细亚造成如此重创。到1081年结束时，先前一直是东罗马帝国心脏地带的富饶军区已经被化为赤地。在曼齐克特会战三十年后，当十字军从尼西亚（Nicaea）前往塔尔苏斯时，便曾穿过原先拜占庭帝国的这块心脏地带，而到那时，这片土地已经变成了遍布荆棘的废墟，十字军也险些因饥荒而崩溃。

在很长一段时间里，似乎正是君士坦丁堡的宝座导致了帝国的不幸，因

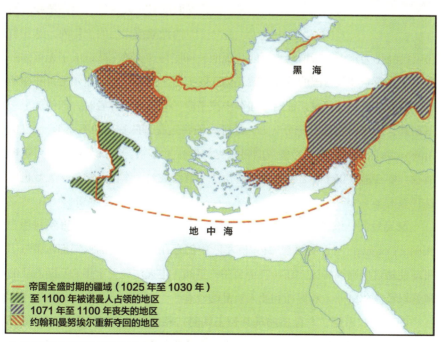

◎ 曼齐克特会战后拜占庭版图的变化

◎ 表现阿尔士朗羞辱并最终释放罗曼努斯四世的中世纪壁画。阿尔士朗释放罗曼努斯的行为十分聪明，导致拜占庭陷入了王位争夺内斗之中

为恺撒们互相争位，完全无人理会塞尔柱人。迈克尔七世和他的竞争对手尼西弗鲁斯三世（Nicephorus Botaniates）都曾通过向突厥人割让整个行省的方式来雇佣辅助部队。到了1080年，野蛮人已经占领了尼西亚，在普罗旁提斯海岸上获得了立足点，甚至连君士坦丁堡也已经触手可及了。

在这些混乱中，原先的拜占庭军队实质上已经消失。在曼齐克特会战中丧失的那些部队，在亚洲军区仍属东罗马帝国统领时尚且可以恢复。但在罗曼努斯四世战败之后的十年内，这些省份就已经化为焦土，帝国最重要的兵源地被彻底摧毁，给军队造成了无可弥补的损失，而东罗马帝国的军队也就此彻底毁灭了。到1078年迈克尔七世在博斯普鲁斯海峡亚洲一侧重新征召旧陆军中被击溃、解散的幸存者时，即使加上一些新兵，也仅能组建出一个一万人的师。他将这支部队称为"不死军"（The Immortals），由后来成为皇帝的阿莱克修斯一世率领着进行了其首次大规模战役。要知道仅仅十年之前，亚洲省份还能够组成21个军区，常备军人数也多达12万人。

毫无疑问，欧洲各军区并没有像亚洲军区一样彻底解体。一直到科穆宁王朝（Comneni）的时代里，拜占庭军队中仍存在不少旧的欧洲部队番号。可即使是这些欧洲军区，在1071年至1081年间，也无法免受十年来不断内战的风暴以及塞尔维亚人和保加利亚人叛乱的侵袭。

我们可以看到，与鼎盛的马其顿王朝时代相比，曼齐克特会战之后的拜占庭军队中外国佣兵数量变得更多，地位也更加显耀。法兰克人、伦巴第人、俄罗斯人、帕济纳克人和突厥人都被编入了正规部队中，而那些连带王公一起整支雇佣来的外族部队也被当作临时辅助部队使用。此时的拜占庭军队已不再是阿莱克修斯一世及其继承者手下那支旧式陆军，而彻底变成了由蛮族冒险者组成的乌合之众，就好像是五百年前的查士丁尼时代一样。可即使如此，旧陆军的战术却依然幸存了下来。虽然士兵阶级已经发生了天翻地覆的变化，但将军们仍是旧时的良将。下文我们也将引用一个明确的例证，来说明旧有战术依旧幸存于世。

1079年，在君士坦丁堡皇位极为不稳的尼西弗鲁斯三世，派出当时仍效力于其麾下的阿莱克修斯去镇压叛乱的尼西弗鲁斯·布里恩尼乌斯。此时阿莱克修斯刚刚成为帝国禁卫军的指挥官。由于几乎所有欧洲省份都倒向了布里恩尼乌斯一方，而远至尼西亚和普罗旁提斯的亚洲又已经被突厥人所席卷，君士坦丁堡的统治者根本无法派出在数量上能与叛乱者相当的军队。

双方均完全由骑兵组成的军队在卡拉弗里塔（Calavryta）进行会战时，阿莱克修斯作为弱势一方采取守势。他选择的阵地正面相对狭窄，似乎位于一条穿过山坡的道路附近，其阵地左侧有着一些低地，因为有一个高地阻隔，无法被从平原上接近的敌军看到。阿莱克修斯将主力部队，即迈克尔七世组建的不死军以及一支法兰克佣兵横跨着部署在道路上。他将左翼部队布置在了那些低地之中，并命令他们不要暴露自己，等到对方经过后，再对布里恩尼乌斯的右翼进行攻击。阿莱克修斯的右翼则由一支守备部队和大批突厥佣兵（全都是马弓手）组成，由卡塔卡隆（Catacalon）负责指挥。用军事术语来说，这一翼应保持"拖后"（Refused）状态，其任务即为阻止敌军迂回主力部队的侧翼。若用利奥在《战术论》一书中的说法，阿莱克修斯在左翼部署了迂回支队，而在右翼则部署了反迂回部队。

另一方面，布里恩尼乌斯则将部队排成了三个平行的纵队，右翼由其兄弟约翰指挥，拥有五千名士兵，其中包括来自色萨利军区和意大利军区的残部，后者曾在相当长一段时间内由约翰·马尼阿克斯（John Maniakes）率领着与诺曼人和撒拉逊人作战；左翼由塔查尼奥特（Tarchaniotes）率领，拥有三千名来自马其顿和色雷斯的骑兵；中央则由布里恩尼乌斯亲自率领，士兵同样来自马其顿和色雷斯，但同时还拥有一支由地方贵族及其随从组成的精锐部队加强。不过布里恩尼乌斯计划用于进行决定性打击的部队，却是位于其主力左翼外侧大约四分之一英里的一支"西徐亚"骑兵支队（帕济纳克人）。这支部队所接到的命令为迂回阿莱克修斯的右翼。也就是说，他们扮演着利奥笔下侧翼部队的角色。

当叛军前进到与那些低地齐平的位置，也就是帝国军左翼隐藏的位置时，埋伏部队突然冲出来，对约翰·布里恩尼乌斯的侧翼发动冲锋。与此同时，阿莱克修斯也率领着主力部队对叛军正面发动进攻。不过这两个方向的进攻都遭到了失败——约翰·布里恩尼乌斯及时转向了右翼，击败了埋伏部队，同时尼西弗鲁斯·布里恩尼乌斯也击败了不死军，将他们逐出了战场。阿莱克修斯中央所剩下的法兰克佣兵则被对方完全包围并切断了去路。与此同时，在帝国军右翼方向上，在卡塔卡隆指挥下的守备部队也已经被布里恩尼乌斯侧翼

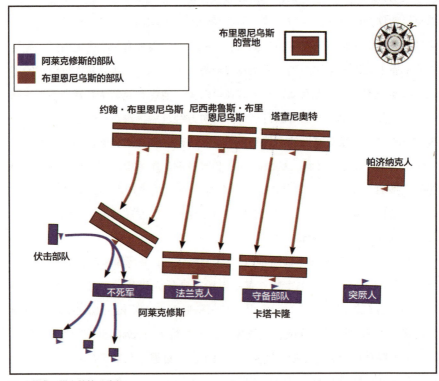

◎ 卡拉弗里塔会战第一阶段

224

的帕济纳克人冲垮。这些野蛮人在得胜之后开始疯狂地追逐对方的败兵，忽视了帝国军右翼的其余部队，根本无人与阿莱克修斯的突厥佣兵交战。当帕济纳克人回到战场后，他们不仅没有回到战线中去帮助布里恩尼乌斯赢得远未结束的战斗，反而跑去洗劫了自己雇主的营地。

　　此时阿莱克修斯已经艰难地从中央部分的白刃战中摆脱了出来，撤退到了山峰背后。在抵达那里后，他立刻停下脚步，努力重整溃兵。在先前的战斗中，阿莱克修斯曾一度冲到了叛乱者的卫队之中，抓住机会攻击了那些牵着布里恩尼乌斯备用战马的侍从。这匹备用战马披着紫色的马具，马头上佩戴着黄金护面，左右两侧也分别挂着一位皇帝所应有的宝剑。阿莱克修斯和追随着他的士兵们运气很好，不仅缴获了这匹战马，而且还在乱军中杀出一条血路，将战利品带了出来。此时阿莱克修斯就把这匹战马和两把宝剑拿出来，展示给自己的溃兵，声称自己已经杀死了布里恩尼乌斯。在这一鼓舞之下，相当数量的士兵重新集结在他身边，与此同时，左翼的突厥人也赶到了这里，听候阿莱克修斯指挥。

　　阿莱克修斯没有耽搁时间，立刻发动了第二次进攻。他把两股重新集结起来的士兵分别布置在左右两翼隐蔽起来，并命令部分突厥人和不死军从山坡上重新冲到了双方第一次接战时的位置。此时胜利的叛军已经出现了混乱，很多人下马去搜刮死者的尸体，因帕济纳克土匪跑去洗劫自家营地而逃出来的很多随营人员也混在他们之间。布里恩尼乌斯此时仍在指挥自己的中央纵队包围帝国军中的法兰克人，而此时后者已经在绝望中下马请降了。当阿莱克修斯从山坡上冲下来发动第二次进攻时，法兰克佣兵的指挥官们正站在地上，向布里恩尼乌斯行礼。

　　尽管布里恩尼乌斯及其手下士兵因敌军突然返回战场而受到了奇袭，但他们还是勇敢地趋前抵抗。阿莱克修斯命令突厥人展开散兵战斗，在自己与对方接战之前将所有箭矢全部射进叛军的混乱人群中。阿莱克修斯小心翼翼，尽可能避免进行全面冲锋。在敌人前进后，他便开始在敌军面前缓慢撤退，最终后退到了伏击部队所在的山顶附近。看到布里恩尼乌斯的两翼已经完全暴露在侧击面前之后，阿莱克修斯停下后退的脚步，掉转方向开始冲锋。与此同时，伏击部队也像蜂群一样冲了出来，打击叛军两翼。叛军此时已经十分混乱，又有数百匹战马被突厥弓箭射倒，因此他们根本无法抵挡住敌军的冲锋，立刻崩溃逃跑了。叛军首领本人带领着一小队忠心的追随者拒绝后退，战斗到了最后一刻，最终被敌军拖下战马俘虏。

这场会战爆发于曼齐克特惨败之后拜占庭的衰落时期，双方军队中都存在大量不熟练的新兵，而且还有很大一部分未经帝国军队传统方式操练并加以纪律约束的外族辅助部队。可无论如何，会战的过程却还是显示出，帝国巅峰时期的战术体系大多被保留了下来。两位将军都试图利用侧翼攻击来赢得会战，布里恩尼乌斯对迂回行动不加掩饰，阿莱克修斯则采取了伏击的方式。马

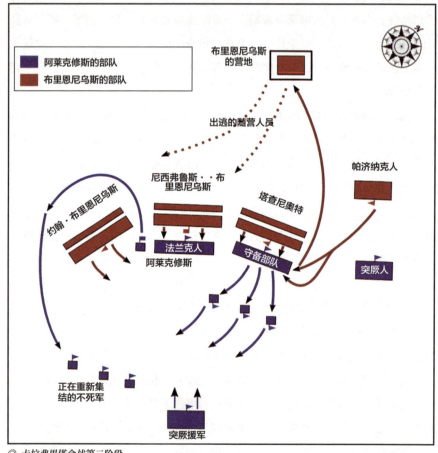

◎ 卡拉弗里塔会战第二阶段

弓手（一方是突厥人，一方是帕济纳克人）被用于为大规模冲锋创造条件。同时，帝国军的部队纪律似乎也并不太差，能够在很短时间内重整旗鼓，再次发动进攻。很不幸，安娜·科姆尼娜在其著作中并没有告诉我们，各部队在会战时是否依照着旧式战术排成两条战线，是否有着划分明确的战斗线和预备线，而且我们也不知道双方在战线后方或者侧翼是否还有预备队。安娜·科姆尼娜的丈夫，也就是尼西弗鲁斯·布里恩尼乌斯的同名孙子在自己的著作中虽然始终在谨慎地赞美其祖父在军事方面的名誉，但也无法在这一方面给予我们太多帮助，其对于会战过程的描述也与安娜·科姆尼娜几乎完全相同。

在当时，有很多编年史记载了科穆宁王朝的三位皇帝阿莱克修斯、约翰

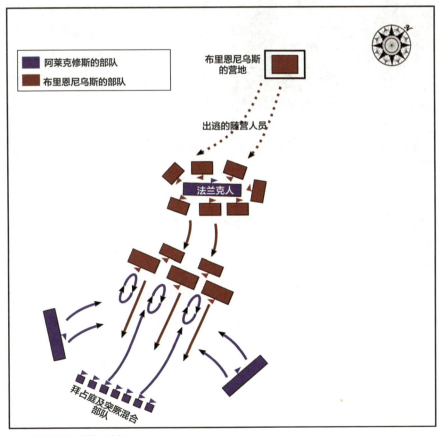

◎ 卡拉弗里塔会战第三阶段

和曼努埃尔在位期间（1071年至1180年）的历史，从这些史料中我们可以看到，原有的军区制度从未能重建起来，后来的帝国陆军在编制上也变得十分混乱不堪，甚至于在阿莱克修斯和约翰重新征服了小亚细亚西部三分之一的土地之后，也没有重新将其划分成军区。科穆宁诸帝倾向于中央集权，他们更愿意由宫廷直接管理军事事务，而不愿将部队的指挥权下放给军区司令。另外，军队中外族佣兵的比例也变得十分危险。虽然先前的皇帝们也曾雇佣法兰克人、俄罗斯人和大量其余外族士兵，但他们在军队中从未占据过核心地位，各军区的正规骑兵总是能够压倒他们。而在科穆宁王朝时期，由于亚洲兵源区的丧失，本土部队已经变得难以征募，而且在与诺曼人罗伯特·吉斯卡尔德以及第一次十字军东征的骑士们的接触过程中，

◎ 阿莱克修斯一世。虽然他稳定了拜占庭国内政局，并建立了科穆宁王朝，但却没能重建起拜占庭的军事制度。自那之后，拜占庭便只能完全依赖于外国佣兵

他们对于西方人的英勇也越发尊重。拜占庭帝国能够很容易地雇佣到法兰克冒险者，而且他们也不像本土士兵那样容易倒向某位叛乱的皇位竞争者。除此以外，迪拉基乌姆会战以及其他大量战例也已经表明，法兰克人在正面作战中完全可以压倒东罗马部队，因此阿莱克修斯一世以及他的后人们，倾其所能地雇用了所有他们能够找到的西欧佣兵。不仅如此，由于法兰克人无法担任轻骑兵，而突厥人、帕济纳克人和库曼人（Cuman）在这方面却十分擅长，因此作为对西方枪骑兵的补充，科穆宁王朝也雇用了大批东方的马弓手，成千上万的游牧马弓手被编入拜占庭军队。与他们相比，本土部队被降低到了次要位置，这些士兵对此心知肚明，因此心怀怨恨。由于受到轻视，本土士兵们也开始变得信心不足，效率和胆量每况愈下。

地中海

黑海

塞尔维亚人

保加利亚人

■ 拉丁帝国及其属国
■ 威尼斯
■ 尼西亚帝国
■ 特拉布宗帝国
■ 伊匹鲁斯的贵族采邑

◎ 1204年至1250年的拜占庭帝国

　　凭借着佣兵部队，科穆宁诸帝在军事上成就非凡。他们从塞尔柱人手中重新征服了小亚细亚，镇压了法兰克人治下的安条克，并击退了多瑙河对岸的马扎尔人，不过他们从未能建立起一支民族性军队。随着能干的曼努埃尔大帝的影响力消散，科穆宁王朝也在经历了最后两位皇帝的统治后宣告终结，孱弱的伊萨克二世（Isaac II Angelos）登上了皇位后（1185年至1204年在位），帝国的战争机器又一次分崩离析。既怯懦又毫无作为的伊萨克二世和阿莱克修斯三世从不曾拥有足够的金钱来维持部队的纪律。当一个国家的国防完全依赖于外族佣兵，但又只能任由这些部队变得混乱无度、毫无效率时，这个国家便一定会走向破败。外族佣兵们很少与入侵者作战，反而在国内频频掀起兵变。这也正是拜占庭帝国在1204年时所要面对的命运——当法兰克人即将攻破君士坦丁堡时，守军却向皇帝索要更高的军饷并拒绝攻击敌军。这座都城最终陷落，传统的拜占庭军事体系也随之灰飞烟灭。

第五章

十字军（1097 年至 1291 年）

第一节
综述

到11世纪末，重甲骑兵在整个西欧、中欧已经稳稳地占据了优势地位。在好几个世纪的时间里，步兵作为一支有效的战斗部队已经在战场上销声匿迹。他们已不再是战场上最重要的兵种，只有那些位于更遥远的北方和东方的民族，如爱尔兰人、斯堪的纳维亚人和斯拉夫人，仍然保持着以步兵作为主力的古老传统。

在9世纪和10世纪威胁着基督教世界的三支大敌此时已被击退。马扎尔人被逐退到莱塔河（Leitha）一线，而且也已经改信基督教，成为基督教欧洲的一部分。原先马扎尔人所在的地区可以说是日耳曼与君士坦丁堡之间一道不可逾越的障碍，但现在却成为多瑙河流域上可以自由通行的交通线。摩尔人也被逐出了西西里和撒丁岛，他们现在不仅不能再深入意大利为非作歹，反而还要忙于抵挡热那亚人（Genoese）、比萨人（Pisan）和诺曼人对非洲海岸的突袭。在一段时间之内，似乎这三股入侵者真的曾在地中海南岸占据过立足点。

西班牙的情况也是一样，形势开始变得倾向于基督徒一方。在托莱多（Toledo）于1085年被基督徒攻陷后，摩尔人便丧失了对伊比利亚半岛中部的控制权。

最后，第三支，也是最强大的基督教世界之敌也放缓了他们的攻势。斯堪的纳维亚人改信了基督教，原先最凶猛的维京战团也在英格

◎ 一名叫"高个子"亚克特的穆斯林骑士正在攻击两名加洛林王朝时代的法兰克骑士。自7世纪以来，基督徒与穆斯林的争斗便没有停止过

兰、诺曼底、爱尔兰安家落户，不再寻找抢劫目标。哈罗德·哈德拉德在1066年所进行的劫掠行动被对方彻底击败，这也成为北方民族对南方邻国发动的最后一次大规模进攻。丹麦人斯韦恩（Sweyn the Dane）在几年之后的行动，也未能在诺曼人统治下的英格兰境内获得成功。在那之后，北方人变得沉寂起来，直到中世纪后半叶才重新登上舞台。

自查理曼大帝以来，欧洲第一次迈入了不受外部威胁的时代，欧洲民族也终于得以开始采取攻势了。对于他们所要进行的事业而言，有两个最为重要的影响因素：第一，由于马扎尔人改信基督教，从多瑙河通往拜占庭帝国边境的道路已经打开；第二，威尼斯、热那亚、比萨等意大利城邦近来已经建立了强大的海上力量，足以保证远征黎凡特①的道路不受阻碍。在1000年时，地中海仅有拜占庭和穆斯林两支海上力量，而这一情况已经因意大利诸邦成为第三支足以竞争地中海制海权的力量而彻底改变了。

早在第一次十字军东征之前，西欧基督教国家便已经出现了采取攻势的征兆。日耳曼人对东方斯拉夫人的逐步推进，以及热那亚、西西里的诺曼人突袭非洲海岸，都可以说是未来行动的前奏。不过在当时，没有一人能够预料到欧洲各国在未来发动大规模攻势时会采取何种形式——随着一次突如其来的宗教狂热，欧洲人登上了黎凡特海岸，并在那里为东地中海的控制权争斗不休，直到1291年阿克（Acre）陷落才终于告一段落。

发起十字军东征的原因以及相关的宗教、社会和经济问题都不在本书讨论范围之内，我们所要讨论者，仅限于他们在军事方面的情况。即使仅限于这一方面，如果我们要对所有细节进行详述的话，也要占去好几卷了。

大体上来讲，从1096年到1291年的十字军东征行动，决定了封建欧洲能否凭借本书前几章中所记载的战术和组织，在东方建立永久立足点，弥补自希拉克略到罗曼努斯四世以来，撒拉逊人和突厥人给基督教世界造成的打击。

在1096年，对于进入叙利亚和小亚细亚的进攻者而言，黎凡特的穆斯林实力极为薄弱。在突厥人入侵的初期以及决定性的曼齐克特会战之后，穆斯林

---

① 即托罗斯山以南、阿拉伯沙漠以北和两河流域以西的中东地区。

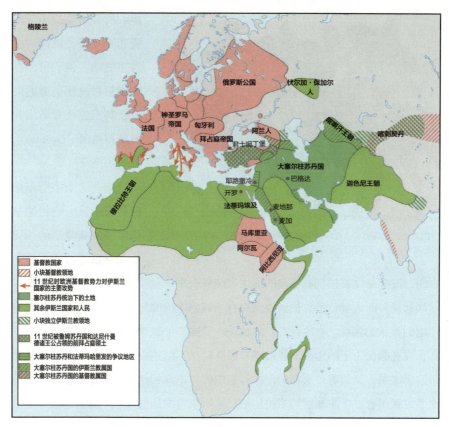

图中标注：
格陵兰
俄罗斯公国
伏尔加·保加尔人
神圣罗马帝国
法国
匈牙利
阿兰人
拜占庭帝国
君士坦丁堡
花剌子模王朝
喀剌契丹
大塞尔柱苏丹国
巴格达
耶路撒冷
开罗
迦色尼王朝
法蒂玛埃及
麦地那
麦加
穆拉比特王朝
马库里亚
阿尔瓦
努比西尼亚

图例：
- 基督教国家
- 小块基督教领地
- 11世纪时欧洲基督教势力对伊斯兰国家的主要攻势
- 塞尔柱苏丹统治下的土地
- 其余伊斯兰国家和人民
- 小块独立伊斯兰教领地
- 11世纪被鲁姆苏丹国和达尼什曼德诸王公领的前拜占庭领土
- 大塞尔柱苏丹和法蒂玛哈里发的争议地区
- 大塞尔柱苏丹国的伊斯兰教属国
- 大塞尔柱苏丹国的基督教属国

◎ 第一次十字军东征之前的基督教国家和伊斯兰教国家

似乎就要围绕着教王阿尔士朗家族建立起统一的帝国，但塞尔柱人的征服行动却并没有朝着这个方向发展。到首支十字军跨过博斯普鲁斯海峡时，鲁姆苏丹国（Sultanate of Roum）已经脱离了突厥帝国，统治着阿勒颇、安条克、大马士革、美索不达米亚的王公们以及埃及法蒂玛王朝（Fatimite）的君主们，也仍在为巴勒斯坦南部争斗不休。此时的政治条件对进攻者而言可以说是再合适不过了，如果十字军提早几年发动进攻，他们所要面临的任务反而还要艰巨很多。纵使他们能够屡次凭借英雄般的勇气，将自己从极度缺乏战略规划和严明纪律的泥潭中拯救出来，也还是很可能无法征服叙利亚。要知道，哪怕是面对着因互相嫉妒而四分五裂的敌人，十字军也只征服了耶路撒冷和安条克。如果

◎11世纪的欧洲骑士。此时西欧的重骑兵已经击败了所有威胁其家园的敌军，而十字军东征则将让他们与东方的穆斯林决一死战

他们所要进攻的小亚细亚和黎凡特是由同一位君主统治，他们可能在刚刚启程时便会遭遇失败，甚至连托罗斯山和奥龙特斯河（Orontes）都无法企及。

第一次十字军东征的各支军队，将封建军队发展到巅峰后的一切缺点暴露无遗。在他们中间，没有一位首领拥有够高的地位来统领全军。皇帝们和国王们都不曾加入这次远征，而大批公爵、伯爵以及来自不同宗主国的封臣，也找不到一位能够让他们服从的领袖。在中世纪，哪怕是一位国王都很难统御自己的封建征召军队，或者确保手下的男爵们能够绝对服从自己。而这支从欧洲各个角落集结而来的十字军，又能有什么样的纪律和组织呢？也许相比于十字军是否能够取得更多成就而言，十字军能够取得他们后来所取得的那些成就本身就已经十分令人惊讶了。当我们深入了解那些数不胜数而又混乱不堪的军事会议后，对此只会感到更为惊讶。在这些会议的无方指导下，这支军队居然在占领耶路撒冷的过程中没有遭受更多灾难。不过相比于后来的大部分十字军而言，第一次十字军在士兵素质、将领能力以及组织等方面都要更为出色。为了解各支十字军的大体情况，我们就先大体记录下所有在小亚细亚山地中消失，没有留下任何痕迹的悲剧部队。

第二节
十字军的大战略

从最宽泛的角度来看，十字军拥有两个主要目标：其一是缓解突厥人对君士坦丁堡的压力，在曼齐克特会战之后，这一方面的局势已经变得十分危急；其二则是征服圣地，将圣城重新置于基督教的统治之下。在一定程度上，这两个目标都得到了实现，突厥人在小亚细亚的边境被击退了数百英里，塞尔柱的苏丹们在将近两个世纪后才得以夺回失地，耶路撒冷也被十字军攻克，此后九十年一直由法兰克人占领。不过这些目标却是依靠着毫无效率的笨拙办法完成的，而且还造成了最大程度的人力和物力损失。

各支十字军屡次遭遇惨败的主要原因之一，在于他们对战场的地理环境没有任何了解。只要对这些远征的过程稍加研究，我们就能发现，十字军每次都会选择沿最困难的道路行动，最终使追随者要么受尽苦难，要么全军覆没。不过，我们也不能因此过分责难11世纪和12世纪的西欧人，毕竟对他们而言，缺乏黎凡特地区的地理知识是完全不可避免的。在当时，西欧所能获得的所有知识，都来自于古罗马地理书的残文断字以及商人和朝圣者口口相传的信息，因此任何误判都是有可能出现的。而且由于拜占庭人和撒拉逊人在过去几个世纪里一直控制着西西里以东的海域，意大利海军又只是刚刚出现在那里，因此法兰克人对于东地中海的情况也一无所知。总体而言，他们对于比君士坦丁堡更远的地方并没有任何准确信息，而相比海路，陆路的不确定性还要更甚一些。前往博斯普鲁斯海峡的道路要穿过匈牙利和塞尔维亚，而这条道路直到马扎尔人改信基督教之后才刚刚打通（1000年至1061年），此时也尚未被当作商路或朝圣道路使用。对于君士坦丁堡以东的情况，十字军就只能依靠希腊人来告诉他们，然而希腊人所提供的信息并不总是准确无误的——拜占庭皇帝们心怀着自己的目的，经常将圣战大军送到一些更符合拜占庭利益，而非法兰克利益的地方去。虽然我们不能一味听信西欧编年史中经常出现的，关于科穆宁王朝出于嫉妒和背叛而故意将十字军引向毁灭的抱怨，但阿莱克修斯和曼努埃尔，可能也包括约翰在内，确实十分擅长为实现自己的利益，而将入侵小亚细亚的十字军引向并不适合他们行军的道路上。当十字军们沿着这些道路前进，并击败了前来阻截的突厥人后，拜占庭皇帝就好像鬣狗那样紧随其后，尽可能占领更多土地。东罗马帝国之所以能收复吕底亚和密细亚（Mysia），毫无疑问要得益于第一次十字军东征。而弗里吉亚北部和加拉太（Galatia）地区的收复，也无疑从1101年的十字军那里获益良多。

我们必须注意的是，即使是那些表面看来很可能是希腊人故意误导十字军的情况，只要深入调查一下，也会发现十字军自己必须承担责任。举例而言，1101年图卢兹的雷蒙德（Raymond of Toulouse）以及伦巴第人十分不可思议地围着安卡拉、干革拉（Gangra）、阿马西亚（Amasia）一带绕了个大圈子。我们也许确实有理由怀疑是阿莱克修斯故意建议他们如此行动，以便拜占庭军队能够跟在后方，按照他的盘算收复加拉太。但无论如何，法兰克人阿吉勒尔的雷蒙德（Raymond of Aguilers）和拜占庭人安娜·科姆尼娜都在史书中记载是十字军自己选择了这条道路。安娜还说其父曾向十字军指出，法兰克人想要从亚美尼亚山区直接前往巴格达的想法是多么疯狂，但对方根本不理睬他的建议。在为东罗马帝国收复了安卡拉之后，并非是阿莱克修斯的过错，才导致十字军在哈里斯河以东无路可寻的山地中忍受饥寒交困之苦。我们必须记得，虽然拜占庭人拥有古罗马时代流传下来的地理文献，而且对于小亚细亚那些已经失陷的军区也曾握有详细地形信息，但即使是他们也已经无法提供当地近况的准确信息了。突厥人在过去二十年间给小亚细亚造成了无穷的创伤，他们将城镇烧毁，将蓄水池填实，将整块地区的人口全部铲除。也正因为如此，拜占庭人手中那些关于小亚细亚内陆的过时信息已经无法再发挥其全部价值了。很多在1070年时很容易通行的道路，到1097年时已经被完全破坏荒废掉。科穆宁王朝在小亚细亚内陆作战时，自己也曾历尽艰险，而这也足以证明其手中的信息已经不再可靠。

因此，如果将十字军在小亚细亚绕远路而遭受不幸的原因一味加罪于希腊人，是十分不公平的。他们之所以遭遇这些麻烦，更多原因在于他们自身的粗心大意、随意妄想、毫无远见以及自私自利。即使当他们走上正确的道路之后，也总是会因盲目自大和缺乏纪律而再次偏离方向。很多十字军的远征在多瑙河以南的匈牙利和斯拉夫人领土上便以流产告终，甚至连君士坦丁堡都无法到达，仅这一点便可以证实我们的上述观点。图卢兹的雷蒙德和普罗旺斯人在1096年选择的错误道路，可以算是一个最令人震惊的例证，在当时的欧洲东南部，没有哪个地区会比伊利里亚海岸更缺乏道路，而雷蒙德却恰恰选择从伊斯特里亚（Istria）出发，穿过达尔马提亚、黑山（Montenegro）以及阿尔巴尼亚（Albania）北部的无路山地，在野蛮的克罗地亚人和摩拉齐亚人（Morlachian）夹击下前往都拉斯（Durazzo）。他能够将半数的士兵带到目的地已经十分惊人了，若不是雷蒙德手下拥有第一次十字军东征期间装备最精良和补给最完备的军队，他可能根本无法抵达目的地。

对于前往叙利亚进行远征的部队而言，有两条道路可以选择，他们可以沿陆路前往君士坦丁堡，也可以从海路直接前往黎凡特。在海上航线得到充分探索之后，海路就会显得比陆路更加方便一些。不过在第一次十字军东征时，海上的航线尚未被人们所知晓，只有威尼斯、比萨和热那亚那些愿意冒险的水手们曾经尝试过这条道路。法国人、勃艮第人、普罗旺斯人、日耳曼人和伦巴第人都倾向于选择更远的君士坦丁堡陆路，甚至到了十字军时代后期，内陆居民对大海的恐惧还是导致大部分十字军无法从海路出发。在第二次十字军东征时，所有的高级王公，包括腓特烈·巴巴罗萨（Frederic Barbarossa）在内的第三次十字军东征将领们依旧坚持沿陆路进发。除意大利人以外，第一次大规模海路远征要一直等到1190年，才由腓力·奥古斯都（Philip Augustus）和英格兰国王理查（Richard of England）进行。在那之后，似乎人们便认清了从海路直接前往巴勒斯坦的好处，此后所有的十字军也都改由海路进发。显然，能够免去旅途劳顿，精力充沛地抵达阿克或者泰尔，要远比在陆路上不断面对匈牙利人、希腊人和突厥人所带来的无数风险更好。

途经小亚细亚的陆路

无论如何，由于早期大部分十字军对于海路的优势一无所知，并因此选择以君士坦丁堡作为其基地前往耶路撒冷，我们就必须从战略角度来对他们的行动进行讨论。在1097年，几乎整个小亚细亚都落入了塞尔柱人手中。阿莱克修斯皇帝所能守住的，仅有卡尔西顿（Chalcedon）、尼科米底亚（Nicomedia）、密西亚沿岸地区，以及锡诺普（Sinope）、特拉布宗等黑海城镇。突厥人此时已在马尔马拉海岸建立了立足点，并以距海岸仅有25英里的尼西亚作为首都。小亚细亚内陆所有高原都已被突厥人占领，除一些亚美尼亚山区首领们仍保持着不稳定的独立，拥有少数拜占庭海港以及西里西亚的一两处土地以外，所有海岸也都在突厥人手中。

如果十字军完全受到阿莱克修斯一世指引的话，这位皇帝一定会利用他们来扫清卑斯尼亚（Bithynia）、吕底亚以及弗里吉亚境内的塞尔柱人。另一方面，如果法兰克人能够完全将局势完全握在自己手中，他们便将会直接穿过小亚细亚向西里西亚门（Cilician Gates）前进，一路不做停顿直接进抵安条

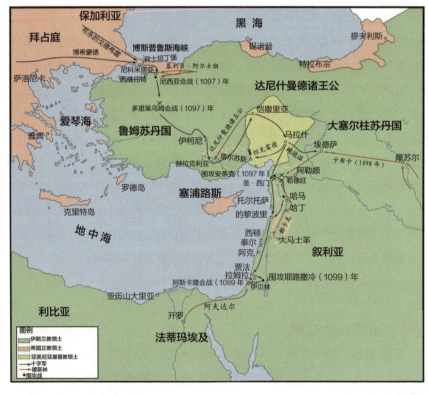

◎ 第一次十字军东征的行军路线

238

克。但由于二者都无法将对方的愿望完全弃之不顾，最终只好采取了一个折中的办法——十字军将先为阿莱克修斯夺回尼西亚，之后便踏上自己的征程。对阿莱克修斯而言，攻克突厥首都能够给自己带来的价值已经无可估量了。在将塞尔柱人驱逐出其几乎能够望见君士坦丁堡城墙的要塞之后，拜占庭在十五年来终于获得了喘息之机，阿莱克修斯对此也一定感到十分满意。十字军虽然也对禁止洗劫、占领尼西亚抱怨不休，但也终于能启程前往弗里吉亚。他们穿过小亚细亚前进的道路除少数几个细节以外，总体而言是正确的，后继者们如果明智的话本应继续追随这条道路。

巨大的小亚细亚半岛由中央的高原和四周大量的小型平原组成。对于那些希望自西向东行军穿越该半岛的军队而言，无论沿着黑海海岸还是塞浦路斯海的海岸前进，都并非太好的路线。帕弗拉戈尼亚（Paphlagonia）和本都的山脉在北，吕西亚（Lycia）和伊苏里亚的山脉在南，很多山脊都一直延伸到了海水之中，切断了前进道路，对一支军队而言根本无法通行。任何有见识的旅行者都不会踏上海岸的道路。因此十字军只能选择从内陆进发，而这又可以分为三条路，其中前两条适于从尼西亚出发的军队，第三条则适于以萨迪斯（Sardis）、米利都（Miletus）或以弗所（Ephesus）为基地的军队。对1097年的十字军而言，第三条道路是不可行的，他们不希望围着爱琴海岸绕远路，穿过密西亚和吕底亚前往萨迪斯或任何能够作为远征起点的城镇，之后再沿着穿过费拉达菲亚（Philadelphia）、费洛米利乌姆（Philomelium）、伊柯尼乌姆的道路前往塔尔苏斯。所余下的两条道路中，一条穿过小亚细亚北部，另一条则穿过南部巨大的塔塔盐湖（Tatta）和其周围鲜为人知的阿克西隆（Axylon）地区。最终十字军选择了第二条道路，穿过多里莱乌姆（Dorylaeum）、费洛米利乌姆、伊柯尼乌姆以及赫拉克利亚–锡比斯特拉（Heraclea–Cybistra）地区前往西里西亚门。北方那条路程更长的道路，则会穿过塔提埃乌姆（Tatiaeum）、安卡拉、恺撒里亚–马萨卡（Caesarea–Mazaca）地区和泰纳（Tyana），目的地同样也是西里西亚门。这两条道路都是罗马人修建的大道，在1071年的惨败之前，拜占庭人也一直在有序地维护它们。可是到了此时，沿路地区已经荒废，桥梁已经垮塌，蓄水池也已经干涸，某些地区的全部人口都已被塞尔柱人屠杀或者赶走。这两条道路上不存在任何无法跨越的障碍，十字军所要面对的两个大敌，一是饥饿，二则是军队可能会因突厥马弓手的不断攻击而精疲力竭，最后不得不停下脚步。与后来那些后继者相比幸运的是，戈德弗雷和博希蒙德（Bohemund）在远征一开始便彻底摧毁了一支敌军部队，使突厥人受到了极大震动，在数周时间里都不敢骚扰十字军的行军纵队，法兰克人也得以在不受任何阻碍的情况下穿过费洛米利乌姆、皮西迪亚的安条克城（Antioch-in-Pisidia）以及伊柯尼乌姆。直到进抵赫拉克利亚-锡比斯特拉后，十字军才再次与突厥部队遭遇并又一次毫不费力地击败了对方。可尽管法兰克人没有受到塞尔柱人的骚扰，但还是因缺乏给养和草料而遭受了惊人的苦难。由于当时的西欧军队对后勤补给没有合理概念，在穿过一片焦土时这也是无可避免之事。西方人在行军时主要依靠从途径地区征发补给，如果当地的乡间一片荒芜，他们就只好忍饥挨饿。由于十字军背后还跟随着人数庞大且毫无用处的非战斗人员（男女都有），情况也变得更加糟糕。即使在穿过匈牙利和保加利亚等基督教地区时，十字军便已经饱受缺乏给养之苦。现在要穿过小亚细亚，他们就更是注定要丧失大批人命了。不过无论如何，大部分十字军还是挣扎着穿过了这片焦土，其中一部分抵达了马拉什（Marash），其余部队则进抵塔尔苏斯。在西里西亚友好的亚美尼亚人中间，他们也得以休养生息并招募一些新兵。

因此从总体而言，考虑到他们所遭遇的困难，第一次十字军穿越小亚细亚的行动可以算是取得了成功。1101年，他们后继者的情况则与此完全相反。在由北方人斯维恩（Sweyn the Norseman）、米兰大主教安塞尔姆（Anselm, Archbishop of Milan）、普瓦捷的威廉、布洛瓦的斯蒂凡（Stephen of Blois）以及勃艮第的欧德斯（Eudes of Burgundy）等人带领下，这支混杂不堪的部队遭遇了远比前人更为惨重的损失。有些部队被彻底消灭，其余部队也在损失了超过百分之九十的人员后被击退，只有幸存人员中的少数掉队者前进到了塔尔苏斯和安条克。导致这支十字军遭遇如此惨重灾难的原因显而易见——他们的纪律要比第一次十字军更差，而且在看到戈德弗雷和博希蒙德相对成功地抵达目的地之后，错误地认为自己不会遭遇太多困难。这些人已经膨胀到了自认为天下无敌的地步，公开宣布自己将"穿过帕弗拉戈尼亚山区攻入呼罗珊，以便围攻并占领巴格达"。正是因为怀抱着如此疯狂的计划，大部分部队才走上了穿

◎ 1101年的十字军行军路线

过安卡拉、干革拉、阿马西亚的错误道路。即使没有遭到敌军攻击，他们也会被困死在亚美尼亚山区。在本都山区的恐怖行军中，数以千计的步兵因劳累和饥馑死亡，骑兵的战马也几乎全部死掉了。卡帕多西亚埃米尔（Emir of Cappadocia）穆罕默德·伊本·达尼什曼德（Mohammed ibn Danishmend）让轻装部队日复一日地围绕在十字军周围，阻截他们的掉队士兵和粮草征发队，迫使伦巴第人和普罗旺斯人停下脚步。在感到十字军已经精疲力竭，沦为很容易捕杀的猎物之后，突厥人便在阿马西亚附近一个名为马雷什（Maresh）或马尔希凡（Marsivan）的地方向十字军发起挑战。虽然会战本身并不具有决定性，但在当天夜间，全军中地位最高者——图卢兹的雷蒙德偷偷逃亡，抛下了自己的同伴。在那之后，所有人都效法他的榜样，导致全军发生了毫无秩序的溃退。除少数几千人成功甩开了追击者并在希腊要塞锡诺普得到了庇护以外，所有人都被达尼什曼德杀死。

在此之前，这支十字军中有少部分人拒绝愚蠢地从这条从小亚细亚高地北部穿过的道路前进。现在他们已经得到了讷韦尔伯爵威廉（William, Count of Nevers）以及大批法国圣战者的支援，人数增加到了一万五千人。这支部队走上了从安卡拉前往伊柯尼乌姆，再到赫拉克利亚的道路，这条路虽然更长，但沿途状况要更好一些。从伊柯尼乌姆前往赫拉克利亚的过程中，刚刚在马雷什取胜的达尼什曼德和基利日-阿尔士朗（Kilidj-Arslan）始终包围着他们。在敌军昼夜不停的骚扰和水源奇缺的折磨之下，这支军队抵达赫拉克利亚时的状况已经极为可怜，不过此时托罗斯山也已经近在咫尺。突厥人担心猎物会从自己的手心中逃跑，只好接近十字军并与其展开会战。在赫拉克利亚和托罗斯山之间，双方博杀了很长时间，最终基督教军队逐渐崩溃并被逐个射杀。最后有700名骑士抛弃了山穷水尽的步兵，逃进了山区，并沿着托罗斯山的一条小路逃离战场，安全抵达了西里西亚的日耳曼尼科波利斯（Germanicopolis），得到了拜占庭守军的保护。讷韦尔伯爵威廉在抵达此处时身边仅剩下六名同伴，其余将近一万五千名法兰克人全被杀死。突厥人所采用的帕提亚战术，在被博希蒙德和诺曼底的罗伯特在多里莱乌姆击败后，重整旗鼓，再次带领突厥人取得了会战胜利。

来自阿基坦的另一只庞大十字军也遭受了同样命运。在自己的公爵，普瓦捷的威廉带领下，他们在讷韦尔伯爵威廉启程后不久也从君士坦丁堡出发。这支十字军的规模比先前所有部队都要大得多。他们选择了戈德弗雷和博希蒙德在四年前所走的那条道路。在抵达伊柯尼乌姆之前，突厥人并没有造成太多麻烦。十字军在途中成功夺取并洗劫了费洛米利乌姆和萨拉布里亚（Salabria）这两座城镇，不过在伊柯尼乌姆，阿基坦人的补给耗尽了，讷韦尔伯爵威廉全军覆没的消息也传到了军中。不过他们还是决心继续前进，并很快就落入了基利日-阿尔士朗和达尼什曼德的罗网之中。迄今为止，他们之所以没有遭到攻击，完全得益于位于他们前方八天路程的讷韦尔伯爵威廉，吸引了塞尔柱人的全部注意力。伊柯尼乌姆距离赫拉克利亚仅55英里，但阿基坦人在这段路程上遭到了和前人一样的致命打击。这支军队毁灭的主因还是缺乏水源，他们在冲向赫拉克利亚附近河流的时候解散了行列，头脑中除了饮水解渴以外便再也不做它想。当突厥人从四面八方接近过来倾泻箭雨时，他们中已经有人登上了对岸，有些人在河流中央，另外还有人仍在后方试图跟上前方的战友。十字军此时过于杂乱，根本无法组成战线或进行任何有组织的抵抗。在经

◎ 由于对地形缺乏了解以及盲目自大，不少十字军都因饥饿和突厥人的进攻而死在了小亚细亚山地之中

过一段时间的战斗之后，那些既没有投降，也没能杀出重围的十字军，转过头来开始向托罗斯方面冲杀，拼尽全力想要突出重围。大部分将领和一部分骑兵成功进入了山区，一些掉队的小股士兵也进入了塔尔苏斯。与1101年那场不幸的会战相同，可怜的步兵们这一次也没有逃过全军覆没的命运。

1102年，当讷韦尔伯爵威廉和普瓦捷的威廉终于在安条克会合时，余下的残部总计不超过一万人。这支人数不多的部队沿着叙利亚海岸行军，攻克了托尔托萨（Tortosa）。上述三支十字军在出发时，据说总人数多达20万人，但由于他们抵达叙利亚之前就已经被白白浪费掉了，基督教徒们并没有取得更多战果。失败来自三个显而易见的原因：伦巴第人因根本不可行的道路而遭遇失败；讷韦尔伯爵和普瓦捷伯爵因为对突厥战法毫无了解，而且缺乏给养和水源而失败。后两位伯爵所选择的道路事实上已经不可能更好了，因此我们不能责怪二人对路线的判断。不过从一开始，他们就注定要被军队中那些毫无用处但仍要消耗给养的非战斗人员拖累至死。庞大的行李纵列和无数的非战斗人员导致行军速度十分缓慢，而速度正是避免食物过早吃光，并确保军队能够穿越缺水地区的唯一手段。但是哪怕他们拥有足够的给养，维持住军队的战斗力，能否成功击退塞尔柱人也仍然是一个大大的问号。所有这些将领都完全不知道应该采取何种办法来面对突厥人的战术，他们不知道如何把步兵和骑兵结合起来，反而指望骑兵单独解决一切问题。因此他们注定是要失败的——只有一支装备了

◎ 腓特烈的十字军无论在人数还是装备上都要算历次十字军中的佼佼者，但最终却因腓特烈本人的死亡而不了了之

大量弓箭的坚韧步兵部队才能拯救这支军队，而这两位伯爵手中根本没有这样的步兵。

对于接下来三次穿过小亚细亚的远征行动，我们也有必要加以讨论，其领导者分别是1148年至1149年的法国国王路易、神圣罗马帝国皇帝康拉德以及1190年的腓特烈·巴巴罗萨。

进入12世纪之后到第二次十字军东征以前，小亚细亚的地缘政治形势已经因科穆宁王朝的再征服行动发生了巨大变化。得益于十字军给塞尔柱人造成的打击，阿莱克修斯和约翰二世将帝国边境推进到了内陆地区并重新占领了小亚细亚西部三分之一的土地。其前哨一直深入到弗里吉亚境内，推进到了多里莱乌姆—费拉达菲亚—劳迪西亚（Laodicea）一线。另外，拜占庭人还收复了远至西里西亚的整个南部海岸线。鲁姆苏丹国被压迫着后退到了半岛腹地，首都也从失陷的尼西亚迁到了伊柯尼乌姆。这样一来，在从君士坦丁堡前往塔尔苏斯的过程中，十字军完全可以完全沿着基督教土地进发，只不过这条道路长得令人很难忍受。一部记载第二次十字军东征的编年史对此刻局势有过如下记载，而其作者的地理知识似乎也要比同时代普通学者超出很多："从博斯普鲁斯海峡（旧称'圣乔治海角'）出发，有三条道路通向安条克，它们的长度和特点不尽相同。最靠东的道路距离最短，路程上也没有天然障碍，不出三周时间即可走完，军队出发十二天后即可进抵伊柯尼乌姆，也就是苏丹的居城，在那之后五天便可抵达基督教的领土西里西亚。一支拥有坚定信仰且对自身数量足够自信的强大军队，可以无视敌军阻挡。但在冬季，被冰雪覆盖的山路依然十分可怕。"这条道路正是之前第一次十字军东征时所走的那条，途经伊柯尼乌姆、赫拉克利亚以及西里西亚门。"第二条道路最靠近西方，这条道路各方面情况都要更好一些，沿路都可以获得补给，但选择这条道路的军队会被两个阻碍拖累。其一是有很多海湾向内陆延伸，导致海岸线变得十分弯曲。其二则是这条道路上还有数不清的河流和小溪必须跨越，如果是在冬天，其危险性并不比第一条道路上可能会出现的突厥人更小。"编年史作者厄德所指的这条道路从帕加马（Pergamus）通向以弗所，之后沿着卡里亚、吕西亚、潘菲利亚（Pamphylia）和伊苏里亚的海岸线一直延伸到塞琉西亚（Seleucia），十分漫长曲折。编年史接下来写道："中间的那条道路优点和缺点都要比其余两条路更少。它要比第一条路更长，但更安全，同时也比第二条路更短但却没有那么安全。"厄德所说的这条中间道路是从帕加马出发，穿过费拉达菲亚、劳迪西亚、锡伯拉（Cibyra）和阿塔利亚（Attalia），从那里通向西里西亚海岸，路易七世和他手下的法国十字军也正是在这里度过了1148年至1149年的冬天。康拉德皇帝和他的日耳曼部队选择了"最靠东的道路"，他们沿着这条近路从突厥人的领地中穿过，并最终跨过了伊柯尼乌姆的山路。

这两次远征的命运有很多相似之处，只不过日耳曼人的命运要比法国人更加悲惨很多。二者的失败都源自于自身犯错，而非道路带来的困难。在曼努埃尔一世派出的向导带领下，康拉德从尼西亚启程。他只带了八天的给养，这对于他所要面对的超过200英里路程而言完全不够用，而且他行军的速度，也被迫要与行李纵列保持一致。突厥人任由他们在不受抵抗的情况下深入到弗里吉亚心脏地带，不过当康拉德进抵费洛米利乌姆附近，距离伊柯尼乌姆尚有70

至80英里距离时，其食物储备便完全耗尽了。到军队进抵至横越在道路之上的苏丹山（Sultan Dagh）山脊时，日耳曼人开始因饥饿和这片荒凉难行的道路而指控向导叛变。在生命受到威胁后，向导便逃亡到了突厥苏丹那里。在获悉康拉德军队状况不佳后，马苏德（Masoud）立刻决心拉近与敌军的距离，发动攻击。从此时起，在1101年那场毁灭朝圣大军的战场以东，又再次爆发了一场长时间的鏖战。尽管已经有了先前数支十字军的教训，但日耳曼人中仍然没有能够将突厥人逼退的弩手，而他们的骑兵此时也已经因为缺乏草料，骑士们无论如何催动战马也很难让它们跑起来。康拉德最终决定后撤，塞尔柱人追逐了数十英里，切断了一支又一支被康拉德分派出来掩护撤退的尽职后卫部队，每天都有数千人阵亡。饱受骚扰的日耳曼人最终抵达了尼西亚，重新补充了给养。但由于他们在旅程中过于艰苦，在抵达普罗旁提斯海岸之后，据说有多达三万人死于痢疾、伤寒以及力竭。作为一架军事机器，这支军队已经被摧毁了，幸存者中大部分人返回了日耳曼，在出发时的七万余人中，仅有寥寥数千人随皇帝乘船抵达了巴勒斯坦。

在看到康拉德的遭难多半是由于缺乏给养所致之后，法国国王路易决定尽可能在拜占庭帝国境内行军以便补充物资。因此他经由普鲁西亚斯（Prusias）、帕加马、士麦那（Smyrna）和以弗所穿过密西亚、吕底亚。在距离以弗所不远的开斯特山谷（Valley of Cayster）中举行了圣诞宴会后，路易开始沿迈安德河（Maeander）向劳迪西亚前进。到此时为止，由于法国军队的路线始终位于拜占庭境内，整个行程风平浪静，并没有遭遇任何麻烦。不过突厥人在听说路易启程之后，便已经决心越过边境线来攻击他。在迈安德河上的安条克城附近，他们挡住了正在渡河的法国人，并同时从侧翼和后方对敌人发动进攻。不过由于法国人是一支生力军，而且保持着良好的秩序，骑士们仅依靠一次猛烈的冲锋便将塞尔柱人击退了。在接下来的几天里，塞尔柱人没有再骚扰法国军队，后者平安抵达了边境城镇劳迪西亚。不过在这里，突厥人再次现身了。路易原本计划在此补充给养，之后再踏上从皮西迪亚前往阿塔利亚的艰难路程。在古罗马时代这块地区原本拥有大量的城镇，但此时它们已经被塞尔柱人夷为平地。这段路程上几乎连一座有人居住的村庄都没有，而且至少要走十五天，但法国人错误地认为只需很短时间便可以穿过这片地区。劳迪西亚总

◎ 在劳迪西亚海岸上独自与敌军战斗的路易七世，由于该图绘于文艺复兴时期，因此盔甲武器等细节完全不符合事实

督也拒绝向十字军出售补给，法国编年史认为，这是因为总督背叛了上帝，但更合理的解释还是在突厥人近在咫尺之时，他不愿将给养全部耗尽。

在这种情况下，法国人带着完全不够用的食物穿过了劳迪西亚，踏上了巴巴山（Baba Dagh）和科纳斯山（Khonas Dagh）之间通往高原地区的道路。从离开劳迪西亚的第二天起，灾难就降临到了十字军头上。法国十字军在行军时拥有充足的前卫和后卫部队，补给纵列和非战斗人员位于军队中央，整个行军纵队长达数英里。在前进到卡吉克山口（Kazik-Bel，海拔高度为3800英尺）的难行隘路时，朗科尼的乔弗里（Geoffrey de Rancogne）和国王的叔父莫列讷伯爵阿马迪厄斯（Amadeus，Count of Maurienne）受命率领前卫占领隘路两段，掩护全军通过。不过，受先前在瑟米索尼乌姆（Themisonium）平原路途十分安全舒适的影响，两位指挥官并没有坚守高地，而是向前推进了数英里，在谷地中宿营。突厥人早已隐蔽在隘路出口附近，当乔弗里和阿马迪厄斯穿过后，他们便冲出来，攻击行李纵列中毫无保护且仍在隘路中挣扎的驮兽和非战斗人员。他们从地势较高处向无助的人群发射箭矢，射杀了大批人员，并导致部分基督徒在惊讶之下跌入了隘路底部的沟壑之中。国王急忙率领一小队家臣从后方赶上来，但由于身边没有弩手，他在突厥人的箭雨之下仍然无法还击。到了此时，突厥人冲下了高地，对混乱的人群发动进攻，与他们进行白刃战。在一段时间之内，路易本人不得不背靠着一块岩石孤身奋斗。最终，前卫部队才迟缓地转过身来，分担了一部分压力。夜幕降临后突厥人暂时撤退，整支法国军队也终于完全进入到了平原地带。此时他

◎ 路易在一块巨石上孤身与突厥人战斗的绘画

们已经损失了大部分补给、数以千计的战马和大部分不幸的非战斗人员，就连骑士的伤亡也不在少数。

　　这场灾难的责任，公认应归于前卫部队粗心的指挥官们。若不是因为阿马迪厄斯伯爵是国王的叔父，他本当和乔弗里一起被吊死。当全军重新集结起来之后，路易十分谨慎自制地（这在十字军首领中十分少见）宣布自己将把远征指挥权移交给更有经验的指挥官。圣殿骑士团（Templar）的大团长（Grand Master）埃弗拉德·德·巴雷斯（Everard des Barres）以及骑士团中大批经验丰富的骑士一直以来伴随着这支军队。法王此时就将重整军队的责任交给了他们，并由其中一位名叫吉尔伯特（Gilbert）的骑士统率着他们前往阿塔利亚。在接下来十二天的行军中，骑兵组成的前卫和弓箭手组成的后卫保护着军队前进，失去战马的骑士也被加强到了后卫之中。这一新的部署十分成功，他们轻而易举地击退了突厥人的四次进攻并杀死了数量十分可观的敌军。就连位于锡伯拉附近的因达斯河（Indus）那两条非常难以渡过的支流，法国人都能毫发无损地通过，因为吉尔伯特在让军队渡河前便已将敌军从控制着渡口的阵地中逐退了。

虽然敌人的弓箭无法带来太多威胁，但草料的缺乏和逐渐耗尽的补给最终还是摧毁了这支军队。在最后一周的路程中，法国人几乎完全依靠马肉过活，而且不出几天就陷入了彻底的饥馑之中。抵达阿塔利亚后，法王召开了一次军事会议，放弃了从陆路继续前进的意图。据他手下诸将声称，如果沿着西里西亚海岸前进，他们还要再走四十天才能抵达安条克，而且前方的道路和他

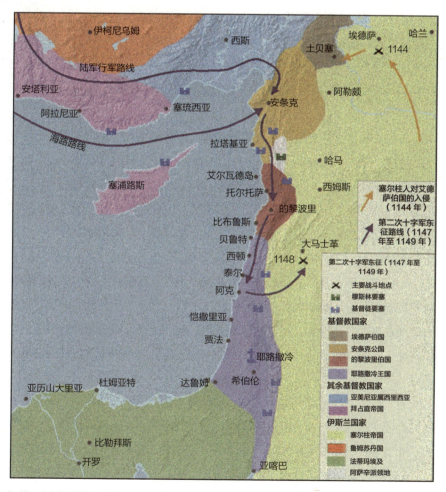

◎ 第二次十字军的行军路线

249

们已经走过的一样难以通行。另一方面，从海路进发的话，如果风向合适，只需要三天时间他们便可以抵达叙利亚。因此，国王和手下的骑士、贵族们决定雇佣希腊船只前往安条克。不过由于风向完全不适，整个航程最终花费了三周，而非三天时间，所幸所有人都能平安抵达目的地。步兵们的情况与此完全不同，由于船只仅能将一少部分人运走，他们只好在阿塔利亚停留了数月时间，希腊人卖给他们的食物价格十分高昂，当他们把所有金钱花光之后就只能忍饥挨饿了。最终在少量骑士带领下，大约八千名步兵决定不再等待，准备沿着海岸杀出一条血路前往塔尔苏斯。他们冲破了塞斯特鲁斯河（Cestrus）的渡口，但接下来的欧利米登河（Eurymedon）却根本无法渡过，他们最终也在此处遭到突厥人攻击，全军覆没。少数幸存者中，有些人加入了希腊军队，有些人则在绝望中改信伊斯兰教，"因为突厥人表面善良但内心十分残忍，用面包夺取了他们的真实信仰"。绝大部分幸存者还是因为疾病或者饥饿而死在了阿塔利亚附近。

康拉德和路易两支军队所遭遇的命运，似乎已经可以证明海路要比陆路更加优越。但在他们之后，还有一次大规模的东征行动仍然穿过了小亚细亚中央高原的陆路，而且与1101年之后那些先人不同，他们居然获得了成功。这支军队由一位经验丰富的军人指挥，并采取了被先前那些十字军所忽视的一切预防手段，可即使这支由腓特烈·巴巴罗萨率领的十字军在每一次战斗中都能击败突厥人，但还是险些因饥饿而失败。这位大皇帝在远征第一阶段（1190年3月至4月）所选择的道路与路易七世相差不多，在拜占庭境内穿过了密西亚和吕底亚。他从费拉达菲亚进抵特里波利斯（Tripolis），又从那里穿过迈安德河谷进入劳迪西亚。不过从这里开始，他并没有像法王那样转向南方，而是掉头向东，准备沿着罗马大道穿过阿帕梅亚（Apamea）和皮西迪亚的安条克城向伊柯尼乌姆前进。如果想要穿越小亚细亚高原，这要算是一条最主要的交通干线。奇怪的是，其余十字军居然都不曾考虑过这条路线。突厥人在阿帕梅亚的迈安德河源头附近接近并包围了腓特烈，对他展开进攻，但在损失了大量人员之后被对方击退（4月30日）。在此之后，他们又在索佐波利斯（Sozopolis）附近的博鲁山（Borlu Dagh）隘路中发动进攻，却再次战败（5月2日）。到了此时，突厥人最可靠的盟友，饥荒，又开始在日耳曼大军中发生效力了。由于突厥人已经将附近所有草地烧毁，腓特烈军中的战马因缺乏草料而大批饿死。在抵达埃吉迪尔湖（Egirdir）之时，军中的给养已经是如此缺乏，迫使腓特烈放弃这条虽然可以直接通向伊柯尼乌姆，却已荒废的道路，转向卡拉利斯（Carallis），向"曼努埃尔一世常走的皇家大道前进"。调转方向后，腓特烈从一条艰难的马道穿过了苏丹山，进入费洛米利乌姆的富饶平原。这样一来，他便进入了第一次十字军东征时戈德弗雷和博希蒙德所选择的道路。日耳曼人在这里找到了补给，但很快就开始再次为生存而战。突厥军队此时已经从山地中走出来，来到了这片最大的丘陵平原，因为这里最适合他们施展自己的包围战术。从5月4日至16日，十字军花了12天时间，才从费洛米利乌姆到伊柯尼乌姆之间75英里的道路中缓慢地杀出血路。在此期间，腓特烈被迫以战斗序列行军，将行李纵列置于全军中央，在所有方向上都加以保护。最为危险的后卫由士瓦本公爵、美拉尼亚公爵（Duke of Merania）以及巴登侯爵（Margrave of Baden）共同指挥，他们手下拥有一支由弓箭手和下马骑士组成的强大部队。对后卫部队而言，最危险的情况莫过于经常要被迫转向后方攻击敌军，从而导致自己与主力脱节，被突厥人冲进空隙中。这种情况也确实出现了一次，大批行李也因此丧失。由于盔甲能够有效抵挡住突厥人的箭矢，骑士们本身损失很少，据说"虽然伤者众多，但阵亡者很少"。不过由于马匹不像骑士那样身披重甲，损失极为惨重。到5月13日，全军仅剩下六百匹战马尚能作战，大部分骑士只能步行。可即使如此，他们还是屡次击退塞尔柱人的攻势。敌军在5月6日和5月13日两次试图接近十字军，但两次都因他们的胆大妄为而受到惩罚。仅在第一次战斗中，就有364名首领、埃米尔以及6000名骑兵被日耳曼人杀死。5月16日，腓特烈抵达了伊柯尼乌姆，此时军队已经精疲力竭，而且几乎陷入了饥荒。在此处他们得到了食物给养，并洗劫了城墙外的苏丹宫殿。在休整了一天后，腓特烈将部分士兵组成了一条面对突厥人的战线，其余部队则在一次突击下出乎意料地轻取伊柯尼乌姆，他们在城中获得了极为充足的食物，使饥荒的危险彻底成为过去。"这里就好像和科隆一样庞大"，而且极为繁华。日耳曼人们在休养生息的五天时间里，彻底洗劫了该城。苏丹基利日·阿尔士朗此时已经深受打击，在动摇之下甚至开始与腓特烈皇帝展开了谈判。这位苏丹承诺说，只要日耳曼人即刻离开此处，他就会保

◎ 正在穿过塞尔维亚，即将进入小亚细亚的腓特烈。虽然腓特烈成功穿越了小亚细亚，但最终却淹死在了一条河中

◎ 一幅描绘十字军沿途大批伤亡的绘画

证其通往西里西亚的道路不受阻碍，而且还给了腓特烈20名埃米尔作为人质。与先前所有的十字军相比，腓特烈的命运无疑要好很多，因此这位皇帝接受了条件。他并没有沿着从赫拉克利亚前往西里西亚门的道路前进，而是改走经拉兰达（Laranda）、卡拉曼（Karaman）前往塞琉西亚（Seleucia）的道路。在抵达此处之前，十字军并没有再遭遇太多苦难，仅因一次地震而陷入过恐慌。但最为不幸的是，在军队抵达塞琉西亚的当天，腓特烈·巴巴罗萨却因洗澡而淹死在了卡利卡德努斯河（Calycadnus，1190年6月10日）。

◎ 腓特烈穿越小亚细亚的行军路线

军队虽然失去了指挥官，但还是在"历经六周的连续行军和饥饿之后"终于安全抵达目的地，之后他们又穿过基督教领土，安全抵达了安条克。

在我们已经介绍了所有入侵小亚细亚的基督教部队之后，我们可以合理地来为这些军队的特点做一总结了。

几支十字军失败的原因，首要原因在于塞尔柱人极为有效的作战方式。突厥人故意在他们自己与拜占庭边境之间建立了一块宽阔的荒芜地带。不仅如此，当基督教军队穿过突厥土地时，他们便会毫不犹豫地立刻毁掉农田，夷平村庄，牲畜会被赶进山里，谷物和山谷中的草地也会被烧掉。因此，每一支试图穿过小亚细亚的十字军都会遭遇严重饥荒。在所有失败的原因中，这一点是最为明显的。

一支纪律严明且补给纵列组织较好的常备军队，毫无疑问能够凭借自己携带的食物压倒这种坚壁清野的体系，但法兰克人本身不过是一群组织混乱的乌合之众，他们总是会被大批非战斗人员（大部分是穷人）拖住脚步。在面对这种敌人时，突厥人的防御体系能够发挥出最大效力。因此戈德弗雷和腓特烈·巴巴罗萨能够在重重险阻之下挣扎抵达目的地，几乎可称为奇迹，而1101年和1148年那几支十字军的失败，反而才是意料之中的事情。

造成失败的另一主因则是十字军对于地形的无知，这一点我们之前已经进行过详述。对于那些幻想着只要穿过帕弗拉戈尼亚和本都就能抵达巴格达、呼罗珊，以及认为从君士坦丁堡沿着卡里亚、吕西亚和西里西亚海岸线前往塔尔苏斯是一条明智道路的军队而言，他们注定要陷入失望。对于这一点我们已经不需要再展开讨论，因为各支军队的失败经历本身便足以作为例证。我们在此处，只需对如气候等单纯地理因素以外的一些细小方面再做讨论即可。小亚细亚高原的夏季极为炎热，而冬季又十分寒冷，十字军对此却一无所知。这世上又有什么事情，要比路易七世选择在一月和二月间穿过皮西迪亚山区更愚蠢的呢？此时溪流的水位正高，冬雨也足以摧垮给养储备和帐篷，而山坡之上还覆盖着厚厚的冰雪。

失败的第三个原因在于十字军本身缺乏远见、纪律性和自制力。按照西欧编年史作者们的描述，即使是表现最好的十字军，也同样十分热衷于暴乱和抢劫。与希腊人之间冗长的纠纷大多来自于西欧人自己的原因。确实，无人能够否认拜占庭人对十字军存在着不少的嫉妒和恶感，但由于这些西方部队的所作所为是如此恶劣，对于他们所挑起的怨恨我们也不应感到惊讶。十字军在纪律方面极为欠缺而热衷抢劫，他们的军官不服从命令，士兵则鲁莽粗心。虽然这些情况在封建军队中已属常事，但它们在东方却被体现得最为淋漓尽致。最明显的例证便是，法兰克人明显不会从失败的前人那里接受教训。成千上万名从东方逃亡回来的老兵们，都不曾让后来者针对突厥战术做好适当准备。第一次十字军东征五十年后，康拉德三世和路易七世仍犯下了和戈德弗雷、博希蒙德完全相同的错误。他们在行军时十分粗心，也没能把步兵和骑兵整合起来，而且军队中装备弓箭、手弩等远程武器的士兵数量也不充足，就连食物也总是不够用。似乎西欧人根本不懂得吸取经验教训。莫里斯在580年、"智者"利奥在900年记载于书中的法兰克式缺点，直到在1150年的十字军中，还是几乎被一字一句地完全展现了出来。

征服叙利亚

在第一次十字军东征中，士兵们的动力主要是宗教性而非军事性的。他们的终极目标是要收复耶路撒冷，而不是为征服整个叙利亚而建立牢固的军事基地。虽然法兰克将领中有人看到了将沿途敌军城镇弃之不顾，从安条克直接前往耶路撒冷，会导致他们丧失掉与唯一的作战基地的联系，但他们还是被大部分人所压倒，而这些人的愿望不过是夺取圣地而已。因此我们不能以在军事上是否合理来评价1099年战役。

直到耶路撒冷被攻克，十字军决心在巴勒斯坦建立一个永久性的封建国家之时，战略性的考量才被推上前台。

在戈德弗雷加冕成为耶路撒冷国王时，这个王国仅有耶路撒冷和贾法（Jaffa）两座城市，而孤立于安条克的博希蒙德和远在埃德萨的鲍德温从未真正臣服于这位国王。法兰克人未来在叙利亚应采取何种行动方向，在许多年里都无法确定，直到1125年都不曾得出任何结论。

在叙述征服行动的军事历史之前，我们有必要对叙利亚的战略形势进行一些介绍。整个叙利亚可以被依次分为四个南北延伸的狭长地区。第一个地区，即海岸地区，由一系列面积、宽度相差极大的海岸平原组成，各平原之间由一直延伸至海岸的山脉分割，这些山脉中包括黎巴嫩山的支脉卡梅尔山（Carmel）以及安条克的黑山（Ahmar Dagh）。大多数海岸平原都很狭窄，但它们中位于位置最靠南方，也最有名的沙朗（Sharon）平原的平均宽度却达到了15英里，

◎ 1135年的近东

比其余所有平原都更大。在某些地方，海岸平原也会沿着某条河谷向内陆延伸，卡梅尔山以北的埃斯德赖隆（Esdraelon）平原和安条克附近奥龙特斯河谷中的平原便是如此。在叙利亚海岸地区的中央，也就是的黎波里（Tripoli）和贝鲁特（Beyrout）周边地区，平原就变得十分狭窄，地形也极为破碎。

第二块地区则是位于海岸以内的山区，其中包含三个山脉，分别为北部的安萨里耶山（Ansariyeh，即古代的卡西乌斯山），中部的黎巴嫩山和南部的以法莲-朱迪亚山（Ephraim and Judaea）。前两座山脉高度达到了11000英尺以上，第三座山脉虽然更为宽阔，但高度较低，尚不足3000英尺。这三座山脉的山嘴和山肩都是拥有大量人口的沃土。

第三块地区则由三条大河的宽阔河谷组成，分别为奥龙特斯河、列奥提斯河（Leontes）以及约旦河（Jordan）。前二者通向大海，奥龙特斯河从安萨里耶山和黑山之间的缺口穿过，列奥提斯河则从泰尔以北一个狭窄得多的隘路入海。而大部分流域海拔要比地中海更低的约旦河最终会流入没有其余出口的死海。奥龙特斯河和列奥提斯河拥有宽阔富饶的河谷，而约旦河谷则相对狭窄、险峻，地形以泽地隘路为主，仅有少数几个地点可以穿过。再加上南方通往红海东部和埃拉塔城（Elath，即阿卡巴哈城）的阿拉巴哈旱谷（Wady-el-Arabah），即形成了叙利亚中部的盆地。

在这片被古人称为"空叙利亚"（Hollow Syria）的谷地远处，则是东部地势较高的高原地区，其中一部分地区较为平坦，另一部分则以山地为主。这片地区一直延伸到大沙漠，其本身也有很多荒芜地带，不过这片高原上也有不少肥沃、多水的地区，例如阿勒颇和大马士革两座大城周围的地区。

从整体上来讲，叙利亚十分易守难攻，大海和沙漠掩护着东、南、西三个方向，北方的阿马努斯山脉（Amanus）和幼发拉底河（Euphrates）也完全可以作为明确的自然疆界。不过十字军从未能夺取过整个叙利亚，他们仅占领了海岸地区、大部分山地地区以及谷地地区的中央部分，大部分谷地和东部高原仍未被征服。正是因为这个原因，耶路撒冷王国才经常面临险境。一系列伊斯兰国家挡住了十字军继续扩张、进抵叙利亚自然疆界的道路。

导致这种异常情况的原因不难找到。十字军建立的几个国家从来没有强大到能够征服全叙利亚，如果完全依靠自己的力量而没有得到外援，他们就连海岸地区都无法全部征服。所幸意大利诸邦对于征服叙利亚海岸兴趣极大，如果黎凡特地区的所有港口都能够握在基督徒手中，对于他们的贸易而言十分重要。因此他们以最大的热情协助十字军围攻海岸城市，实际上征服了叙利亚整片海岸平原的也是他们，而非耶路撒冷的国王们。威尼斯人是西顿（Sidon，1110年）和泰尔（1124年）的真正破城者，比萨人也在安条克亲王围攻劳迪西亚（1103年）以及伯特伦（Bertram）伯爵围攻的黎波里时（1109年）提供了支援，另外，他们还曾出现在贝鲁特围攻战中。热那亚人更有活力，他们是攻克恺撒里亚（1101年）、托尔托萨、阿克（1104年）、吉布莱特（Giblet，1109年）和贝鲁特（1110年）的主要力量。另外，英格兰人哈丁（Harding）和戈德里克（Godric）、北方民族国王"耶路撒冷旅行者"西格德（Sigurd，

◎ 乘船进行东征的十字军。由于意大利诸邦掌握着东地中海的制海权，不仅后几次十字军都以海路抵达圣地，而且意大利舰队还协助十字军攻克了很多海岸要塞

the Jerusalem Farer）等人的西方舰队也会时常给耶路撒冷国王提供援助（1109年至1110年）。不过，使叙利亚海岸成为基督教领土的大部分援助，仍是意大利人提供的。

在内陆地区，耶路撒冷王国无法得到如此强大的盟友支援，意大利人的利益并不要求他们去支援十字军征服大马士革或者阿勒颇。因此耶路撒冷国王和安条克亲王在内陆与埃米尔们作战时，只能依靠自己羸弱的封建征召兵，加上偶尔到来的一些西方十字军支援。法兰克诸国兵力可谓十分弱小，他们所派出的最大一支军队，也不过1300名骑士和15000名步兵，而且这还是几乎将全国所有城堡和城镇都抽调一空，集结了所有士兵才得以组建起来的空前大军。只有在西欧的十字军抵达时，法兰克诸国才有可能集结起规模更大的军队，而这种情况也只是暂时性的，因为西欧十字军在圣地逗留一段时间之后便会纷纷返乡。在很多时候，即使耶路撒冷王国已经危在旦夕，国王手下所能调遣的军队数量还是很少。鲍德温一世（Baldwin I）在贾法城下面对全埃及军队时，手

◎ 冲锋中的圣殿骑士。虽然法兰克骑士的冲锋威力巨大，但由于十字军国家缺乏人力，因此在战场上可投入的兵力也往往处于下风

中仅有40名骑士和900名步兵。而在拉姆拉会战（The Battle of Ramleh）中，由于他不明智地将步兵抛在背后，导致其与敌军交战时手中仅有不超过300名骑士，而他最终也被敌军彻底击败。数年后，他又认为自己仅靠700名骑兵和4000名步兵便足以抵挡全叙利亚所有埃米尔的联军。不过在叙利亚的法兰克人中，最出色的远征还要算是1118年对埃及的一次突袭。当时仅有216名法兰克骑士和400名步兵参加了行动，他们一路前进到距离开罗（Cairo）仅有三天路程的地方，之后又安全回到了巴勒斯坦。

不过，法兰克人没能征服叙利亚内陆地区的真正原因并不在于缺乏兵力。他们之所以能在海岸地区站稳脚跟，并占据了不少山地，很大程度上要得益于穆斯林内部的分裂。在叙利亚内陆地区由三位甚至四位埃米尔分别掌管时，十字军不仅能守住自己的土地，而且还能继续向外扩张其边境。直到第一位开始将所有酋长们联合起来的领袖赞吉（Zengi）崛起之前，法兰克人仍在缓慢但有效地征服着一座又一座穆斯林的城市。对十字军而言，12世纪早期的情况极为有利。大马士革、阿勒颇、凯法（Kayfa）、摩苏尔（Mosul）、马尔丁（Mardin）等地各属不同穆斯林豪族，这些家族之间互相嫉妒，为打击对方甚至不惜与基督徒联手。也正因为如此，法兰克人才能在大约二十年时间里，仅凭几百名骑士便横扫叙利亚。这种情况一直持续到1127年赞吉夺取摩苏尔的控制权才告一段落。当时这片土地上的乱象，可以从一位记载了这位阿塔贝格（Atabeg，即太傅之意）生平的穆斯林编年史作家笔下略知一二：

"当赞吉出现时，法兰克人的势力从马尔丁和美索不达米亚的舍克斯坦（Scheikstan）一直延伸到了埃及边境上的艾尔·阿里什，并席卷了叙利亚的所有省份，仅有阿勒颇、埃米萨（Emesa）、哈马（Hamah）以及大马士革尚能幸免。对方的小股部队能够直捣迪阿贝克（Diarbekir）省的阿米达（Amida）以及艾尔·耶齐雷赫省（El-Jezireh，即美索不达米亚上游地区）远及尼西比斯（Nisibis）和艾因角（Ras-Ain）的地方。拉卡（Rakkah）和哈兰（Haran，即卡莱）等地的穆斯林饱受敌人压迫，频频沦为对方野蛮行径的受害者。除经过拉哈巴（Rahaba，即雷霍博特）的道路以外，所有通往大马士革的道路都饱受对方劫掠分队的骚扰，只有沙漠能够幸免。商人、旅人要么在岩石或者荒野中东躲西藏，要么就只能将自身性命以及货物的安全寄托在贝都因人的保护之中。而且情况还在变得越来越坏，基督徒开始勒索穆斯林城镇，如果不定期支付贡金就要摧毁这些城镇……在阿勒颇，包括距离花园城门外只有二十步远的磨坊在内，所有郊外地区都要定期向基督徒缴纳贡金。当全能的真主将目光投向各位穆斯林埃米尔时，除了信仰的衰落以外便看不到任何其他之物。他确信这些王公们实在过于孱弱，无法守护真正的信仰，因此他决定将一人提拔起来对抗基督徒，给予他惩罚他们，并报复其罪行的能力。"

在法兰克人的征服脚步是如何被赞吉突然中止前，我们还是要先介绍一下法兰克人本身的局限性。耶路撒冷王国占据着从贝鲁特到阿斯卡隆（Ascalon）之间的整个海岸线，但由于阿斯卡隆本身扔握在埃及法蒂玛王朝的王公手中，因此后者可以利用这里作为基地，从埃尔-阿里什（El-Arish）和加沙（Gaza）进攻圣地。不过此时法蒂玛王朝已经腐化不堪，其军队也很少穿越沙漠发动进攻。事实上，法兰克人突袭尼罗河三角洲要比穆斯林进攻巴勒斯坦更为频繁。在东方，耶路撒冷王国以约旦河为其疆界，而在约旦河上游以东，他们还拥有一座坚固的城堡，即帕尼亚（Paneas，又称巴尼亚斯），可以监视大马士革方向。此外，该王国在东南方向还拥有另一座前哨。鲍德温一世在1116年曾决心将边境推进到红海海岸，以便切断从大马士革穿过沙漠通向埃及的商队大道。他率领军队长途跋涉进抵阿卡巴湾（Gulf of Akabah），并于1117年在海边最北岸建造了埃拉特城堡（Ailath或Elim-Elath）。这座要塞可以经由两座其他城堡来建立起与巴勒斯坦之间的交通线，其一是经由位于以东沙漠（Edomite Desert）中央地区，位于佩特拉（Petra）附近的蒙特利尔（Montreal，又称绍贝克）城堡，另外一条则经由摩押（Moab）地区的卡拉克（Kerak）城堡。这片从蒙特利尔到卡拉克的封地又被称为"约旦河以远地区"，是这个拉丁王国的四大男爵领地之一。该地区构成了一个极具威胁的前哨地带，而且由于其位于沙漠之中，地形十分险要，从1116年起直至耶路撒冷陷落一年后的1187年，法兰克人始终坚守着该地。只要这个前哨仍由法兰克人掌控，大马士革与埃及之间的交通线便危险重重，穆斯林商队要么向当地领主缴纳勒索金，要么就不得不在三座城堡之间的荒地中隐蔽行踪，忍受饥饿和迷路的无穷危险。法蒂玛王朝与大马士革统治者之间的军事交通也同样十分困难。试图穿越埃多米亚（Idumea）沙石地区的军队始终处于各城堡驻军的突袭威胁之下。对于这些眼中钉，伊斯兰教徒也曾不止一次试图攻克它们，但从未获得成功，就连萨拉丁本人亲自上阵也还是一样。直到整个拉丁王国陷落后，这些城堡才被对方攻克，而卡拉克坚守的时间甚至要比耶路撒冷更长。

在卡拉克以北，法兰克人以一道要塞线扼守疆界，这些城堡监视着通向约旦河渡口的隘路。其中包括帕尼亚、博福特（Beaufort）、纽夫堡（Chateau–Neuf）、萨费德（Safed）、卡斯特雷特（Castellet）以及博瓦尔（Beauvoir）。在最后一座城堡的南方，也就是约旦河谷最为陡峭崎岖的地区，乍看之下要塞在此处存在缺口，但实际上是这里的自然条件已经险峻得十分难以逾越，根本无须人力加强。

从贝鲁特沿岸向北即为的黎波里地区，这也是十字军四块男爵领地中实力最弱的一个。这里的统治者从未能沿着黎巴嫩山隘攻入内陆，也未能在叙利亚内陆站稳脚跟。他们所能做到的，不过是占据了马尔加堡（Margat）、托尔托萨、的黎波里以及吉布莱特等设防城市周围的大批狭窄平原以及毗邻的山嘴地区。不过高大的黎巴嫩山也给十字军提供了一道坚固的防线。在那些能够控制且为数不多的可通行隘路之地，他们也建造了蒙特费兰（Montferrand）、

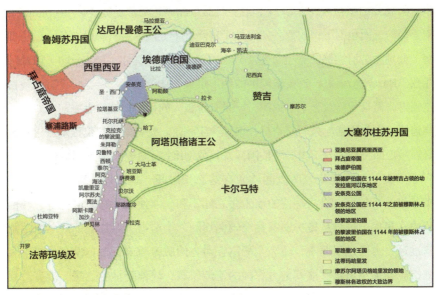

◎ 赞吉崛起时的黎凡特地区。此时十字军扩张已经达到巅峰

克拉克（Krak）以及阿卡（Akkar）等内陆城堡。攻击能力不足，但防御能力却游刃有余的的黎波里将其山脉疆界一直维持到了13世纪。

另一方面，安条克公国就没有这样优秀的天然疆界了。其领土一路延伸至奥龙特斯河谷，与阿勒颇的伊斯兰教徒之间没有任何天然障碍物。由于法兰克人和突厥人之间的疆界不断地你来我往，有时法兰克人会攻克距离阿勒颇很近的阿塔列布（Athareb）要塞，有时异教徒又会直捣安条克城下。作为法兰克人在叙利亚北部防线的中心地带，安条克拥有极强的防御能力。阿塔列布、哈伦克（Harrenc）以及其余东方要塞时常易手，但这座曾经抵挡戈德弗雷和博希蒙德数月的拜占庭要塞，只要由基督徒派兵镇守便根本无法被攻克。直到1268年，安条克所有东部属地全部陷落后，该城才被穆斯林攻克。

埃德萨伯国与其说是一片法兰克领地，倒不如说是亚美尼亚人的地盘。定居在此处的十字军人数稀少，而且与南方的邻国不同，其统治还要依赖于亚美尼亚人对军队的充实。如果安条克和耶路撒冷的统治者们也能从本地的基督徒人口中招募步兵，原本应是一件幸事，但叙利亚人远不像亚美尼亚人那么善战，在军事上对其主人给予的帮助也聊胜于无。从战略的角度来看，法兰克人在尚未完全平定北叙利亚时便向美索不达米亚推进，无疑是一个错误。在摩苏尔、阿勒颇的诸位埃米尔以及卡帕多西亚东部的达尼什曼德（Danishmend）诸王公的三面包围下，埃德萨始终处于危险之下。该地区只有少数几个设防要塞，分别为首府埃德萨、土贝塞（Turbessel）、拉文达尔（Ravendal）以及阿扎兹（Hazart/Azaz），各要塞周围的地形也极为复杂崎岖。埃德萨没有一条自然疆界，而且十分缺乏军事资源，一旦某位强大的穆斯林统治者崛起，并将其周边的埃米尔团结起来与之对抗，该地注定陷落。赞吉的崛起也预示着这片基督教领地即将消失——埃德萨伯国岌岌可危地维持了不到五十年时间便灭亡。

事实上，埃德萨之所以能够幸存这么长时间，也不过是因为阿勒颇、摩苏尔、马尔丁、凯法等地的埃米尔之间不和。即使在最好的情况下，埃德萨的作用也不过只是掩护安条克公国侧翼的一个前哨，而且由于这个前哨距离过远、力量过于弱小，还完全暴露在对方的威胁面前，根本没有希望永久维持。如果不是屡次被其南方邻国的干涉所救，埃德萨早应陷落。坦克雷德（Tancred）和国王鲍德温一世曾分别从安条克和耶路撒冷率军驰援，若不是他们的援救，埃德萨在1110年甚至可能早至1104年就要陷落了。倘若该地的第一批征服者们当时转而占领了土贝塞而非埃德萨，并将自己限制在幼发拉底河以西，那么对于叙利亚的防御而言无疑要更为有利。这样一来，他们就可以把这条大河作为自己的疆界，并成为叙利亚东北部的有效保护者。

　　赞吉出现之后，法兰克领土的扩张便立刻停止。在1127年之后，法兰克人所征服的唯一一块重要领土便只有阿斯卡隆。该地由鲍德温三世在1153年夺自埃及法蒂玛王朝的苏丹手中。在这位伟大的阿塔贝格统治末期，天平已经很明显地偏向了穆斯林一方。这一变革的标志，则是1144年赞吉毁灭了最北部的十字军国家埃德萨。在赞吉统治之下，美索不达米亚和北叙利亚联合了起来，并完全阻止了法兰克领土向内陆的扩张。在此之后幸存的三个法兰克国家——耶路撒冷王国、安条克公国以及的黎波里伯国，沿着海岸组成了一条狭长而破碎的地区，其宽度不超过50英里，而且很多地区都被山川隔断。这些国家之间

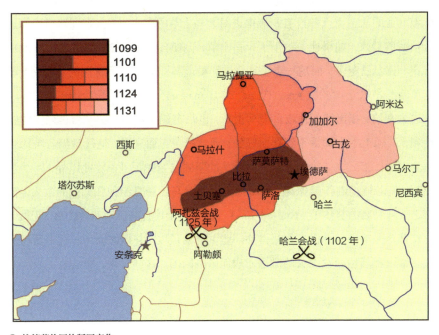

◎ 埃德萨伯国的版图变化

很难沿陆路维持交通，只能依靠意大利诸邦的海上优势来维系。

到了此时，法兰克人只剩下一个可以获胜的机会，只有一支实力强大到足够使他们能够转守为攻的新十字军从西方到来，他们才有可能扭转局势。因为叙利亚的拉丁国家实力很明显已经无法自保。1149年，这一机会险些成为现实。在埃德萨陷落的沉重打击之下，西欧各国派出了由康拉德三世和路易七世所领导的大军，进行第二次十字军东征。虽然这次远征最终只剩下一些散兵游勇能够抵达巴勒斯坦，但即使是这些人的数量，也已经足以鼓舞耶路撒冷国王进行一次大胆出击。1149年的这一次大规模战役在战略上选择了正确的路线，十字军为了从中央突破穆斯林对自己的包围而进行了一系列系统的尝试，试图占领大马士革。在此之前，所有针对该城的进攻都不过是劫掠行动，而这一次行动则是精心准备，意在永久性地征服大马士革。

如果这座城市真被攻陷，那么穆斯林各国就将被拦腰切断，埃及与阿勒颇、美索不达米亚的联系也无疑会被割裂。倘若如此，萨拉丁治下南北穆斯林的致命联合便将不复出现。无论付出任何代价，十字军都应尽可能尝试去打破摩苏尔、阿勒颇、埃米萨、哈马、大马士革以及波斯拉（Bozrah）之间的联系。但叙利亚的法兰克人并没有积极推进对大马士革的攻击，因为在耶路撒冷的王公伯爵们看来，如果他们攻下了大马士革，会使自己手下的法国和德国辅助部队获利比自己更多，而这一点是基督徒和穆斯林双方学者都认同的。据说大马士革的维齐尔[①]阿纳尔（Anar, Vizier of Damascus）曾给耶路撒冷国王鲍德温三世送去密信，指出即使他攻占大马士革，也只有他身边的一些基督徒同伴能够获利，而国王本人却得不到任何好处；而从另一方面来讲，他还说倘若鲍德温解除围困，那么他就将归还约旦河源头的坚固要塞帕尼亚。除此以外，阿纳尔发誓，倘若鲍德温拒绝撤离，那么他宁愿将大马士革赠给他们共同的敌人，赞吉之子阿勒颇的努尔丁（Nur-ed-din），也不愿让其脱离伊斯兰教统治。无疑，这位耶路撒冷国王并没有积极推动同盟军发动猛攻，并最终因为与神圣罗马帝国皇帝以及其他西欧王公的激烈矛盾而解围回国。这样一来，便结束了法兰克

---

① 即宰相之意。

贝鲁特

西顿

泰尔

基士瓦

阿克

太巴列

大马士革

巴勒贝克

大马士革酋长国

耶路撒冷王国

波斯拉

萨克哈德

贾法

耶路撒冷

杰拉什

阿斯卡隆

加沙

安曼

卡拉克

法蒂玛埃及

◎ 中世纪画作中的大马士革之战

人唯一一次真正能够在叙利亚内陆站稳脚跟，并将其疆界推进至沙漠边缘的尝试。

由于赞吉死后其领土被儿子们瓜分（努尔丁得到了叙利亚，赛义夫丁得到了美索不达米亚），阿拉伯世界在一段时间内失去了统一的领导，因此法兰克人也获得了喘息之机，只不过这并没有永久性地改变这些十字军国家的最终命运。耶路撒冷国王本应将注意力集中于大马士革和阿勒颇，但他却转而为征服埃及进行了一系列尝试。这位国王原本应该先消除国门

◎ 在当地领袖和长者鼓舞下，普通伊斯兰教徒也冲出大马士革与十字军作战

外的威胁，在确保耶路撒冷王国疆界安全之前绝不进行任何遥远的冒险行动。在1163年至1168年间，耶路撒冷对埃及发动了四次大规模进攻，阿马尔里克一世（Amalric I）也曾不止一次站在胜利的门槛上。这位国王机警地利用了埃及的维齐尔沙维尔（Shawir）与叙利亚王公努尔丁手下大将谢尔库赫（Shirkuh）之间的战争，获得了能不受阻碍地前往埃及的道路，并以沙维尔盟友的身份占领了数座城镇。在很短一段时间内，甚至曾有一支法兰克驻军进驻开罗，以法蒂玛王朝哈里发盟军的名义抵挡突厥人和谢尔库赫的叙利亚人对该地的进攻。不过由于位于巴勒斯坦的耶路撒冷王国在国王出外征战期间，始终暴露于大马士革和叙利亚各地努尔丁麾下总督们的突袭威胁之下，阿马尔里克不得不分心于国内防务，导致其军队在埃及的地位始终岌岌可危。在敌军驻扎在距离耶路撒冷、安条克仅几十英里的情况下对尼罗河方向发动远征，无疑是不明智的战略。在整个埃及战役过程中，阿马尔里克都始终对本土的安全忧心忡忡，迫使其分心。可以说，这位国王总是要"对自己的后院提心吊胆"。无论任何时候，只要努尔丁进行一次武力示威，阿马尔里克就很可能要从开罗赶回国内。

也正是因为这个原因，他才丢掉了从数次成功战役中所获的果实，并在接受了一笔巨额贡金后选择撤退。因此，虽然他从埃及获得了大量的赔款，之后数年中也可以从沙维尔那里得到年贡，但却始终未能在那里站稳脚跟。最终，对于法兰克人而言最不幸的事情发生了，谢尔库赫杀死了沙维尔，为其主子努尔丁夺下了埃及。在手下的维齐尔死后不久，法蒂玛王朝的哈里发最终也一样遭了努尔丁手下副将的毒手（1171年），叙利亚和埃及也终于统一在了一位王公手下。在盟友沙维尔死后，阿马尔里克与拜占庭皇帝曼努埃尔一世结盟，进行了对埃及的最后一次入侵。不过，希腊人的舰队和法兰克人的陆军长期围困杜姆亚特（Damietta），却始终无法破城。不久后，在听到努尔丁亲自出征袭扰耶路撒冷王国边境的消息之后，阿马尔里克立刻解围赶奔回国去保护自己的领土。自那之后法兰克人便再未能展开任何攻势行动。

叙利亚、美索不达米亚和埃及的联合本应立刻导致耶路撒冷王国灭亡，这个国度之所以继续幸存了二十年时间，几乎完全得益于好运。尤素福·萨拉丁（Yusuf Salah-ed-din）在继承谢尔库赫成为努尔丁在埃及的副手后，并不忠实于自己的主人，一直自行其是。虽然他没有公开叛乱，但是在行动时考虑的却是自己的利益，而非宗主的利益。因此在努尔丁死后（1172年）[1]，萨拉丁便从其旧主的儿子那里夺过了权力。至此，

◎ 一幅中世纪的萨拉丁画像。在这位苏丹将埃及和叙利亚的穆斯林统一起来后，十字军诸国的末日便指日可待了

---

① 此处应为作者误记，努尔丁死于1174年。

从底格里斯河到尼罗河之间所有的伊斯兰国家，都统一在了一位单独的统治者麾下。

到了此时，耶路撒冷王国的末日已经指日可待。萨拉丁统治的疆土已经从四面包围了所有十字军国家，等到他发动进攻之后，十字军会立刻遭受突然而灾难性的失败。在1187年的太巴列大会战（The Battle of Tiberias，即哈丁会战）中，法兰克人全军覆没，耶路撒冷也在几个月内陷落。在那之后，要塞一座接一座地落入萨拉丁手中，十字军仅剩泰尔、的黎波里和安条克三城。它们之所以能够幸存则要得益于第三次十字军东征。英格兰国王理查和法国国王腓力虽然没能重新夺回耶路撒冷，但他们收复了阿克以及巴勒斯坦大部分海岸城镇。在1191年的阿尔苏夫会战（The Battle of Arsouf）中，理查一度给萨拉丁造成了沉重打击，紧接着，法兰克人便与穆斯林议和，拯救了耶路撒冷王国剩下的那些基督教国家残片。虽然内陆地区已经彻底陷落，但从安条克到贾法的狭长海岸却保留了下来。不久后，萨拉丁去世（1192年）[①]，伊斯兰教徒的领土也随之分裂，其儿子们和弟弟阿迪勒（El-Adel）各自分得了一片土地。阿尤布（Ayubite）王朝的分裂无疑拯救了叙利亚的法兰克人，其对于黎凡特海岸地区的占领也延长了一个世纪之久。不过耶路撒冷王国（似乎此时更应被称为"阿克王国"）仍然只能苟延残喘，根本没有能力收复失地。如果穆斯林中再出现一位天才，将萨拉丁手中那些资源再次统一起来，那么整个王国随时有可能会被消灭，但阿尤布王朝之间的不断内战让落魄不堪的法兰克诸国获得了"缓刑期"。局势奇怪至此，基督徒甚至曾短暂收复过圣城——第一次是在1229年，神圣罗马帝国皇帝腓特烈二世曾占据该城，之后在1244年该城也曾被基督徒占领。不过这两次再征服行动都十分短暂，其所代表者也只是撒拉逊人的衰弱，而非法兰克人恢复了元气，但无论如何，由一系列港口组成的狭长海岸线仍被法兰克人牢牢握在手中，在东西方所有工事技术的加强下，这些港口在很长时间内都坚不可摧。由于经济原因，意大利海上力量十分希望这些港口

---

① 此处应为作者误记，萨拉丁死于1193年。

◎ 阿克的陷落

能够存续，因此它们也总是能从开放的大海上获得食物和增援。正因为这个原因，直到13世纪末阿尤布王朝消失之际，圣十字旗帜仍飘扬在从劳迪西亚到贾法之间的每一片海滩上。直到强大的马穆鲁克王朝（Dynasty of the Bahri Mamelukes）重新将埃及和叙利亚统一之后，耶路撒冷王国的末日才真正到来，法兰克诸国的终结也随之而来。黎凡特的港口一座接一座地屈服于拜巴尔（Bibars）等苏丹脚下，幸存到最后的阿克，最终也在经历两个月的围攻后于1291年5月陷落。事实上，唯一令人好奇的只是为何这些城市能够幸存如此之久，如果萨拉丁的寿命能够延长十年，它们的末日很可能就要提前一个世纪来临。不过正如12世纪的情况一样，穆斯林在13世纪的内战，也成为法兰克人的救赎。

作为海上力量在中世纪具有极大重要性的一个例证，我们可以看到，倘若东方任何一个王朝拥有合格的海军，叙利亚海岸上那些要塞都根本不可能幸存那么久。热那亚人和威尼斯人完全统治了黎凡特的大海，致使穆斯林只能从陆路攻击法兰克港口，甚至于直到这些港口陷落之后，马穆鲁克王朝也不曾试图利用它们来建立一支海军。回到穆斯林治下之后，这些港口衰落成了单纯的渔村，此后再也不曾成为军港。因此位于海岛上的塞浦路斯王国，作为法兰克人在黎凡特地区最后的立足点，在阿克陷落后还存在了超过二百年之久，直到终于出现一支由穆斯林王朝建立起的庞大舰队，决心将意大利战舰逐出黎凡特时，塞浦路斯才终于失陷。奥斯曼土耳其人在1571年攻克了该岛，在那之后，法兰克人在地中海东部的制海权也彻底告终。

远征埃及

在给十字军的大战略这一问题画上句号之前，我们有必要对13世纪法兰克人在叙利亚以外进行的两次大规模行动做一介绍，而这两次行动之所以能够成为现实，也正来自于他们对大海的完全统治。我们所指的两次行动，分别为1218年至1220年和1249年至1250年对埃及的入侵，二者分别由布里耶纳的约翰（John de Brienne）和圣路易（St.Louis）领导。相比于阿马尔里克在1163年至1169年所进行的那些远征，这两次行动在时机上更为有利。在阿马尔里克的时代，他仍需要保护耶路撒冷王国本土，将国内驻军调往尼罗河作战十分危险。而到了13世纪，形势已经发生了巨大变化——耶路撒冷王国已经只剩少量海岸要塞，其中大部分都能够自给自足，而且有能力自保。因此相对而言，防守这些港口要更容易很多——在十字军远征埃及时，如果大马士革或者耶路撒冷的总督进攻阿克或者泰尔，当地至少能够坚守数月之久。这些港口背后就是大海，可以从威尼斯和热那亚获得支援。更重要的是，对埃及的这两次远征，并不是由巴勒斯坦诸男爵征召的当地民兵，而是由从西方而来的大规模十字军进行的。因此，这两次行动并不会导致巴勒斯坦面临更多来自内陆的危险。

埃及是一个十分诱人的猎物，那里要比其他地方更为富庶，人民也不好战，其统治者所依赖的军事资源并非本族士兵，而是由突厥人、库尔德人、叙利亚人和阿拉伯人组成的佣兵部队。而且在1219年，埃及和叙利亚也分别处于

◎ 1218年从阿克出发前往埃及的十字军舰队

阿尤布王朝的两个支系统治之下，艾尔-卡米尔（El-Kamil）在开罗统治着埃及，艾尔-穆阿扎姆（El-Muazzam）在大马士革统治着叙利亚，虽然二者并不敌视对方，但也很少合作。因此，作为与保卫巴勒斯坦完全不相关的行动，1219年和1249年征服埃及的两次尝试都吸引了不少关注。倘若在一位指挥有方的统帅带领下，无论是约翰还是路易的军队都有可能完成这一目标，唯一值得商榷的只是在征服当地之后，如何守住占领区。无论如何，这一计划都是值得一试的。

可即使该计划可行，实施时也仍需要遵循军事战略的基本原则方能获得成功。通常而言，一支军队只要能够大胆地向开罗进军，就总是能够"扼住埃及的喉咙"。通往开罗的可行道路只有两条，进攻者还要绝对避免被尼罗河三角洲地区数不清的运河和水道绊住手脚。第一条道路首先要在亚历山大里亚附近登陆，南进过程中始终保持在尼罗河最西部一条支流以西（如拿破仑在1798年所做的那样），之后经由达曼胡尔（Damanhour）向吉萨（Gizeh）前进。这条道路的缺点在于，其最初两到三个阶段的行军必须穿越沙漠，向开罗的反方向前进，而且最后还是要跨越尼罗河。在面对敌军的情况下横渡尼罗河干流，对于一支已经深入内陆的军队而言很可能带来巨大风险。第二条路显然要更加适宜，这条路线起于古代的佩卢西乌姆（Pelusium）附近，经由萨拉耶（Salahieh）和伯贝司（Berbeis）前往开罗。这条道路可以使入侵者直捣开罗，其间不需要跨越任何运河或者水道，而整个行军的距离也不超过一百英里。不过这条道路也要面对同样的问题，就是在最初两段路程上必须穿越沙漠。想要入侵埃及之人通常都会选择这条道路，冈比西斯（Cambyses）、亚历山大大帝（Alexander the Great）、安条克四世（Antiochus IV Epiphanes）、阿穆鲁（Amru）以及塞利姆一世（Selim I）等人都是依此行事。沃尔斯利爵士（Lord Wolseley）在1882年之所以能够选择其他道路，原因只是他手中握有苏伊士运河，可以将陆路行军距离缩短40英里。法兰克人也十分熟悉这一条道路，阿马尔里克在1168年就曾沿该路前进攻克伯贝司，并真正地围攻了开罗。倘若不是为巨额的赔款所蛊惑，原本他是很可能攻破开罗的。因此，布里耶纳的约翰和圣路易二人全都忽略了这条显而易见的顺路而去选择在杜姆亚特附近登陆，就非常令人惊讶了。

◎ 第五次十字军东征中的杜姆亚特围攻战

从杜姆亚特通向开罗的道路要从尼罗河三角洲正中央穿过，其间有数不尽的运河和尼罗河的四条主要支流，为守军提供了大量可以设防的坚强阵地。只要当地统帅的勇气和才干不比常人更差，沿这条道路入侵埃及就几乎是注定要失败的。反而是法兰克人两次远征的命运足以证明入侵者统帅的能力水准之低——布里耶纳的约翰经过了八个月的围攻才占领了杜姆亚特，等到他开始向三角洲前进时，其军队已经力竭。在阿什蒙运河一线（Ashmoun Canal），面对河对岸艾尔-卡米尔苏丹的大军，十字军被迫停下脚步。虽然他们曾多次尝试突破防线，但都没能取得成功。在得知自己与作战基地杜姆亚特之间的土地已经全部被敌军收复之后，约翰对于成功也开始感到绝望。尼罗河此时正在上涨，埃及人又掘开了大坝，迫使十字军慌忙地向杜姆亚特撤退，不过洪水并没有蔓延到所有地区，这也使苏丹大军能够紧追在他们身后。最终，为了避免因饥荒或洪水而全军覆没，十字军被迫与对方议和。艾尔-卡米尔允许十字军自由离开，条件则是必须撤出杜姆亚特（1221年8月）。

圣路易在1249年尝试从同一路线发动入侵时所遭遇的命运要比前者更为悲惨。考虑到布里耶纳的约翰已经在此折戟沉沙，圣路易还要冒险选择这条道路就更为让人惊讶了。在入侵开始阶段，其运气似乎要比前任更好，他仅与穆斯林进行了一次小规模交锋便占领了杜姆亚特。但在那之后，他却花费了不少于六个月的时间等待补给和增援，而苏丹则利用这段时间扩充麾下军队，并在这位法国国王的前进道路上布下了大量障碍。到1249年11月路易国王终于开始进军之后，他便立刻被约翰所遭遇的同一道障碍所阻——埃及人据守的阿什蒙运河根本无法跨越，他不断建造的各种桥梁、堤道都被敌军的远程武器所摧毁。最终，路易找到了一个仅能供骑兵使用而步兵无法跟随的深水渡口，在夜间带领骑兵涉渡而过。起初埃及人受到了奇袭，但国王的弟弟，阿图瓦的罗伯特（Robert of Artois）在国王亲率主力抵达战场之前便带领前卫部队鲁莽地冲进了曼索拉城（Mansourah）街道，使路易丧失了获胜的可能性。罗伯特及其手下部队全军覆没，路易抵达后付出了一半骑士伤亡的代价才进抵曼索拉周边地区。不过路易最终还是成功抵达了自己营地的对岸，步兵们也终于得以完成他们早已花费了大量劳力去建造的堤道，与国王会合。这样一来，法国人便在阿什蒙运河对岸建立了一个桥头堡，但由于损失过于惨重，军队已经无力继续前进。他们在曼索拉附近徘徊数月时间，既无力前进又不愿撤退，直到军队中爆发了饥荒和瘟疫后才被迫放弃入侵。可到了此时，埃及人早已破坏了十字军与杜姆亚特之间的道路，在向北挣扎撤退的过程中，他们又在连续数日的撤退战中被切成了碎片，最终国王本人也被敌军包围，成了阶下囚。在那之后不久，全军所剩的少量残部也放下了武器，他们甚至无法像1221年的约翰那样与敌军议和，而大部分俘虏也都被埃及人冷血地屠杀。

对于法王路易的整个计划而言，即使他能够在抵达阿什蒙之后立刻成功渡河，他仍要继续面对尼罗河的三条宽阔支流以及无数运河才能到达开罗，而这些河流都是十分易守难攻的。对于十字军之所以两次疯狂地选择根本不可行的杜姆亚特—曼索拉—本哈（Benha）一线，而沿非萨拉耶和伯贝司的开阔道路前往开罗，只能解释为这是他们极度缺乏地理知识所导致的结果。很显然，十字军被杜姆亚特的港口和要塞所吸引，认为在佩卢西乌姆以东完全没有任何城镇的情况下，可以将此处作为非常优秀的前进基地和补

◎ 在第七次十字军东征中被埃及人俘虏的法王路易九世

273

给站，并将这里视为南下的最佳起点。除此以外我们也无法找到任何的其他解释。在完全占据制海权的情况下，一支军队可以随意选择在任何地点登陆。佩卢西乌姆以东的海岸虽然水位相对较浅，但对于13世纪那些轻型船只而言根本不构成任何障碍。只要我们仔细观察如今英国地形测量局绘制的尼罗河三角洲官方地图就能发现，在佩卢西乌姆以及周边沼泽以东有一片沙滩，其水深足以供轻型船只靠岸。由于这里距离埃及的军事中心十分遥远，当地根本不可能组织起任何抵抗行动。

因此我们可以公正地判断，13世纪对埃及进行的两次大规模入侵失败主因，即是在缺乏地理知识的情况下选择了不可行的进军道路。如果他们选择更加明智的道路，原本有很大可能会获致成功。关于这一点，穆斯林历史学家们一致认为在基督徒初战获胜之后，埃及人已经军心涣散。1220年，艾尔–卡米尔甚至曾提出只要十字军能够撤离杜姆亚特并返回家乡，他就将耶路撒冷、太巴列、吉布莱特、阿斯卡隆、拿撒勒（Nazareth）以及劳迪西亚割让给他们。到了1249年，穆斯林几乎在没有遭到任何攻击的情况下就撤离了杜姆亚特，而集结在阿什蒙运河背后的大军事实上也是秩序混乱、士气低落。倘若这支军队在萨拉耶和伯贝司附近没有宽大河流保护的开阔地区被迫应战，他们肯定无法守住阵地。

与试图征服埃及的两次灾难性远征相同，1101年普罗旺斯的十字军以及1248年路易七世的大军也同样是因为对地理知识的完全缺乏才招致毁灭。

第三节
十字军的战术

在第一次十字军东征行动中，贡献士兵最多的那些西欧国家，正是那些骑兵地位正处于巅峰时代的民族，其中包括法国、阿基坦、洛陶林吉奥、西部德意志诸邦以及意大利的伦巴第人和诺曼人。在1096年集结于君士坦丁堡城下的大军之中，所有民族都将骑兵视为主要战斗力。这支军队中之所以跟随着数以万计的步兵，并不是因为领主们认为他们能够在会战中发挥什么作用，而只是穷人的宗教热情也和富人一样猛烈。而按照教皇的说法，一个人无论穷富，都拥有踏上寻找圣地之路的平等权利。虽然在围攻、宿营以及其余一些繁重但不起眼的勤务中步兵也十分必要，但他们的地位仍然很低。在十字军与敌人所进行的第一次大规模交战——多里莱乌姆会战中，步兵就被留在了营帐中，仅有骑兵单独应战。而在此战之中，步兵甚至连营地安全都无法保证——突厥人的迂回部队成功进入了营地内，屠杀了数百名非战斗人员。

当时的十字军只熟悉一种战术，即凭借重骑兵进行冲击作战。在他们眼中，步兵最多也只能在双方正式交战之前通

◎ 与同时期西欧的大部分军队一样，十字军最初也将战斗力的重心完全放在骑兵身上，步兵则只是辅助部队

过向对方发射箭雨来揭开战幕，要么就只能用来守卫营地。

在与他们对敌的众多敌军之中，十字军认为突厥人是最为强大的，后者已经利用自己的帕提亚战术，击败了当时世界上最强大且纪律性最强的东罗马帝国重骑兵。其余如埃及法蒂玛王朝等穆斯林势力则仍在使用老式的撒拉逊战术，对十字军的威胁也要小很多。他们仍与利奥以及尼西弗鲁斯·福卡斯笔下所描述的前辈相同，依仗自己的重甲骑兵冲锋来决定会战成败，但这些撒拉逊骑兵在个体素质方面要弱于拜占庭部队，而相比法兰克骑士差距还要更大。正如同君士坦丁堡诸帝所面临的情况一样，突厥人的马弓手才注定是十字军的主要威胁。正是他们，不仅给首支入侵东方的十字军，而且也给其后每一支西方军队结结实实地上了几堂苦涩的课程。

在上一卷中，我们已经对拜占庭帝国战争艺术中，关于如何在战场上应对突厥人的原则进行了介绍。简言之，这些原则分为以下几点：一、战场上必须时刻拥有坚韧而且数量充足的步兵；二、必须在军队周围精心设置哨所和哨兵，以免遭到奇袭；三、避免在无法观察到敌军部署情况的破碎地形上交战；四、保持足够数量的预备队和侧卫；五、作战时保证背后（可能的话还有侧翼）拥有河流、沼泽、悬崖等天然障碍物掩护，以阻止突厥人惯常使用的迂回战术威胁自己侧翼或者营地守军；六、必须为营地设防；七、绝不能鲁莽地追击敌军，也绝不能让步兵与骑兵脱节。即使在完全明了这些原则必要性的情况下，拜占庭人仍然多次惨败于突厥人手下。对于十字军而言，这些原则中很大一部分都根本无法实现，他们或是将一些措施视为丢人之举，或是此前完全不曾尝试类似做法。在这种情况下，他们又能取得什么好结果呢？事实上，由于十字军极为鄙视希腊人和他们的作战方式，不愿从希腊人身上学习任何东西，只希望拜占庭皇帝能够提供向导和军费，导致十字军对那些拜占庭教条根本一无所知。十字军在第一次战役中就违背了所有的这些教条，就好像是他们记下了这些原则，故意反其道而行一样。

在隐士彼得（Peter the Hermit）和"赤贫者"沃尔特（Walter the Penniless）带领下首先越过博斯普鲁斯海峡的人马，甚至很难称得上是一支军队。由于其中只有极少量的骑兵，即使在他们自己的同胞眼中，这些人都根本不能被视为作战人员。当他们最终在尼西亚附近被塞尔柱人消灭之时，据

◎ 第一次十字军东征中由隐士彼得率领的农民大军，这支军队在行军过程中便全军覆没了

◎ 由贵族及其家臣组成的第二支十字军，由于人员素质、指挥以及装备较好，这支军队成功抵达圣地，并占领了耶路撒冷

说其人数仅有五百名骑兵和两万五千名步兵。在先前行军前往君士坦丁堡途中，这批人马就已经因希腊人和保加利亚人的攻击而损失了数千人。毫无疑问的是，在早先的灾难中，步兵所承受的苦难要远比骑兵更多，因此步兵最初在军队中所占的比例，无疑还要更大。

1097年5月从君士坦丁堡出发的大军情况则完全不同。按照西欧人的观点，这支部队可以称得上是世界上最强大的军队。很多富有的伯爵、公爵以及他们装备精良的家臣都效力于这支部队，其人数按照最高的估计达到了十万名骑兵和六十万名步兵之多。虽然这个数字并不现实，但在当时，其骑兵和步兵的人数比例，无疑要比"赤贫者"沃尔特手中那些乌合之众更加合适很多。

可即使如此，这支大军也几乎在与突厥人的第一次作战中便遭到惨败。在对尼西亚展开围攻，并击退了苏丹基利日·阿尔士朗一世（Kilidj-Arslan-ibn-Soliman）所进行的几次解围行动后，十字军成功迫使尼西亚投降。从6月27日开始，他们开始沿着经由多里莱乌姆、费洛米利乌姆、伊柯尼乌姆通往塔尔苏斯的罗马大道向小亚细亚内陆推进。十字军路途所经之处已经彻底化为赤地，"罗马帝国（Romania）原本是一块物产众多的富庶国家，如今却已经被突厥人残酷地蹂躏，余下的少量小块耕地之间也相隔极为遥远"。人马所需的粮草极难找到，因此征发行动所覆盖的范围也要比平时更大，而这绝不是单纯的粗心大意。整支军队被分为两个纵队，互相保持着大约七英里的间隔齐头并进。右翼纵队由布永的戈德弗雷、图卢兹的雷蒙德、维尔曼多伯爵休米（Hugh, Count of Vermandois）等人的家臣，以及大部分的法国、洛陶林吉奥人组成。左翼纵队则由博希蒙德、坦克雷德的西西里诺曼人、佛兰德斯的罗伯特（Robert of Flanders）、诺曼底的罗伯特以及布洛瓦的斯蒂凡组成。两支纵队在人数和兵力结构方面似乎大致相当。

多里莱乌姆会战（1097年7月1日）

走出卑斯尼亚群山之后，十字军进入到了一块开阔的高原，其上流淌着桑加里乌斯河（Sangarius）的主要支流锡姆伯拉河（Thymbres）。该地地形破碎，很难找到坚固的阵地，十分适合于突厥人所采取的战术，由轻骑兵组成的突厥游击支队也开始聚拢在十字军纵队周围。可是就在这种情况下，十字军统帅们却还是没有让两支纵队集中起来，甚至也没有拉近二者的距离。在敌军进入视野后，他们也只是将自己漫长的行军纵队稍微集中了一下，并向外派出巡逻队以免遭到突袭。6月30日，十字军在锡姆伯拉河以北数英里处宿营，其位置与早已化为灰烬的多里莱乌姆古城相距不远。7月1日，我们最应关注的左翼纵队，在开始继续前进一小时后便收到侦察兵报告称有数量十分庞大的突厥人正在接近。此时已被领主们推举出来统率全军的博希蒙德下令架起营帐，并将行李卸载到了一片芦苇荡旁，以便为自己提供掩护。在此之后，他就把部队排列在了行李纵队前方。步兵被留在后方保护辎重，正面战线完全由骑兵组成。可就在营地尚未完全建起，骑兵也没有列好队形之时，突厥大军突然从各个方

◎ 多里莱乌姆会战中的突厥大军。与十字军一样，突厥部队也完全由骑兵构成，但其中大部分都是轻装的马弓手，重骑兵比例相对较小

向涌来，同时对十字军的正面、侧翼和背后发动进攻。苏丹此时已经召集起了麾下所有可用部队，虽然他没能来得及为尼西亚解围，但仍然信心十足地要在一场开阔地上的会战中复仇。现在，即使是小亚细亚最遥远的塞尔柱部队都已经汇集到了他手下，士兵总数也因此变得庞大无比。按照十字军估计，突厥人拥有十五万到三十万大军，而令法兰克人最为惊讶的是，所有突厥人都拥有战马，其全军都完全由马弓手组成，视线之内根本看不到任何一名步兵。

短短几分钟内，十字军便完全被对方包围了。突厥人从各个方向施加压力，一些从背后出现的突厥人切断并击溃了很多会战开始时尚未赶回营地的掉队士兵，另外还有一些突厥人从侧翼威胁十字军。与此同时，其主力则从正面接近法兰克人的战线。他们没有列成任何正规的阵型，而是如同潮水一般以松散的序列围绕着十字军，对后者密集的重骑兵队列发射箭矢。由于对手并没有一个主力的部分可供法兰克人发动冲锋，博希蒙德为避免手下士兵陷入混乱，并没有下令全线推进，而是等待对方接近自己，可突厥人根本没有作此打算，生力军也不断冲上来，在将自己所有的箭矢射尽后撤向两翼。最终，十字军变得愈发急躁、愤怒，战线很多地方都有部队不等待命令而冲向前去。不过这些骑士们根本无法企及突厥人，对手看到他们冲上前来便会后退，利用箭雨压倒他们，从远距离射杀他们的马匹。由于有着重甲保护，十字军所受到的杀伤其实远比对方所希望的更少。可是当他们掉头想要回到战线之中时，敌人就会接近过来，拦截掉队的士兵，甚至还成队地消灭了很多部队。在看到突围行动根本无法给自己带来什么好处后，十字军很快就放弃了将敌军驱离的打算，只能转而控制住自己，缩紧行列坚守阵地。可是如此被动的战术反而导致十字军变成了突厥人口中更为绝望的猎物，随着突厥人浓密的箭雨不断落入人群中，十字军的行列开始变得松散混乱。这场十字军损失惨重，而突厥人几乎毫发未损的不对称作战持续了好几个小时之久。十字军最终变得愈发动摇，本能地开始向营地方向后退。侧翼部队的情况最为严峻，这些部队被压向中央，导致原本秩序良好的战线逐渐变成了嘈杂的人群，而且，即使能够撤回营地，他们也根本无法得到任何帮助。在会战进行的同时，很多突厥部队从后方对营地发动进攻，他们击溃受命守卫营地但却一片混乱的步兵，冲入了营地。等到骑兵向营地撤退时，突厥人已经在其中大肆砍杀牧师、侍从、女人等非战斗人员了，被杀者的喊叫声甚至压过了会战的噪音。不过当骑士们接近营地后，突厥人却认为十字军是有意赶回来驱散他们的，因此停止了抢劫行动，退出了营地。一位目击者说道："事实上，虽然敌军认为这是有意为之的行动，但实际上不过是因为绝望而被迫为之。我们

◎ 在突厥人紧逼之下步步退却的十字军

就像羊群中的绵羊一样互相拥挤着，早已失魂落魄。虽然已经被突厥人团团包围，但根本没有勇气从任何方向上进行突围。天空中充满了喊杀和惨叫声，一部分来自于作战部队，另一部分则来自于营地中的人们。我们已经彻底丧失了自救的希望，认为自己即将因为罪孽深重而受到上帝的惩罚。很多人感到自己大限将至，便从行列中脱离出去，去寻找距离最近的牧师祈求上帝宽恕。诺曼底的罗伯特、布洛瓦的斯蒂凡以及博希蒙德等统帅们虽然仍在努力击退敌军，有时还对敌军发动冲锋，但收效甚微。突厥人已经接近了过来，并鼓起最大的勇气对我们发动进攻。"

所有情况都预示十字军即将面临一场浩劫，可就在此时，会战的形势突然在一瞬间被逆转了过来。当天早些时候，博希蒙德曾派出信使去寻找右翼纵队（左翼纵队的统帅们似乎根本不知道右翼在哪），最后信使们找到了在六七英里外宿营的右翼。获悉战况之后，戈德弗雷、图卢兹的雷蒙德以及其他统帅们立刻带领着手下的全部骑兵披挂整齐，快马加鞭赶往战场。在主力部队前方，他们还派出了一些轻装的骑手去通知博希蒙德自己即将到来，右翼纵队的步兵则被留在后方守卫营帐。

突厥苏丹似乎完全忽视了对戈德弗雷这支纵队的侦察工作，或者忘记了他们有可能赶来参战。右翼十字军赶往战场的途中根本无人阻拦，最终当他们登上战场所在谷地边缘的山脊顶峰时，整场会战都在其脚下一览无遗。十分幸运的是，此时突厥人为了接近博希蒙德的营地，已经将部队收拢在了一小块土地之中，而增援的十字军正好可以攻击他们的左翼和背后。

戈德弗雷认清，只要他能够在突厥人发现自己到来并做好准备前发动猛攻，他就能获得奇袭突厥人侧翼和后方的绝佳机会。在传令后方部队全速赶上之后，他身先士卒率领着先头部队，也就是55名自己的骑士家臣冲向了突厥人。戈德弗雷看到苏丹及其卫队正位于突厥半圆阵型中央的一个土丘上，便直接向那里冲杀了过去。而他这次勇猛的冲锋也使敌军终于意识到战局已经逆转。右翼纵队的其余十字军全速跟在戈德弗雷背后，每支部队都沿着自己能够找到的最短路线越过了山脊——图卢兹的雷蒙德前进到了博希蒙德营地的左侧，佛兰德斯人位于戈德弗雷正后方，普伊主教（Bishop of Puy）则沿着一个较远的山坡穿过了山脊缺口，来到了突厥大军中央部分的后方。

◎ 多里莱乌姆会战之后正在埋葬死者的十字军

在意识到一支生力军已经抵达战场之后，异教徒们根本没有时间重组战线。数千名基督徒骑兵对突厥人发动猛攻，席卷了他们的左翼，并从后方对其中央部分发动进攻。由于法兰克人在展开和前进时的匆忙，其冲锋必定十分混乱，可即使如此，突厥人也根本没有试图抵抗。突厥人在恐慌之下，全军都疯狂地逃离了战场，仅有苏丹卫队坚守了一小段时间以便使主人得以逃跑。博希蒙德的疲惫之军看到友军出现在敌军后方，也孤注一掷地发动了冲锋，使胜利更为彻底。这样一来，突厥左翼便被夹在两支基督教军队之间，在逃出战场前遭受了极为惨重的伤亡。

十字军获胜后对敌军展开了全力追击，使敌军无法重新集结，占领了其物资充足的营地并最终彻底击溃了敌军。此后在十字军穿越小亚细亚内陆高原的数周时间内，基利日·阿尔士朗都不敢再向对方挑战。这位苏丹的追随者更是惊恐至极，在胜利者停止追击之后依然全速奔逃了很长时间。十字军重新开始进军后，有三天的时间里，道路边上都堆满了因突厥人疯狂奔逃而累死的战马，"尽管此时仅有上帝仍在追击他们"。

相对于战况的激烈程度而言，双方实际损失可以说很小。突厥人仅在会战最后的十分钟内，因左翼遭到两支基督教军队的夹击而受到了一定打击。戈德弗雷手下的法兰克人根本不曾受创，博希蒙德的部队虽然在箭雨下煎熬了五小时之久，但由于拥有厚重的盔甲保护，人员损失要远比战马更少。胜利者在会战中近损失了4000人，失败者更是仅损失了3000人，而这一数字也毫不令人意外。基督徒的损失绝大多数来自于在营地中遭到屠杀的劣等步兵。

多里莱乌姆会战的胜利不过是运气使然。由于将军队分成了两个互不联系的纵队，而且在行军时也十分粗心大意，十字军本应遭受一场失败。在两支纵队相距仅有六七英里的情况下，戈德弗雷的援兵花费了五个小时才抵达博希蒙德附近，足以证明二者对互相所在位置根本任何了解。很明显，这五个小时的时间大部分都被博希蒙德在突厥人开始进攻时派出的信使所花费掉了。由于不知道右翼纵队的位置，他们不得不花费大量时间来寻找友军。毫无疑问，像这样一支由数万人组成而且携带着庞大行李纵列的纵队，只要能够知晓其大概方位，肯定是很容易找到的。因此我们也只能认定两支纵队肯定已经彻底失去了联系，二者都在自顾自地随意行军。

毫无疑问，若不是右翼援兵在正确时间出现在了最有效的位置上，左翼肯定要遭受一场惨败。法兰克人根本无法应对自己未曾遭遇过的突厥战术。他们不曾试图让步兵与骑兵配合行动，既没有让装备弓箭的步兵与突厥马弓手对射，也没有让装备长矛等长柄武器的步兵组成一道屏障，给冲锋退回战线的骑兵提供掩护。不过我们在上文中也能看到，这些缺乏训练的步兵甚至连营帐都守不住，因此很可能也无法有效担负起那些任务。但也正是由于缺乏步兵，博希蒙德和他的战友们不得不让骑兵采取守势坚守阵地这样一种最为无望的战术。这一选择的危险程度，事实上和他们所尽力避免的，在侧翼暴露的情况下对突厥人半圆形包围圈中心发动冲锋的危险性同样巨大。停在原地任由对方向自己发射箭矢，只能导致失败而绝无任何获胜的可能性。事实上也正是如此，法兰克人在承受了五个小时的箭雨后已经开始混乱地向营地撤退，若不是援兵赶到，他们很快就会彻底崩溃并遭到屠杀了。

无论是否配得上会战的胜利，十字军还是赢得了自由穿越小亚细亚的机会。直到抵达安条克之前，他们都不曾再被迫与对方进行会战。而到了十字军开始围攻该城时，军队的状况也已经发生了巨变。由于在漫长行军中极度缺乏给养，人员损失的数量高得吓人，数以万计的步兵倒毙在路边，而由于西欧

◎ 博希蒙德率军攀登安条克城墙

战马无法承受炎热气候，而且当地草料数量既不充足而且种类也有所不同，导致大部分骑兵都失去了坐骑。到1097年至1098年冬季，十字军营地中尚能作战的马匹数量据说已经不足一千匹，若不是凭借着一两次胜利的机会幸运地从敌人那里俘获了大批叙利亚战马，十字军全军都要成为步兵了。

对于安条克的长期围攻（或者不如说是封锁），并没有太多值得讨论之处。十字军的攻城武器根本无法对查士丁尼时期遗留下来的坚固城墙造成什么威胁。

在好几个月的时间里，十字军宿营在奥龙特斯河与城墙之间的一块三角地带，封锁着城市东部和东北部的三座城门，但对于敌军从西北和北面的城门出入却放任不管。倘若围攻就这样进行下去，十字军可能永远都无法攻陷该城。直到进抵城下五个月之后，法兰克人才造起一座箭塔来控制西门，并建造了"桥头堡"来封锁安条克城与奥龙特斯河相连的吊桥。直到此时，守军才终于开始感到威胁。此后突厥人的给养，尤其是马匹所需的草料开始捉襟见肘。可即使如此，突厥人也仍然没有完全被封锁于城内，他们仍然能利用一些小门在夜间出城，而且从未与友军彻底失去联系。与此同时，基督徒们所遭受的苦难也并不比对手们要少——他们已经耗尽了临近地区的资源，被派到远方征发给养的支队经常被突厥人切断。尽管他们能够通过圣西蒙（St.Simeon）的港口与大海取得联系，一支热那亚舰队也已经驻扎在了那里，但他们与舰队的联系却经常受到干扰且必须要冒着极大风险。饥荒在整个冬季和早春始终统治着十字军营地，人员和马匹就像苍蝇一样成批地饿死。

对法兰克人而言幸运的是，这次围攻期间爆发的两场最激烈的交锋，都是在不适合突厥战术发挥的战场上进行的。

第一场战斗是二者中相对更重要的一场。叙利亚的埃米尔们集结了一支军队，试图为安条克解围，或至少也要干扰围攻军队的行动，其人数据估计在12000人至28000人之间。获悉这支军队到来之后，十字军的统帅们决定先发制人。此时突厥军队已经前进到了位于安条克以东16英里的哈伦克镇（Harenc，即哈利姆）。其通往安条克的最佳道路，要穿过奥龙特斯河以及十字军营地以北的开阔地，进抵吊桥。不过这条道路上存在一个危险的隘路，位于安条克以东七英里左右，贝格拉斯湖（Begras）南端在这里距离奥龙特斯河仅有一英里左右，而隘路就位于这块地峡。十字军决心在此处拦截前来解围的敌军——此时他们对于营地附近的地形已经颇为了解，博希蒙德也已经发现，此地不仅能使敌军的人数优势无从发挥，而且由于地峡入口处的丘陵地形，十字军可以将一定数量的部队隐藏在背坡上，从而奇袭敌军。

法兰克人此时仅能在战场上投入七百名全副武装的骑兵。由于战马的状况已经是如此之差，只有如此少量的战马还能承受一小段夜间行军以及次日会战的压力。负责指挥行动的博希蒙德就带领着这支小部队在黑夜掩护之下从营地出发，"越过了七条山谷和七座山脊"，在大湖与河流间地峡的附近占据了阵地。第二天清晨，突厥军队开始出现，其主力前方拥有大批马弓手掩护。十字军以五个中队组成第一线，后方还保留有一个预备中队。当所有突厥人全军都进入了隘路之后，博希蒙德便对敌军的前卫发动了冲锋。经过短暂的散兵战斗之后，突厥前卫便开始后退，在一片混乱中退向了自己的主力部队。如果异教徒们拥有足够时间和空间进行展开的话，十字军肯定会被击败，但此时突厥人仍处在一片混乱之中，而且两翼还有湖水和河流阻碍。突厥前卫给其余部队造成了巨大混乱，突厥人的主力互相拥挤在有限空间里，既无法分散开来也无法迂回十字军的侧翼，虽然他们也曾尝试抵挡十字军的冲锋，但是当博希蒙德和预备队全部投入战斗之后，突厥人便放弃抵抗，开始逃跑。可是在两侧被湖水、河水阻拦的情况下，即使逃跑也不是那么容易，不少于两千名突厥骑兵或被十字军杀死，或是淹死在了水中。法兰克人发动了猛烈追击，在夜幕降临前占领了哈伦克镇，并俘获了对方的行李纵列（1098年2月8日）。

第二次战斗的情况还要更为简单。安条克守军从吊桥发动突围，穿过奥

◎ 攻陷安条克后，十字军对该城进行了大屠杀

龙特斯河来到了河对岸的平原上。他们很快便遭到了攻击，由于背后的河水阻碍，突厥人既不能展开成他们惯用的新月阵型，也不能采取敌进我退、敌退我进的传统战术。在十字军猛烈的冲锋之下，突厥人被狠狠地推向了奥龙特斯河。在他们挣扎着撤退时，愚蠢的埃米尔巴格吉-萨甘（Emir Baghi-Sagan）却关上了城门，导致突围部队损失惨重，数百人被杀死或者淹死（1098年3月）。

1098年6月4日，由于城内一位军官叛变，安条克才终于陷落。毫无疑问，十字军根本无法凭借武力攻克该城，而且由于安条克与开阔地带的交通线也只是受到严重阻碍，而并没有被完全切断，用饥荒来迫使安条克投降也并不现实。在城市陷落的当天，一支解围大军的前卫便来到了附近。在这支军队中，不仅有周边的叙利亚王公们，就连美索不达米亚和波斯的军队也远道而来，联合起来解救巴格吉-萨甘。这支军队由摩苏尔的埃米尔卡布卡（Kerboga）统领，人数据称达到了十五万甚至二十万之巨。短短几天时间之内，这支生力军便席卷了安条克附近的全部平原，将十字军封锁在了原先的营地和新占据的城市两地。由于安条克的卫城仍握在原有突厥守军手中，法兰克人的情况十分危险——在安条克城破时，巴格吉-萨甘的儿子沙姆斯·阿德都拉（Shems-ed-Dowleh）率领着守军残部进入卫城寻求保护。十字军必须分心监视这批突厥人，而后者之所以没有进行突围行动，也只是因为法兰克人在一些险峻高地上建起了碉堡，以免他们利用自己的优势地形发动突袭。

安条克会战（1098年6月28日）

　　由于上述情况，十字军所面临的局势并没有在攻破安条克之后好转。虽然他们已经占领了城市，但现在反过来又被卡布卡围攻。在僵持了超过三周之后，十字军的状况变得更加糟糕，曾让他们在冬季里痛苦不堪的饥荒也再次爆发。法兰克统帅们认清自己要么拼死一搏，要么就只能坐以待毙。因此十字军决定从吊桥冲出城外，对突厥人发动进攻，后者此时正宿营在奥龙特斯河北岸。这一次，十字军终于决定让骑兵和步兵联合作战，而这对如今的他们而言也是绝对必要的，因为骑兵现在已经减少到了仅剩数千人的地步，无法再独力与卡布卡的大军对敌。十字军中已有数百名身经百战的英勇骑士失去了战马，不将他们带上战场也是极不合理的。即使步行参战，骑士们在信心和坚韧方面也远强于那些未经训练、不值得信任的普通步兵。而有了这些身着重甲、英勇

◎ 攻克安条克之后，十字军很快便遭到突厥增援部队的围攻，由于缺乏给养，十字军们只能依靠发现圣矛等所谓"奇迹"来维持士气，最终决定出城与对方决战

过人而且地位高贵的骑士加入，即使是西欧那些低劣步兵在面对敌军时，也会变得不那么容易发生恐慌和混乱。由于上述原因，这一次十字军对于让步兵一同进入战场也做了尽可能详尽的安排。他们将步兵分为若干小队，分别交给有能力的指挥官来带领，而这些小队可能也是依照士兵们所使用的武器类型编组的。虽然步兵中肯定有数千人并未装备远程武器，但在史料中被提及最多的还是弓箭手和弩手。在面对像突厥人这样完全依靠弓箭作战的敌军时，己方装备了远程武器的部队就显得格外宝贵。前文我们也已经提及，由于步弓手可以使用长度更大、射程也更远的弓箭，因此他们也是最能有效对付马弓手的兵种。虽然除少数几个地区以外，西欧大部分弓箭手素质都并不算很高，但他们在对付突厥骑兵时仍能发挥很大作用。当然，十字军的统帅们绝不会指望全凭弓箭获胜。步兵仍然只是辅助部队，会战的胜负还是要依靠重骑兵冲锋来决定。十字军将各步兵小队排列在第一线，每支小队背后部署一小队骑兵，在会战中，步兵首先与对方接战，骑兵负责给予对方决定性的一击。

6月29日周一，十字军在安条克街道上一队队地排列整齐，其前卫紧邻吊桥，准备在收到信号后冲出城门。我们很难确定十字军的具体编组情况，而不同编年史作者所给出的分队数量也从四支到十三支不等。其中可靠性最高的两个来源——雷蒙德·阿吉尔斯（Raymond d'Agiles）所著编年史以及《法兰克东征史》（*Gesta Francorum*）分别给出了八支和六支两个数字。不过雷蒙德还记载了一段十分有趣的过程："王公们原本将部队编为八个分队，可当我们带着所有能够携带武器的人冲出城外之后，又组成了五个新的分队。这样一来，我们便是以十三个，而非原先的八个分队投入战斗了。"有两到三本编年史中记载了每个分队中的贵族姓名，而在这些名单中，关于前四个分队和最后两个分队的分歧很小，但对于中间那些由勃艮第人、南法兰西人以及普罗旺斯人组成的分队，其组成情况很难确定。按照不同编年史的猜测，由布永的戈德弗雷和普伊主教阿德玛尔（Adhemar）所率领的这部分人马，可能只编成了两个大型的分队，也可能编成了四个甚至七个小型的分队。按照我们分析的大体结果来看，十字军最初安排洛林人和勃艮第人组成的两支大型分队位于中央，左翼则由阿基坦人和普罗旺斯人的两个分队组成。但当他们进入平原地带后，中央的两个大型支队又被分别重组成了三个和四个小队。如果雷蒙德·阿吉尔斯所言不虚，那么这一安排就是临时所为，原因则在于战前准备时王公们低估了战线中的士兵总数。

依据史料记载做一总结，我们可以推测出如下的战斗序列：法王的弟弟休米指挥的北法兰西人，罗伯特伯爵的佛兰芒人，征服者威廉之子罗伯特指挥的诺曼人，这三个分队组成全军右翼，在出城时位于纵队前部；在他们后方出城的三个分队分别是洛林人、勃艮第人以及中法兰西人，其中后者由戈德弗雷公爵指挥，另外两支分队似乎由图尔伯爵雷吉纳德（Reginald，Count of Toul）和圣·波尔伯爵休米（Hugh，Count of St.Pol）指挥，以上三个分队构成了全军的中央；在他们之后则是普罗旺斯人、阿基坦人以及西法兰西人组成的四个支队，这些部队组成了全军左翼，由西法兰西人的指挥官阿德玛尔主教负责统领，另外三个分队指挥官分别为奥兰治伯爵兰博（Raimbaud，Count of Orange）、迪耶公爵伊苏德（Isoard，Count of Die）以及布里多尼人柯南伯爵（Count Connan the Breton）；最后出城的是坦克雷德和贝亚恩的加斯东（Gaston of Bearn），二者分别率领着阿普利亚人（Apulian）和加斯科涅人（Gascon），此外还有博希蒙德带领的大部分意大利诺曼人和西西里诺曼人，这三个分队在其余

◎ 安条克的围攻和会战（1097年10月至1098年6月）

战友背后组成预备队，以便在全军穿过吊桥进入平原时保卫其后方。

关于每支分队的人数，对我们唯一有用的信息来自于艾克斯的阿尔伯特（Albert of Aix），他记载在戈德弗雷公爵亲率的分队中，骑兵和步兵相加也不超过两千人。值得注意的是，阿尔伯特在著作中故意夸大了法兰克人的弱势，而且戈德弗雷的分队可能原本就比其余分队人数更少，至少据我们所知，博希蒙德的分队人数就要比戈德弗雷手下士兵多很多。但是根据推测，十字军全军的兵力人数仍应该在25000人到30000人之间，其中可能有十分之一是骑兵。我们知道，在十字军展开战线后，其长度在两英里左右。即使考虑到步兵分队之间留下了供骑兵进退的空隙，在排成六排的情况也需要20000名步兵才能覆盖这一宽度。由于这些步兵的平均素质不高，倘若只排成三排或者四排，那他们根本不可能在敌军面前站稳脚跟，因此其深度不可能少于六排。再加上博希蒙德的预备队以及步兵背后的骑兵数量，我们认为三万人应为更接近事实的数字。

卡布卡的营地位于安条克城东北、奥龙特斯河对岸两英里左右的一个山脚下。在穿过吊桥并列成战线之后，十字军便决定直接朝着敌军营地前进。他们的正面指向东北偏东方向，右翼位于奥龙特斯河，左翼则与丘陵地带相连。根据计划，各分队在穿过吊桥后都应按照战斗序列展开在各自位置之上。位于纵队前方的几个分队在过河后立刻停止前进，并在河岸附近展开，中央部分则继续前进将战线向北延伸，而前进距离最远的左翼则要一直进抵大山脚下。这一安排最危险之处在于，卡布卡可以先放任十字军的一两个分队过河，趁着后方各支队仍拥挤在城门和吊桥时发动进攻。倘若他果真如此行动，那十字军们的命运很可能就会像康柏斯内斯会战（The Battle of Cambuskenneth）中华伦尼男爵（Earl Warrenne）的军队一样——在主力尚未进入战场时前卫就已经被彻底击碎。不过，这位埃米尔更愿意放任基督徒全军都进入到平原上，以便利用这里的空间来迂回对方侧翼，利用典型的突厥战术包围、摧毁敌军。据称他曾说：“敌军前进得越远，就越会任我们摆布。”

直到基督徒们一个分队接一个分队地跨过吊桥之后，卡布卡发现对方的数量要远比自己所估计的更多，甚至可能填满整个平原的宽度，阻止一切迂回行动。直到此时，卡布卡才终于带领军队行动起来。显然，当这位埃米尔挥动自

◎ 安条克会战中的十字军

己的右翼从丘陵地带边缘穿过平原，占据十字军计划中的左翼位置时，休米、两位罗伯特、戈德弗雷等几个分队已经就位，阿德玛尔主教则刚刚开始在其左侧展开。这样一来，沿着山脚展开的15000名突厥骑兵便呈直角对着十字军尚未完成部署的左翼。据说这些突厥骑兵中包括鲁姆苏丹基利日·阿尔士朗以及阿勒颇的勒德旺（Ridwan of Aleppo）。阿德玛尔主教及其后方的三个支队在向与中央和右翼齐平的阵位前进时遭遇了极大困难，不过在最终成功进入预定位置后，他们却将卡布卡的军队给切断了，鲁姆苏丹所率领的分队也被彻底与主力部队隔开。这导致会战演变成了两场互相独立的战斗，一面是十字军主力与突厥中央及左翼部队的战斗，另一面则是博希蒙德的基督徒预备队与异教徒右翼分队的战斗。博希蒙德意识到，倘若基利日·阿尔士朗对戈德弗雷和阿德玛尔的后方发动攻击，就将带来灾难性的结果。因此他急忙催动部队前进，背靠着主力部队，面向西方展开了自己的预备队，其战线与阿德玛尔和戈德弗雷的部队平行，正位于十字军中央偏左侧的背后。按照一些史料的说法，戈德弗雷也紧急派出图尔的雷吉纳德去支援预备队，抵挡来自后方的攻击。

◎ 安条克会战

在主力会战中，十字军出人意料地轻易获得全胜。卡布卡是一位愚将，而他的盟友——大马士革和阿勒颇的埃米尔们既不信任卡布卡，也不信任彼此。按照穆斯林史学家们的说法，当时有一支人数颇多的土库曼人（Turcoman）辅助部队，由于之前受到了阿勒颇的勒德旺挑唆，临阵脱逃导致全军陷入混乱。毫无疑问，当基督徒们以弓箭手在前、骑士在后的整齐战线推进时，突厥人放弃了原有位置而退向了营地。他们虽然在营地附近重组了战线，但由于法兰克人已经填满了从河岸到丘陵的整个平原，侧翼不可能再被迂回，突厥人失去了施展其惯常战术的机会。在他们首次撤退时，表面上还颇有秩序，但这一次在法兰克人的重压之下，异教徒军队变得越来越混乱，最终演变成了全速溃退，领头者正是懦夫卡布卡。突厥人从奥龙特斯河与安条克湖之间的道路逃亡，抛下了营地和所有不幸的随营人员，任凭法兰克人残杀。科马尔丁（Kemal-ed-din）也说："没有一名战士阵亡，但步行的辅助兵、马夫和仆人却惨遭屠杀。"

后方的战况则要激烈得多。鲁姆和阿勒颇的突厥人满怀着愤怒冲向博希蒙德分队，后者则率领步兵组成一个密集的环形阵拼死坚守阵地。这些部队暴露在突厥人的箭雨之下，时不时还会有一些敌军放弃自己的传统战术，举着刀剑冲锋过来，使博希蒙德面临极大风险。图尔的雷吉纳德赶来支援后，也遭到对方的猛烈攻击，损失惨重。按照一些史料记载，雷吉纳德手下几乎所有步兵都被击溃。不过当突厥人看到主力已经逃跑之后，便认清自己已经输掉了会战。与此同时，得胜的十字军显然也派出了更多部队来支援博希蒙德。在点燃草原掩护撤退之后，异教徒们便向西逃向了大海。博希蒙德和雷吉纳德虽然损失惨重，但最终还是守住了阵地。由于卡布卡和突厥主力部队的懦弱无能，这支迂回部队也遭受了彻底失败。

安条克会战的结果令法兰克人和突厥人都感到十分惊讶。基督徒惊讶于自己能够在人数不足、士兵饱受饥荒困苦的情况下，仅靠一次决死冲锋便顶着东方的烈日将异教徒击溃，因此将胜利完全归因于超自然因素。他们声称阿德玛尔主教手持的圣矛吓得对方四散奔逃，而圣乔治（St.George）和圣德米特里厄斯（St.Demetrius）所率领的天堂大军也参与了胜利——据说他们"穿着白色战袍，骑在白色战马上，高举着白色旗帜"。穆斯林将这场以少胜多的会战归因于哀兵必胜的道理以及真主的善变，认为上天是在用失败来惩罚埃米尔们的罪过。

对于想要寻找会战胜负真实答案的人而言，事实上原因足够明显。突厥人这一次又是在不适于发挥其传统战术的战场上作战——法兰克人将右翼靠在河岸，因此无法迂回，而遭到威胁的左翼也突破了敌军派来包围自己的支队，成功进抵山脚。在两翼都得到了天然障碍物的掩护后，法兰克人只需笔直向前冲锋即可，而突厥人要么选择自己不擅长的短兵相接，要么就只能逃跑。突厥人选择了后者，法兰克人因此赢得了胜利。倘若没有博希蒙德和图尔的雷吉纳德保护背后，法兰克人本可能遭受惨败，可是当背后的攻势陷入僵局之后，突厥主力部队便再也没有任何胜机了。

基督徒和穆斯林双方本应牢记多里莱乌姆和安条克两场会战的教训，但在后文中我们能看到，仅有双方的少数杰出人物发现了这两场会战的真正意义。在接下来的一百年中，双方经常重复着自己早已犯过的错误——突厥人会在狭窄地形作战，而法兰克人也经常不让步兵与骑兵依照合适比例协调行动。

阿斯卡隆会战（**1099年8月14日**）

在十字军征服叙利亚的过程中，除安条克会战以外双方再无大规模交战。1098年至1099年余下的时间里被一系列围攻战所占据，我们将在后面介绍早期十字军攻城武器时加以详述。直到1099年8月，双方才终于进行了下一场会战。这一次十字军的对手不再是突厥人，而换成了法蒂玛埃及的统治者穆斯塔里（El-Mustali Abul-Kasim Ahmed）。十字军抵达时，巴勒斯坦属于埃

◎ 一幅绘于13世纪的十字军攻陷耶路撒冷手稿，可见其中对于攻城塔的描绘。直到圣城陷落后，埃及的法蒂玛王朝才终于行动起来，派出军队试图收复该城，并导致了阿斯卡隆会战

及领地，而耶路撒冷也是基督徒从埃及人手中夺走的。圣城陷落后不久（1099年8月），穆斯塔里便派出其手下大将阿夫达尔（El-Afdal）率领一支大军，试图驱逐十字军以夺回圣城。阿夫达尔手下的这支军队与十字军迄今为止所遭遇者并不相同，他们仍然使用着拜占庭人早已抗击许久的老式撒拉逊战术。其军队中拥有数千名装备着弓箭和铁锤（Flail）的黑种苏丹（Soudanese）步兵，骑兵则包括摩尔人和贝都因人组成的轻骑兵以及来自哈里发正规军的铁甲骑兵。与突厥人的马弓手不同，他们全部都是枪骑兵。由于长期与叙利亚的突厥王公们作战，穆斯塔里也无法指望得到这些人支援，不过其军队中似乎也存在少量的突厥佣兵。和往常一样，十字军的史料对于这支军队的规模只给出了一个三十万人的模糊数字，实际上其人数可在五万到六万之间。

法兰克人在8月13日从耶路撒冷出发迎敌，军队中拥有5000名骑兵和15000名步兵。自从在叙利亚取得一系列胜利以来，法兰克骑士们获得了大批阿拉伯马来取代一路死掉的战马，此时也已经可以重新上马战斗了，因此骑兵在军队中的比例也要远比安条克会战中大很多。当十字军来到敌军附近地区时，由于害怕遭到奇袭和包围，他们将部队分成了九个支队，每个支队中都拥有步兵和骑兵。九个支队每三个列为一线，依次行军。这样一来，无论敌军是从前方、后方或是侧翼出现，十字军都能以三个支队接敌，三个支队支援，三个支队作为预备队。可事实上，反而是十字军奇袭了阿夫达尔的军队，并在阿斯卡隆以北数英里的一条山谷中夺取了正由三百名哨兵放牧的畜群。

败兵很快就把十字军抵达的消息带到了那位埃及维齐尔那里。阿夫达尔计划在第二天清晨与对方决战。他率军在阿斯卡隆以北的海岸占据阵地，其左翼紧邻着大海，右翼则倚靠着山丘，战线长度在两英里左右，其后方则是阿斯卡隆的果园和耕地，以及位于耶路撒冷城门外的营地。阿夫达尔将苏丹弓箭手们布置在战线前方，正规骑兵位于后方，右翼则布置有一队贝都因骑兵来迂回敌军侧翼，左翼由于贴近海岸线，无法进行任何迂回行动。

8月14日，十字军逐渐出现在了大海与山丘之间的沙地平原，越接近阿斯卡隆，平原的宽度就越大。接近埃及人之后，十字军也按照先前编组的分队从行军序列展开为作战序列。毫无疑问，诺曼底的罗伯特所率的三个先头分队首先停下脚步，图卢兹的雷蒙德所率的三个二线分队则在他们右翼展开，紧邻海岸。布永的戈德弗雷麾下的三个后卫分队则在罗伯特左翼展开，倚靠着山区。这样一来，九个分队一字排开，后方没有任何预备队，每个分队中都是步兵在前，骑兵在后。

当双方军队接近弓箭射程后，苏丹人便开始向十字军放箭，他们"按照自己的习惯，单膝跪地拉弓放箭"。与此同时，撒拉逊全军都发出了一阵骇人的鼓噪声向十字军挑衅，贝都因骑兵也开始从右翼冲出来去迂回敌军左翼。按照一位学者的形容，埃及人"就好像一头雄鹿那样放低头颅，把犄角伸展出去，以便用它们把进攻者包围起来"，只不过由于战线西侧紧邻大海，这一翼无法进行任何迂回行动。

戈德弗雷公爵凭借着骑士们的冲锋，不费吹灰之力便阻止了阿拉伯轻装骑兵的迂回。与此同时，十字军正面也开始全线推进。基督徒骑兵们冲锋速度之快，使苏丹弓箭手们每人只来得及射出一箭。无论在任何方向，埃及步兵都被法兰克骑兵所席卷，埃及全军也立刻陷入了彻底混乱。似乎埃及人并没有进行太多抵

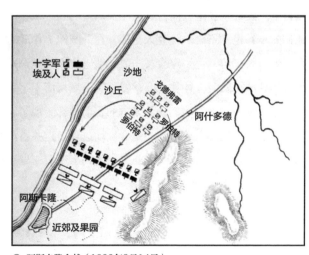

◎ 阿斯卡隆会战（1099年8月14日）

◎ 由于埃及军队在冲击力方面不及十字军，又不像突厥人那么灵活，因而在阿斯卡隆会战中被十字军打得惨败

抗便在整条战线上被十字军凿穿了。诺曼底的罗伯特斩杀了为维齐尔背负战旗的卫兵，坦克雷德一路冲进了穆斯林的营地，图卢兹的雷蒙德则将敌军左翼赶进了大海。一部分埃及人逃进了阿斯卡隆镇，其余幸存者则向南逃跑，甚至还有些人游泳游到了锚泊在海岸外的战舰上。可即使如此，仍有数以千计的埃及人战死沙场。而在他们拼命挤过城门时，被践踏至死的人还要更多，另外还有为数不少的士兵在大海中淹死。会战结束后几个小时的时间里，十字军仍在捕杀隐蔽在果园里或爬进树冠里躲藏的逃兵。十字军在敌军营地中缴获了大批战利品，阿夫达尔也险些被杀或者被俘。由于埃及人在逃跑方面不及突厥人灵活，损失也更为严重，因此这场胜利要远比安条克会战和多里莱乌姆会战更为彻底，可怜的埃及步兵们也几乎全部战死。

显然，十字军在对付埃及人时要远比对付突厥人更为轻松。埃及人试图以自己只装备了骑枪，而且素质不及对方的骑兵来正面对抗十字军重骑兵，而他们的步兵也并不比法兰克人更强。在开阔地上作战时，即使埃及人在数量上占据着极大优势，也一定会被击败。缺乏纪律的亚洲军队在面对由可靠统帅领导下的欧洲军队时，往往都会落得这般下场。而十字军此后在面对埃及人时，对敌军的蔑视也导致他们连最基本的警惕性都忽视了，哪怕是以一敌十或是在根本不合适的地形条件下也还是会发动进攻。这些鲁莽行径最终在几年后的拉姆拉会战（The Battle of Ramleh）中受到了惩罚，导致鲍德温国王在自己所看不起的敌人手下损失惨重。

两次拉姆拉会战（1101年9月7日、1102年5月）

作为埃及的维齐尔，阿夫达尔直到两年后才从阿斯卡隆会战的阴影中走出来。1101年，他派出一支新军入侵巴勒斯坦，此时仍握在埃及人手中的阿斯卡隆便成为这支军队的前进基地。此时鲍德温一世已经继承了其在位仅仅一年的兄长戈德弗雷，加冕为耶路撒冷国王。这个小小的王国除首都以外，仅拥有贾法、阿尔苏夫以及恺撒里亚三座港口，而且其中后两座还是在热那亚舰队的支援下才刚刚在1101年夏季攻克的。鲍德温一世终其一生都是一位冲动鲁莽的统帅，可以说是一位被拜占庭学者们深深鄙视的典型法兰克将军。埃及部队的数量虽然不及阿斯卡隆会战，但依然十分庞大。按照沙特尔的弗切尔（Fulcher

◎ 在埃德萨接受亚美尼亚人欢迎的鲍德温一世。这位有勇无谋的国王在两次拉姆拉会战中都急不可耐地率领少量军队迎战穆斯林大军，虽然赢得了第一次拉姆拉会战，但却在第二次会战遭受失败

of Chartres）估计，埃及人拥有11000名骑兵和21000名步兵，而穆斯林史学家们则提到这支军队由埃米尔萨阿德·多利赫（Emir Saad-ed-Douleh）指挥。面对这支强敌，鲍德温却决定仅利用短短数日内可从耶路撒冷集结起来的少量兵力前去迎敌。他不愿等待自己派驻在外的各支部队前来集结，更不愿意等待需要数周才能从安条克或埃德萨赶来的援兵。埃及人在9月5日从阿斯卡隆出发后，鲍德温也离开耶路撒冷前往贾法。埃及人并没有在贾法与鲍德温交战，而是前进到了位于耶路撒冷国王与耶路撒冷城之间的拉姆拉，该地与耶路撒冷和贾法的距离大致相等。鲍德温也跟随敌军来到了此地，当时他手下仅有200名骑士、900名步兵以及60名骑着借用战马紧急充实骑兵人数的治安官。他将这

支小小的部队分为六个支队（各支队均为步骑结合），之后便鲁莽地挥动部队冲向埃及大军。后者早已获悉鲍德温的到来，而且其战线长度也远远超过了对方两翼。鲍德温率领着自己的小部队，就好像"扎进鸟群的猎人一样"冲进了敌军中央。至于法兰克人的具体阵型，我们所能掌握的全部描述仅有沙特尔的弗切尔那一句"按照军事艺术准则部署"而已。可即使这短短一句来自12世纪的叙述，也足以证明鲍德温在发动进攻时鲁莽地忽视了可能的危险。

似乎当双方战线接近到一千步的距离时，骑士们便开始催动战马冲向埃及人，远远地把步兵甩在了身后，只有鲍德温本人还率领着六个支队之一的40到50名骑兵留在后方与步兵一同行动。基督徒开始冲锋后，埃及人也将两翼调转过来围住对方，从四面八方对十字军的骑兵和步兵同时发动进攻。右翼两个支队的骑士们从侧翼遭到打击，彻底被对方击溃，几乎无一人幸免于难。其余三个支队的骑兵也被占据优势的敌军淹没，几乎就要像右翼两队一样崩溃瓦解。此时，鲍德温率领着预备队中的小股骑兵冲入了战斗最激烈之处，给敌军人群带来了必要的冲击。埃及中央部分在冲击下崩溃逃亡，原本已经取得了胜利的穆斯林左翼也退出了战场。可虽然双方骑兵的战斗决定了会战胜负，后方的十字军步兵却依然遭受了埃及两翼极外侧部队的猛烈打击。步兵们的战斗十分艰苦，弗切尔也在记载中承认："十字军虽然在前方赢得了战斗，但后方的情况却极为悲惨。"倘若鲍德温的胜利步伐比实际情况慢那么几分钟，十字军步兵本可能会被打得支离破碎，全军覆没。事实上，鲍德温所取得的胜利也十分勉强，甚至有500名得胜的左翼阿拉伯人登上了贾法城墙，炫耀那些阵亡十字军的盾牌和头盔，并对贾法守军高喊鲍德温已经全军覆没。不过，当这些人返回战场时却并不知道自己的主力已经逃离，导致他们意外地冲进了基督徒中间，几乎被斩杀殆尽。

鲍德温的部队损失十分惨重。80名骑士战死沙场，将近骑兵总数的三分之一。无疑，这些骑兵几乎全部隶属于在会战开始阶段被消灭的那两个支队。与之相比，步兵被杀死的数量还要大得多。根据记载，埃及人的伤亡数字最高可能达到15000人，但这一数字并不太现实，其实际损失数量可能并不比对手更高。虽然穆斯林史官们并没有给出太多会战的细节，但也说他们的指挥官沙姆斯·阿德都拉因战马倒地而死，而据说曾有一位占星家在很久之前便已经如此预言过。整场会战延续时间不超过一个小时。

令人惊讶的是，在1101年9月这次险些战败的战斗过去仅仅八个月后，鲍德温便在同一片战场上变本加厉地再次使用了这套鲁莽的战术。1102年5月，埃及人又一次从阿斯卡隆出发前进到了拉姆拉，并在那里宿营。而鲍德温也又一次不等周边要塞援军到来，便仅带领着家臣出发迎

◎ 一幅表现第二次拉姆拉会战的绘画。在这场会战中，鲍德温险些将整个耶路撒冷王国输给对方。这幅画作同样作于文艺复兴时期，十字军的骑兵在画中变成了步兵，唯一准确的只有十字军背后逃之夭夭的国王和贵族

敌。在贾法，鲍德温收编了一批来自西方的十字军骑士，后者正是1101年那次不幸东征的生还者，其指挥官为布洛瓦的斯蒂凡和勃艮第的宫廷伯爵斯蒂凡（Stephen，Count Palatine of Burgundy）。即使加上这批原本打算回国的骑士，鲍德温手中的骑兵依然不足200人，但由于他确信敌军只是一支800人到1000人的劫掠分队，因此他还是直接进向了拉姆拉。可事实上敌军带来了一整支军队，其人数与前一年在此处被击败的那支不相上下。弗切尔对此评价道："国王完全被骄傲和空想所主导，不等待更多援军，不以合适的作战序列进入战场，不听从任何警告，不等待步兵跟上，在亲眼看到庞大的敌军出现在比自己所预想的距离要更为接近的位置上后，才终于停止前进。"鲍德温带着手下那不到200名骑士笔直冲向了敌军中央，希望能够重演去年自己获胜那一幕。不过由于双方实力过于悬殊，而且这一次鲍德温连可以保护后方、承担一部分压力的步兵都没有，法兰克人很快便被敌军团团围住，几乎全军覆没。鲍德温仅能带领少数骑士杀出一条血路逃之夭夭，布洛瓦伯爵、勃艮第宫廷伯爵、旺多姆伯爵（Count of Vendome）以及超过150名骑士战死沙场。鲍德温国王过于轻视埃及军队，而且没有认清单凭鲁莽的孤注一掷绝不可能弥补百倍的数量

差距。

　　历经数次险象环生之后，鲍德温才终于到达了阿尔苏夫，并从那里乘坐着英格兰冒险家戈德里克（Godric）的帆船前往贾法。他在那里遇到了前来增援的部队，原本他只要多等待几天，便可以在会战之前与他们会合。圣奥梅尔的休米（Hugh of St.Omer）从加利利（Galilee）带来了80名骑士，耶路撒冷也有90名骑士赶来，同时还有数量可观的步兵伴随着他们。几周后，又有一支拥有多达二百艘船只的东征舰队从英格兰和德国来到此处，其指挥官为英格兰人哈丁（Harding the Englishman）以及西伐利亚人奥托、哈德玛斯（Hademuth）。当这些骑士全副武装地登上海岸之后，鲍德温便感到自己已经足够强大，足以从贾法启程再次与埃及人进行正面会战。这一次他吸取了教训，让骑兵与步兵配合作战。由于得到了舰队带来的援兵，鲍德温手中的步兵数量已不少于7000千人。他们主要以弓弩作为武器，始终压制着敌军骑兵。而1000名骑士也一次又一次地在埃及人试图接近时发起冲锋，将对方逐退。异教徒们最终在意识到自己无法给法兰克人造成打击之后逃之夭夭，将营地抛弃给了胜利者。可是埃及人似乎并没有太多人马阵亡，即使是十字军一方的史学家也只给出了"三千人"这样一个数字，相比于通常的记载而言这个数字极为谨慎。虽然这次胜利并没有造成决定性的效果，但依然拯救了巴勒斯坦。倘若十字军再次战败，拉丁王国便要立刻灭亡了。

　　我们本希望能够获悉更多关于此战中英格兰人表现的细节，因为他们在这支军队中肯定占据着可观的比例，但我们本国的史学家并没有对戈德里克和哈丁详加记载。我们只知道前者正是后来成为"隐士"和"圣人"的芬夏尔的戈德里克（Godric of Finchale）。

第四节
十字军的战术
（续）

　　我们并不想撰写一部耶路撒冷王国的历史或者战史，而只希望说明十字军时代的战术特点，因此我们没有必要对法兰克人与穆斯林之间那些数不胜数的大小战斗详加记载，只需介绍一些展示出了重要战术细节的战例。总体而言，在多里莱乌姆、安条克、哈伦克、阿斯卡隆、拉姆拉以及贾法等战场上所看到的那些有趣情况，在12世纪的作战中依然会反复出现。

　　在对付突厥人时，只要十字军能够注意下述几点，通常都能获胜：一、让骑兵与一支装备远射武器的坚韧步兵队伍配合作战；二、将战场选在异教徒无法施展传统帕提亚式包围骚扰战术的地形上；三、携带充足的食物以避免饥荒风险。在面对埃及等非突厥穆斯林军队时，十字军获胜的可能性还要大。只要能保持一般的警惕，获胜便易如反掌。法兰克人与这些孱弱敌人之间的战斗，与早期英国殖民者在印度的战况十分相似。当时少数英国人屡次对数量庞大的印度军队发动进攻，尽管英军在任何方面都居于劣势，却还是百战百胜。对十字军而言至关重要的一点在于，战场上必须拥有能够为骑兵提供支援并能够掩护骑兵集结的充足步兵。即使步兵无法独力赢得会战，也是他们的存在，才给骑士们带来了赢下会战的可能。

　　从另一个角度来讲，如果法兰克人鲁莽地向荒芜地区中自己完全不熟悉的地区进发，他们就很可能在那里遭到包围、骚扰并最终筋疲力尽。另外，如果骑士们因为自己的阶级荣誉感而误入歧途，将步兵抛在身后，他们也很容易遭受惨败。

　　在本章中，我们选出了具有代表性的十字军典型胜仗，它们分别是1119年的哈布会战（The Battle of Hab）、1125年的阿扎兹会战（The Battle of Hazart/Azaz）、1126年的玛吉-萨法会战（The Battle of Marj-es-Safar）、1191年的阿尔苏夫会战以及1192年的贾法会战。而因忽视上述准则而失败的例子，我们选择了1104年的卡莱会战、1187年的太巴列会战，1189年的阿克会战以及1250年的曼索拉会战。

哈布会战（1119年8月14日）

1119年6月27日，安条克亲王罗杰（Roger, Prince of Antioch）与手下大批骑士一同在血地之战（The Battle of Ager Sanguinis）的惨败中阵亡。马尔丁的埃米尔艾尔加齐（（Il-Ghazi, Emir of Mardin）作为胜利者，即将席卷整个安条克公国。为将安条克从突厥人手中拯救出来，耶路撒冷国王鲍德温二世（Baldwin II of Jerusalem）手下封臣，的黎波里伯爵庞斯（Pons, Count of Tripoli）快马加鞭从南方赶来增援，远至埃德萨的军队也加入了国王麾下。等到安条克军队残部重新集结整编与主力会合后，全军总计拥有七百名骑士和数千名步兵。鲍德温率领这支军队前去解救正被艾尔加齐围攻的城堡泽尔达纳（Zerdana），该城虽在援军赶到之前陷落，但鲍德温在会战当天对此一无所知。艾尔加齐同样也获得了援军加强，其政治对手——大马士革的托克塔金（Toktagin）同意暂时抛弃争端，并带来了一支包括其自己麾下骑兵以及部分埃米萨征召兵的大规模部队。突厥人总计集结了大约两万名骑兵，步兵的数量则没有被史料提及。通常而言，突厥的埃米尔们也只依赖于马弓手。

在会战当天破晓时分，鲍德温在经由哈布前往泽尔达纳途中将军队排成了比以往十字军所采用者更加复杂一些的阵型。其第一线由三个分队组成，每个分队中的骑兵都拥有步兵支援，二者可以互相掩护。在第一线背后的中央，鲍德温亲自率领着麾下家臣，并将后者组成了三个分队。他们右侧是的黎波里伯爵及其家臣，左翼则是泽尔达纳的领主罗伯特·福尔考伊（Robert Fulcoy, Lord of Zerdana）以及安条克的诸位男爵和骑士。如果我们的主要资料来源——安条克大臣戈蒂埃（Gautier, the Chancellor of Antioch）所言不虚，那么还有另外一支安条克分队受命担任后卫。庞斯和罗伯特的骑兵并没有被部署在与第一线平行的位置，而是位于其后方一段距离，以便对付敌军可能的迂回行动，而倘若敌军的压力主要集中于中央，国王也可以从后方对第一线进行支援。无论是事出偶然还是故意为之，这一阵型与拜占庭皇帝"智者"利奥在讲述如何对付穆斯林时所提出的阵型极为相似。如果我们将哈布会战的阵型图与

第四卷第二张中的示意图对照来看，这一点就会更为明显。

二者的唯一区别在于鲍德温拥有大约两千或三千名步兵，并将他们部署在了第一线的骑兵背后，而利奥笔下则是一个没有任何步兵支援的纯骑兵师。鲍德温的骑

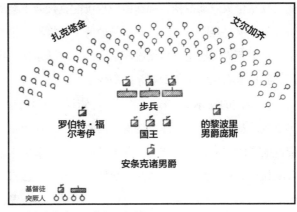

◎ 哈布会战（1119年8月19日）

兵总共分为九个中队，每队80人，三队位于第一线，三队位于第二线，左右两翼各一队，最后一队位于后方。艾尔加齐和托克塔金似乎希望能够在破晓时分奇袭法兰克人，但当太阳升起之后，他们却发现鲍德温规模不大的军队正在以整齐的战斗序列前进，异教徒们所发出的呐喊和鼓噪声也根本没有起到任何作用。艾尔加齐因此决定转而采用普通的突厥战术，以新月队形前进，试图包抄基督徒两翼。他本人率领美索不达米亚人位于右翼，托克塔金则率领着大马士革和埃米萨部队位于左翼。突厥人非常清楚，基督徒对自己最大的威胁来自于步骑协同，因此艾尔加齐决定尽可能压倒对方的第一线部队，并计划对鲍德温集中了所有步兵的中央进行一次猛烈攻击。十字军的步兵及其前方的三个骑兵中队遭到了非常凶猛的进攻，骑士们被逐退到了步兵面前，而后者也遭到了攻击。突厥人没有使用弓箭，而是手持长矛、刀剑英勇冲锋。在骑士们被逐退后，法兰克步兵根本无法抵挡美索不达米亚人的冲锋。法兰克步兵装备的远程武器是为了对抗突厥弓箭而准备的，无法应付白刃作战。他们虽然英勇战斗，但还是逐渐陷入混乱，损失惨重。

与此同时，双方在两翼的战况却平分秋色。艾尔加齐在右翼率军对的黎波里伯爵发动进攻，将后者击退并驱赶着敌军后退，迫使其与鲍德温的第二线搅在了一起。而在左翼，罗伯特·福尔考伊和安条克人却凭借英勇的冲锋将大马士革人彻底击溃，导致对手在混乱中溃逃。倘若罗伯特能够毫不迟疑地从侧

303

翼向敌军中央发动冲锋，那么他便很可能直接赢下会战。可由于此时他尚不知晓泽尔达纳已经陷落，一心收复领地的罗伯特根本没有如此考虑，而是在追击了大马士革人一段距离后便脱离了会战，向泽尔达纳疾驰而去，他本人及其手下部队也没有继续参与到剩余的交战之中。

另一侧的艾尔加齐没有犯下同样错误，而是直接对鲍德温的第二线发动了进攻。从此时开始，战况变得极为胶着——法兰克人的前卫和左翼被驱赶着混乱地退向中央，基督徒能否获得胜利，完全取决于国王是否能凭借手中的预备队扭转战局。鲍德温一次又一次地率领着骑士进行冲锋，击退涌上前来试图给会战画上句号的突厥骑兵。无论敌军从前方、侧翼还是后方前来，国王和手下骑士们总能出现在危险方向上。重骑兵们一次又一次高喊着"圣十字架！"对敌军发动冲锋，将异教徒逐退。夜幕即将将临时，艾尔加齐放弃会战撤兵而去，将战场控制权留给了鲍德温。

可就在这位马尔丁的埃米尔撤退时，他意外地与罗伯特·福尔考伊的部队撞在了一起，后者在发现泽尔达纳早已落入异教徒之手后正在迟缓地返回与国王会合。安条克骑士们行军时秩序混乱，而且没有任何警惕，很容易便被突厥人击溃了，罗

◎ 一幅作于19世纪的鲍德温二世画像。在哈布会战中，虽然当天双方在战场上平分秋色，但鲍德温还是成功阻止了对方的进一步入侵

伯特本人也因为在战斗中坠马而被对方俘虏。托克塔金在会战数日后冷血地下令处死了罗伯托，但罗伯特的下场完全是罪有应得，正是因为他在会战时自私地抛弃了战友，才招致了最严重的惩罚。

并不知晓这一灾难的鲍德温始终坚守着战场，直到夜幕降临后才退回哈布。第二天清晨，他又回到战场埋葬了己方阵亡者并搜刮了敌军的尸体。由于此时突厥人已经彻底不见踪影，他也获得了宣称自己获胜的正当理由。实际上讲，这场会战只能算是平局，但由于敌军此后便不再继续进犯安条克，十字军也算是达到了会战目的。双方的损失都很惨重，鲍德温有100名骑士和700名步兵阵亡，另外还有更多士兵在被击溃之后数日都没有返回。突厥一方也损失了2000人到3000人。

这场会战中双方平分秋色的情况，与后来的蒙特雷里会战（The Battle of Mont'l'hery）十分相似，而戈蒂埃对于双方逃亡者的记载详细程度，也足以和后来科米纳（Commines）回忆录中众所周知的经典段落相去不多。戈蒂埃写道："我们的逃兵跑到了哈布、安条克，甚至最远还逃到了的黎波里，他们在各地声称国王已经全军覆没。而在另一方面，那些被（我们左翼）逐出战场的突厥人也涌入了阿勒颇，发誓说艾尔加齐、托克塔金以及所有突厥人都已经被对方屠杀。"虽然鲍德温可以宣称自己在日落时占据着战场，但艾尔加齐也可以展示自己从耶路撒冷国王一位侍从骑士那里夺来的一面王旗，而且他手中还有罗伯特·福尔考伊以及不少贵族战俘。但是在处死了30名战俘之后，艾尔加齐没有继续自己的战役，而是回到马尔丁征召更多部队，这也证明其口中声称的胜利实际上并不能成立。不过艾尔加齐的宣传似乎成功骗过了自己的史学家们，倘若按照科马尔丁的著作来看，鲍德温根本没有任何理由宣称自己在战斗中获得了胜利。虽然当天双方平分秋色，但接下来几个月中发生的事件却足以证明谁才是真正的胜利者——艾尔加齐回到了家乡，鲍德温则占领了战场，并在秋季重新夺回了泽尔达纳以及突厥人在罗杰亲王死后所占领的大部分城堡和城市。

这场哈布会战（又称达尼特会战）有很多值得探讨之处。十字军在此战中首次采用了比安条克、阿斯卡隆、拉姆拉等会战中那种"前排安置步兵，后排骑兵支援"更为复杂得多的阵型。鲍德温作为埃德萨伯爵期间曾多次与突厥人交战，而在他加冕为国王之后，这些经验也终于开花结果。突厥人也学到了不少，他们不再完全依赖弓箭，而开始勇敢地使用刀剑、骑枪进行冲锋。他们意识到，装备着弓箭的法兰克步兵的威胁甚至比骑士还要大，因此将自己大部分的精力都花费在清扫敌军步兵。而且由于突厥人已经认清马弓在威力上要弱于步兵使用的手弩，他们也没有像先前那样试图用弓箭射杀步兵（很少能够成功），而是直接手持着骑枪进行冲锋。不过他们这一次之所以能够成功，显然也要得益于鲍德温错误地将三个中队的骑士安排在了中央步兵部队的前方，而不是后方。

为介绍双方进一步的战术发展，我们还要将时间推进几年，来到阿扎兹会战和玛吉–萨法会战的时代。

阿扎兹会战（1125年6月11日）

在1125年6月11日爆发的阿扎兹会战中，鲍德温似乎重新采用了安条克、阿斯卡隆两战中的简单战术。他将全军分为13个分队，各支队都拥有自己的步兵和骑兵。由于其手中骑士人数达到了1100人，而步兵只有2000人，因此每个分队中拥有大约80名骑兵（与哈布会战时基本相当），步兵数量则在150人左右。13个分队被分别编为中央和左右两翼三个部分。右翼由安条克的部队组成，左翼是埃德萨和的黎波里部队，三者中最为强大的中央则是国王从巴勒斯坦带来的家臣们。我们推测两翼可能分别拥有四个分队，而中央拥有五个分队，不过我们两位主要的史料作者——弗切尔以及泰尔的威廉都没有明确提到这一点。

鲍德温的对手阿尔–波索基（Al–Borsoki）拥有分为21个分队的15000名骑兵，史料中没有提及他们曾依照传统突厥战术进行迂回，反而说他们趋前攻击法兰克步兵。双方的弓箭互射只持续了很短时间，鲍德温便下令全部骑兵进行总冲锋，而后双方展开了白刃战。异教徒最初还能坚守阵地，但当骑士们突破了他们的行列后，突厥人便丧失了信心，开始崩溃逃亡。两千名突厥人在战斗中阵亡，而基督徒却只损失了24人。步兵与骑兵的合理协同带来了一场几乎无血的胜利。

玛吉-萨法会战（1126年1月25日）

突厥人在阿扎兹会战次年首次将步兵带上了战场。毫无疑问，他们终于认清了步骑协同作战要远比单靠马弓手更有效率。1126年1月，鲍德温国王跨过约旦河向大马士革前进，一路大范围烧杀抢掠，以报复托克塔金在前一年8月对巴勒斯坦进行的类似劫掠。率军阻挡鲍德温的是大马士革的阿塔贝格及其儿子，他们不仅率领着骑兵，还拥有一批"精选出来的青年，他们全副武装地由骑兵驮载，当敌军接近后便从马上跳下来步行作战。突厥人希望可以让步兵从一侧攻击，骑兵从另一侧攻击，以使法兰克人陷入混乱"。

1月25日，也就是圣保罗皈依纪念日当天，双方军队在玛吉-萨法相遇。鲍德温将部队列成12个步骑结合的分队，"以便两个兵种能够互相给予合理的支援"。除正规步兵以外，大马士革人在数量上并没有占据太大优势。基督教史学家也承认双方在数量上差距不大，因而没有像通常那样对敌军的庞大数量多加笔墨。可话虽如此，无论是因为背城之战给了他们守护家园和家人的使命，还是因为步兵给他们带来了不同寻常的支援，穆斯林的抵抗相较以往还要更为激烈得多。这场战斗也成为法兰克人在数年以来所面对的最为僵持（虽然并非最血腥）的会战。弗切尔也在著作中说鲍德温曾一度落入下风，敌军的箭雨过于猛烈，"由于箭矢极为密集，躯干和四肢的任何部分都无法保证安全"。法兰克大军被迫向后退却了很长一段距离，直到下午才近乎绝望地集结起来，拯救了自己的命运并继续开始推进。"但是我们的国王和他手下所有的骑士、家臣们尽到了自己的责任，全能的上帝也在保佑他们。"到黄昏时分，突厥人逃跑，法兰克人赢得了会战。两千名大马士革骑兵和难以计数的异教徒步兵被杀，基督徒只有24名骑士和80名步兵战死。按照泰尔的威廉那并不怎么可靠的记载，基督徒步兵们在会战中效仿国王和骑士们，在会战高潮时刻与骑兵一同冲向了敌人，他们通过射杀突厥战马给对方造成了巨大损失，异教徒落马后便成为追击者唾手可得的猎物。但从威廉对于会战的描述中，我们很难弄清步兵是位于骑士们前方还是后方。他一方面说步兵们"被派去将受伤的战友从战场上救下，送回到行李纵列"，而另一方面他又说步兵们射杀了突厥战马，使敌军骑手们"落入从后面赶来的战友手中"。在前一段描述中骑士们似乎已经冲过了步兵所在的阵地，而后一段描述则好像是骑士们仍在步兵背后。

威廉对于他出生之前那些会战的记述总是十分混乱。很可能会战开始时步兵位于第一线，而骑兵在后支援。当会战渐入高潮后，骑兵肯定会冲锋向前将步兵落在后方，而到终局阶段时步兵应该是追随着骑士们去扩大战果，而不会位于他们前方。很可惜的是，穆斯林一方对于这场会战并没有任何详细记载，倘若有的话，我们也许能像研究阿扎兹会战的细节一样，通过对比双方的记载理清不少头绪。

从玛吉-萨法会战到1187年耶路撒冷陷落的这段时间里，基督徒们有很多胜利都很值得称颂。但由于他们在战术上并没有展现出太多特别之处，所运用的也不过是上面已经提及的战术，因此我们在这里也可以一笔带过。相比于那些胜仗，这段时间里十字军的几场败仗更值得加以讨论。我们将在下一章对这些失败加以详述，并讨论法兰克人的失败原因。

接下来我们必须关注的会战也是基督徒最后一场大规模胜利，而且因为对手正是在穆斯林中最为优秀的统帅——伟大的萨拉丁本人亲自指挥下，最强大、最令人生畏，也可能是最庞大的军队，这场会战也成为十字军最负盛名的会战。基督徒人数也要比先前在圣地所进行的任何会战都要多得多。幸运的是，双方都对这场会战进行了详细记载，而战场的地形也十分清晰明了，使整场会战的每一个细节都值得加以研究。

阿尔苏夫会战（1191年9月7日）

经过了将近两年的围攻，法兰克人于1191年7月12日收复了阿克。在尽可能延长抵抗时间之后，当地守军放下了武器，向法国和英格兰的两位国王投降。萨拉丁已经倾尽可能解救该城，持续不断地攻击围攻者的营地，但他并没能达到目的。在认清自己求援无望，阿克不出太长时间必将陷落之后，卡拉库什（Karakush）和玛什陶布（Mashtoub）两位埃米尔开城投降，二人还许诺说服苏丹为被俘驻军缴纳20万金币（Bezant），并交还真十字架以及1500名在太巴列会战中被俘，如今仍囚禁在大马士革等地的基督徒战俘。

攻克阿克之后的几周时间里，基督徒们仍留在这座大要塞内外宿营，与此同时萨拉丁也仍从位于城堡东侧山区中的营地中监视着他们。十字军之所以按兵不动，既有士兵们已经精疲力竭的原因，也有城墙急需修补的原因，

◎ 十字军收复阿克

◎ 在与萨拉丁谈判破裂后，理查屠杀了突厥战俘

而且双方关于赎金的谈判也拖延不决。在此期间，法王腓力在全军一片诅咒声中返乡。他保证自己回到法国后会与英格兰国王的领土保持平静和友好，但"路人皆知腓力是如何信守诺言的，他回国之后立刻开始兴风作浪，搅得诺曼底鸡犬不宁"。在十字军方面，腓力将军队主力留给了勃艮第公爵以及香槟伯爵亨利（Henry，Count of Champagne）指挥。

试图与萨拉丁达成协议的尝试宣告无望后，查理因为没有收到赎金而屠杀了突厥守军。8月20日星期二，理查和勃艮第公爵将2600名不幸的战俘斩首，彻底宣告和平谈判破裂。两天后，十字军启程进军。

理查将收复耶路撒冷作为自己这次东征的最终目标，但从阿克直接向圣城进军又是不可能的，以法莲山脉（Mount Ephraim）在二者之间构成了一道屏障，只要还有其他道路可走，一支军队就绝不应直接翻山前进。若希望向耶路撒冷进军，最佳的前进基地便是贾法，理查也决定先将军队带到那里。他计划让军队沿海岸的罗马大道进军，途经海法（Haifa）、亚特利特（Athlit）、恺撒里亚以及阿尔苏夫前往贾法。同时舰队也与陆军齐头并进，只要船只能够接近海岸，双方便要尽可能在每一处地点都建立联系。对于一支极为缺乏运输手段，而且仰赖舰队提供给养的军队而言，这种联系也显得至关重要。由于军中的驮兽太少，包括帐篷、面粉以及各种零碎必需品在内的很大一部分辎重都要由步兵来背负。几乎一半步兵都被当作搬运工使用，在军队开始行军后他们也没有被编入战斗序列。由于萨拉丁已经蹂躏了整个海岸，并拆毁了海法、恺撒里亚和阿尔苏夫，路途上根本没有任何食物可寻。

显然，十字军只要踏上征程，立刻就会遭到萨拉丁的骚扰，绵延数英里的细长行军纵列也一定会将突厥人从各要塞吸引到这片山地来发动攻击。为此，理查必须将军队的行军队形排布成只要一声令下即可组成战斗序列的队形。其前方、后方以及左翼全都可能遭到敌军进攻，只有右翼能够得到海岸保护。

面对着这种危险，理查国王尽可能进行了最妥当的安排。他将驮兽和背负行李的步兵安排在海岸边，其左侧则是被编为小队的骑兵，各小队互相间隔一段距离，覆盖整个行军纵列。而在骑兵左侧则是步兵主力部队，他们排成了一条连续的纵队，掩护住

◎ 英格兰国王理查一世。这位号称"狮心王"的国王，几乎可以说是十字军历史上最优秀的统帅。可即使他在阿尔苏夫击败了萨拉丁，却还是没能收复耶路撒冷

了全军东翼。步兵各单位虽然距离很近，互相之间也没有空隙，但为了方便行动还是被分成了12个分队，内侧的骑兵也被分别配给这12个步兵分队，二者平行进军。

这样一来，理查就将全军分成了12队步兵和12队骑兵，而这些分队又被编为五个大队，每个大队具体编成无法确定。圣殿骑士（Templar）和医院骑士（Hospitaller）熟悉当地情况，而且还拥有一批"突厥之子"（Turcopole），即装备与突厥人类似，非常适于用来与突厥人对敌的雇佣马弓手，因此圣殿骑士和医院骑士每隔一日就会被安排在危险最大的前卫和后卫位置。英格兰国王的王旗被竖立在全军中央一辆由四匹马拉着的大篷车上，其形制与几年前米兰人在莱尼亚诺（Legnano）使用的"插旗战车"（Carrochio）相似。据我们所知，各团的前后顺序每天都会变换。理查和手下的亲兵有一段时间位于前卫位置，但通常情况下他并没有固定的位置，而是会带领亲兵们沿着队列前后巡视，仔细监督军队行动或为所需之处提供支援。此时尚未进入九月，天气仍然极为炎热。国王希望军队不被

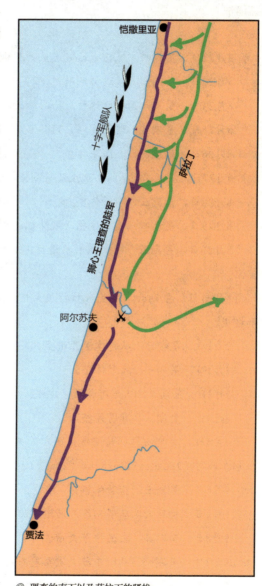

◎ 理查的南下以及萨拉丁的骚扰

这一情况拖累，因此他只在清晨行军，每天前进的距离很少超过8英里或10英里。不仅如此，他还习惯性地让军队隔日暂停前进，让士兵们能够连续休息24小时甚至更长时间。从阿克到贾法之间仅仅80英里的路程，理查花了19天才走完。在这里我们也有必要列出理查每日的行军情况，以显示他对于军队的关爱和谨慎。

8月22日，星期四，从阿克城下进至贝利斯河（Belus River），2英里。

8月23日，星期五，渡过贝利斯河，2英里。

8月24日，星期六，宿营休整，为后续行军做准备。

8月25日，星期日，进至海法，11英里。

8月26日，星期一，在海法休整。

8月27日，星期二，从海法进至亚特利特，绕过卡梅尔山的山肩，12英里。

8月28日，星期三，宿营休整。

8月29日，星期四，宿营休整，舰队抵达并提供给养。

8月30日，星期五，从亚特利特进至艾米拉特（El-Melat，即梅拉），13英里。

8月31日，星期六，从艾米拉特进至恺撒里亚，3英里。舰队提供了给养和增援。

9月1日，星期日，从恺撒里亚进至"死河"（Nahr Akhdar），3英里。

9月2日，星期一，宿营休整。

9月3日，星期二，从死河进至"盐河"（Nahr Isken-deruneh），7英里。

9月4日，星期三，宿营休整。

9月5日，星期四，从盐河穿过阿尔苏夫森林（Forest of Arsouf）进至罗切泰利河（Rochetaille/Nahr Falaik）。

9月6日，星期五，宿营休整。

9月7日，星期六，从罗切泰利进至阿尔苏夫，进行会战，6英里。

9月8日，星期日，在阿尔苏夫宿营。

9月9日，星期一，从阿尔苏夫进至奥杰河（Nahr-el-Aujeh），6英里。

9月10日，星期二，从奥杰河进至贾法，5英里。舰队为其补充给养。

在整个行军过程中，十字军始终为突厥人的攻击所扰，尤其以8月25日、30日，以及9月1日、3日为甚。突厥人之所以在8月26日至29日期间暂停了攻击，原因在于理查从海法出发后紧靠海岸绕过卡梅尔山的山肩同时，萨拉丁已经从东方的山区穿过，在行动缓慢而且路程也更远的十字军之前抵达了恺撒里亚附近。另一方面，从8月30日起直到9月7日，萨拉丁始终保持在距离理查仅有数英里的地方寻找机会，一旦对方侧翼暴露出来，便从山上冲下发动进攻。《旅行记》（*Itinerarium*）作者在书中对于那几天里突厥人采取战术的描述十分有趣："异教徒不像我们的骑士那样身披重甲，但行动更为迅速，因而能够不断带来麻烦。在遭遇冲锋时他们会选择撤退，而他们的战马也要比世界上任何其余战马都更迅捷，其敏捷程度就好像燕子一样。看到你不再继续追击之后，他们便不再逃跑，转而掉过头来攻击你。他们就好像讨厌的苍蝇一样，你虽然可以挥手暂时把它们赶走，但只要你把手放下，它们又会立刻飞回来。你进它们就退，你退它们就进。突厥人也一样，当你把它们逐退之后转身归队

时，他们就会一刻都不耽搁地追逐你，如果你再掉头，他们又会逃跑。当理查国王冲向他们时，他们总是会撤退。但对方还是一刻不停地跟在我们背后，搞一些恶作剧，不时射伤我们的士兵。"

萨拉丁对十字军侧翼进行持续不断的散兵作战，绝不只是希望消耗对方士气。尽管他目前仅派出了通常为30或40人的小股部队从四面八方环绕着对方，但他本人也始终率领着主力部队保持在不远的距离上等待时机。他将部队隐藏在山

◎ 萨拉丁在十字军前进过程中不断对其进行骚扰，但理查始终能控制住手下部队，没有冲锋

地之中，希望法兰克人有一天会鲁莽地对其散兵部队发动全面冲锋。一旦十字军因进攻时的秩序混乱而导致战线脱节，萨拉丁就会立刻倾巢而出攻入对方战线上的裂缝，将敌军彻底击溃。不过理查国王始终保持着军队的严整秩序，以至于在长达三周的行军过程中都没让苏丹找到期盼已久的机会。国王本人经常带领着亲兵冲出战线，逐退那些距离过于接近的敌军，而主力部队的战线却从未有过任何动摇。只有在8月25日，也就是军队离开贝利斯河的第一天时，突厥人得到过一次机会。他们在十字军后卫穿过隘路时插入后卫与主力之间，但十字军很快便重新连接了起来，使进攻者不得不在抢劫了一小部分行李后便赶紧逃跑。与《旅行记》对突厥攻势的记载一样，伊本·萨达德（Boha ad-Din ibn Shaddad）对十字军行军的记载，我们也有必要在此引用。关于8月31日星期六的情况，他做了如下描述：

"敌军以战斗序列行军，他们的步兵位于我军与他们自己的骑兵中间，就好像一道城墙般坚实齐整。步兵们每人都身穿着一件毛毡长袍，里面还套着我方弓箭根本无法射穿的甲胄。与之相比，敌军却能用他们的手弩频频射倒穆斯林战马和士兵。我注意到敌军有人后背上插着一支甚至十支羽箭，却依然能够挣扎着依照原有速度行军，而没有落伍。敌军将步兵分为两半，当其中一半如上所言用于掩护骑兵时，另一部分便沿着海岸行军，进行休整，不参与任何战斗。当作战部队疲惫时，二者就会交换位置，轮流休整。骑兵在两支步兵中间前进，只有在发动冲锋时才会前冲到步兵屏障以外。敌军将骑兵分为三个部分，前卫由原耶路撒冷国王盖伊指挥，其手下集中了所有效忠于他的叙利亚法兰克人。第二部分是英格兰人和法国人，太巴列夫人的儿子们以及其余部队作为第三部分位于其后方。在敌人全军的中央，有一辆大车上垒起了一座如同清真寺宣礼塔那样高大的塔楼，其上插着敌军的王旗。法兰克人始终以这一序列前进，作战也非常勇敢。穆斯林从四面八方射来一排排箭雨，试图激怒对方的骑士，引诱他们走出步兵屏障。可这一努力并没有奏效，骑士们令人刮目相看地控制住了自己的脾气，不慌不忙地依照既定路线行军。与此同时，敌人的舰队也沿着海岸与陆军齐头并进，直到陆军抵达夜间宿营地点为止。由于敌军极为缺乏驮兽，半数步兵都被用来背负行李和帐篷而无法作战，因此敌军也从不进行长距离行军。我们很难不对敌军所表现出的耐心给予夸赞，虽然敌军并没有正规的军事指挥体系，而且在个人体质上也不占优势，但却能挨过如此疲惫的路程，最终成功在恺撒里亚河对岸扎下营地。"

从8月29日至9月6日，萨拉丁不断寻找着发动大规模进攻的机会。但理查始终让部队保持着谨慎和纪律，使敌军根本找不到任何漏洞。显而易见，如果萨拉丁想要在基督徒进抵贾法之前让他们停下脚步，就必须不顾对方井然的行军秩序以及牢固阵型，孤注一掷地对其进行猛攻。萨拉丁决心在罗切泰利河与阿尔苏夫之间的土地上接受会战考验。由于那里的"阿尔苏夫森林"（Woods of Arsouf）有着巴勒斯坦极为少见的森林地形，沿着与海岸平行的方向蔓延长达12英里范围，萨拉丁完全可以将军队隐藏在这里。这片浓密橡树林覆盖着山区所有相对低矮的山脊，在某些地方距离海岸也仅有不足3000码。在9月5日和7日两天的行军中，理查都要被夹在森林与大海之间。与萨拉丁一样，理查也意识到这片森林让敌军有机会发动奇袭。因此在9月5日，他告知士兵们当天有可能会爆发大规模会战，并倾尽一切努力避免秩序出现混乱。不过突厥人并没有在当天行动，十字军也安全地走过了穿越森林的前半段路程。9月6日，十字军宿营休整，其营地由从罗切泰利河口向内陆延伸的一大片沼泽地掩护着。这片无法穿越的地区今日被称为拉马丹沼泽（Birket-el-Ramadan），南北长两英里，东西宽三英里，可以将位于河口的营地完全保护起来。

9月7日，英王下达了继续进发的命令，当天十字军计划要从罗切泰利河前进到已被拆毁的阿尔苏夫，路程大约六英里。他们所走的道路沿一座山脉的缓坡延伸，距离海岸大约四分之三英里，与森林边缘则相距一到两英里。据我们所知，山上的森林足以供萨拉丁隐蔽其全部军队，同时其侦察兵也布满了森林周边。

理查在当天将手下军队分成了12个分队，每队都拥有一大队步兵和一小队骑士。步兵们组成了一条连续战线，弩手们位于队列最外侧，行李纵列以及负责保护辎重的步兵一如既往位于最接近海岸的方向。我们并不清楚这12个分队在行军时的具体序列，我们只知道最前方的分队由圣殿骑士团的骑士、雇佣马弓手以及精锐步兵组成。接下来的三个分队则由理查手下封臣组成，其中布里多尼人和安茹人位于第二分队，普瓦捷人组成第三分队，他们由有名无实的耶路撒冷国王盖伊指挥。第四分队则是诺曼人和英格兰人，后者

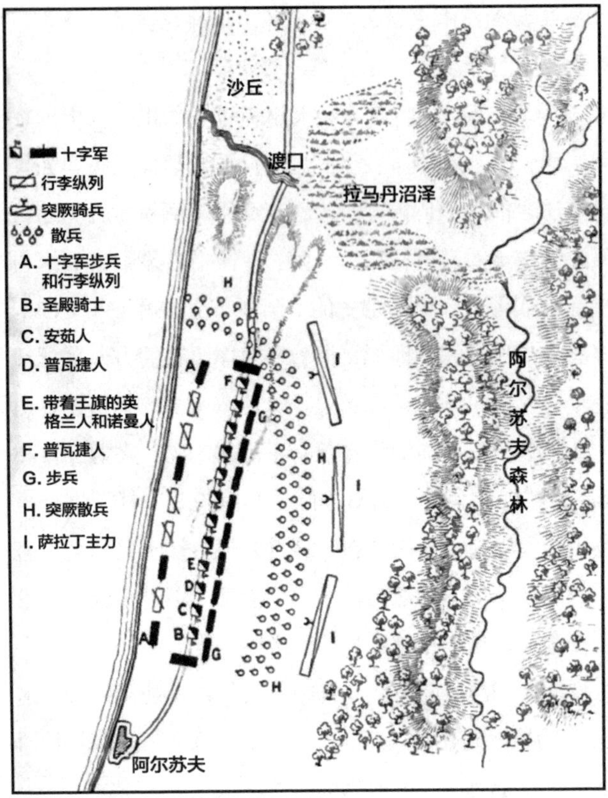
沙丘
渡口
拉马丹沼泽
阿尔苏夫森林
阿尔苏夫
十字军
行李纵列
突厥骑兵
散兵
A. 十字军步兵和行李纵列
B. 圣殿骑士
C. 安茹人
D. 普瓦捷人
E. 带着王旗的英格兰人和诺曼人
F. 普瓦捷人
G. 步兵
H. 突厥散兵
I. 萨拉丁主力
◎ *阿尔苏夫会战（1191年9月7日）*

还负责保护那辆插有王旗的篷车。接下来七个分队由法国人、叙利亚诸男爵以及其他地区的小股部队组成，医院骑士则担负着后卫职责。在上述各分队中，法国部队可能被分成了四个“营”（Battle），分别由阿韦讷的詹姆斯（James d’Avesnes）、德勒伯爵（Count of Dreux）及其兄弟博韦主教（Bishop of Beauvais）、巴雷斯的威廉（William des Barres）以及贾朗德的威廉（William de Garlande）、梅尔伯爵德罗戈（Drogo，Count of Merle）指挥。香槟伯爵亨利负责在左翼监视随时可能从树林中冲出来的突厥人。法军的总指挥勃艮第公爵与理查一同沿战线前后巡视，准备支援战事吃紧的位置。12个分队被编组为五个大队，但史料中并未提及具体编制情况。不过毫无疑问，五个大队肯定有一部分包含三个分队，而另一部分则仅有两个分队。

萨拉丁首先放任基督徒全军拔营启程并前进了一段距离，而后才终于发动进攻。他没有对敌军漫长的行军纵队进行全线进攻，而将主要攻势集中在了后卫部队身上。显然，萨拉丁希望在放任前卫和中央自由前进的同时不断攻击、拖延敌军后卫，以此来造成十字军前后脱节。如果医院骑士团与相邻分队不堪骚扰而被迫停下脚步，甚至对穆斯林发动冲锋，而前卫仍在照常前进，那毫无疑问步兵的连续战线就会出现空隙。萨拉丁可以将自己的预备队投入到其中，将敌军切成两段甚至更多部分，借此赢得会战。我们可以看到在后来的战斗中，萨拉丁大大低估了理查国王的谨慎和才干，最终导致自己遭到了血腥的反击。

当穆斯林突然从树林中冲出来时，十字军仍然维持着良好的行军秩序。萨拉丁将苏丹黑人弓箭手、贝杜因野蛮人以及可怕的突厥马弓手等大批蜂群一般的步骑散兵布置在前，由苏丹直属的重装马穆鲁克以及埃及、叙利亚、美索不达米亚诸王公封臣组成的密集编队在散兵背后清晰可见。从罗马大路到树林之间的两英里空间几乎瞬间就被这些部队密密麻麻地挤满了。"整片土地上布满了秩序井然的突厥骑兵队、色彩斑驳的大批旗帜，仅重甲骑兵人数可能就超过了两万。他们不像是雄鹰，而像是雨燕一般冲向了我们的行军纵列，天空都被敌军卷起的尘土所笼罩。因为异教徒们认为噪音越大就代表士兵越勇猛，每一位埃米尔前方都伴随着军乐队，手持着号角、军号、战鼓以及各种黄铜乐器发出骇人的鼓噪声，其后方的军队也呐喊着刺耳的战吼。可憎的突厥人就这样

◎ 在阿尔苏夫会战当天，萨拉丁对十字军施以重压，但理查还是能维持军队秩序，没有胡乱冲锋

环绕在我们的前后和侧翼，方圆两英里范围内都被对方密集编队挤得严严实实，目光所及之处连一块空地都看不到了。"

一部分突厥骑兵插进十字军前卫与阿尔苏夫之间，一部分突厥人紧随着十字军后卫。萨拉丁的主力部队从理查左翼接近，开始向十字军的步兵屏障和在其后方缓步行军的骑士们倾泻箭雨。十字军后卫似乎承受了最大的压力，突厥右翼在这里对医院骑士以及掩护他们的步兵发动了最猛烈的进攻。面对着突厥中央的法国部队所受压力较小，英格兰人、普瓦捷人以及前卫圣殿骑士虽然也在不断与对方交战，但却从未受到任何实质性攻击。

尽管敌军进攻猛烈，十字军仍能够在一段时间内继续沿原路行军，没有任何动摇或者犹豫。弩手们不断发射箭矢将突厥人击退，而且由于他们的弩箭比敌军的箭矢更重，穿透力更强，杀伤敌军的数字也要大于自身损失数。队列中间的骑兵以缓步前进，只不过战马很快就因对方的持续箭雨而饱受痛苦，不少骑士都因战马受了重伤而被迫下马，手持骑枪加入步兵行列。另有一部分骑士在下马后还拿起了弓弩站在步兵前方，射杀突厥马匹为自己复仇。

十字军的缓慢南进持续了相当一段时间，步兵们像城墙一样坚不可摧，没有给敌军任何攻破战线的可能。萨拉丁看到自己无法取得任何进展，便仅带着两名卫兵和备用马匹冲进散兵中间，不断催促士兵们继续紧逼法兰克步兵。不久之后，理查的后卫部队就感到了极大的压力。他们暴露在来自侧翼和后方的双重火力下，弩手们不得不面朝着追击者倒退行军，因为只要他们掉头向前，突厥人就会立刻猛攻过来，让医院骑士面临崩溃的危险。一部分弩手开始动摇，但大部分士兵仍然十分坚定。"突厥人已经将弓箭放在一旁，像铁匠敲打铁砧那样敲打弯刀和流星锤，发出雷鸣般的噪音恐吓后卫部队。"

医院骑士团的团长不断派人请示国王，要求脱离战线发动冲锋。他抱怨说战马接二连三被敌军射倒，受命不得反击的骑士们已经按捺不住参战的情绪。理查回复说后卫绝不能破坏行列。他此前已经下令，全军将在传令兵吹响六次号军号之后进行全面冲锋，而在那之前任何人都不得脱离行列。显然，理查是希望等到突厥全军都投入到近距离战斗后，再发动骑兵冲锋。到此时为止，十字军仅有后卫受到了实质性的攻击，前卫和中央仅被敌军从远距离上骚扰。更重要的是，如果能够让前卫进抵阿尔苏夫，十字军还能够获得进一步优

◎ 对十字军不断施压的穆斯林部队。由于十字军后卫所承受的压力最大，位于此处的医院骑士也是最先发动冲锋的

势，因为那里的花园和房屋能够在决定性冲锋发动时为侧翼提供优良的掩护。

在理查的命令下，医院骑士们继续忍耐了一段时间，但随着战马不断倒下，士兵们也因为盔甲无法保护之处中箭而不断负伤，他们变得愈发急躁、愤怒，整个后卫大队已经开始发生混乱，逐渐与紧邻其前方的法国部队交织在了一起。最终，当前卫部队刚刚进抵阿尔苏夫郊外时，后卫的耐心彻底耗尽了。医院骑士们没有等待国王吹响六声军号，而是在他所选定的时间前一刻冲了出去。两位指挥官（医院骑士团的元帅和一位著名骑士"卡伦的鲍德温"）领导着这批不守纪律之人突然拨转马头，高喊着圣乔治的战吼穿过步兵队列冲向异教徒。紧邻的部队立刻便跟随他们冲锋向前，与之相邻的法国人也跟了上去，将进攻浪潮推向了整条战线。理查看到木已成舟，也不得不允许前卫和中央的骑兵加入冲锋。在撒拉逊人看来，这次冲锋就好像早有安排一样，伊本·萨达德写道："突然间，我们看到已经集结成密集编队的三支敌军骑兵挥舞着骑枪，高喊着口号冲杀过来。敌军步兵也突然放宽队列让骑兵们穿过。"在这种情况下，十字军的攻势形成了斜形序列，左翼（后卫）在前，中央稍后，右翼

（前卫）又比中央更靠后一些。

突厥人对西方骑士们可怕的冲锋根本毫无招架之力，十字军从被动防御到勇猛进攻的突然转变也令他们措手不及，很快便耻辱地丢盔卸甲，四散逃亡。没有什么史料能比伊本·萨达德的记载更为诚实："我方全线溃逃。我本人曾位于战线中央部分，那里的各支部队一片混乱，我原本想要逃到离我最近的左翼寻求避难，但当我到达那里之后却发现他们也正在全面撤退，其逃跑速度与中央相比有过之而无不及。紧接着我又赶到了右翼，而这里的情况甚至比左翼还要糟。最后我只能逃到苏丹近卫军本应为其余军队设立集结点的位置。虽然军旗仍在飘扬，还留在那里的近卫军却只剩下十七骑了。"

在战场最北面，面对着医院骑士和法国部队的敌军早在十字军冲锋开始前便已经与对手短兵相接了，因此这些异教徒遭到了惨烈的屠杀。十字军的冲击导致穆斯林骑兵、步兵拥挤成了一团乱麻，士兵们根本无法轻易从中逃脱，基督教骑士们得以残忍地报复自破晓以来便不得不一路忍受的漫长试炼。穆斯林在四散逃往后方之前已有数千人被十字军砍倒。位于战线中央和南侧的突厥人与追击者距离相对较远，逃跑起来相对容易一些，此处的交战和杀戮规模也肯定要小许多。依照《旅行记》记载，从前卫算起第四个分队的英格兰和诺曼骑士尽管也在追随后卫和中央的斜形序列，但没能追上敌军。前卫部队的三个分队可能也遭遇了同样的情况。正如理查国王在写给克莱尔沃修道院长（Abbot of Clairvaux）的信中所说，其手下12个分队中仅有四个与敌军发生了实质性的交战，也正是这四个分

◎ 率军冲锋的理查

队击溃了萨拉丁的整支大军。

在追击突厥人超过一英里之后，十字军停下脚步开始重组，他们没有像很多次会战中的法兰克人那样，让鲁莽的追击糟蹋胜利果实。那些保住了项上人头的突厥人，在十字军停止追击之后也停止了逃亡，反而掉过头来试图切断那些因追击太远而掉队、此时正在赶回队伍中间的骑士们。这些骑士中有少量被对方切断杀死，其中包括阿韦讷的詹姆斯，他是一位著名的骑士，负责指挥行军纵队中的后卫分队之一。在那些最快重整旗鼓投入战斗的突厥人中，就包括萨拉丁的侄子塔基丁（Taki-ed-din），有700名骑兵追随他的黄旗重返战场。

基督徒重新将战线整理完毕之后，理查又率领着他们发动了第二次冲锋，突厥人再次逃之夭夭。在将敌人再次击退一英里之后，英格兰国王谨慎地令手下士兵停止追击，而突厥人也仍有相当一部分军队转过头来再次战斗。十字军发动的第三次，也是最后一次冲锋终于将突厥人彻底赶进了他们背后的森林中。突厥人四散而逃，再也没有进一步抵抗。理查自然也没有进入灌木丛中进行追击，而是趁机将骑兵们带到了阿尔苏夫，步兵们早已开始在那里设立营帐了。

当天夜间，步兵和随营人员回到战场去搜刮敌军死尸。由于突厥人和后来的马穆鲁克一样，总是将金钱缝在腰带里或是带在衣服里，因此他们搜刮出了不少颇具价值的战利品。这些步兵报告说他们在尸体中发现了32位埃米尔，而敌军阵亡总数超过7000人。伊本·萨达德则说阵亡者中地位最显赫者是一位名为穆塞科（Mousec）的库尔德王公以及两位分别名为卡玛扎·阿德利（Kaimaz-el-Adeli）和利古沈（Ligoush）的埃米尔。在基督徒中，阿韦讷的詹姆斯是唯一一位阵亡的显贵，全军损失的人员总数也不超过700人。

这场重要而又有趣的会战就此告终，这也是法兰克人取得的所有胜利中最彻底也最典型的一战。十字军在早期会战中展示出的优点再一次大显神威。只要能够明智合理地让步兵与骑兵协同作战，并且谨慎行事，十字军便几乎肯定能够获胜。我们也可以看到，虽然理查对于东方战场而言是一位新来者，但他却远比任何一位前人都更有自制力、智慧和才干。在整个会战过程中，理查在任何时间都可以把萨拉丁逐退，但他不仅仅只想要暂时将突厥人击退，而是希望能对敌军施以狠狠一击，以便让他们在更长时间里陷入瘫痪。想要达成这一目的，就必须引诱对方与自己短兵相接，故而当天上午理查采取了被动防御战术。按照《旅行记》的说法，如果冲锋能够再晚一些，十字军本可以获得更大的战果，但医院骑士的突然行动，使冲锋发动的时间比国王计划的更早一些。但不管怎样，这场会战都取得了相当的成果。萨拉丁虽然重新将部队集结了起来，但却再也不敢接近敌军，而只能拾起一面威胁一面进行散兵战的老办法。按照伊本·萨达德的说法，穆斯林军队的士气彻底崩溃了。苏丹在认清自己无法阻挡法兰克人在开阔地带的推进之后，立刻便开始将巴勒斯坦南部的阿斯卡隆、加沙、布兰奇·加尔达（Blanche-Garde）、吕大（Lydda）、拉姆拉等要塞一并拆毁。由于阿克守军的悲惨命运以及阿尔苏夫会战的结果依然记忆犹新，而且这些要塞本身也无法坚守太长时间，萨拉丁知道到他根本无法守住这些要塞，因此不敢为它们安排守备队。而萨拉丁所做的唯一一个例外安排，也充分证明了他的这种恐惧心理是如何明智。萨拉丁给位于巴勒斯坦至埃及道路上的达鲁姆要塞（Darum）安排了守军。理查在抵达那里后，仅带领着自己的亲兵进行了一次突袭。虽然他们在数量要少于守军，可穆斯林的士气已经动摇，突厥人在得到保全性命的承诺后便交出了卫城，使英格兰国王在抵达当地的四天之内便占领了该城。倘若他们能表现出阿克守军十分之一的勇气，就足以坚守要塞数周甚至数月之久。

这样一来，阿尔苏夫会战的胜利就使法兰克人占据了整个巴勒斯坦海岸。在修复了贾法城墙，使其能够作为进攻耶路撒冷的前进基地之后，十字军再次展开攻势。但是各部队之间的嫉妒和分裂却毁掉了这场虎头蛇尾的战役。虽然在理查仍驻扎于巴勒斯坦期间，十字军又进行了几次勇敢的战斗，但他们始终无法夺回圣城。最终双方签订的停战协议，也只是确认了叙利亚法兰克人对海岸地带的所有权，而这些地区原本便早已被理查重新征服了。

另外我们还有必要提及一场仅比散兵战规模稍大的会战，以进一步叙述理查的战争艺术。这场战斗发生在1192年8月5日，当时理查已经带领军队回到了阿克，而萨拉丁也进入了海岸地区，试图重新夺回刚刚重新设防的贾法。当理查仅仅率领着八艘船只前来救援时，守军早已被赶入了城内，处于投降边缘（8月1日）。突厥人一度被理查逐退，但他们在得知敌军数量稀少之后，又在8月5日破晓时分奇袭了基督徒的营地。理查身边此时仅有55名骑士和2000名步

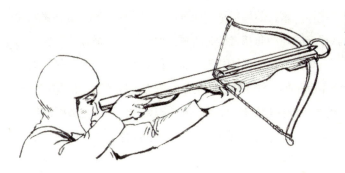

兵，步兵中大部分还是他从船只上带下来的热那亚、比萨弩手。及时得知数千名马穆鲁克和库尔德骑兵正在前来扫荡营地后，理查开始调遣手下部队。他将使用长矛的步兵列在第一线，并让这些长矛手单膝跪地，将矛尖举到马胸高度。弩手被布置在他们身后，一位弩手站在两名长矛手中间的空当中，其背后还有另一位弩手专门负责张弓搭箭，前排弩手仅负责尽快将箭射出，两张弩在

二人之间循环传递。这样一来，前排弩手们便可以不间断地进行射击。突厥人在冲过来之后，一队接一队地冲向基督徒的战线，但却根本不敢接近。突厥骑兵们不敢冲向长矛，只好在其面前拨转马头，而他们射出的箭矢也没能造成太大伤害，反而是十字军弩手们持续不断的火力给突厥人造成了更大威胁。当敌军已经变得十分混乱之后，理查虽然手中仅有55名骑士，但还是勇敢地冲杀出去。他冲进敌军中间，又杀出血路退回战线。若不是身边的莱切斯特伯爵（Earl of Leicester）以及莫莱翁的拉尔夫（Ralph of Mauléon）相救，一度被敌军包围的理查可能已经被俘。在突厥人的奇袭失败后，战斗又持续了将近四个小时之久，直到国王从船上又调来了一小支预备队（理查在每条船上只留了五个人）之后，敌军才在留下700人、15匹战马的尸体后逃出战场。由于始终保持着极佳的秩序，十字军方面甚至仅有两人阵亡！

第五节
卡莱（哈伦克）、太巴列、阿克、曼索拉——十字军的几场大败

我们已经在前文中介绍了叙利亚拉丁诸国建立后，十字军在漫长战役中赢下的一些典型会战，现在我们也要以同样方式介绍导致他们失败的战术和原因。那些因战略性错误而导致的必然结果已经在"十字军的大战略"一章中加以介绍，本章我们将着眼于那些战术性错误。我们挑选了四场会战作为例子，其中卡莱会战（1104年）将体现鲁莽追击和与突厥人交战时不够谨慎的恶果；太巴列会战（1187年）则包含了各种错误，十字军不仅忽视了后勤安排，选择了不适合自己的战场，对敌军的侦察也完全不够，而导致惨败的最重要原因还在于将步兵和骑兵割裂开来；阿克城下之战（1190年）证明若缺乏有力的领导，军队在纪律涣散的情况下，即使一开始获得胜利，最终也可能会演变成败仗；而在曼索拉会战（1250年）中，则是因错误的战略导致了错误的战术，而且在这一战中，西方军队如以往一样缺乏纪律性。

卡莱会战同时也可以作为一个范例，证明即使是第一次十字军东征中那些最久经沙场的老兵，在缺乏警惕性的情况下，也可能在不利于自己的战场上遭受失败。1104年春季，已在安条克亲王之位安坐六年之久的博希蒙德和埃德萨伯爵布尔格的鲍德温（Baldwin of Bourg, Count of Edessa）决心对美索不达米亚进行一次大胆进攻。突厥人近期不断威胁埃德萨，作为回应，二人计划夺取穆斯林边境上的坚固要塞城镇哈兰城（卡莱城，又称哈伦克城）。此处距离埃德萨仅有25英里远，时常对十字军造成威胁，而且该城也完全可以成为法兰克人进一步向东推进的基地。鲍德温召唤自己的表亲约瑟林（Joscelin）前来支援，此前鲍德温曾将幼发拉底河以西的土贝萨（Turbesel）周边大片土地封赏给他。博希蒙德也带来了自己的亲戚坦克雷德，后者曾在第一次东征过程中屡次扮演英雄角色。初看之下，这次攻势成功的可能性不小。鲍德温

已经系统地蹂躏了卡莱周边的所有土地，甚至连城中也很缺乏给养；更重要的是，两位统治着美索不达米亚的王公——凯法的阿塔贝格索克曼·乌尔图克（Atabeg Sokman ibn-Urtuk）和卡布卡的继承人、摩苏尔酋长国的贾科米什（Jekermisch）正在进行激烈的内战。

在几位结盟王公的领导下，一支规模可观的叙利亚法兰克大军进至卡莱并对该城展开围攻。正如鲍德温所料，该地给养缺乏，饥饿的市民们不久之后便开始要求守军投降。可就在双方就投降条件进行谈判时，一支援军突然赶到了。索克曼和贾科米什在面对共同敌人的情况下，暂时放下争端，合兵一处前来救援卡莱。索克曼带来了七千名突厥马弓手，贾科米什则带来了三千名库尔德人、贝都因人和突厥人。他们决心对基督徒的军营发动进攻，将围攻者的注意力吸引过来，以便将一支辎重队送进城内。穆斯林取得的战果远比他们想象的更好。法兰克人在看到他们到来之后，组成了三个步骑结合的"营"（Battle）前来迎战：博希蒙德在右，坦克雷德居中，鲍德温和约瑟林在左。法兰克人开始推进后，突厥王公们便再次施展惯用的诡计——他们撤退到城市以东的广阔平原上，不断用弓箭骚扰前进中的敌军。像博希蒙德和鲍德温这样经验丰富的老将，本应知晓如何应对这种战术，但他们却鲁莽地一路追着突厥人进入了起伏的沙漠中，距离卡莱以东达12英里之远。仍在退却的突厥人退过了乔巴河（Chobar），而十字军也紧追不舍。此时骑士们已经人困马乏，步兵也疲惫至极。直到黄昏将近，博希蒙德才终于吹响了停止前进的号角。由于不曾料想敌军会突然转取攻势，他下令军队就地宿营过夜，而这正是突厥人期待已久的时刻。他们看到法兰克人纷纷脱离队列，下马卸甲，便突然伴随着一阵巨大的呐喊声冲入敌军中间，边发射弓箭边用刀剑砍杀。鲍德温麾下部队在毫无准备的情况下遭到攻击，根本没来得及重整队形。鲍德温本人、其表亲约瑟林以及埃德萨大主教本尼迪克特（Benedict, Archbishop of Edessa）被敌军俘虏，十字军的营地和给养也落入突厥人手中。坦克雷德要比上面那位埃德萨伯爵更加谨慎，不曾允许士兵们解散行列，因此得以将士兵集中在营地背后一到两英里处的一个小山头上。博希蒙德也率领着虽然秩序已经混乱，但没有被完全击溃的右翼主力赶到此处与坦克雷德会合。两位王公在这里静待对方攻击，但突厥人只是作势进攻，实际上并不想接近过来。敌军已经对自己这次小胜的战果十分满意，急于瓜分抢来的战利品。夜幕降临之后，法兰克人发现自己身处险境，他们丧失了营地和所有给养，人马在经历了一整天的沙漠行军后也已经饥困交加。可即使如此，两位王公还是决心在第二天清晨重开战端，并命令手下的饥军准备再战，可法兰克士兵们的士气早已崩溃了，步兵在一片黑暗中纷纷逃向乔巴河的渡口。他们赶走了驻守在渡口处负责阻截逃兵的卫队，向埃德萨一路逃去。大部分步兵逃走后，骑士们也跟在后面开始逃亡。博希蒙德和坦克雷德最终发现只剩下自己的亲兵还留在身边，其余士兵都已经将他们弃之不顾了。现在这两位王公已经无法再等待清晨与突厥人作战了，只好跟着已经陷入恐慌的军队一起向渡口撤退。所幸敌军并没有盯紧他们，否则基督徒整支军队都可能被彻底消灭。突厥人当夜发生了激烈争执。在贾科米什率军监视坦克雷德重新集结部队的同时，索克曼的士兵们已经将法兰克营地洗劫一空。摩苏尔骑兵们在黄昏时分返回之后要求分享战利品，贾科米什也将俘虏中地位最高的鲍德温从索克曼的营帐中抢了过去。凯法的突厥人拔出宝剑，要为主公所受的侮辱报仇，若不是索克曼成功地平息了他们的怒火，贾科米什也同意公平分享战利品，双方很可能会当场发生内讧。

与此同时，基督徒们仍在经历磨难，士兵们遍布在乔巴河上，在日出之前挣扎着向埃德萨撤退。虽然穆斯林在确定敌军已经逃走之后立刻发动了追击，不少掉队士兵也被歼灭，但十字军主力还是平安抵达了埃德萨。法兰克人这一次损失极为惨重，超过一半士兵不知所踪，基督徒们不得不在接下来的数年时间里始终保持守势。令人惊讶的是，突厥人并没有从他们的胜利中获得更多好处，反而在包围了埃德萨十五天之后便四散回乡了。

十一个世纪之前，"罗马前三头"之一的克拉苏曾目睹其子小克拉苏与1500名高卢骑兵并肩在同一片战场上被帕提亚人完全消灭，从西欧远道而来的枪骑兵们现在又一次与马弓手们在这里交战并被消灭，可以说是史上最奇怪的巧合之一。克拉苏麾下军团在飘忽不定的帕提亚人包围下艰难进军，与如今鲍德温、博希蒙德的推进十分相似。只不过罗马人的情况要比法兰克人更差。克拉苏被迫盲目地与自己完全不了解的对手交战，而多里莱乌姆和安条克两战的十字军老兵们却早已领教过突厥人的花招，本不应被敌军出其不意。他们之所以战败，完全是因为自己不可原谅地忽视了所有常规预防措施。他们之所以能比克拉苏父子手下那些士兵们的命运更好，也只是由于好运而非理所应当。

太巴列会战（1187年7月4日）

卡莱会战虽然已经是一场灾难性的会战，但它在灾难规模和带来的恶果方面却根本无法与80年后将耶路撒冷输给了异教徒的太巴列会战相提并论。1104年的十字军虽然遭遇惨败，但他们连埃德萨一城都不曾丢失。而1187年的这次失败却成了整个十字军历史的转折点，他们丢掉了在叙利亚内陆的立足点，在此之后就只能坚守一小片狭窄的海岸地带了。

1187年，萨拉丁从数个方向洞穿了基督教诸国的边境之后决心冒险对敌方核心地带发动进攻，直接入侵耶路撒冷王国。他首先派出一支数量可观的部队，由埃德萨和哈兰的王公莫哈法丁（Modhaffer-ed-din）率领着跨过约旦河，越过加利利海去突袭耶路撒冷王国北部。这支部队在萨法利亚（Saffaria）与前来迎战的圣殿骑士、医院骑士交战，后者虽然热情有余，但

◎ 圣殿骑士和医院骑士在1187年5月的惨败，导致萨拉丁决心大举入侵耶路撒冷，并最终占领圣城

却理智不足，在援兵赶到前便冲了上去，最终被莫哈法丁全部消灭。莫哈法丁的胜利归来，也让苏丹本人敢于亲自出战。

进入6月后，萨拉丁将埃及、叙利亚以及美索不达米亚所有可用部队都集结到了北界地区（Hauran）的阿什特拉（Ashtera）。萨拉丁手下仅正规的重装马穆鲁克骑兵就拥有一万人，这些部队周围更有着不计其数的地方兵团，其总数据称达到了六万至七万人。6月26日，萨拉丁率军进入约旦河附近，并在森纳巴拉（Sennabra）宿营，与位于加利利海以南一英里处的艾尔-坎塔拉桥（El-Kantara）距离不远。三天之后，他跨过约旦河进入基督徒领地，第一个目标指向加利利公国首府太巴列城。萨拉丁将军队部署在城东的山丘之后，派出一个支队去围攻太巴列城。太巴列城出人意料地轻易陷落，但守军和他们的女主人——的黎波里伯爵夫人一起撤进了城堡。这是一座俯视着加利利海的坚固要塞，足以坚守数周时间。

与此同时，基督徒们也在集结庞大的军队。莫哈法丁的劫掠行动早已使他们倍感骚扰，如今获悉萨拉丁已经在北界集中了他的全部军队，基督徒们也决定集中全军与敌人决一死战。盖伊国王召集了手下所有男爵和骑士，早已在萨法利亚会战中损失惨重的各骑士团也将所有可用士兵集中起来，各城镇派来的军队甚至要比规定数目更多。新近才与国王和解的的黎波里伯爵为弥补过去的不忠，将领内全部征召兵都带到了大军中。"真十字架"被从圣墓大教堂（Church of the Holy Sepulchre）中取出，由吕达主教（Bishop of Lydda）负责送往前线。巴勒斯坦南部各城堡和城市中剩余的守军数量已经减少到极为危险的地步。在这一系列抽调之后，法兰克人得以集中1200名骑士、数百名"突厥之子"和其他按照突厥风格装备的马弓手，以及18000名步兵。除1184年一次没有发动的战役以外，耶路撒冷王国从未集结过如此庞大的军队。法兰克人将集结点选在了萨法利亚村，而这里也正是圣殿骑士们在七周前遭遇惨败之处。该地位于一片水源充沛的高原谷地中，地处拿撒勒以北3英里，阿克以东17英里。此处距离太巴列16英里，两地之间仅有的一条道路还要穿越加利利山地一片极为荒芜而且人烟稀少的地区。时值仲夏，萨拉丁也已经派出骑兵摧毁了沿路村庄和附近水井，就连塔泊山（Mount Tabor）顶的显圣容堂（Church of the Transfiguration）都被他们毁掉了。

◎ 太巴列会战（1187年7月3日至4日）周边地区

在萨法利亚，耶路撒冷军中关于是否应去解救太巴列城堡爆发了漫长而激烈的争吵。法兰克人已经倾尽所能，集中了一支前所未有的庞大军队。而萨拉丁则背靠着加利利海，南北两侧的退却线都要经过危险难行的隘路，一旦战败便将全军覆没。但从另一方面来讲，将整个耶路撒冷王国的全部军队投入一场大战也要冒着导致灾难性结果的危险。如果这支集中在萨法利亚的大军被击败，其后方便将没有任何预备队可以掩护其撤退。

基督教军队中经验最为丰富的的黎波里伯爵雷蒙德认为应该谨慎行事。他指出，如果十字军不去主动进攻萨拉丁，这位苏丹就要被迫采取攻势，因为他不可能在太巴列附近的荒芜地区停留太长时间。除主动进攻以外，萨拉丁唯一的选择就是撤回大马士革，而在穆斯林气焰已经如此高涨、军队又如此强大的情况下，他绝不会作此选择。如果基督徒们在萨法利亚等待敌军进攻的话，坐拥良好阵地、充足食物和饮水的耶路撒冷军便可以占据优势。而萨拉丁却必须劳师远征，士兵也会因疲惫和距离基地过远而锐气大减。由于除大马士革以外便再无可以提供掩护的避难所，突厥人也必须挺身一战。雷蒙德还补充说，倘若全军中只有一人希望拯救太巴列，那也肯定是他本人，因为他的夫人和孩子都被困在卫城中。而在这种情况下，他还是提出将主动权交给敌军、等待对方进攻的计划，大家就更应该听从了。如果基督教军队穿过山区主动求战，必定会饱受干渴和酷热之苦，而使异教徒在会战中占据优势。

不幸的是，众人并没有听取雷蒙德的意见。他的政敌暗地里向国王进谗

330

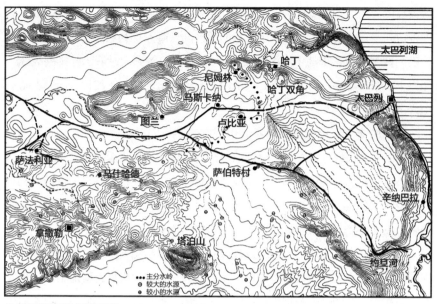

◎ 耶路撒冷军队的行军路线

言说这位伯爵实际上是国王的政治对手，而他看似懦弱的建议实质上是有意背叛国王。大部分贵族认为抛弃太巴列守军是一种耻辱行径，而国王对此也表示同意。7月3日星期四，耶路撒冷大军将辎重留在营地，轻装从萨法利亚出发。史料中对于行军序列的记载并不十分清楚，我们只知道的黎波里伯爵作为国王的封臣被安排在前卫位置，而圣殿骑士们则担任后卫，国王带着自己的家臣以及其余负责守卫"真十字架"的部队居于中央。我们不知道全军总计被分成了多少个分队，也不知道是否每个分队都由骑兵和步兵混合编成，虽然后一点几乎是毫无疑问的。

在被大批突厥散兵包围之前，法兰克人前进了九到十英里路程。萨拉丁并没有亮出自己的主力，而是用乌云般的马弓手环绕敌军。马弓手们受命尽量拖慢敌军脚步，以便让敌军痛苦不堪。到耶路撒冷军队进抵废弃的马雷斯卡西亚村（Marescalcia）时，士兵们已经饱受疲惫和敌军的骚扰。此时法兰克人距离太巴列城和加利利海仅剩六英里路程，已经进入低地且仍在继续前进的前卫距离水源更是仅有三英里了。但在疲惫的十字军和他们的目的地之间却矗立着

331

海拔高度大约为1000英尺的太巴列山，其最北端的哈丁双角（kurn-Hattin）高度则达到了1191英尺。太巴列山背后的地区陡然降入加利利海周围的盆地中，太巴列城本身也位于地中海海平面以下653英尺。突厥人沿着山脉排列战线，如果十字军想要穿过山脉，就必须从两个高度最低的山口（穆拉卡山口和哈曼山口）之一突破敌军阵线。

此时的十字军已经极为疲惫，但方圆三英里内根本没有水源，而人马已经干渴难忍，因此绝对有必要继续前进。的黎波里伯爵也派人给盖伊送信，恳求他不惜代价加速前进，如果想要保全军队，就必须在夜幕降临前进抵加利利海。但国王和他的近臣们已经灰心丧气，没有勇气命令士兵对山上密密麻麻的突厥人发动进攻。更重要的是，后方的圣殿骑士送信说由于敌军压迫得太紧，他们已经被迫停下脚步，无法再跟上前进中的主力纵队。不堪骚扰且精疲力竭的国王最终命令军队停在了卢比耶（Lubieh）附近的山坡上就地宿营。事实上，虽然十字军即使强行推进也可能无法真的进抵太巴列，但此时只有不惜代价向太巴列推进才是唯一明智的选择。而这道命令也无疑是一个致命的错误。只要向北走3英里，耶路撒冷人便能抵达哈曼山口（Wady-el-Hammam）中四季不断的溪流，获得全军所需的水源。但由于担心主力继续进军可能导致圣殿骑士被敌军切断，而且盖伊也十分惧怕与占据着山脉防线的强大突厥军队交战，于是他吹响了停止前进的号声，下令宿营。雷蒙德听到命令后，骑马疾驰回到主力部队中，愤怒地大叫道："不幸啊，不

◎ 抵达太巴列附近之后，耶路撒冷军便被萨拉丁团团围住，不仅难以推进，而且也无法获取水源或者给养

幸啊，上帝！战争就要结束了，我们都会死在这里，王国也要化为废墟！"

当天晚上，法兰克人拥挤在山坡上的王旗周围宿营过夜。全军已经滴水不剩，食物也十分稀少。由于突厥人在夜幕的掩护下接近，持续不断地向营地中倾泻箭雨，法兰克人甚至连觉都没法睡得安稳。突厥人还点燃了干草，使刺鼻的烟雾整晚都笼罩在十字军上空。"上帝把眼泪做成面包喂给基督徒，又把懊悔放进杯子里让他们一饮而尽。不久之后，苦难的清晨便再度降临了。"事实上，撒拉逊人的士气也并不比对手好太多。由于背靠着大湖，而眼前的耶路撒冷大军尚且完好无损，当7月4日星期五双方再次展开战斗时，他们心中也一样抱有很多疑虑和不安。

盖伊国王将军队列成和前一天相同的序列，由的黎波里伯爵领先在前，各骑士团担负后卫。他没有沿着原路继续前进，而是下令直接向哈曼山口和哈丁村前进，直指距离最近的水源，而不再沿距离太巴列最近的道路前进。萨拉丁此时已经集中了所有部队从四面八方环绕着十字军，其中横在十字军前进道路与湖水之间的部队人数最多，队形最为密集厚重。十字军向前推进了一段距离，几乎就要与对方短兵相接。可就在此时，盖伊发现自己的步兵已经乱作一团。步兵们先前已被分散开来配属给各支骑兵，而且受命在骑兵前方组成一条战线，"以便两个兵种能够互相支援，骑士能够得到步兵的弓箭保护，步兵也能得到骑士的骑枪支援"。可是在双方就要短兵相接之时，大部分十字军步兵却在慌乱之下挤在一起，成了一团乌合之众。这群步兵向右偏离道路，爬上了军队右翼的一座山丘，在山顶上挤作一团，弃下方道路上的骑兵于不顾。国王派遣了一名又一名传令官，恳求他们下山回归战线，但步兵们却回答说他们已经口渴得要命，既不愿意也没有力量再战斗了。盖伊虽然已经对局势感到绝望，但还是决定尽可能向前推进，因此命令骑士们继续向加利利海前进。但不久之后，圣殿骑士和医院骑士便送信说由于敌军进攻过于猛烈，他们已经无法继续前进，倘若得不到有力支援就肯定会被击溃。"国王看到步兵不愿归队之后，便认清倘若没有步兵支援，他便无法压制住突厥人的弓箭。因此他命令手下士兵停止前进，架设营帐。这样一来，各营的编制就被打散，所有人都围绕着'真十字架'混乱地挤在一起。"

话虽如此，事实上也并非所有基督教骑士都因绝望而陷入了注定将要落

◎ 环绕在"真十字架"周围的耶路撒冷军队

败的被动防御中。带领前卫部队的的黎波里伯爵看到身后局势已经无望，而突厥人也已经渗透进他和国王之间，决心不再归队，自行从穆斯林中间杀出一条血路逃出战场。雷蒙德高喊："会战已经取胜无望，让我们自寻出路吧！"他将部队列成密集队形，冲向面前的突厥人，其冲锋方向也不再是加利利海而改成了西北方向的山区。这次绝望冲锋洞穿了突厥马弓手组成的环形包围圈，而他本人和那布罗斯的巴里安（Balian of Nablous）以及西顿的雷吉纳德（Reginald of Sidon）等同伴带领着所有家臣，安全地向北逃走。穆斯林史学家说负责这一方向的萨拉丁之侄塔基丁认为放他们离去对己方更加有利，因为这样一来，敌军的力量就削弱了三分之一，其余部队也更容易被萨拉丁剿灭，因而没有派兵进行实质性地阻拦或是追击。这种说法很可能是事后的辩解之词，事实上，突厥人很可能是被这些绝望之徒的突然冲锋吓退了。

　　与此同时，后方的情况已经彻底成为一场灾难。在大群穆斯林前去攻击拥挤在王旗和"真十字架"周围的骑士们时，另一部分穆斯林则转而去攻击那些步兵。这些聚集在山上的可怜逃兵早已筋疲力尽，根本无法进行任何实质性抵抗。敌军一击之下便击溃了步兵们拥挤不堪的阵线，有些步兵被敌军斩杀；

有些步兵被推挤着摔下了山背后的悬崖，摔死在了那里；大部分步兵则选择抛下长矛弓弩，高举双手向征服者投降。突厥人在屠杀了不少降兵之后，将幸存者收作战俘。

国王及其手下骑士的命运也同样悲惨。尽管胜利或者撤退都已经不再可能，但他们还是坚守了很长一段时间。骑士们被大批突厥人从四面八方团团围住，只能坐等敌军用弓箭来射杀自己。最终，尽管他们的战马已经只剩最后一丝力量，他们自己也在前一夜喝光了最后一滴水，但全部骑士或者一部分人还是决心为自由再做最后一次努力，希望像几小时之前的的黎波里伯爵那样杀出血路。一位穆斯林史学家对这次最后的冲锋进行了详细记载，他是从亲眼见证了这一幕的萨拉丁之子马里克·阿夫达尔那里听到的战况，也正是后者在当天拉开了太巴列会战的序幕。这位亲王当时和父亲一起率领着苏丹预备队，位于正在攻击十字军的散兵包围圈后方。

马里克·阿尔夫达尔说道："当法兰克王和他的骑士们拥挤在哈丁双角山坡上的一个小土丘上时，我正与父王在一起。那些法兰克人对距离自己最近的穆斯林发动了一次凶猛冲锋，将他们逐退到了距我们不远的地方。我望向父亲，发现他明显动摇了，父亲的脸色大变，用手抓了抓胡子，一边冲向前去，

◎ 太巴列会战的最后阶段，耶路撒冷军队已经被彻底包围在了山丘上，萨拉丁则和儿子一起观战

335

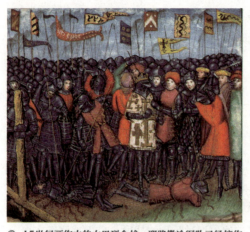

◎ 15世纪画作中的太巴列会战，耶路撒冷军队已经挤作一团，盖伊似乎也已经投降

一边大喊：'让我们证明所谓恶魔不过是一句谎言吧！'听到这些话语后，我方士兵才重新返身作战，将法兰克人逐回了山坡上。我有些过于兴奋，高喊：'他们逃了！他们逃了！'可敌军很快便再次冲了过来，而且一路冲到了山脚下。敌军再次被逐退后，我又开始高喊：'他们逃了！他们逃了！'我父亲看着我说：'住口！在国王的营帐倒下之前，敌人就还没有被彻底击溃。'不久之后，我看到国王的营帐倒下了，我父亲也从战马上下来，匍匐在地上感谢真主保佑，脸上布满了兴奋的眼泪。"

在第二次突破穆斯林包围圈的尝试失败之后，法兰克人丧失了全部希望。据说绝望的法兰克骑士们从力竭的战马上摔下，扔掉长枪，无望地倒在地上。突厥人冲过来，没有进行任何攻击便俘虏了他们。令突厥人惊讶的是，骑士中很少有人身负重伤，凭借着优良的盔甲，突厥人的箭雨根本无法重伤他们，而且也几乎没有一人被射死。让十字军停下脚步的原因在于干渴和力竭，而不是胜利者的弓箭或者弯刀。但从另一方面来讲，十字军的战马几乎没有一匹不被重伤，也没有一匹仍有力量将骑士们驮出战场。在缺乏饮水和饲料的两天时间里，这些可怜的牲畜早已筋疲力尽。

在与国王一同投降的部队中包括巴勒斯坦所有的法兰克男爵，只有跟着的黎波里伯爵逃走者除外。其中包括国王的兄弟耶路撒冷宫廷总管——蒙费拉侯爵阿马尔里克（Amalric, Constable of Jerusalem, Marquis of Montferrat）、名义上的埃德萨伯爵约瑟林（Joscelin, Count of Edessa）、卡拉克和蒙特利尔领主——沙蒂永的雷吉纳德（Raginald of Chatillon, Lord of Kerak and Montreal）、托龙的汉弗莱（Humphrey of Toron）、太巴列的休米（Hugh of Tiberias）、吉布莱特的休米（Hugh of Giblet），以及吕达主教、医院骑士团长以及大批拥有名望的富有骑士。贵族之中很少有人阵亡，仅有从会战开始便负责保护"真十字架"的阿克主教一人战死沙场。

当天夜间，萨拉丁召见了战俘们。他和善地接待了盖伊国王和大部分贵族，却将沙蒂永的雷吉纳德叫出来并亲手将其杀死。雷吉纳德曾破坏休战

◎ 萨拉丁接受盖伊的投降

条约，并洗劫了好几支从蒙特利尔城下路过前往麦加的穆斯林朝圣团，穆斯林对其早已恨之入骨。萨拉丁还命令卫兵将所有落入穆斯林手中的圣殿骑士和医院骑士立刻处死。此外，他又命令所有抓获了各骑士团成员的士兵都要将俘虏上交给他。萨拉丁给每位交出俘虏的士兵50第纳尔作为赔偿，之后便将俘虏们送上黄泉路与战友相见去了。超过两百名圣殿骑士和医院骑士被冷血地屠杀。萨拉丁将这些人视为伊斯兰教的公开大敌，没有为他们下葬。考虑到萨拉丁也曾犯下这些罪过，我们也无法过于责难另一方所做的恶行（如"狮心王"理查屠杀阿克守军）。

很少有哪次会战的影响力能够与太巴列一战相提并论，在短短几个月之内，萨拉丁便征服了除少数几座海岸要塞以外的整个耶路撒冷王国。为了组织起那支在哈丁双角全军覆没的军队，王国上下已经派出了全部士兵。由于缺少驻军，各城镇、要塞在穆斯林面前变得不堪一击，很多曾英勇抵挡异教徒进攻长达80年的城池，由于城内仅剩下文官和妇女，只好在对方第一次劝降时便打开了城门。耶路撒冷也只经历了12天的围攻便选择了投降。卡拉克、蒙特利尔等少数几座要塞由于地处最遥远的边境地带，城内留下的驻军较多，它们中的一部分因此坚守到了1188年，而蒙特利尔在历经最骇人的饥荒之后才于1189年5月投降。但在耶路撒冷王国的中心地带，所有重要的要塞中只有太巴列会战的幸存者们退回去的泰尔仍保留在基督徒手中。

这一切后果都源自盖伊的操之过急。他在决定直趋太巴列城前未能考量

◎ 太巴列会战之后，萨拉丁占领了耶路撒冷以及原先耶路撒冷王国中的大部分地区，仅剩少数港口和要塞还在继续坚守

战场地区的情况。我们可以肯定地说，如果盖伊能够在准备给养，尤其是饮水时更加慎重，并仔细安排行军计划，他很有可能获得胜利。撒拉逊人当时背靠大湖，附近也没有可供撤退的掩蔽所，因此居于很不利的位置。如果十字军能够像的黎波里伯爵建议的那样强行推进，很可能迫使穆斯林选择撤退。不过对十字军而言，更有利的选择还是在诸如萨法利亚等水源充足的地区宿营，等待萨拉丁自行撤退。这位苏丹由于在一片废地上缺乏给养（尤其是草料），又不敢在基督徒集结起来的完整大军面前解散军队征发粮草，很可能会在不久后便撤走。因此这场会战根本毫无意义。比起选择与对方进行决战这一天大的错误，盖伊因将道拙劣而犯下的那些小错根本不值一提。

阿克会战（1189年10月4日）

在决定性的太巴列会战仅仅两年之后，基督徒便得到了再次与萨拉丁正面决战的机会。这当然要得益于从西欧来的援军，已经流尽鲜血的叙利亚法兰克人凭借自身力量根本无能为力。盖伊在1188年被释放之后便开始召集部队，试图在沦陷的王国中收复一些立足点。他花费了一年时间，集结起了一支拥有700名骑士和9000名步兵的军队。除的黎波里和安条克派来的援兵以外，这支部队中大部分人马都并非盖伊手下封臣，而是在听说圣城陷落后新近从西方赶来的骑士。盖伊甚至连基督徒手中最后一座大城泰尔都无法控制。他的连襟兼政敌——蒙费拉的康拉德（Conrad of Montferrat）在盖伊面前关闭城门，拒绝让其入城，而且不承认他的王位。

因此当1189年8月28日，盖伊带着他规模不大的军队勇敢挑战萨拉丁，进军阿克并在城外宿营时，实在可谓胆大妄为。最初，由于突厥人可以自由进出城池，这次围攻只能算是封锁。不过随着从西方赶来的十字军逐渐加入，在围攻开始后不到一个月，阿克城下已经集结了一支接近四万人的大军。9月14日，十字军与萨拉丁亲自率领前来解围的援军发生了激烈但不具决定性意义的战斗。苏丹成功将一支补给纵队送入城内，但并没有像他期望的那样逐退围攻者。士兵数量仍在继续增多的十字军因此士气大振，试图发动反击。首先，他们利用哨戒线将连接大陆与阿克城所在半岛的地峡彻底封锁起来。在切断守军与援军的联系后，十字军便决心直接进向萨拉丁的营地，与对方进行正面会战。

十字军呈半圆形部署在阿克周围，其中国王的营帐位于仅有90英尺高的特伦山（Mount Turon）上，距城墙大约1400码。突厥军队则组成了一个大得多的半圆形，与十字军相隔大约两英里，中心位于250英尺高的阿亚迪耶山（Ayadieh），萨拉丁本人也驻扎在此。其下属各部队分别向左右两翼延伸，监视着南至贝利斯河、北至大海的整个平原。交战双方的军队规模都十分庞大，而这一次史学家们记载的数据，应该也不会太过离谱，这一点从法兰克人超过两英里长的战线即可证明，而萨拉丁的战线更是超过了三英里长。

十字军在走下特伦山进入从山脚延伸开来的加瓦尼赫平原（Arab-el-Ghawarneh）之后，便分成四个分队。从右翼算起，第一个分队由国王盖伊率领，包括医院骑士、国王本人的家臣以及由德勒伯爵和博韦主教率领的法国部队；第二个分队由拉文纳大主教和蒙费拉的康拉德率领，包括大部分意大利十字军以及效力于康拉德麾下的巴勒斯坦贵族们；第三个分队由图林根伯爵路易（Louis，Landgrave of Thuringia）率领，他指挥着大部分日耳曼士兵以及由当地大主教率领的比萨士兵；第四个分队由团长里德福德的杰拉德（Gerard of Rideford）率领圣殿骑士，巴尔伯爵（Count of Bar）和布里耶纳伯爵（Count of Brienne）率领香槟十字军，再加上少部分日耳曼部队组成。

国王的兄弟、吕西尼昂的乔弗里（Geoffrey of Lusignan）以及阿韦讷的詹姆斯还率领着一支预备队驻守在营地中，他们担负着监视阿克城的任务。但在军队主力进行会战时，对城市的围困肯定还是会变得松懈。显然，由于营地只能覆盖城市东侧，而城市以北地区无人防守，从特伦山向北到海岸之间有接近一英里地区都被放任不管了。

十字军的四个分队都依照适当的方式，合理地将步兵和骑兵配置妥当。弓弩手组成了漫长而连续的第一线，其后方则是组成了密集队形的骑士们。全军面向东北，直向阿亚迪耶山上清晰可见的苏丹营帐前进，其战线看上去强大得令人生畏。史学家们声称十字军总计拥有4000名骑兵和10万步兵，这一数字无疑是被夸大了的，也许真实的人数要减掉六成之多。

看到敌军从营地中走出来，萨拉丁也相应地将军队列成战线。穆斯林军队覆盖着从大海到贝利斯河之间的整个宽度，其战线呈中央拖后、两侧领先的半圆形，长度超过三英里。伊本·萨达德对萨拉丁麾下各部队位置有着详细记载：南部紧邻着贝利斯河的是埃及部队，他们原本是谢尔库赫手下部队；紧邻着他们的是埃德萨和哈兰领主莫哈法丁的家臣们；位于他们一侧的部队来自美索不达米亚辛贾尔（Sinjar）地区；辛贾尔人旁边则全部是库尔德部落士兵，由他们的大埃米尔玛什陶布指挥，以上四个分队组成了萨拉丁的左翼。穆斯林的中央部分由苏丹近卫军以及来自迪亚巴克尔（Diarbekr）、摩苏尔、海辛-凯法（Hisn-Kayfa）等地的美索不达米亚部队组成。萨拉丁本人及其儿子马里克·阿夫达尔、侄子马里克·达费也在这里指挥战斗。一直延伸到海边的右翼则由叙利亚部队组成，其指挥官为萨拉丁的另一个侄子、埃米萨亲王塔基丁。

基督徒们进入平原后不久，四个分队之间的空隙就开始变得越来越大。在一支军队从相对狭窄的地区走进整个宽度都被敌军完全覆盖的宽阔平原时，这种情况不可避免。为将正面延伸到与突厥人相同的长度，十字军每向前迈出一步，中央与两翼之间的空隙就会变得更宽。这对于只有保持阵型紧密才能获得胜利的法兰克人而言无异于灾难。在后文中我们也可以读到，实际会战过程中法兰克人无法保持队形，左翼、右翼以及中央的两个分队只好各自为战。

双方首先在战线北侧展开战斗，由圣殿骑士对阵塔基丁的叙利亚部队。短短几分钟之内，敌军便开始向后退让。伊本·萨达德在著作中认为突厥人是

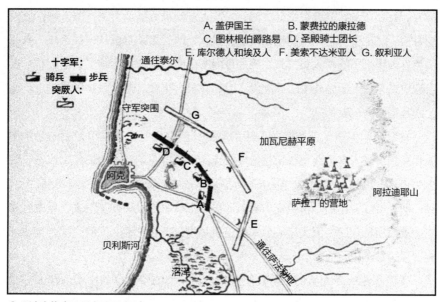

A. 盖伊国王　　B. 蒙费拉的康拉德
C. 图林根伯爵路易　D. 圣殿骑士团长
E. 库尔德人和埃及人　F. 美索不达米亚人　G. 叙利亚人

十字军：
🛡 骑兵　▪ 步兵
突厥人：

守军突围

通往泰尔

G

加瓦尼赫平原

D

C

F

B

A

萨拉丁的营地

阿拉迪耶山

阿克

E

贝利斯河

通往萨法莱姆

沼泽

◎ 阿克会战（1189年10月4日）

有意为之，以便利用自己的撤退来诱使十字军左翼与中央脱节。无论事实是否真是如此，我们能够确定的是，萨拉丁在看到自己的右翼退却之后，从中央分派了大量援军前去援救。有了这些援兵，叙利亚人得以重新反身再战，圣殿骑士也在海边的一座高地（可能是今天的哈玛尔山）上重整阵线。这一方面的战斗僵持了很长时间，没有一方能够占据明显优势。

与此同时，法兰克人也注意到萨拉丁从中央派出了援军，因此蒙费拉的康拉德和图林根的路易分别率领两支中央分队，对萨拉丁亲率的主力展开了猛攻。他们以缓步推进，步兵在前方猛烈射击，直到与迪亚巴克尔和摩苏尔的美索不达米亚部队短兵相接。双方战线接触后，步兵们才让开空隙，供骑士们从中间穿过对突厥战线发动冲锋。异教徒抵挡不住这一冲击，战线崩溃，士兵在混乱中逃向了阿亚迪耶山上的营地。萨拉丁无法将溃兵集结起来，而且部分士兵在极度惊恐之下甚至一路奔逃到了太巴列。法兰克两个中央分队紧追在后，冲上山丘，攻入了穆斯林的营地中。当士兵们陷于营帐等障碍物之间时，指挥官原本便很难维持部队的秩序，而在当天，康拉德和路易甚至都不曾为此做出努力。骑兵和步兵混杂在帐篷之间，一些人开始进行屠杀，另一些人则跑去抢劫财物。萨拉丁的大帐遭到抢劫并被拆毁，他的三名贴身侍从也被杀死。有些法兰克人屠杀了随营人员，其余则冲进随军商贩的驻地，洗劫了市场。整个法兰克中央无一人想到要去阻挡突厥人重整旗鼓，也没有一人去从侧翼攻击萨拉丁尚且完整的侧翼部队。

在此期间，国王盖伊带领的法兰克右翼似乎没能在萨拉丁左翼的库尔德人和马穆鲁克人身上获得决定性进展。无论是西方还是东方的史学家都不曾给出关于这一侧的详细记载。但是从阿拉蒂尔（Ibr-Alathir）的一小段记载中，我们似乎可以看出由于法兰克右翼有一部分部队跟随中央冲了上去，导致右翼主力被穆斯林迂回。因为担心敌军会借机插进自己与营地之间的空隙，盖伊可能选择了后退。

凭借不懈的个人努力，萨拉丁成功从被击溃的中央部队中集合起大部分兵马，并将他们集中到了阿亚迪耶山西侧的山脚地带。军官们恳求萨拉丁带领他们夺回营地，但他拒绝了，并下令要等待法兰克人离开营地背对穆斯林时才能发动冲锋。不久之后，日耳曼人和伦巴第人就开始离开山丘，一些人带着沉重的战利品，其他人则希望能够在开阔地带重整阵线，以便支援国王或者圣殿骑士。法兰克人在撤退时秩序极为混乱，而且还发生了恐慌。由于很多战友一同下山，很多人都认为后方发生了什么灾祸。《旅行记》的作者告诉我们，这是一大群日耳曼人跑去追逐一匹阿拉伯战马，脱离了战线，被其他士兵误认为他们是战败逃跑，因此才导致大批士兵盲目地逃向了后方。

◎ 盖伊在丢掉耶路撒冷后，很快又再次纠集起一支大军围攻阿克，并与萨拉丁展开会战。而这一次，他仍然没能获胜，阿克也一直到英格兰国王理查和法王腓力抵达后才终于被攻克

正当基督徒混乱地退向平原时，萨拉丁突然放出了已经重整旗鼓的美索不达米亚骑兵向他们发动冲锋。这次进攻

带来了决定性的效果，十字军四散的部队被打了个措手不及，他们没有时间重新整队抵挡进攻，只能在突厥骑兵的驱赶下一路穿过平原向后奔逃。在逃跑过程中，有些人逃向了盖伊的部队，还有些人直接逃向了营地。萨拉丁紧追在后，砍杀落在最后的逃兵，并轻而易举地赶走了其余所有敌军。十字军右翼似乎曾尝试救援这些败兵，盖伊据说也在蒙费拉的康拉德被追兵围困之时杀出血路将这位老对头解救出来。可国王和医院骑士没能挽救这场会战，而且他们自己也在追兵和败兵的洪流中被推回了营地。毫无疑问，突厥军左翼试图插进法兰克军队与他们的避难所中间，穆斯林虽然未能切断十字军主力，但其行动肯定也使敌军的撤退更加急迫。直到吕西尼昂的乔弗里和阿韦讷的詹姆斯将预备队带出营地，趋前掩护骑兵、步兵互相混杂的乌合之众后，逃亡才终于停止。萨拉丁停在了特伦山脚下而没有对其发动进攻，因为他始终担心法兰克人在采取守势时会变得更加强大。

与此同时，塔基丁与圣殿骑士之间则在山丘北侧进行着一场独立战斗。我们之前已经提及，在双方第一次接战之后，由于萨拉丁给侄子派去了援兵，该方向的战况已经陷入了僵局。到了此时，另一支穆斯林援军又来到了这里并决定了战局走向。

在看到基督徒全力投入会战，将封锁城市的任务弃置不顾后，阿克守军派出5000名士兵从距离特伦山最远的北门冲出。出城之后，这支部队从城下绕过，打击在法兰克左翼的背后，对正与塔基丁激烈交战的圣殿骑士和香槟部队展开攻击。这支生力军的加入彻底打垮了十字军的士气。他们放弃了取胜的希望，一心只想夺路奔逃。由于腹背受敌，只有一小部分士兵成功逃回了营地。18名圣殿骑士阵亡，团长杰拉德被俘后由萨拉丁下令斩首。此外还有香槟伯爵的兄弟——布里耶纳的安德鲁（Andrew of Brienne）以及40名骑士被杀。十字军左翼的损失极为惨重，在此倒下的士兵要远比右翼和中央更多。到此为止，十字军输掉了这场在合理指挥下完全能够彻底击败解围大军的会战。法兰克人在广阔的加瓦尼赫平原上进行会战的决定过于冒险，因为各部队之间在此处必定会发生脱节。但不管怎样，萨拉丁中央部分的失误还是让法兰克人握有胜机。如果他们没有浪费那关键的一小时去洗劫敌军营地，康拉德和图林根伯爵本可以从侧翼攻击突厥人的两翼部队，使穆斯林难逃一劫。如果逃跑

◎ *12世纪末的圣殿骑士及其装备*

不够及时，塔基丁的部队很可能被赶入大海，库尔德人和埃及人也将被赶入贝利斯河的沼泽中。但是在法兰克人旗开得胜之后，指挥官和士兵都不懂得如何发挥优势。士兵们跑去抢劫，据我们所知，指挥官们也没有阻止士兵抢劫或是让他们去支援其余方向。正因为如此，萨拉丁才得以发挥自己的能力，让自己的溃兵重整旗鼓反败为胜。

只有一点让我们感到意外，萨拉丁居然没有利用胜利对法兰克人进行进一步打击。但这是出于他对法兰克人采取守势时的战斗力心存恐惧，而且他自己的军队秩序也已经发生了混乱。不仅是十字军，就连突厥人自己的随营人员也跟着洗劫了阿亚迪耶山上的营地。据说突厥人在会战第二天花了一整天时间寻找失物，并从抢劫者那里把它们夺了回来。会战结束几个小时之后，只有左翼损失较大、总体伤亡远小于预期的十字军安全地撤回了营地，其心中的恐惧远不及怒火。趁着萨拉丁按兵不动之时，十字军建立了一条围攻线封锁了地峡，将阿克守军完全封锁在了城墙以内。

关于穆斯林的损失数字我们并没有找到明确的记载。当时西奥博尔德（Theobald）和彼得·利奥（Peter Leo）在写给教皇的信中估计突厥人损失了1500名骑兵，而这个数字显然是不可能的。伊本·萨达德说穆斯林的阵亡者包括一位库尔德埃米尔莫德贾利（Modjelli）、几位其他首领以及大约150名普通士兵。考虑到其中央曾被敌军击溃，这个数字也是完全不可信的。另一方面，基督教史学家将十字军的损失数字确定在了1500人，而贵族中也仅有布里耶纳的安德鲁和圣殿骑士团长被杀。考虑到伊本·萨达德关于清点尸体的记载，这种说法也同样不可信。总体而言，我们认为双方史料中关于敌军损失的记载要比己方损失更加准确一些。据笔者估计，突厥人损失了大约1500人，而法兰克人则损失了7000人。

曼索拉会战（1250年2月8日）

在"十字军的大战略"一章中，我们已经提及过因计划不周而导致失败的这场入侵埃及之战。想要穿过重重运河和尼罗河三角洲的水路进攻开罗无疑是疯狂行为，由于一路上可供埃及军队固守的坚固阵地数不胜数，这次战役肯定要归于失败。

圣路易进行远征时的条件要比三十年前耶路撒冷的约翰（John of Jerusalem）远征时要好很多。1219年的十字军在围攻一年之后才占领杜姆亚特作为其前进基地，士兵们向内陆前进之前便已经筋疲力尽。而圣路易在1249年却因运气极佳而不费吹灰之力就占领了杜姆亚特。由于苏丹马里克-萨利赫（Malek-Saleh）身患绝症，全埃及已经陷入一片混乱，无一人可以掌控大局。被派去阻止法国人登陆的部队很快就被击退并逃向内陆，而负责驻守杜姆亚特的部队也在慌乱中与其余部队一同弃城而逃。苏丹一怒之下，在病榻上下令吊死了五十名军官。但要塞已经落入十字军手中，使对方获得了稳固的前进基地和补给站。由于十字军不曾用任何攻城武器破坏城墙，杜姆亚特城内秩序井然，而且还存有大量辎重（1249年6月6日）。

在如此顺利的开局之下，法国国王毫无疑问应趁着敌军仍在恐慌之际利用这场胜利继续深入内陆。因此当我们看到法王在杜姆亚特停留了接近六个月时间才启程前往开罗时，不禁感到十分惊讶。虽然当时确有特殊情况，但也不能作为如此拖延的借口——由于逆风影响，一大批士兵被送到了叙利亚港口，法王认为有必要等这些部队运抵之后再继续推进；此外，当时正处于盛夏时节，尼罗河也正在下埃及地区泛滥，整块整块地区都被洪水覆盖。等待天气转凉、河水下降等理由都可以作为在杜姆亚特逗留的绝佳理由，而尼罗河水位最高、天气也最热的月份也无疑是最不适合进军的时节。可即使6月无疑是入侵埃及的最差时机，但一旦行动已经开始，法国人就不应停下来。他们的拖延只能让苏丹获得时间，探听到敌军所选择的道路并据此组织防御。杜姆亚

◎ 路易乘船前往埃及的中世纪绘画

特陷落的消息传到开罗时，苏丹宫廷中发生了大规模恐慌，但由于法兰克人的长期拖延，埃及人又重新恢复了信心，开始寻找最佳的防御手段。

一直到10月份，最后一支法国援军才从叙利亚姗姗来迟，同时他们还带来了一大批由贾法伯爵率领的叙利亚男爵。在全军集结完毕之后，指挥官们还讨论了是否要将军队从海路运往亚历山大里亚并从那里进攻埃及内陆。布列塔尼的彼得（Peter of Brittany）和其他很多男爵都支持这一想法。由于从亚历山大里亚进入内陆的道路要比从杜姆亚特出发好走很多，所以这一计划也确实有其便利之处。但如果改走亚历山大里亚，军队就必须重新登陆一次，而且还要付出漫长围攻的代价去建立新的前进基地。国王的兄弟、阿图瓦伯爵罗伯特（Robert，Count of Artois）认为十字军应该擒贼先擒王，从杜姆亚特进向尼罗河直捣开罗。国王及其幕僚认可了这一想法，十字军的无望战役也就此展开。

11月20日，十字军出发踏上征程。他们缓慢地穿过费尔斯科（Fareskour）、施尔姆萨（Scharemsah）以及法拉蒙（Faramoun），舰队也沿尼罗河伴随陆军前进。越过法拉蒙几英里之后（12月19日），行军便陷入了近乎停顿的状态，而此前十字军花了四周时间也才前进了50英里。行军之所以陷入停顿，原因在于他们遭遇了从杜姆亚特到开罗之间第一条难以跨越的大河。尼罗河支流在曼索拉镇附近分为两支，一支流向杜姆亚特，另一支向东流入曼萨拉湖（Lake of Menzaleh）的沼泽中，正是这后一条被当地人称为阿什蒙运河的支流挡住了十字军的进路。在阿什蒙运河背后，埃及全部的征召兵都已经集结起来。自从杜姆亚特陷落后，苏丹便断定这里将是法国人首先攻击的险要防线，因而在此处占据了阵地。可就在决定性时刻即将到来之时，苏丹却在11月的最后一周旧

346

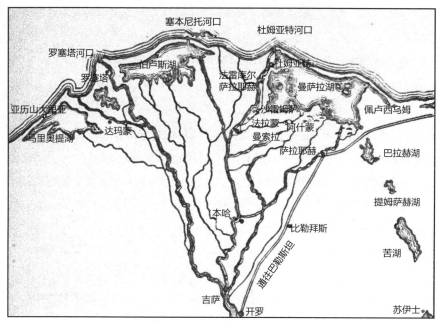

◎ 十字军时期的下埃及（部分小型运河和水道有所忽略）

病复发。到圣路易抵达曼索拉时，苏丹已经去世数日。苏丹的遗孀和大臣们密不发丧，仍旧以他的名义下达命令。埃及守军的实际指挥则由一位埃米尔——费科丁（Fakr-ed-din）负责，大家也一致同意给予他军事上的独裁权。与此同时，信使快马加鞭给马里克·萨利赫远在美索不达米亚海辛-凯法地区的儿子，即继承人图兰·萨赫（Turan Shah）送信，请求他前往尼罗河指挥军队，等他到达后再向臣民公布苏丹的死讯。

法国军队此时被困在了尼罗河两条支流之间的一个狭窄岬角上，儒安维尔（Joinville）将其称为一个"小岛"。十字军必须跨越两条支流之一才能继续前进。阿什蒙运河相对狭窄，而且渡河之后通向开罗的道路也更加直接，因而被法王选定为渡河对象。

埃及军队的营帐覆盖了阿什蒙运河对岸两到三英里的宽度，曼索拉的城墙就矗立在这些帐篷中间，而苏丹的行宫则位于其城镇的西门之外。曼索拉城此时仅有30年历史，苏丹艾尔-卡米尔于1220年在此处击败布里耶纳的约翰之后修建了该城以纪念其胜利。尼罗河三角洲的道路和地形，导致圣路易以及马里克·萨利赫二人都将军队到带了30年前第五次十字军东征时前人所进抵的相同地点。

此时埃及军队的素质比1220年时要更好一些。正是马里克·萨利赫首先组建了著名的切尔克斯马穆鲁克部队（Circassian Mameluke），而这些人也将在未来六个世纪中成为埃及统治者。艾尔-卡米尔手下的佣兵部队主要由库尔德人和叙利亚人组成，但马里克·萨利赫发现高加索人的素质更为优秀，因此他定期购买切尔克斯奴隶并将他们编入自己的近卫军，这八千到一万名马穆鲁克也成为其军队的核心力量。作为辅助部队，埃及军队中还编有大量贝都因骑兵以及普通埃及征召兵，后者在出征时被当地学者和领袖们不断告诫，要他们拯救伊斯兰教。这些既有步兵也有骑兵的辅助部队虽然数量庞大，但却并没有太多实战价值，所有战斗压力都还是要由全副武装的马穆鲁克骑兵来承担。

看到埃及人在曼索拉附近集结了如此庞大的军队后，圣路易也不敢乘船渡河，而是开始在运河中修建一条堤道，试图将河流填满，让河水断流以便军队步行穿过。为此他让步兵们在一个广阔的正面上向运河里倾倒泥土，但在堤道仅仅向前推进了一小段距离之后步兵们便进入了对岸的弓箭有效射程，工程也被迫暂停。国王发现自己必须保护运土的士兵，因此又沿着未完工的堤道修筑了两条拥有顶棚的掩蔽通道，希望步兵们能够在其掩护下完成任务。而为了掩护通道，圣路易还在河边建造了两座高大的木制攻城塔。为摧毁这些掩体，埃及人很快

◎ 埃及马穆鲁克骑兵。这些部队虽然数量不多，但却是埃及军队的核心力量

便拿出了自己的远程武器，16架投石机不断向木制箭塔射出巨石或装有易燃物的木桶。作为回应，法国人也建造了18架投石机。此后一段时间双方便隔着运河互相射击。

在掩蔽通道能够保证安全的情况下，堤道工程也稳步推进，劳工们成功填满了超过运河一半宽度的河床。但埃及人开始在河对岸拓宽河流，水势也站在埃及人一边，阿什蒙运河水道依然畅通无阻。儒安维尔写道："在一天之内，敌军便抵消了我们三周的努力，只要他们仍在拓宽另一侧的河岸，我们想要阻断运河的努力就是白费功夫。"在此期间，费科丁还派出一支分队在下游渡过运河，从背后攻击法军营地。法王的两位兄弟——安茹伯爵（Count of Anjou）和普瓦捷伯爵（Count of Poictier）击败了他们并给其造成了一定伤亡（1249年12月25日）。这不过是一场节外生枝的小战而已，真正的战斗中心始终集中在堤道上，而法国人在此处却落了下风。异教徒们不断向箭塔和掩蔽通道投掷希腊火，最终成功将它们点燃。在法王能够买到优质木材将它们重建之前，法军无计可施，只能将工程暂停。而当法国人建起了新的箭塔之后，它们很快就又被对方用同样招数烧毁了。

失望之情弥漫在法国军队中，所有人都对继续前进感到无望。但仅仅几天之后，宫廷总管博热的亨伯特（Humbert of Beaujeu）就找到了一名埃及基督徒或是穆斯林逃兵。此人告诉他，曼索拉以东四英里处有一个渡口可以涉渡阿什蒙运河，虽然那里水深较大而且渡河也会比较困难，但对于骑兵而言却完全可行（1250年2月7日）。

十字军此时已经在曼索拉城下停滞了将近两个月时间，路易认为自己必须尝试所有可能。即使在敌军面前涉渡深水渡口十分危险，而且还无法得到步兵支援也还是一样。因此他决心在第二天清晨尝试渡河。

2月7日至8日夜间，路易将部队安排妥当。勃艮第公爵和巴勒斯坦诸男爵率领着手下骑士留在营地中，负责统领庞大的步兵部队。在国王缴获埃及攻城武器之后，步兵就要以最快速度完成堤道，渡河与国王会合。

与此同时，路易本人则率领着他三个兄弟——安茹的查理（Charles of Anjou）、阿图瓦的罗伯特（Robert of Artois）、普瓦捷的阿方索（Alphonso of Poictiers）以及骑兵主力前往渡口，准备在破晓时分渡河。抵达南岸之后，他

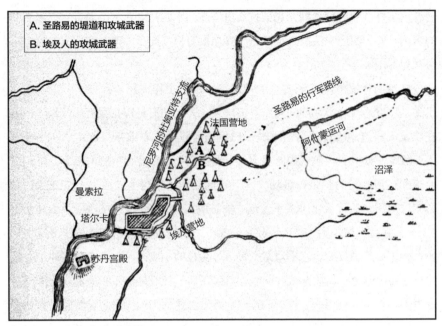

图例：
A. 圣路易的堤道和攻城武器
B. 埃及人的攻城武器

地图标注：
尼罗河的杜姆亚特支流
法国营地
圣路易的行军路线
阿什蒙运河
曼索拉
塔尔卡
埃及营地
苏丹宫殿
沼泽

◎ 1249年至1250年的曼索拉地区

们便将直冲埃及营地，在敌军从奇袭的震惊中恢复之前缴获或摧毁堤道面前的攻城武器。

　　史料并没有记载骑兵部队前往渡口时的详细编制情况，我们只知道圣殿骑士在其团长索纳克的威廉（William de Sonnac）的率领下一马当先，而前卫部队中还包括阿图瓦的罗伯特、布列塔尼公爵彼得（Peter, Duke of Brittany）、苏瓦松伯爵约翰（John, Count of Soissons）、库西领主拉乌尔（Raoul, Lord of Coucy）以及那位有名无实的索尔兹伯里伯爵威廉·朗索德（William Longsword, Earl of Salisbury）带领的小股英格兰骑士，此外国王麾下的所有骑马弩手都在前卫部队中。儒安维尔的约翰（John of Joinville）位于第二线，虽然他为我们提供了关于这场会战的详细记录，但却并没有列出第二线除他自己以外的其余将领，我们只能猜测安茹的查理可能是第二线指挥官。国王及其家臣，以及他的兄弟普瓦捷的阿方索、佛兰德斯伯爵亨利（Henry, Count of Flanders）组成了第三线部队。在渡河之前，路易下达严令禁止任何骑士脱队单独行动，三个分队也要始终保持紧密队形，在第三队穿过渡口之前前卫绝不能单独前进。

　　埃及人对运河的监视十分松懈。虽然位于萨纳村（Sahnar）的渡口距离其营地仅有四英里，但他们对法国人的到来是一无所知。由于渡口的河床泥泞，对岸又十分陡峭湿滑，十字军前卫在渡河时遭遇了不少困难，甚至还有几位骑士失足溺水。当他们完成渡河后，一支三百人的阿拉伯骑兵部队突然出现，在阿图瓦伯爵的冲锋下，阿拉伯人掉头逃跑，将渡口失陷的消息带给了友军。

　　虽然这场胜利完全可以说是微不足道，但阿图瓦的罗伯特却在兴奋之下忘记了王兄的命令，开始追击敌军。圣殿骑士团长赶到罗伯特身边建议他停止前进，可这位头脑发热的伯爵根本听不进这些反对，直向埃及营地冲去。圣殿骑士团长考虑到如果自己抛弃前卫位置将会大失颜面，只好不情愿地跟在罗伯特身后，整个前卫分队也都紧跟着二人。

　　罗伯特伯爵追击的速度极快而且极为鲁莽，他几乎在他追击的贝都因人刚刚逃回埃及营地时就冲进了营地东侧。罗伯特发现敌军秩序混乱而且毫无准备，认定他们的指挥官并非良将。埃及人的战马没有备鞍，士兵也没有披甲。法国人在营地中如入无人之境，来回冲杀，将面前所有敌人全部驱散，最终冲到了面对着堤道的投石机所在位置。骑士们大杀一阵，刚刚沐浴完毕还未来得及披甲便急忙上马重整部队的埃米尔费科丁也被杀死。到此时为止，罗伯特的急躁还没有造成任何无法弥补的错误，倘若他能就此停下脚步，占领并守住投石机所在区域等待步兵建好堤道，他就完全可以辩解称自己的鲁莽事出有因，毕竟等到第二线和第三线部队渡河时，敌军就能获得充足的预警时间，对营地的进攻也无法取得奇袭效果。

　　可这位性急的伯爵却迈出了致命一步，毁掉了整个行动。他看到埃及人已经陷入一篇混乱，便认为他只靠着自己麾下的力量就已经赢得了会战，因而一心只想追击、屠杀敌军。休息片刻之后，罗伯特下令向无数逃兵正在涌向的曼索拉城推进。圣殿骑士团长再次上前劝阻，建议他等待王兄到来，索尔兹伯里的威廉也支持这位团长。但罗伯特伯爵却粗鲁地回答说，圣殿骑士团不过是为了自身利益而战，威廉只是害怕自己的私利无法满足才不愿看到基督教国家获得胜利。在那之后，他又转向索尔兹伯里伯爵，当着后者的面大叫道"夹着尾巴的英格兰人"，声称他们不过是一群懦弱之徒。索尔兹伯里伯爵回答说："今天我将会一往无前，让你连我的马尾都触碰不到！"紧接着索尔兹伯里伯爵就戴上头盔，放平长矛，带领手下部队冲向前去，最终战死沙场。

此时埃及人依然士气涣散，阿图瓦伯爵和手下士兵居然能够冲进曼索拉城内横冲直撞，斩杀了不少逃兵，一部分骑士甚至在从东门入城一路冲杀后又从西门冲了出去，几乎就要进抵位于市郊的苏丹王宫。可与此同时，骑士们也被街道分散开来，不仅冲锋的威力无从发挥，而且只能单打独斗。埃及人逃进房屋中，朝着在狭窄街道里来回冲杀的骑士投掷标枪甚至砖瓦。城西营地中的穆斯林部队并没有像其余人一样陷入惊慌，而此时他们也开始涌入曼索拉城内。他们发现法国人已经分散成了小队，一部分人想要抢劫，一部分人想要屠城，根本没有为迎战生力军做好准备。正因为如此，新来者很快便压倒十字军，获得了胜利，不少法兰克人在街道中被杀，其他一部分人则被逐出城外，死在了开阔地上。十字军败兵们唯一可用的撤退路线要穿过城东的埃及营地，但马穆鲁克已经在那里集结起来并排列成了战斗队形。结果不难想象，阿图瓦伯爵全军几乎都被消灭了。罗伯特本人在城内被杀，他那件绣着法国王室百合花标志的罩袍也被穆斯林当作法兰克国王已经阵亡的象征展示出来。与罗伯特一同阵亡的还有威廉·朗索德、圣殿骑士团长、库西领主以及大批男爵。儒安维尔记载说有300名骑士被消灭，此外还有很多侍从和骑马弩手阵亡，仅圣殿骑士团便损失了280名各级骑兵。穆斯林声称总计有1500名法国人被杀，但这一数字也相当不准确。十字军前卫中仅有少量分散的小股部队逃出生天，其中包括布列塔尼公爵和苏瓦松伯爵。

在阿图瓦伯爵浪费大量时间进行疯狂冲锋的同时，其余法国骑兵也陆续渡过了阿什蒙运河。位于第二线部队前方的儒安维尔已经能在远距离上看到罗伯特，国王亲率的第三线部队还尚未渡河完毕。无论如何，当儒安维尔进抵埃及营地时，已经有部分敌军集结起来，从营地的帐篷之间走出，来到开阔地上排成了战斗序列。

身为香槟伯爵府总管的儒安维尔率军对距离最近的敌军部队发动冲锋，但很快就被六千人左右的大批异教徒逐退并驱赶到了运河边缘，他只好带领手下躲进一座废弃房屋，在那里下马，通过步战抵住大门。直到安茹伯爵查理率领第二线主力赶到并击退敌军之后，他们才被解救出来。

不久之后，路易国王带领着第三分队亲临战场。他们抵达后立刻便遭到了马穆鲁克的攻击。此时后者已经重整旗鼓，秩序良好。双方在营地周围激烈厮杀，

◎ 冲入曼索拉城内的十字军

战斗持续了数小时之久。马穆鲁克不断向法国人倾泻箭雨，而路易也只好放缓前往堤道对岸重要地点的脚步，一次又一次地对马穆鲁克发动冲锋。为了让步兵有机会与骑兵会合，路易必须进抵堤道对岸。但由于路易左翼不断遭到攻击，法国人无法像希望的那样继续前进，而只能以正面朝向南方的态势抵挡马穆鲁克。看到十字军逐渐疲惫，而且有数百名骑士因为战马被箭雨射死而被迫下马步战之后，马穆鲁克终于将弓箭收在后背，拔出战锤、弯刀冲向法王。重压之下，路易麾下一部分部队士气发生了崩溃，跳进阿什蒙运河试图游回营地。不过路易始终坚持向堤道推进的计划，并最终抵达了目的地。

紧接着，法国步兵将沙土、木板、柴束、被毁的攻城器械以及各种零碎杂物全都扔进了尚未封闭的那一半运河，成功垒出了一座粗糙但足够使用的土桥。数以千计的弓弩手和长矛兵冲过这座疯狂的建筑。宫廷总管、博热的亨伯特立刻组织第一批进抵对岸的弩手们列成战线掩护疲惫的骑兵。他们对马穆鲁克射出的毁灭性火力将会战引向了全新方向。

看到法国步兵进入战场后，埃及军队新推举出来的指挥官比巴尔斯（Bibars，此人在二十年后成为苏丹）命令骑兵后撤。马穆鲁克虽然退出了敌方弓箭射程，但仍维持着随时可能进攻的威胁态势。法王本打算下令进攻，但此时骑士们已经筋疲力尽，他只好按捺住自己，仅命令步兵建造了一个庞大的环形阵地，以在这一侧的河岸上控制住一大片土地作为桥头堡。由于他们缴获了大批埃及攻城武器，这一工作很快便完成了。

这样一来，路易终于在长期阻挡自己的运河南岸获得了稳固立足点。但他没能击败埃及军队，后者也依然能够在不足一百码的距离上监视他。当天的会战结果不仅没有让埃及人气馁，反而使他们倍受鼓舞。法国人的损失远比对手多，穆斯林因此将自己视为胜利的一方。据估计，路易损失了将近一半骑兵，而战马的损失比例更高。这场会战的真正意义在三天后便显现了出来——埃及人重新展开攻势猛攻法国人的桥头堡，而法国人则完全采取守势，即使在击退敌军攻势后也不敢迈出桥头堡一步。入侵埃及的法国人已经丧失了继续前进的锐气和意愿，不久后便开始考虑是否应该撤军。曼索拉会战虽然以法国人成功强渡阿什蒙运河告终，却也耗尽了十字军的精力，使他们对这场战役的未来感到绝望。因此我们也只能认为这场会战是十字军遭受了挫败，而且还是一场惨败。

以上便是曼索拉会战的主要经过，而这也是十字军所进行的最后一场大规模会战。与我们先前介绍过的会战相比，这场会战更加清晰地体现出基督教军队在面对东方马弓手时步骑协同的重要性。由于缺少使用弓箭的士兵（所有骑马弩手都与阿图瓦伯爵罗伯特一同战死），路易国王及其麾下的骑士们始终处于毁灭边缘，步兵渡河加入战斗的那一刻他们才终于得救。由于骑士们通向渡口的退路已被切断，而试图游回营地的逃兵们也已经证明路易背后的运河根本不可能渡过，倘若没有步兵援救，骑士们可能已经全军覆没。

有趣的是，穆斯林史料要比基督教史料更明确地记载了法国步兵进入战场对扭转战局的作用，倘若他们能够更早些抵达战场，圣路易有可能会取得决定性的胜利。儒安维尔和楠日的威廉（William of Nangis）虽然也在著作中提及了弩手们的到来，但始终将注意力集中在国王本人的个人英勇上。反而是穆斯林一方的贾马尔丁（Jemal-ed-din）和马克利齐（Makrizi）写道："如果第一批骑兵们选择坚守（也就是阿图瓦伯爵罗伯特坚守在投石机附近，而不是冲进曼索拉）……或者基督徒的全部步兵都参与了战斗，伊斯兰教徒们肯定要被毁灭……如果法国步兵与骑兵协同作战，埃及部队将无可避免地被敌军击败，而曼索拉也将失陷。"在狂热的骑士精神和阶级荣耀感的蒙蔽下，法国史学家们忽视了对穆斯林学者而言显而易见的战术要点。

不幸的是，对于圣路易制定的计划而言，将骑兵和步兵拆散也是绝对有

◎ 由于在曼索拉会战中损失惨重，路易所领导的第七次十字军东征以惨败告终

必要的。我们并不能因此责怪这位国王，因为他除此以外别无选择。我们更应该责备阿图瓦伯爵罗伯特直接违背王兄的命令冲进曼索拉的疯狂行动。只要他能够停留在法国营地对岸的埃及攻城武器那里，守住阵地等待步兵将堤道建完以及其王兄率领主力部队到达，基督徒们便能够在会战中占据极大优势。路易国王尽了全力来阻止罗伯特，先后派出十名骑士要求他停步等待，但罗伯特故意抗命，选择发动第二次疯狂冲锋，不仅葬送掉这场会战，就连他自己冲动的一生也在此画上了句号。即使对一支封建军队的统帅而言，大概也不会想到计划会因如此恶毒、卑劣的违纪行为毁于一旦。

中国甲胄史图鉴

一场有关甲胄的视觉指南，多方位展现中国甲胄发展史

◎ 高清的陶俑、壁画、出土甲胄图片
◎ 刘永华教授、复原甲胄画师刘诗巍的精美手绘绘图
◎ 函人堂甲胄复原工作室、中式甲胄艺术家李辉提供的精美复原甲图片

战争事典

中国甲胄史图鉴

甲胄

中国甲胄史图鉴

甲胄

中国甲胄史图鉴
一部见证朝代兴亡的武备史记

周渝 著